竹沢尚一郎

ホモ・サピエンスの宗教史

宗教は人類になにをもたらしたのか

中公選書

目次

ホモ・サピエンスの宗教史

宗教は人類になにをもたらしたのか

序　章　宗教は謎だらけだ

人間にとって宗教とはなにか。それを明らかにすることがこの本の課題である。宗教とはなにか、宗教は人間になにをもたらしたかとたずねたなら、たちまち多くの疑問が浮かんでくるだろう。たとえば以下のような問いだ。


宗教はいつ誕生したのか。

人間の社会はすべて宗教をもっているのだろうか。

世界にはなぜこんなにも多くの宗教が存在するのだろうか。

数百人の狩猟採集民集団の宗教も、二〇億の信者を擁するキリスト教やイスラームも、宗教であることに変わりがないのだろうか。

すべての宗教に共通する本質が存在するのだろうか。

神が人間をつくったのではなく、人間が神をつくったのだとすれば、人間は不在の神の存在をどのようにして確信できたのだろうか。

自然科学とテクノロジーがこれほど発達した二一世紀になっても、二千年も前に書かれた聖書や仏典が多くの人びとに信奉されているのはなぜか。

多くの宗教は平和を勧めているのに、人びとが宗教の名で戦いつづけるのはなぜか。

宗教に関するこれらの問いに答えることは、私でなくともきわめて困難であるに違いない。私たち日本人の多くは、元日に神社に参拝し、近親者が亡くなれば仏式の葬式を出し、キリスト教の行事であるクリスマスやハロウィーンに加わることにも違和感がない。そんな私たちはしばしば「宗教音痴」と呼ばれるが、それだから私たちはこれらの問いに答えることができないのだろうか。そうではない。これらの問いに答えることは、答えがあると信じる一部の宗教の信者をのぞいて、世界中の人間にとって困難であるに違いないのだ。

私はこの本のなかで、これらの問いに可能なかぎり明確に答えたいと考えている。そのためには、人類と宗教の誕生から現代までの歩みをふり返りながら、これまでに世界中に存在したさまざまな宗教の形態に目を配ることで、そこに共通する構造やそれぞれの宗教の違いを考えていくことが必要なのだ。

宗教の多様なかたち

さまざまな宗教を全体において理解しようとするとき、最初に眼につくのはその多様な形態である。世界の宗教がいかに多様であり、いかに異なっているか。いくつか具体的なケースをとりあげよう。

中央アフリカのコンゴからガボンにかけての熱帯雨林地帯には、ピグミー[1]と呼ばれる低身長の人びとが暮らしている。熱帯の森のなかで、弓やネットをもちいた狩猟と採集で暮らしてきた人びとだが、近年では農業や賃労働に従事することも一般的になっている。彼らが遠い過去にはアフリカ大陸の広い範囲に存在していたと思われることは、古代エジプトの記録に「神の踊り子であるコビト」という記述があることで確認されている。彼らの一部であるムブティ・ピグミーと呼ばれる人びとの日常生活や宗教生活を詩情豊かに描いたのが、一九五〇年代にコンゴ東部のイトゥリの森に長期滞在して、生活を共にしながら研究をつづけた人類学者コリン・ターンブルであった。

ピグミーの宗教生活の中心にあるのは、すべての恵みを与えてくれる森である。彼らにとって「父親でも母親でもある」森は、食べ物から衣服、家、焚き木、親愛の情にいたるまで、彼らが生きていく上で必要なすべてを与えてくれる。「森の子」を自称する彼らは、森のなかであればなにも恐れることなく安心して暮らすことができる。とはいっても、森も眠ってしまい、「子供たちの面倒を見てやってねえ」ときがある。死や重い病気、諍い、不猟などの不幸な事態が生じるのはそういうときであり、そうした事態が生じると、彼らは森を目覚めさせ、ふたたび保護を与えてくれるよう集団で歌を歌う。また、万事がうまくいっているときも彼らは歌う。「幸せな気持ちを、森も一緒に味わってもらいてえ」からだ。

無伴奏の女性たちのコーラスに、男性たちが唱和したり、踊ったり、儀礼的な所作を加えたりすることで座が盛りあがっていく。歌声が高まると、森は生命の喜びで満たされていくだろう。それは、ターンブルが名著『森の民』で描いたような、支配や闘争とは無縁な彼らの生のあり方を反映して、平和と安穏に満ちたものである。もし集団のなかにあつれきや葛藤が生じたなら、彼らはそれが深刻な事態になる前に集団を分裂させるだろう。もし他の集団が支配しようとしたなら、彼らは自分たちだけが生存の術を知る森の奥深くに避難するだろう。

　たえず移動しながら分裂と融合をくり返す彼らの社会生活は、対立や支配を生まないよう見事に設計されているのであり、森に守られながら暮らす彼らの宗教生活には、悪霊や妖術師などの邪悪な要素は含まれていないのだ。

　こうした平穏と安寧に満ちた宗教体系があるかと思えば、対極的なまでに暴力的で破壊的なのが、メキシコの中央高地に誕生したアステカ王国の宗教である。[2] メソアメリカと呼ばれるこの地域では古くからいくつもの王国が誕生したが、そのなかで最大の版図をもち、スペイン人征服者に征服されたことで最後になったのがこの王国であった。アメリカ原産のトウモロコシやマメ類を栽培する発達した灌漑農業と、貴金属やヒスイなどの貴石の長距離交易、そして度重なる軍事遠征によって版図を拡大したこの王国の首都は人口二〇万を超えていた。それがいかに繁栄していたかは、一六世紀のヨーロッパ経済の中心のひとつであったセビリアからきたスペイン人征服者を驚かせたほどであった。

　アステカの暦は二〇日ごとに替わる一八か月からなっており、天体の進行や農業暦に沿って月ごとに宗教儀礼がおこなわれていた。儀礼の中心にあったのは、石造りのピラミッドの頂上でとりおこなわれる人身供犠であった。多くが戦争捕虜であった彼らは、四肢を神官によって押さえつけられ、生きたまま心臓をとり出されて神々に捧げられた。とりわけ重要な儀礼のときには、神官は犠牲者の皮膚をはいで身にまとい、神々に捧げる踊りを踊ったとされている。こうした儀礼は、暦に沿っておこなわれる毎月の行事に加え、戦争のときや王の即位、祭殿の建造時などにくり返しおこなわれており、まさにこの王国は血にまみれた祭祀国家であった。

アステカの宗教世界は、天の太陽や星々であれ、地の木々や動物であれ、穀物を生い茂らせる大地であれ、生命と運動をもつあらゆるものが血によって維持されるという信念にもとづいていた。そのため、人身供犠は宇宙に活力を与えるために不可欠の行為とされていたのだった。人間が宇宙の進行に関して受動的にとどまるのではなく、積極的に関与するためにも、そしてその暴力性によって人びとの支配を強固なものにするためにも、人間の生命と血を供えつづけることが必要とされていたのだ。

儀礼を中心にしたこれらの宗教のほかに、まったく異質なタイプの宗教も存在する。旧大陸の大河の流域では複数の古代文明が成立したが、西暦紀元前後になると、その周辺の土地で仏教やキリスト教などのいわゆる世界宗教が誕生した。それに遅れて七世紀にアラビア半島で誕生したのが、ムハンマドが創始したイスラームであった。それは、一二世紀に極東の片すみで生まれた浄土宗や、一六世紀に西欧で改革運動として成立したプロテスタント諸派がそうであるように、それまでの宗教の核であった儀礼と聖職者の仲介を可能なかぎり排して、すべての信者が全知全能の神に直接に向きあい、自己を徹底してゆだねることを求める宗教であった。

イスラームにおいて重要なのは、各信者が信仰告白（イーマーン）、礼拝（サラート）、喜捨（ザカート）、ラマダン月の斎戒（サウム、断食を含む）、メッカへの巡礼（ハッジ）の五行にはげむことであり、そのいずれも集団的儀礼ではない。それらは各信者が自発的かつ能動的におこなうものであり、聖職者によって指導される必要もない。ある意味できわめて単純明快で理知的な宗教の形態であり、その徹底こそがイスラームのなによりの特徴であり、歴史的な観点から見た斬新さであった。

にもかかわらず、そこに儀礼的要素がまったく存在しないわけではない。イスラームの信者は一生に一度はメッカに巡礼することが求められているが、[3] 巡礼月にメッカにあつまった彼らは、男性であれば縫っていない二枚の粗布だけを身にまとう。彼らは集団で神聖なカアバ神殿のまわりを七回まわったあと、ムハンマドが最後の巡礼をおこなった土地まで二日がかりで行き、ラフマ山に登ったあとメッカに戻ってくる。二百万人もの信者がおこなうこの道行と神殿の周回は、たいへんな熱気と集団的な高揚を生み出す。それは世界各地から集まった信者に興奮と感動を与え、一生涯のあいだ消えることのない至福の記憶を刻印するのだ。

宗教の多様性と普遍性

これらの例は人類の歴史に登場した宗教の一部でしかないが、世界の宗教がこれほど多種多様であるとすれば、その全体を理解しようと思えばどうすべきか。そもそも宗教を全体として理解することなど、はたして可能なのだろうか。

世界の宗教がいかに多様であるとしても、宗教に関して確実なことがひとつある。これまでに知られているかぎり、人間以外の動物には宗教が存在しないのに対し、すべての人間社会に宗教が存在していることである。いいかえるなら、宗教とはその形態においては多様だが、その存在は普遍的だということだ。

こうした宗教における多様性と普遍性を考える上で参考になるのは、近親相姦の禁止をめぐるクロード・レヴィ＝ストロースの議論である。多くの人から二〇世紀最大の人類学者と見なされる彼は、社会ごとに異なる婚姻と親族の規則を統一的に理解しようとした。彼によれば、そのために必要なのはその根底にある近親相姦の禁止から出発することだ。そこから、彼はつぎのように論を進めていく。近親相姦の禁止とは規則の一種であり、それは規則であるかぎりで文化的な事象だが、すべての人間社会に存在するという点では普遍的な事象である。このとき、文化とは、個々の言語や慣習を考えればわかるように、すべて相対的・差異的なものである。これに対し、自然とは、どの人間にも眼が二個で手足が二本ずつあるといった身体の構造を見れば明らかなように、万人に共通し普遍的なものである。その意味で、文化的＝相対的でありながら普遍的＝自然的である近親相姦の禁止とは、自然と文化の双方にまたがる事象、それによって自然から文化への移行が実現された事象と考えるべきだというのだ[4]。

この議論は、おなじように普遍性と多様性を有する宗教について考える上で示唆的だが、そのまま宗教に適用するにはいくつか問題がある。ひとつは、霊長類の研究が進んでいなかったレヴィ＝

ストロースの時代と異なり、今日では霊長類のもとでも近親相姦の禁止ないし忌避が存在することが確実視されていること、つまりそれが文化以前から存在することが明らかなことだ。もうひとつは、あまりに多様で複雑な形態をもつ宗教は、限定的な近親相姦の禁止のようには自然から文化への移行の一点として位置づけることができないこと。いいかえるなら、私たちが目にする宗教とは、多様な婚姻や親族の規則が近親相姦の禁止から派生しているように、いまだ明らかにされていない宗教の根幹に関わるなんらかの基本的事象から派生した複合的制度と考えられることだ。であれば、この基本的事象、宗教の誕生の根幹にかかわり、人間を現在かくあるようにした基本的事象とはなにかを明らかにすることが、ここでの私たちの課題となるはずだ。

それを考えていく上で出発点とすべきは、宗教が人間以外の動物には存在しない一方で、あらゆる人間社会に存在するという事実だろう。このことは、宗教が人類進化の過程で生じたある種の必然であったことを示唆している。宗教とは文化的に構築された副次的な事象に過ぎないのではなく、人間を人間たらしめた、文化以前の遺伝学的・生物学的根拠に根ざした必然的事象として理解すべきなのだ。であれば、宗教の誕生をうながしたのがいかなる適応であり、自然選択であったか。そして、いったん誕生した宗教は、人間の社会が経済的・社会的に変化する過程でどのように変化してきたか。それらを明らかにしていくことが本書の課題なのである。

宗教はいつ誕生したか

宗教がいつはじまり、人間社会の変化や発展にともなってどう変化してきたかという問いは、進化論が大きな影響力をもった一九世紀後半から二〇世紀初頭にかけて好んで議論されたテーマであった。それに加わったのは、宗教学や文化人類学、考古学などの分野の研究者であったが、彼らの議論はその当時から科学的根拠のない空論として批判的に見られることが多かった。これに対し、近年になってゲノム解析や脳科学や認知科学が急速に進んだこともあり、生物進化論、社会生物学、進化心理学、大脳生理学、霊長類学、古人類学、認知考古学など、多様な分野の研究者が加わって活発で緻密な議論がおこなわれるようになっている。それらの研究のうち主要なものを整理することで、本書の方向性を明確にしておこう（その内容については第1章でくわしく検討する）。

進化心理学のロビン・ダンバーは、脳の巨大化をもたらしたのは、狩猟などの技術的発達よりむしろ集団規模の拡大にともなう社会的な約束事の複雑化であり、それが社会的緊張を増加させたので、緊張緩和の手段としての毛づくろいや笑い、宗教意識が生じたと考えている。社会生物学のエドワード・ウィルソンや人類学のクリストファー・ボームは、血縁を超える大規模な集団が形成されると利他的行動が必要になったが、それはとりわけ宗教によってもたらされ、それによって倫理性と協調性を高めた集団が自然選択的に優位になったとする。精神医学のフラー・トリーや哲学のダニエル・デネットは、集団規模が拡大するにつれて人間は他者の心を読み解く能力を発達させることが必要になったが、多くの人がおなじ宗教的な観念体系を共有したことで、集団規模のいっそうの拡大と社会的秩序の維持が可能になったとする。[6]

認知考古学のスティーヴン・ミズンらは、言語が誕生する以前に集団で歌ったり踊ったりするようになり、そうした共感的能力の発展が宗教の発生へとつながり、集団の結束を高めたことで人間集団の存続に有利に働いたと主張する。霊長類学の黒田末寿は、人間も含めた霊長類における食物分配に注目し、大きな獲物を獲得したときの集団的な歓喜の行動に宗教的な振る舞いの起源を見ている。動物行動学のコンラート・ローレンツや生態人類学のロイ・ラパポートは、ミツバチの旋回行動やチンパンジーのレイン・ダンスのような儀礼的行動に注目し、反復と定型化を特徴とする人間の儀礼的行動の起源はそこにあると考えている。[7]

これらの研究は、いずれも近年得られた客観的・実証的なデータにもとづいて宗教の起源を論じたものであり、斬新かつ精確な知見をもたらしている。半面、それらは宗教の起源に議論を集中させているため、宗教の初期の形態が具体的にどのようなものであったか、宗教はそこからどのように変化ないし発展したかについては議論していない。それらは、人類進化の一要素として宗教を捉えるだけで、宗教とはなにかに焦点を当てているわけではないのだ。これに対し、近年いちじるしく発達した大脳生理学の観点から脳の構造と機能の進化をたどることで、神の認識をはじめとする宗教意識と宗教行動の発達をあとづけようとする研究も数多くあらわれている。[8] これらの研究の多くは宗教を神観念と同一視しているが、宗教イコール神の観念とする見方は世界宗教の誕生以降出現した見方に過ぎないのだから、基本的に間違っている。第一章以下でくわしく論じていくように、宗教の核心にあったのはなによりもまず儀礼であったのだ（儀礼とはなにかを論じることはここではできないので、狩猟採集民の儀礼を論じたあとでその定義を試みる）。

近年の傾向を代表するこれらの研究に対し、宗教史およびその隣接分野では、世界の主要な宗教が歴史的にどう発展したかをあとづけようとする研究が、著名な宗教学者であるミルチア・エリアーデや社会学者のロバート・ベラーをはじめ複数存在する。[9] しかしそれらは、キリスト教や仏教などのいわゆる世界宗教についてはくわしく論ずる一方で、宗教の起源や宗教の初期形態としての狩猟採集民の宗教については理解が十分ではない。[10] 以上の検討から明らかなように、宗教の起源とその歴史的変化をたどるという課題は、私たちの前に投げ出されたままなのだ。

『サピエンス全史』のあやまり

近年、世界的に話題になったものに『サピエンス全史』があるが、これも宗教の起源とその歴史的変化について論じているので、簡単に見ておこう。イスラエルの戦争史家であるユヴァル・ノア・ハラリのこの本は、七万年ほど前に現生人類に突然変異によって「認知革命」が起こり、人間は「まったく存在しないものについての情報を伝達する能力」が生じたと主張する。[11] これが初期にはアニミズム的世界観を、その後は多神教や一神教をもたらし、近現代の科学革命と資本主義体制の興隆につながったというのだ。

数万年前の「認知革命」から近現代の科学革命までを一続きに説明しようとする企ては壮大だが、そうであるために、その議論は強引さと飛躍に満ちている。「まったく存在しないものについての情報を伝達する能力」が突然変異によって生じたとするのはまことに乱暴な議論であり、突然変異の語をもちいるのであれば進化論を踏まえた議論をすべきであっただろう。突然変異は個体や種のレベルではなく、遺伝子の次元で生じるというのが鉄則なので、彼のいう「認知革命」の成立を科学的に立証しようとするなら、どのような遺伝子上の変異が人間のどの能力の変化をうながし、それが「まったく存在しないものについての情報の伝達」を可能にしたかを、段階を踏んであとづけることが必要なはずだ。ところが、それをしないで一足飛びに突然変異の語ですますのは、[12]乱暴な議論だとしかいいようがない。それは、神ないし宇宙人がその能力を人間に与えたとするのとおなじくらい荒唐無稽な議論でしかないのだ。

それに加えて、ハラリは宗教の進化をアニミズム→多神教→一神教というかたちで説明しているが、これは宗教を観念や信念の観点から理解しようとする見方であり、これはプロテスタンティズムとともに近代になって登場したものでしかない。彼の議論は、近代主義的な見方を過去に投影しているという点で、厳密な意味での歴史研究などではなく、著者が想像力と恣意的な引用でつくり上げた架空の物語にすぎないというべきだろう。

本書の基本的な方針

以上が、この本をどう位置づけていくかのコンテキストである。それを踏まえて、この本をどう書き進めていくか、その大筋を示しておこう。宗教がどのようにして誕生し、人間の歴史のなかでどのように変化してきたかを考えるための、基本的見取り図である。

1．ユネスコの世界遺産の多くが宗教施設や建造物であることが示すように、宗教は人間がつくり出した文化の精髄というべき事象である。しかし、宗教は文化的事象に過ぎないわけではなく、人類が進化する過程で生じ、人間を人間たらしめた、生物学的根拠をもつ制度であり実践であると考えるのが適切である。それゆえ、その起源を理解するためには、宗教史学や文化人類学、社会学などの人文学の分野だけでなく、生物進化論、進化心理学、社会生物学、大脳生理学、霊長類学、古人類学、認知考古学など、さまざまな分野の最新の研究成果をとり込んで考察する必要がある。

2. あらゆる宗教が共通してもつ本質があるか否かは、現時点では明らかになっていない。宗教については、しばしば「宗教とは超自然的存在に関する信念と行動の総体である」などの定義が与えられているが、すべての社会に「超自然」の観念があるか否かがわかっていない以上、この定義は論点先取に過ぎない。宗教研究においてしばしばもちいられる「聖」概念[13]についてもおなじことがいえる。それゆえ、宗教とはなにかの定義は本書のなかで明確化することを期待しつつ、あらかじめ定義することなく議論を進めていく[14]。

3. 宗教の誕生については、神が与えたものだとする見方と、人間がつくり出したものだとする見方の二つがある。宗教の科学的理解をめざす私は、当然後者の立場に立つ。宗教を人間がつくったものだとする見方に立つとすれば、おなじように人間がつくった制度である社会組織や経済システムや倫理体系などと関係していることになる。それゆえ、それぞれの時代の宗教はほかの諸制度に関係づけられ、「拘束」されていると考えることが必要である。その一方で、シャーマニズムや預言者の言動を見れば明らかなように、宗教者は同時代の社会的状況を批判したり、その制約を打ち破って新しい観念を生みだしたりすることが可能である。その意味で、宗教は社会的諸制度に拘束されつつも、それを突破する能力をもっているのであり、この拘束と突破の相関を明らかにすることが本書の課題のひとつとなる。

4．人類は今から二五〇万年ほど前にはじめて石器をつくり、その後、技術の発展にともなって狩猟採集民になったとされ、人類の歴史の大半は狩猟採集民であった。現存する狩猟採集民を見るかぎり、彼らの宗教の中心にあるのはさまざまな儀礼であり、宗教的な信念や観念はそれから派生した二次的産物にすぎない。また、信念や観念はその痕跡が残りにくいのに対し、儀礼の痕跡はなんらかのかたちで残ることができるので、考古学その他の方法によってある程度は再構成することができる。本書がめざすのは、主として儀礼の観点から宗教を理解することだが、世界の宗教は歴史上のある時点で儀礼から教義へと重点を移していった。この移行がどのようにして実現したかをあとづけることも、本書の課題のひとつである。

5．いったん誕生した宗教は、時代を経るにつれてさまざまに変化してきた。これまでに宗教史や隣接分野で試みられた宗教の歴史的再構成は、仔細な宗教現象の記述に焦点があてられるだけで、それぞれのレベルで宗教がいかなる基本構造をもち、その構造がどのように変化したかをあとづけることができなかった。本書がおこなうのは、ヒトの起源から現代までの、先史時代、狩猟採集民、農耕牧畜民、初期国家および古代文明、世界宗教の誕生、宗教改革といったそれぞれのレベルにおける基本構造を明らかにすることであり、その上でその基本構造がどのように変化したかをあとづけていくことである。このような方法を採用することによってはじめて、現象の多様性を超えた、ある程度一貫した宗教の構造変化ないし「進化」を示すことができると考えられるのだ。

見取り図はできた。具体的な事例をとりあげながら検討していこう。

第1章　宗教の起源
——宗教はいつはじまったか

ヒトの進化と宗教の起源1

私たちはいつから今日のような身体構造と知的能力をもつ人間（＝現生人）になったのだろうか。そして、宗教はヒトの歴史のどの段階で誕生し、どのようにして今日見られるような形態へと変化（ないし進化）してきたのだろうか。これらの問いは人類の生物学的進化にかかわる問いなので、最初にいくつか定義をおこなっておこう。ここで人間とは現生人、つまりホモ・サピエンスをさし、ヒト（人類）はヒト科のすべての生物のうち、チンパンジーなどの大型類人猿をのぞいたすべての化石人類と現生人をさすものとする。これらの語をもちいてこの章での問いを要約するなら、ヒトはいつから宗教をもつ存在になったか、宗教は人間、つまりホモ・サピエンスに固有な現象なのか、ということになる。

生物学的にいうなら、私たち人間は「哺乳綱霊長目ヒト科ヒト属」に属する。ヒト科に含まれるのは、ヒト属のほかにはゴリラ属とチンパンジー属（ボノボを含む）だけであり、その上位のヒト上科にはオランウータン科とテナガザル科が含まれる。ヒトを含めたこれら五種の生物が大型霊長類のカテゴリーに入り、人間にもっとも近い存在ということになる。このうち、ヒトの先祖とテナガザルの先祖の分岐が二〇〇〇万年ほど前、オランウータンとの分岐が一二〇〇万年ほど前とされる一方、ゴリラとの分岐が九〇〇万年前、もっとも近いチンパンジーとの分岐が八〇〇万～七〇〇万年前と考えられている。

チンパンジーとの分岐については五〇〇万年ほど前というのが長いあいだ定説であったが、二〇〇一年に中部アフリカのチャドでまったく新しい種の頭蓋骨が発見され、ヒトの起源は大きく時間をさかのぼることになった。サヘラントロプス・チャデンシスと名づけられたそれは、七〇〇万年ほど前に存在したと考えられたことで、チンパンジーとの分岐はそれ以前に位置づけられたのだ。

ヒトとそれ以外の霊長類との違いは直立二足歩行の有無で判断されるのが基本であり、直立すると脳と全身の神経をつなぐ脊髄が脳からまっすぐ下に伸びるので、脊髄を通すための大後頭孔が頭蓋骨の真下につくようになる。一方、四足歩行の霊長類の場合には、脳と脊髄がまっすぐだと眼が地面を向くかたちになるので、前を見るためには頭を後ろにそらせることが必要になってしまう。それで、大後頭孔は下向きではなく後ろ向きについている。未知の頭蓋骨が発見されたときには、主にこの大後頭孔の位置が下向きか後ろ向きかでヒトかヒトでないかが判断されるのだ。

チンパンジーと私たち人間のゲノムの違いはわずか一・二三パーセントにすぎないとされるので、いかに外見や行動パターン、認知能力に違いがあるように見えたとしても、両者に大きな共通性があるのは疑いない。一方、宗教に関しては、チンパンジーのもとでは存在しないことが明らかなので、宗教の起源を考えようと思えば人間とチンパンジーのあいだの差異と共通性を見ていくことが必要になる。また、あとで見るように農業の開始は一万一〇〇〇年ほど前にすぎず、それ以前の数百万年のあいだヒトは採集と狩猟で暮らしていたのだから、現存する狩猟採集民の宗教形態を研究することで、彼らの宗教の基本的パターンを明らかにすることも必要になる。宗教の起源を理解するには、生物学的には共通性をもつが宗教をもたないチンパンジーと、豊かな宗教生活をもつことが確実な現存する狩猟採集民のあいだのミッシングリンクを、古人類学や古生物学が与えるさまざまなデータでつないでいくことが必要なのだ。

初期猿人と二足歩行の開始

最古のヒトとされるサヘラントロプス・チャデンシスについては、発見された骨や生態環境に関する情報が乏しいので、あまり精確な理解は与えられていない。これにつづいて、六〇〇万年ほど前のオロリン・トゥゲネンシスがケニアで、四五〇万年ほど前のアルディピテクス・ラミダスがエチオピアで発見されており、とくに後者については「アルディ」と呼ばれる一女性の全身骨格をはじめ、多くの骨や歯が見つかっている。それによって、彼らの解剖学的構造や生態環境等について多くの理解が与えられているのだ。

初期人類の化石の大半は、東アフリカのケニアからエチオピア、さらに紅海を経て死海につながる「リフト・バレー」と呼ばれる大地溝帯で見つかっている。その理由についてはつぎのように説明されている。アフリカ大陸の大半は過去には森林におおわれていたが、八〇〇万年ほど前に大陸の東側で地下のプレートが東西に分離しはじめたことで大地に割れ目が生じ、土地が陥没して大地溝帯が形成される一方で、割れ目から吹き上げたマグマによって高山の形成が進んだ。その結果、東側のインド洋から大陸に向かって吹きつける湿った風が高地でさえぎられ、おりからの寒冷化の影響もあって森林が失われて、疎林やサバンナへの移行が進んだ。リフト・バレーの西側の今日のコンゴなどの地域では熱帯雨林地帯が残ったので、森を生活圏とするチンパンジーやゴリラがそのまま生息できたが、東側では森林が急速に失われたことで、森林で暮らしていた霊長類の一部が開けた土地に適応するべく二足歩行に移行したというのだ。[2]

とはいえ、二足歩行をはじめたばかりのアルディピテクスは（図1－1の「初期猿人」）、その体つきにおいても知能においても、チンパンジーとほとんど変わらなかったようだ。身長は大型のチンパンジーとおなじ一二〇センチメートル前後、体重は四五キログラムていどで、頭蓋骨の容量もチンパンジーとおなじ三〇〇～三五〇ccであった。一方、チンパンジーの主要な武器である犬歯が小さくなったことで武器の役をしなくなったが、そのために前歯がそろったことで果実などをかじるのには好都合になった。森林と草地の境界付近に住んでいた彼らは、おそらくいまだよちよち歩きで、果実や木の実、草などを常食とする、よくいえば平和的な、悪くいえば力のない脆弱な存在であったと考えられている。

森林を出たばかりのアルディピテクスやそれにつづくアウストラロピテクスについて（図1－1の「猿人」）、古人類学のル・グロ・クラークは半世紀前につぎのように書いている。「解剖学的に

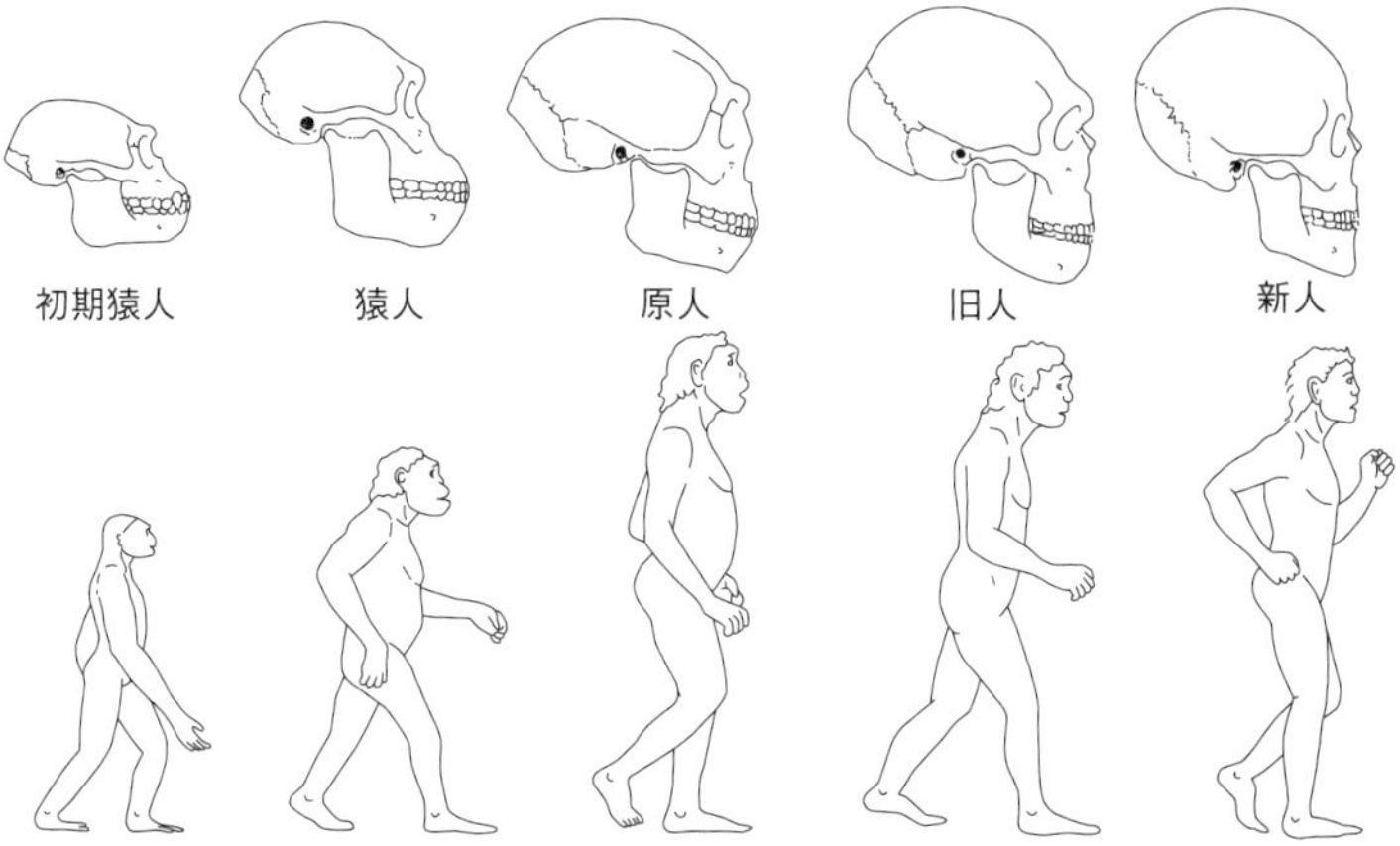

図1－1　ヒトの進化の五段階

見て、アウストラロピテクスがとりわけ無防備な生物だったことは、化石の研究から明らかだ」[3]。進化生物学者ダニエル・リーバーマンの見解も相違はない。「人間（＝ヒト）はどうしてこんなにも樹上生活に適していない、しかも脆弱で、のろまで、ぎこちないものになったのか？　その答えの発端は、人間が立ち上がったことにある」[4]。リーバーマンによれば、私たち現生人の身体能力は他の野生動物よりはるかに劣っており、力も弱く、速く走ることもできず、傷つきやすい脆弱な存在である。そうした私たちの身体の弱点は、二足歩行を始めたばかりのヒトの先祖もおそらくおなじであった。

> 人間の運動能力は、地上においてもかなりお粗末だ。〔略〕走っているときの人間は、ぶざまで不安定で、急に向きを変えることもできない。ほんの少し地面が出っ張っていたり、

軽く押されたりしただけで転倒してしまう。おまけに人間は力も弱い。チンパンジーのオスの成体は、体重一五キロから二〇キロ《（ママ）》と、ほとんどの人間の男性より軽量だが、チンパンジーの力の強さを計測しようとした実験によれば、標準的なチンパンジーでも、最も屈強な人間のアスリートの二倍以上の筋力を発揮できるという。[5]

猿人アウストラロピテクスの誕生

このような猿人の特徴がさらに進んだのが、四〇〇万年ほど前に出現したアウストラロピテクス・アファレンシスであった（全身骨格が発見されて大きな話題となった「ルーシー」はそのひとり）。アウストラロピテクスの身長は一メートル二〇センチ前後とアルディピテクスとほぼおなじで、頭蓋骨の容量も若干大きくなったとはいえ、チンパンジーとあまり変わらなかった[6]（三五〇～五〇〇cc）。鋭い犬歯はもたず、その代わりに臼歯が大きくエナメル質がしっかりしているので、森林のやわらかい果実や木の実ではなく、草地の植物の茎や種、塊茎、根茎など硬いものを常食していたと考えられている。これらを常食する動物は他にあまり存在しないので、彼らは自然淘汰上有利な位置を占めただろう。硬いものを食べるためにあごががっしりし、咀嚼筋がよく発達し、顔は大きく、頬骨は張り出していた。身体は二足歩行にさらに適するよう変化しており、腰骨が広く張り出し、足の裏には土踏まずができ、木に登るために足指で挟む必要がなくなったので足の親指は他の指と並行するようになった。親子と思われる三体のアウストラロピテクスが並んで歩いた足跡がタンザニアの三六〇万年ほど前の地層で発見されているが、それを見るかぎり、私たちの足跡と区別がつかないほど足のかたちは似ているという。

草原に棲む動物のすべてが四足歩行をするのに、森林を出たヒトの先祖が二足歩行をはじめたのはなぜか。どのようなメリットがあったのだろうか。いいかえるなら、二足歩行をすることには生物学的に見てどのようなメリットがあったのだろうか。それについてはつぎのように考えられている。彼らは太陽が真上から照りつける熱帯地方で生活していたので、二足歩行によって直射日光のあたる面積が少なくなり、暑さに耐えられるようになった。また、移動にかかるエネルギー消費が四足歩行より少なくなり、直立することで風を受ける表面積が増えたので、体を冷やしやすくなった。さらに、視点が高くなったので遠くまでよく見えるようになった。ようするに、二足歩行するようになった彼らは、食料を求めて疎林やサバンナを歩き回ったり、獲物を追って長時間走ったりするのに適した身体になったというのだ。[7]

それに加えて、両手が木の枝をつかむことから解放されて自由に使えるようになったことで、新たな働きをするようになった。食物等を手で運搬することもできたし、さまざまな道具の製作や使用にも役立つようになった。半面、類人猿やヒトの先祖が住み慣れていた森林と異なり、彼らの生息圏である開けた土地にはライオンなどの大型肉食獣も棲息しているので、生命の危険が増大したに違いなかった。そのため、アウストラロピテクスはチンパンジーよりずっと大きな集団を形成していたと考えられている。

そうした利点がある一方で、二足歩行とそれにともなう身体的変化は別の困難を課すことになった。妊娠と出産の問題である。アウストラロピテクスの妊娠期間がどれだけかは解明されていないが、二足歩行の結果、産道が広がらなくなったので出産が困難になったし、産道が下につくようになったために、自分で胎児を引き出すことができなくなり、産後に乳児の臍帯を切るなどのケアをしてくれる第三者の助力が必要になった[8]。また、四足歩行であれば胎児を抱えてもバランスをとりやすいが、二足歩行の場合には妊娠が進むと子の部分の重心が前に出て移動が困難になるので、母親と子どもを庇護することが長期にわたって必要になったのだった。

以上のように、二足歩行はヒトの先祖の行動パターンや生活様式を大きく変えただけでなく、彼らの身体を脆弱で無防備なものとし、とりわけ妊婦や出産後の母親に対する長期のケアを必要とするようになった。それに対応するべく、アウストラロピテクスは相互扶助のメカニズムを発展させるとともに、集団規模を拡大していったと考えられている。ヒトを含めたあらゆる動物の基本行動は摂食行動と繁殖行動だが、進化人類学のロビン・ダンバーらによれば、従来の進化に関する解釈は、摂食行動のような道具を介する生態環境との相互作用がヒトの認知能力の発展をもたらしたとした点で間違っている。摂食行動は、人類進化のこの段階では「認知的にはさして重要ではな」かったのであり、むしろ彼らの脳の拡大をうながしたのは、社会の規模の拡大とそれによる社会的相互作用の複雑化であったというのだ[9]。集団規模の拡大をヒトの進化のメルクマールとするこの主張は、多くの支持を得て現在では定説となっている。ただ、アウストラロピテクスは一五〇万年にわたって脳の容積が一定であったことを考慮するなら（図1－2）、そうした進化が実現されたのは彼らの末期の段階か、もしくは人類進化のつぎの段階であったと考えるのが適切だろう。

いずれにせよこの視点が示しているのは、ヒトの進化を考えるには、解剖学的な変化や行動パターンの変化だけでなく、社会生活の変化も見ていくことが重要だということである。それゆえつぎ

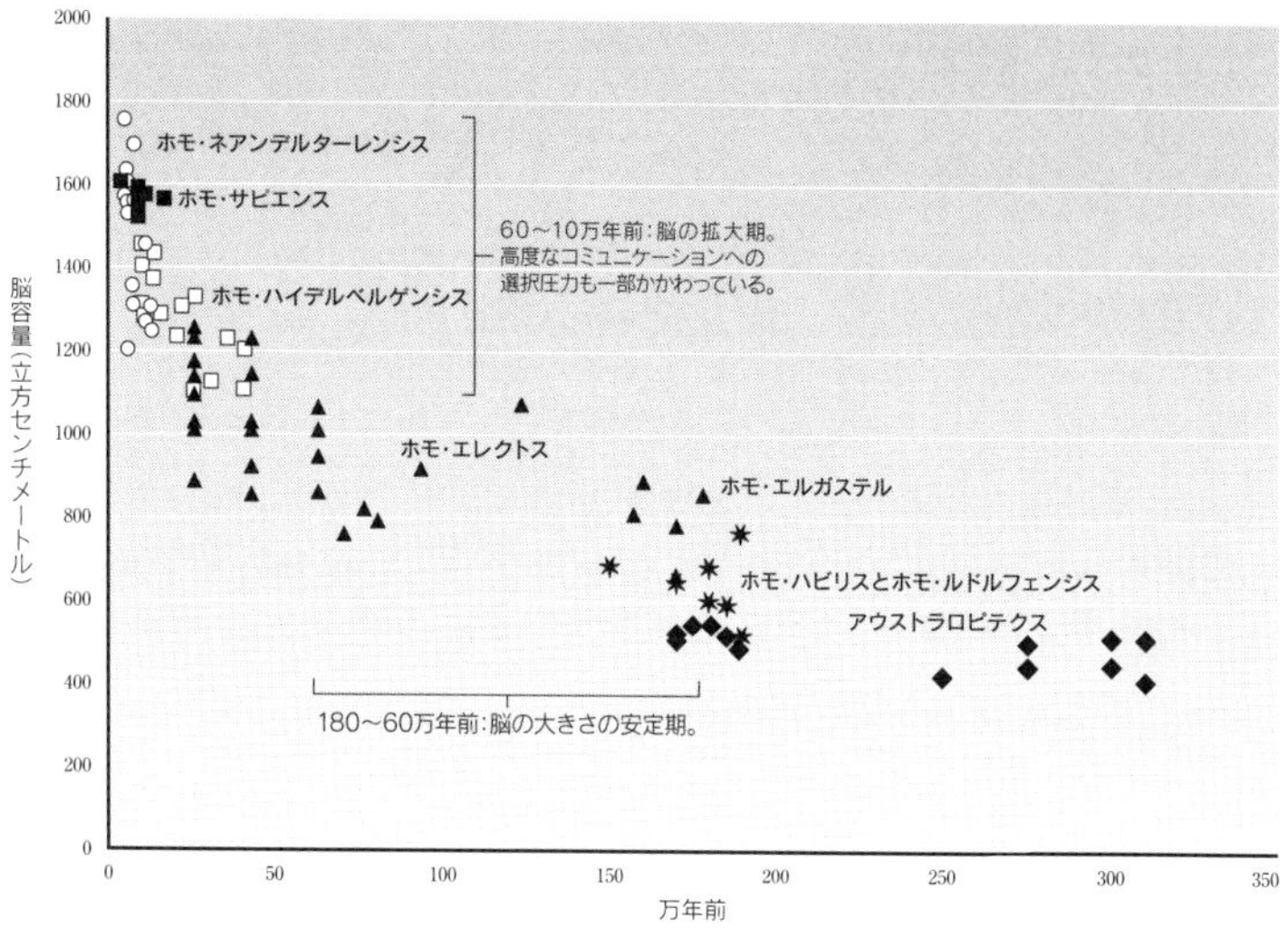

図1－2　ヒトの脳の大きさの進化

に、ヒトの先祖の社会生活が大型類人猿のそれとどのようにおなじであり、どのように違っているかを明らかにするべく、類人猿の社会生活を見ていこう。

大型類人猿の社会生活[10]

ボノボやチンパンジーの知的能力といえば、人間の言語の単語だけでなく文法も操作できるとされるアイやカンジの例が浮かぶだろうが、ここで考えたいのはそうした実験室での学習の成果ではない。自然の環境のなかで、類人猿がどのような社会関係を築き、どのようにたがいを認識しあい、そこからどのような利益を引き出そうとして行動しているか。これらの問いに実地での観察を通じて答えをもとめることは、世界の霊長類学のなかでもとくに日本の霊長類学が得意とするものであった。

表1－1は、ゴリラ研究の山極壽一による大

	オランウータン	ゴリラ	チンパンジー	ボノボ
集団サイズ	1.0-1.9（平均）	3-17（平均）	4.0-8.3（パーティ）19-106（コミュニティ）	4.3-16.9（パーティ）30-120（コミュニティ）
性・年齢構成	単独、一時的集団	単独雄、単雄複雌、複雄複雌	複雄複雌	複雄複雌
移　出	オス・メス	オス・メス	メス	メス
移　入	——	メス	メス	メス
採食集団	個体単位	集団単位	個体単位で離合集散	集団単位で離合集散
オス・オス関係	疎遠、小型のオスのみ一時的共存	疎遠、血縁のオスのみ共存	強固な血縁オス連合	弱い血縁オス連合
メス・メス関係	疎遠	疎遠だが共存	疎遠で離合集散	共存
オス・メス関係	一時的共存	恒常的に共存	離合集散	頻繁にサブグループをつくる
宥和行動	まれ	まれ	多彩	性行動が使われる
体重の性比（オス／メス）	2.04-2.37	1.63-2.37	1.27-1.29	1.36-1.38

表1－1　大型類人猿の社会集団のタイプ分け

型類人猿の社会集団のタイプ分けである。これを見ると、おなじ大型類人猿でありながら、オランウータンは孤立して暮らしている一方で、ゴリラやチンパンジー、ボノボは比較的大きな集団を形成していることがわかる。このとき、チンパンジーとボノボにはレベルの異なる二種類の集団があるとされており、そのうちの「パーティ」は日常的に顔をあわせて狩りや採集を共にする集団をさす。他方の「コミュニティ」は「単位集団」とも呼ばれるもので、個々のメンバーがそのなかで自由に移動しながらパーティを形成する大枠をさす。このコミュニティはチンパンジーとボノボでは父系の外婚単位であるので、オスは成熟してもそのなかに残るが、メスは成熟するとそれを出て他の集団に加わって生活するようになる。また、個々のコミュニティはなわばりをもっており、異なるコミュニティがぶつかると殺しあいにまで発展する「戦争」をひきおこすこともある。[11]

研究が進んでいるチンパンジーについてさらに見ていくなら、集団の規模がかなり大きく、しかも複数のメスを含んでいるので、集団のなかで権力をめぐる闘争や、そのための駆け引きや弱いものいじめがあり、食物分配や毛づくろいなどの緊張緩和行動も頻繁におこなわれている。どの集団も、数頭の雄のうちには他から地位の優越が認められている「アルファ雄」と呼ばれる一頭のオスがいて、集団内のすべてのメスとの性交を独占すると同時に、他の個体が食べている食物を奪うことも許されている。しかもアルファ雄はしばしば毛を逆立てて、集団の他の個体に対して力の誇示につとめている。その半面、アルファ雄は食物を他の個体からねだられた場合には、完全に拒絶することはできず、いやいやであれわけ与えなくてはならない。また、アルファ雄以外のオスであっても、その目を盗んで集団のメスと性交することはつねに可能とされている。

アルファ雄の権威が他から承認されているにもかかわらず、自分の食物を他に譲ったり、他のオスの性交を目こぼししたりするのは、その権威が必ずしも盤石な基盤の上にあるわけではないためだ。一般にアルファ雄は集団内でもっとも大きく力のある存在だが、対抗するオスたちが反発して連合をくんで敵対したときには、その地位が脅かされたり強制的にその地位から引きずり降ろされたりすることがある。そのため、アルファ雄といえども他のオスたちに気をつかったり、メスたちの支持をとりつけるために配慮しながら行動しなくてはならないのだ。オランダの霊長類学者フランス・ドゥ・ヴァールは、複数のチンパンジーが状況に応じて連合したり、やられたふりをしたり、敵意を隠したり、表面的にのみ和解したりするさまを克明に描いている。そのために、彼はその著書のタイトルを『チンパンジー政治』（邦題は『政治をするサル』）としたのだった。[12]

もちろんチンパンジーの社会生活にあるのは対立や敵対だけではない。彼らは集団内の緊張が高まることを避けるために、たがいに頻繁に毛づくろいをし、仲直りのしるしとして抱擁したりキスをしたりする。チンパンジーより平和的で集団の規模も大きいボノボの場合には、緊張緩和の手段は性交をはじめとする身体接触であり、彼らは実際ないし模擬的に性交をする。さらに、優越的な個体が食物を独占するのではなく、分配につとめることも緊張緩和の手段のひとつとされる。[13]ボノボはメス同士の連帯が基礎にある社会なので、メスたちは食物をわけ与えることで社会的きずなを更新しているのだ。これらの手段を通じて社会内部の緊張を緩和しようとつとめることは、集団を維持する上で必要な作業であり、もしそれがなかったなら集団は分裂し、その結果弱体化していくだろう。こうしたことを、ボノボ研究の黒田末寿はつぎのようにまとめている。

西田やグドールによるチンパンジーの単位集団間関係の研究は、雄間同盟は集団の死活に関わることを示した。異なる集団の雄同士が殺しあい、相手集団を消滅させることがあるため、雄間の強い結束は生き残るために決定的になることがある。だから、同盟は二重の意味で競争者に対抗するための手段であり、肉の分配はそれを保持する手段なのである。ドゥ・ヴァールは、「逆説的だが、闘争があるゆえに分かち合いがある」と言う。[14]

チンパンジーは巣のなかにいるアリを釣り出すために枝を加工し、堅い木の実を砕くために石の上において別の石で叩き、十種類以上の薬効のある草を処方することができるとされており、そうした彼らの道具の使用や認知能力の高さは、人間を「道具をもちいる唯一の存在」とする私たちの思い上がりを打ち砕いてきた。それに加えて、右に見たような彼らの社会的な振る舞いや「政治」がいかに人間のそれに近いかは、私たちを驚かせるだろう。その一方で、チンパンジーは凄惨な子殺しや共食いをすることが報告されており[15]、とくにアルファ雄の交代時に生じるとされている。チンパンジーのメスは五年にわたる授乳と養育の期間は発情しないので、前任のアルファ雄の子を殺すことでメスたちを発情させ、自分の子孫を増やそうとするというのが生物学的な最適者生存の観点からの解釈だが、そうした子殺しや共食いは集団内の緊張を高め、分裂の危険性を増大させることで、集団の存続にとっては有利には働かないだろう。また、アルファ雄がつねに自分の力を誇示するために他を威嚇することは、集団内に緊張を高める点でマイナス要因になっているだろう。訓練次第では言語を操作できるほど高い知能をもつチンパンジーが、進化のある段階でとどまってしまったことの理由は、案外こうした点にあったのかもしれない。

一方、ヒト科の霊長類のなかでもとりわけ脆弱で傷つきやすい身体をもち、身体的特徴のゆえに妊婦に対する特別の保護を必要としたヒトの先祖は、火も石器ももたないこの段階では、おそらく大きな集団をつくって暮らすことだけが生存を保障する手段であった。とくに彼らは危険の少ない森ではなく、大型の肉食獣が多く棲息するサバンナや疎林で生活していただけに、大きな集団の形成は生き延びるための唯一の戦略であっただろう。図1-3に見られるように、アウストラロピテクスは他のヒト科の生物より大きな集団をつくって暮らしており、それを維持していくには、食物の分配をはじめとするさまざまな手段を活用して集団内の緊張を緩和することが必要であった。そのことが、彼らに石器をはじめとする道具の製作を可能にするだけの知能の発達をうながしたと考えられるのだ。

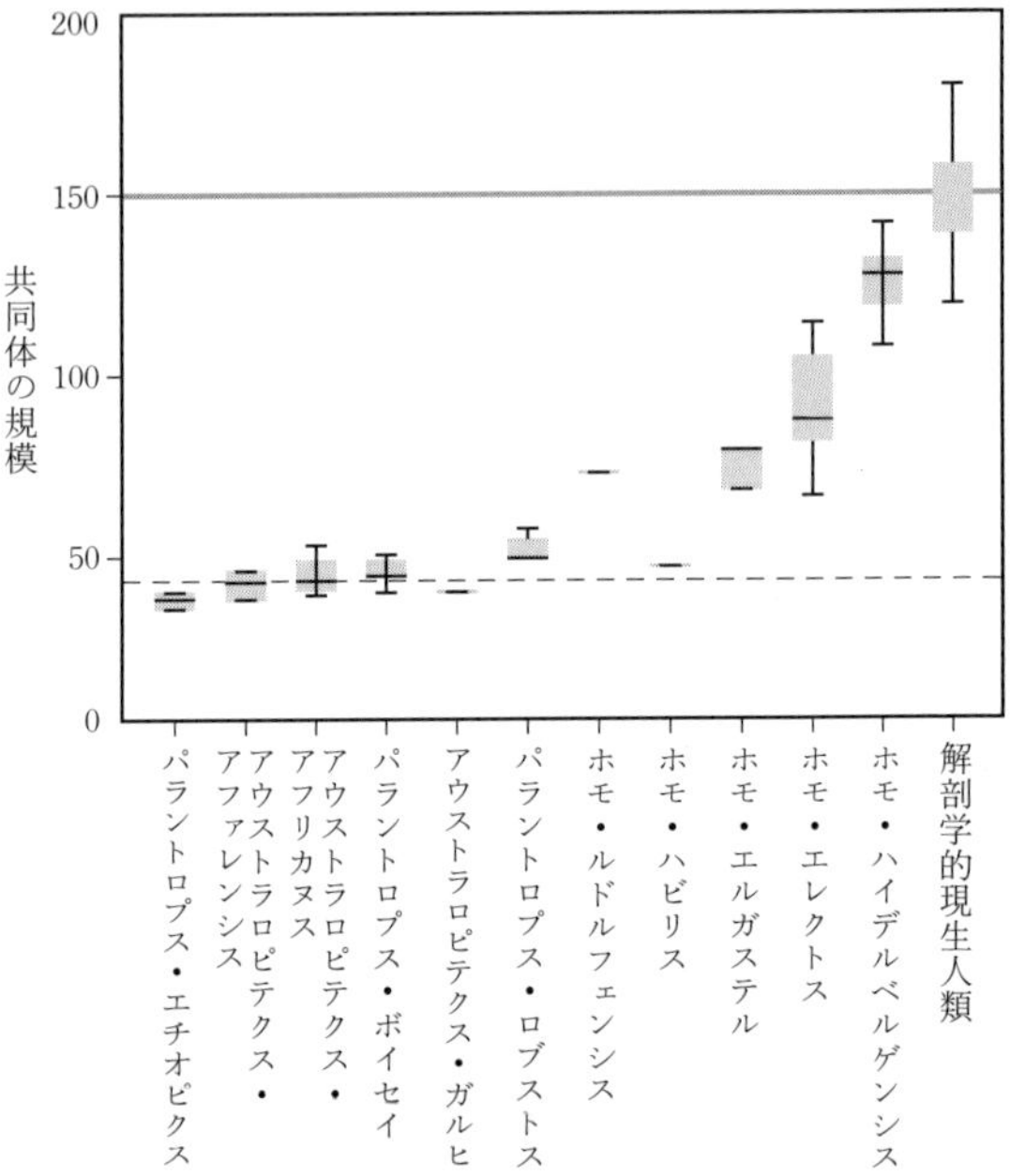

図1－3　ヒトの共同体の規模

ホモ・ハビリスと石器の発明

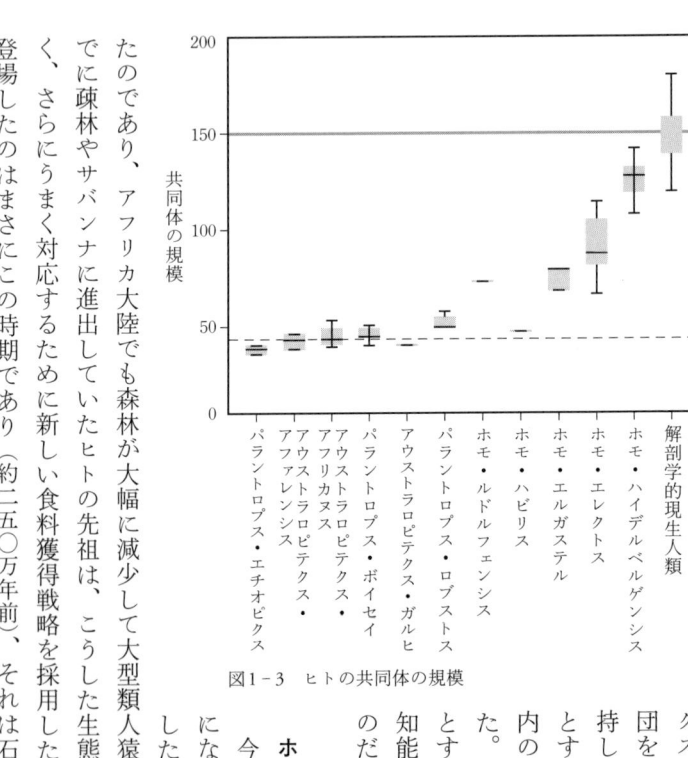

今から三〇〇万年から二五〇万年前になると、地球の寒冷化が一段と進行した。氷河期の寒冷な気候がはじまったのであり、アフリカ大陸でも森林が大幅に減少して大型類人猿は生息が困難になった。一方、すでに疎林やサバンナに進出していたヒトの先祖は、こうした生態環境の変化に適応できただけでなく、さらにうまく対応するために新しい食料獲得戦略を採用したと考えられている。最初に石器が登場したのはまさにこの時期であり（約二五〇万年前）、それは石に別の石をぶつけて片面を砕いた

だけの簡単なものであったが、鋭くとがった部分は動物の皮をはぎ、肉を切りとるにはきわめて有効であった。彼らが実際に動物の狩りをしていたか、それともライオンなどの肉食獣が獲った獲物の食べ残しを口にしていたかはわかっていない。いずれにしても、石でつけた傷のある動物の骨が数多く出土しているので、栄養価の高い肉や骨のなかの骨髄を食べることが頻繁におこなわれるようになっていたようだ。石器をつくった彼らはホモ・ハビリス、「器用なヒト」と名づけられたが、学名にはじめてヒトを意味するホモがつけられたのは、人間だけが道具を使用するとする当時の学会の見方を反映したものであった。

ホモ・ハビリスは骨の出土が少ないのでその実態はよくわかっていないが、解剖学的にはアウストラロピテクスによく似ており、身長も頭蓋骨の容量も大きく変わっていないので、新種というよりアウストラロピテクスの最終形態であった可能性が高い。とはいえ、彼らは環境の変化に対応するために石器というまったく新しい道具の製作を開始し、肉食を大きくとり入れることで栄養状態を改善させることに成功した。彼らは解剖学的にはアウストラロピテクスと変わりないとしても、ホモ・ハビリスと呼ばれるのが適切な新たな存在様式を獲得したのであり、そのことでヒトの進化を一段と進める契機になったのだった。

石器をつくり肉食の割合をふやしたホモ・ハビリスは、数十万年をへる過程で、解剖学的にもまったく新しい種を誕生させた。それが一八〇万年ほど前に出現したホモ・エレクトスである（図1－1の「原人」）。二足歩行を完全にマスターした彼らは、現生人とほぼおなじ身長で、ほっそりした体つきをし、長時間動きまわって食物を探すことができるようおそらく汗腺を体中につくり、体

図1－4　ハンドアックスの通時的変化　右下から左上に、175万、160万、125万、85万年前

毛を脱落させた。彼らの頭蓋骨の容量は、初期にはアウストラロピテクスとおなじ五〇〇cc前後であったが、一〇〇万年後にはその二倍の一〇〇〇cc近くにまで拡大しており（図1－2）、その知能が急速に発達していたのは疑いない（アフリカのホモ・エレクトスはホモ・エルガステルと呼ばれている）。

ホモ・エレクトスは初期には従来の片面だけを砕いた石器をもちいていたが、やがてアシュール型と呼ばれる両面を加工した石器＝ハンドアックスをつくり出した（図1－4）。それは一段と切れ味をましただけでなく、切る、削る、裂く、叩き割るなど、さまざまな機能をもつものであった。彼らが工房のようなところで石器の製造をおこなっていたらしいことは、大量の石の破片が堆積している遺跡があることで知られている。そのなかには、金属製のナイフのように鋭い切れ味をもつものも数多くまじっていた。彼らがそれらをもちいて獲った動物を解体したり、それでとがらせた木を武器にして狩りをおこなっていたらしいことは、今から一八〇万年前以降、彼らの骨や石器とともにヌーやレイヨウ、ゾウなどの大型の草食動物の骨が大量に出ることから明らかになっている。[16] ヒトの先祖が何百万年ものあいだ営んできた植物の採集に、新しく狩猟を主要な生存戦略としてつけ加えたヒトがここに出現したのであり、それは人類進化の過程においてはじめて生じた現象であった。

なお、この解釈には異論もあるのでふれておく。ホモ・エレクトスがもちいた石器の近くにゾウの骨が集まっていたのは、水の流れなどの自然的理由によるものであり、彼らがゾウの狩猟をおこなっていたことの証拠にはならないという批判だ[17]。この見方によれば、最初に狩猟採集民になったのはホモ・エレクトスではなく、八〇万〜六〇万年ほど前に現れたホモ・ハイデルベルゲンシスであった。しかし、もしホモ・エレクトスが狩猟採集を主要な生業として開発していなかったとするなら、彼らのもとで脳の巨大化や腸の縮小などの身体的変化が生じていたことを説明できないだろう。身体的変化を重視する形質人類学のリチャード・ランガムらとともに、ホモ・エレクトスが最初の狩猟採集民であったと解釈するのが適切と思われるのだ[18]。

集団規模を拡大させると同時に積極的に狩猟採集をおこなうようになった彼らの新たな生存戦略が大成功をおさめていたことは、ヒトの進化の過程においてはじめて彼らがアフリカを出て、世界中に広がったことが証拠立てている。彼らの骨はアフリカ大陸のみならず、旧大陸のさまざまな土地で見つかっており、有名なジャワ原人や北京原人、それにインドネシアのフローレス島で数万年前まで生息していた小さなフローレス原人なども、すべてホモ・エレクトスの仲間であった。

最初の狩猟採集民

チンパンジーも集団で小型の霊長類のコロブスなどの狩りをするが、ヒトの先祖ほど組織的に狩りをするわけではない。ホモ・エレクトスの狩りがチンパンジーのそれと異なっているのは、ヌーやアンテロープ、ときにゾウやマンモスなど、命の危険をもたらしかねない自分たちより大きな体をもつ動物の狩りもおこなっていたことだ。そうした動物を相手に狩りをするには、動物の生態をよく理解し、その通り道を判別し、足跡や糞からいる場所を推定し、逃げ方や抵抗の仕方などの行動パターンを把握するとともに、獲物を狙って競合する肉食獣への警戒を怠らないなど、さまざまな知識の総合と運用が不可欠であった。ヒトの先祖が長時間走ることが可能な身体をもつようになったことは先に見たが、それだけで狙った獲物を消耗させ、殺して肉を手に入れることができたわけではない。危険な動物を狩るには、ハンター同士があらかじめ役割を分担し、動物の行動パターンを読んでそれぞれが適切な位置につき、緊密に連携し協力しながら狩りをすることが必要であり、それは高度の知的能力とコミュニケーション・スキルを要求する作業であった。それをおこなうには、言語はまだ誕生していなかったとはいえ、身振り言語などの伝達手段を発達させることがおそらく不可欠であったのだ。[19]

とはいっても、狩りには運不運がつきものなので、集団全体が腹いっぱいになるほど大きな獲物を獲得できることもあれば、何日も不猟がつづくこともある。そのため、現存するほぼすべての狩猟採集民がそうであるように、男性が獲物を追って狩猟に出かけているあいだ、女性たちは近場を歩きまわって果実や木の実、根茎などを採集することが不可欠であった。今日の各地の狩猟採集民のもとでの比較研究によれば、男女が別々に獲得する食物のうち、狩りで得られる食物はカロリー換算で三五パーセントに過ぎず、全体の三分の二は女性の手になるものである。[20] 男女が仕事を分業することで、食料の獲得が一年を通じて平準化し、彼らの生活の安定と生存の保障が可能になったのだ。

　このように食料獲得が分業化されたとすれば、得られた肉は狩りの場で即座に消費されるのではなく、キャンプにもち帰って食べられただろう。採集された植物性食物についてもおなじであり、女性たちも収穫をもち帰って分配したに違いなかった。彼らが集まって暮らすキャンプに運ばれた食料は、堅い木の実であれば石でつぶされ、肉であれば石器で小さく切られて、食べやすいかたちに加工ないし「調理」されていただろう。それによって、機敏な動きのできない妊婦や乳幼児、高齢者も共に食事をすることができるようになり、彼らの生存可能性がいちじるしく高まったはずだ。最初の火の使用は一五〇万～一〇〇万年ほど前とされるので[21]、それがホモ・エレクトスによって開始されたことは間違いない。彼らは火をもちいて調理することで、消化が困難な生肉や植物性食物の消化吸収を容易にし、栄養状態を大きく改善させたのだ。

　以上のような生業形態の変化や社会生活の変化、その結果としての食生活の変化は、ヒトの身体を大きく変えていった。進化生物学のダニエル・リーバーマンによれば、人間とおなじくらいの体重の哺乳類の多くは、脳の大きさが人間の半分である反面、腸の長さが人間の二倍ある。腸が長いのはそれだけ消化吸収に手間がかかるためであり、その場合には食物から得られるカロリーの多くは腸の活動に消費され、現生人で総カロリーの二〇パーセントを消費するとされる巨大な脳を維持することは不可能である。その意味で、ヒトという種の最大の特徴である脳の巨大化が可能になったのは、「食事を（肉食という）良質なものに切り替えることによって大きな腸を大きな脳と交換した」ためであった[22]。かくして、植物性食物の採集に狩猟を加えたことによる食事の変化は、脳を巨大化させただけでなく、腸を短くすることで腹を小さくし、その分手足が長くなることを可能にし、現生人に近い身体をつくり出した。これらはいずれもホモ・エレクトスが実現したことであり、まさに彼らこそは人類進化に決定的な変化を、つまり革命をもたらした存在であったのだ。

ネオテニーによるヒトの進化[23]

ホモ・エレクトスが脳を巨大化させたことは、さまざまな能力を彼らに与えた一方で、新たな困難を課すことになった。二足歩行をすることで骨盤が狭くなり産道が広がらなくなったために、出産がいちじるしく困難になったことだ。そこで、ホモ・エレクトスは胎児の脳が十分に成長する前に出産し、胎外で成長を継続させることが必要になったと考えられている。研究者はこれを「外的妊娠」と呼び、「ヒトでは生後八〜一〇ヵ月が」それに相当するという。[24]動物学の知見によれば、ニホンザルは生まれるときに成体の七〇パーセントの脳を完成させており、しかも残りは生後六か月のあいだに完成する。チンパンジーの場合には脳が完成するのは生まれて一二か月あとである。一方、人間の場合には、出生時の脳の大きさは成体のそれの二三パーセントにすぎず、脳は六年のあいだ急速な成長をつづけ、成長が止まるのはようやく二三歳になったときである。[25]これは現生人のケースだが、頭蓋骨の容量が一〇〇〇ccと私たちのそれの四分の三まで拡大していたホモ・エレクトスにおいても、事態は大きく変わらなかっただろう。

ヒトの新生児が十分に成長する前に出産されるようになったために、ヒトの乳幼児期が引き延ばされ、母親や周囲の人間に対する依存度が増したこと、それによってヒトに固有の身体的および精

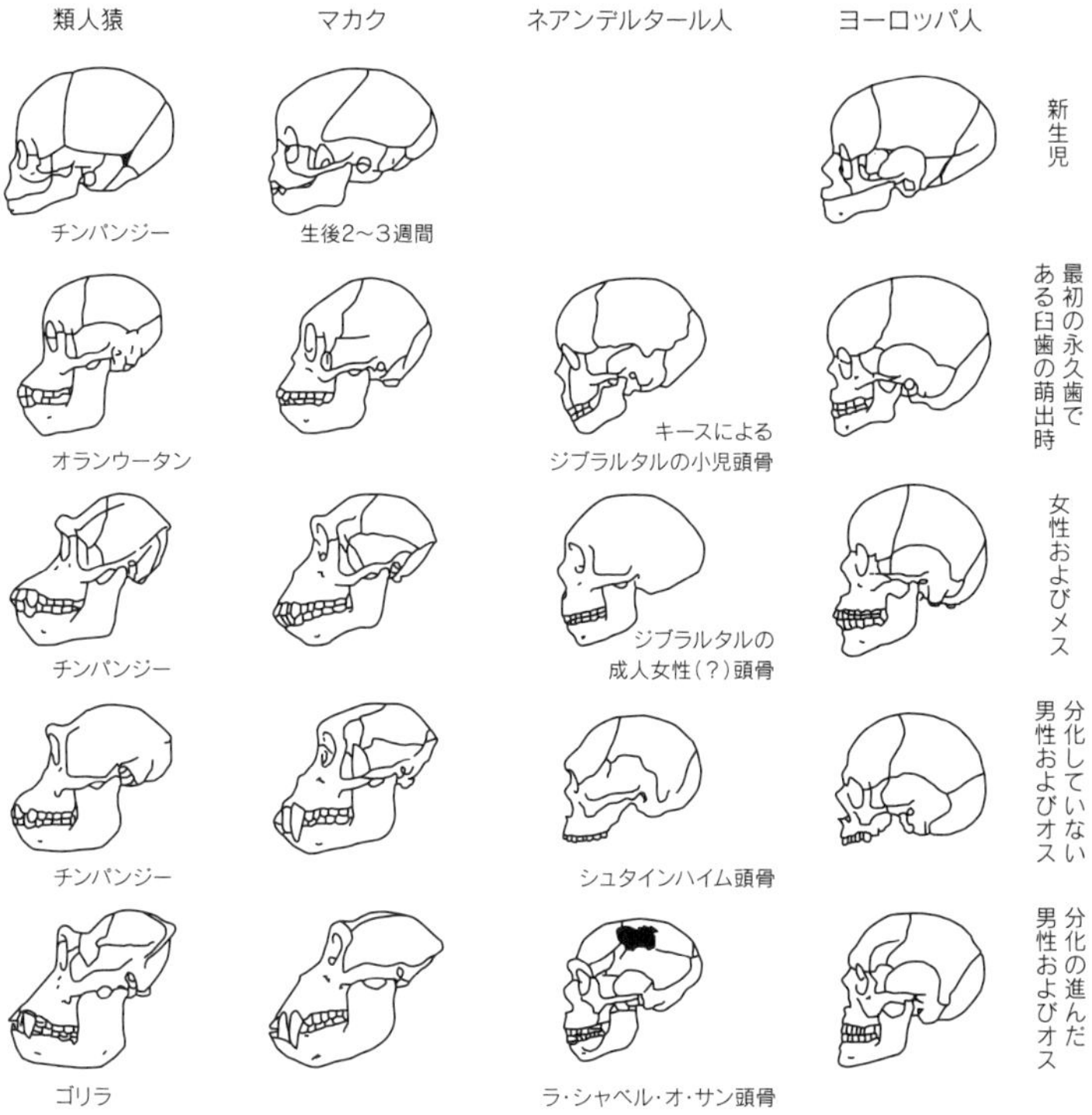

図1－5　霊長類の成長にともなう頭骨の変化

神的特徴が出現したことは、一般にネオテニー（幼形をたもちながら成熟すること）と呼ばれている。著名な生物学者であるスティーヴン・グールドによれば、ヒトは遺伝子の変異によって成体になっても幼児期の特徴の多くを保持するようになったのであり、彼はこれを「遅延」と呼んでいる。図1－5が示すように、ヒト以外の霊長類は成体になるにつれて環境適応のために頭骨のかたちを大きく変えるのに対し、ヒトだけは成人しても新生児の頭蓋骨とほぼおなじかたちをたもちつづけている。それだけでなく、顔の凹凸が少なく平たいこと、肌がつるつるしていること、顎が小さいこと、歯が小さいこと、体毛が少ないこと、頭蓋骨の縫合が二〇歳代まで延ばされること、頭が丸いこと、頭骨が薄いこと、女性の膣が前方にあることなどが、ネオテニー＝遅延によるヒトの身体的特徴とされている。

こうした身体的次元でのネオテニーに対し、人類進化においてより大きな影響をもたらしたのが、精神面における遅延であったとグールドはいう。「ネオテニーは、ヒトの進化において（たぶんいちばん）重要な決定要因であった。〔略〕遅延というマトリックスのなかで、幼児期の適応形質は容易に保持される。学習と社会化の期間を延長する発育戦略としての遅延は、ヒトの進化の形態的変化のどれよりもはるかに重要であるかもしれない」[26]。この一節はわかりにくいのでいい換えよう。十分に成熟して自立可能になる以前に出産されるヒトは、母親や周囲の人間による保護を必要とし、その結果、大人になっても幼児期に特有な精神的特性をたもちつづけるというのだ。母親をはじめとする近しい人への依存感情、遊び好きであること、他に対する警戒心や攻撃性が少ないこと、身体的接触を好むこと、未知のものに対する好奇心が強いこと、新しい物好きであることなどの特性であり、それらの特性をもつことによってヒトは長期にわたって学習をつづけ、新しい知識をたえず吸収し発展させることが可能になったというのだ[27]。

動物学者のデズモンド・モリスによれば、ヒトがチンパンジーのようにどの雌とも性交する雑婚ではなく、性交する相手を固定するつがいをつくるようになったのも、このネオテニーが原因であった。

長い成長期の間に、彼は、若いサルが経験しうるよりもずっと強力で長期にわたる両親との個人的関係を発展させる機会をもった。成熟と独立に伴ってこの親子結合が消失すると、「関係の空隙」を生ずる。このギャップは埋められねばならない。こうして彼は、これに代わる同じように強い、新しい結合の発展の下地を準備しているのである。

これだけでも新しいつがい結合を形成する必要を強めるに十分だったけれど、それを保持するには、さらに補助的な助けもあったろうと思われる。つがいの結合は、家族を養う長い過程にみあうだけ長く続かねばならないのである。〔略〕（つがいの相手は）月経周期のただ一点でしか排卵しないのだから、他のときにおこなう交尾はすべて生殖の機能をもちえない。裸のサル（＝ヒト）がこれほどよく交尾するということは、子どもをつくることにでなくて、性の相手のために報酬を与え合うことによってつがいの結合をかためることに関連があるのである。[28]

社会的緊張と笑い

ヒトのつがい、つまり婚姻関係の形成についてのモリスの解釈が妥当か否かは不明だが、チンパンジーは雑婚をするのに対し、すべての人間社会は婚姻制度をもつことが確認されているので、それが生物学的な適応の過程で生じたことは確実だろう。つがいの形成の問いは別にして、ここで確認しておきたいことは、ヒトの固有の特徴である乳幼児期の引き延ばしと母親や周囲の人間に対する依存関係の延長が、ヒトが進化する過程で生じた生物学的適応にほかならないということだ。

私たちは先に、二足歩行を始めたヒトの先祖が、ぶざまで、脆弱で、無防備な身体をもっていたことを見てきた。そして、ヒトがそれほど脆弱で無防備な身体をもつ存在になったことが、彼らがチンパンジーやボノボより大きな集団を形成するようになった必然的理由であった。こうした身体的な脆弱さに加え、ヒトが進化の過程で新たな脆弱さを帯びるようになったことがここで確認されたのであり、それは、ヒトの脳が巨大化したために十分に成熟する前に出産するようになったことで、他の動物のようには誕生後すぐに立って動くことができず、長期にわたって母親などの保護が必要になったことである。この意味において、ヒトは二重の脆弱さ、傷つきやすさを抱えた存在になったのであり、そうした事態に対応するには、十分な武器をもちえなかったこの段階では、集団規模を拡大することが生存のための唯一の手段であったはずだ。現代の狩猟採集民は五〇人程度の基礎集団を形成するのが一般的であり、これはチンパンジーやボノボのパーティの数倍の規模をもっている。優れた武器をもつ現代の狩猟採集民でこの規模なのだから、十分な武器をもたなかったホモ・エレクトスはより大規模な集団を形成することが必要だったと考えられるのだ（図1－3参照）。

先史考古学のクライブ・フィンレイソンは、「弱者こそが生き残る」のが進化の鉄則だと主張するが、[29]このことはそのままヒトの進化にも妥当するように思われる。二重に脆弱な身体をもつようになったヒトの先祖は、他の類人猿より大きな集団を形成することが必要だったのであり、今度はそのことが、ダンバーらがいうような社会関係と社会的相互作用の複雑化と、それに適応するための知的能力の発達をうながしたのだった。ホモ・エレクトスがすぐれた石器を発明したことで大型の動物を狩りの対象とすることが可能になり、狩猟採集民としての生き方が確立されたのは、そうした長い時間をかけた進化の産物にほかならなかった。そのようにしてヒトの先祖は、他の種にはない文化と呼ばれる独自の生存様式を築きあげたのだ。

ところで、集団規模を拡大することは、危険な敵からの防御や食物獲得の観点では有利だが、集団内の緊張を増加させるという点ではマイナスに作用する。そのことは、うまく対処できなかったなら集団の分裂につながる危険があるだけに重大な課題といえる。ヒトの先祖とおなじように集団で生きる類人猿はそれに対処する手段を講じており、チンパンジーの場合には、緊張緩和の手段は複数の個体が接触しておこなう毛づくろいであり、これによって脳内に「脳内麻薬」と呼ばれるエンドルフィンが分泌され、幸福感が増すことが確認されている。[30] しかし、ヒトの先祖のように集団規模がさらに拡大されたケースでは、これだけでは緊張緩和の手段としては不十分であっただろう。直接接触を必要とする毛づくろいでは、より大きな集団のレベルで生じる緊張を緩和することは不可能なのであり、集団内の緊張を緩和し、集団を維持していくためのなんらかの手段をつくり出すことが必要だったと考えられるのだ。

そこで、大規模な集団の緊張緩和および抑止の手段として考えられているのが、笑いであり、食物分配である。まず笑いだが、その効用をロビン・ダンバーらはつぎのように説明する。赤ん坊が誕生すると、腹が減った、おむつが濡れたといって大声で泣くが、四か月ほど経過した頃から、赤ん坊は世話をしてくれる人を見わけるようになり、その顔を見るとキャッキャッと笑うようになる。その後も赤ん坊や幼児はよく笑い、周囲の人間をなごませ喜ばせ幸せにする。笑いには毛づくろいとおなじようにエンドルフィンを放出するほか、ドーパミンやアドレナリンを分泌して意欲や多幸感を増加させる働きがあることが確認されている。笑いは直接的な肉体的接触をもたない複数の個体のあいだでも共有されるから、緊張緩和の手段としては毛づくろいより効率的だし、生後四か月の赤ん坊でも笑うのだから、言語使用以前のヒトがそれを活用したと考えることは不可能ではない。[31]笑いという人間に特有の身体技法をつくり出したことで、ヒトの先祖は大きな社会を維持することができるようになったというのだ。

食物分配による共同性の実現

これに対し、食物分配こそが集団を維持する上で重要だとする研究者も多く存在する。ホモ・エレクトスによる狩猟採集の開始とともに、男性は遠くに出かけて狩りをし、女性は近場で植物性食物を採集するという分業が確立されたのだが、男性と女性が別々に獲得した食物を居住キャンプにもち帰って食べるようになったのだから、その基礎にあるのは食物の分配である。このように各自が獲得した食物をその場で食べずにもち帰るという利他的な行動の出現は、最適者生存の観点からはつぎのように説明されている。それによって妊娠中や乳幼児を抱えた女性も生命の危険を冒すことなく食物を入手できるようになったので、女性や乳幼児の生存率がいちじるしく高まった。それに加え、女性の栄養状態が改善されたことで発情を抑制する必要がなくなり、発情の機会が増加したために彼女らの妊娠可能性が増加した。チンパンジーが子を産むのは約五年ごとなのに対し、ヒトの場合にはその周期が短くなったことで種としての繁殖能力が増大し、その結果、種としての繁栄が実現されたというのだ。[32]

これは議論としては間違ってはいないと思われるが、食物分配にはより積極的な働きがあると考えるべきだろう。チンパンジーは集団で狩りをするが、獲物はそこで消費され、キャンプにもち帰られることはない。にもかかわらず、彼らはその場にいる個体にはいやいやながらであっても分配するのであり、そこに多くの霊長類学者は自己と他者の認識と、自己の欲求の断念、そして他者への配慮の発現を見ている。[33] なかでも日本の霊長類学を切り開いた伊谷純一郎は、そこに現代の狩猟採集民に顕著に見られる「平等原則」の発現を認め、ニホンザルのようなヒエラルキーの堅固な「不平等原則に基づくシステムから平等原則に基づくシステムへの移行」が生じたと主張するのである。[34]

このようにチンパンジーなどの大型類人猿に他者への配慮と平等原則の発現を認めるのであれば、最初の狩猟採集民であるホモ・エレクトスにその発展形態が生じていたと考えることに無理はあるまい。生物進化の過程で二重の脆弱さを課されたヒトの先祖は、集団規模を拡大させると同時に、集団のなかでしか生きることができないことを生物学的に「理解」していた。であれば、彼らに食物分配のような利他的行動をうながすべく、「幸せホルモン」と呼ばれるセロトニン等を分泌するよう遺伝子に変異が生じたと想定することは不可能ではないだろう。実際、チンパンジーよりさらに人間に近いとされるボノボにおいては、セロトニンに反応する脳の作動性軸索が二倍になっていることが確認されており、形質人類学のリチャード・ランガムはそこにボノボの衝動の抑制と平和的な性格の理由を認めている。[35] ヒトの先祖においてもこうした傾向が一段と増加するよう、なんらかの遺伝子的変異が生じていたと考えることは十分に可能なのだ。

黒田末寿は自身の霊長類の観察をもとにつぎのように描いている。ホモ・エレクトスなどの初期人類が大量の肉を得たときに経験したであろう共食と交歓の光景を、

初期人類やその祖先はサバンナ・ウッドランドに住み、男たちを中心に集団で屍肉漁りにサバンナをうろついていたと考えられている。女がこれについていくこともあったが、子どもがいる女はより安全な疎林や川辺林で果実や根菜の採集に集中しただろう。チンパンジーと同じく、人類祖先の男の性格にも勇敢さと臆病さ、および興奮しやすさが混在していたとすれば、彼らは何か事あるごとに抱き合って勇気を鼓舞し、肉食獣には共同で石や棒を振り回し騒ぎ立てて対抗し、屍肉を見つけると大声を上げて抱き合って喜び、ついてきた女と性交したことだろう。このような環境では、集団でいること自体が協力であり連帯を生む。そこで得られた肉は、まず、コムニタス的分配の対象になったはずである。彼らは空腹を満たすと、多少とも肉のついた骨を持ち帰ろうとしたに違いない。[36]

宗教的経験の起源？

右の引用は、今日の狩猟採集民のもとで観察されるだけでなく、世界中の多くの宗教が核心においている「祝祭」を連想させるものだ。ホモ・エレクトスが狩猟採集をおこない、その成果をもち帰って集団の全員で分配と共食をしていたとすれば、こうした歓喜の光景は、大きな獲物を得た際に彼らのキャンプでくり返し生じていたと推測される。集団であることが生存のための必要条件であった誕生したばかりのホモ属にとって、集団の結束を高め、集団であることの喜びを体感させる

祝祭的行動は、彼らの存在の根幹にあったのではなかったか。しかもそれは言語を必要とするものではなかっただけに、いまだ言語をもたなかった彼らにとっても十分に可能な実践であったと思われるのだ。[37]

宗教の本質と起源を探求したフランスの社会学者エミール・デュルケームは、さまざまな形態の宗教を研究したあげく、現代の狩猟採集民であるオーストラリア・アボリジニの宗教体系の根幹をなす祝祭に行きついた。アボリジニの人びとは日常では狩りや採集に従事するためにわかれて暮らしているが、一年のある時期にはそれらの個別集団が集まって共同で祝祭を執行して喜びをわかちあう。デュルケームはこうした記述にもとづいて、祝祭が可能にする集団の凝集性＝聖と、個々人の自由で利己的な行動がおこなわれる日常性＝俗との分離こそが「宗教生活の基本形態」だと主張したのだった。[38]彼のこの主張は、宗教学においても社会学においても必ずしも十分には評価されてこなかったが、私としては彼の慧眼を高く評価したい。宗教の起源にあり、その後も長く宗教の本質的要素でありつづけたのは、二重の脆弱さを抱えるヒトの先祖がつくり出した集団的高揚のメカニズムであり、それにもとづく集団的連帯ないし共同性であったと思われるのだ。

一方、人間の行為の妥当性を進化に寄与するか否かで判断する「社会生物学」を提唱したエドワード・ウィルソンは、異なる観点から宗教の起源について論じている。彼によれば、集団の同調性が増して個々人の利他的行動が増加することが、自然淘汰の観点から見て有利になるのであり、そこに宗教の起源があるという。利己的行動をうながす遺伝子の出現頻度の高い社会は、「遺伝子的一致性の点で逸脱要素の少ない社会に敗退」するはずであり、宗教はその成員に対して同調性や忠誠心を高める機能をもつ点で、進化論的に見て十分な必然性があるというのだ。[39] この主張は完全に間違っているわけではないが、いくつか欠陥を含んでいる。そのひとつは、集団の成員間に完全な同調性が実現されると、多様性が失われてしまうので、環境の変化に適切に適応できなくなって集団の存続が困難になることだ。もうひとつは、集団の同調性が高まると、他集団との境界が強化されたり違いが際立たされたりすることで、他からの孤立や敵対を招きやすくなることだ。このふたつの論点から導かれる結論は、利他性と同調性が過度に強い集団は自然淘汰の観点から見てマイナスに機能するだろうということだ。

こうした主張と比較するとき、デュルケームのいう祝祭はきわめて巧妙な仕掛けであることがわかる。それは、祝祭の期間のあいだは集団規模をいちじるしく拡大し、協調性と一体性を強調することで集団の共同性を高めるが、その期間は長くはつづかず、個々人は自由で利己的な行為がおこなわれる日常生活へと戻っていく。かくして祝祭が現出する共同性は一時的なものなので、必要以上の社会的緊張や同調性を生み出す恐れはない。この、集合性と個別性、利他と利己、同調性と自由意志の関係は宗教のあり方そのものにかかわるものであるので、これ以降、具体的な事例に沿いながらさらに議論していく。

ホモ・ハイデルベルゲンシスの出現

今から八〇万～六〇万年前になると、ホモ・エレクトスのなかでも進化が進み、新しい種に分類されるほどの変化があらわれてきた。それが、アフリカからヨーロッパ、およびアジアの一部で発見されているホモ・ハイデルベルゲンシスであり（図1―1の「旧人」）、ネアンデルタール人と私たちホモ・サピエンスの共通の祖先とされている。このふたつの種がホモ・ハイデルベルゲンシスからわかれたのは六〇万〜四〇万年ほど前と考えられており、ネアンデルタール人は氷河時代のヨーロッパの寒冷な気候に適応するべく頑健な体をもつようになった一方、ホモ・サピエンスはアフリカの温和な気候に応じてしなやかな身体を保持した。その後、七万年ほど前に少人数のホモ・サピエンスが二度目の「出アフリカ」を敢行して中東地域にあらわれ、その一部はネアンデルタール人と交わりながら彼らを駆逐しつつ世界中に広がっていったのだ。

ホモ・ハイデルベルゲンシスの身体は私たち現生人にさらに近づいており、ヨーロッパで発見された彼らは身長一七五〜一八〇センチメートル、骨盤も広く、がっしりとした体形をしていた。頭蓋骨の容量も一一〇〇〜一四〇〇ccであり、私たち現生人よりわずかに少ない程度であった。しかも、彼らは喉頭が下がって咽頭が長くなっており、これによって複雑な音の変化を出すことが可能になっていた。この変化は言語の獲得には不可欠なものであったが、ホモ・ハイデルベルゲンシスは言語をつくり出していなかったというのがこれまでの共通理解である。

氷河期の寒冷な環境のなかで生きていた彼らは、それに対応するべく細枝を地面に何本も立てて居住小屋を作り、内部には炉ももうけていた。彼らはそれで暖をとっていただけでなく、小屋の周囲には動物の骨がたくさん発見されているので、彼らが火をもちいて調理をしていたのは疑いない。やがて彼らは石を剝ぐように割って石刃をつくるムスチエ型と呼ばれる新しいタイプの石器を製作するようになったが（図1―6）、このタイプの石器の出現を契機として、考古学的にはそれ以前

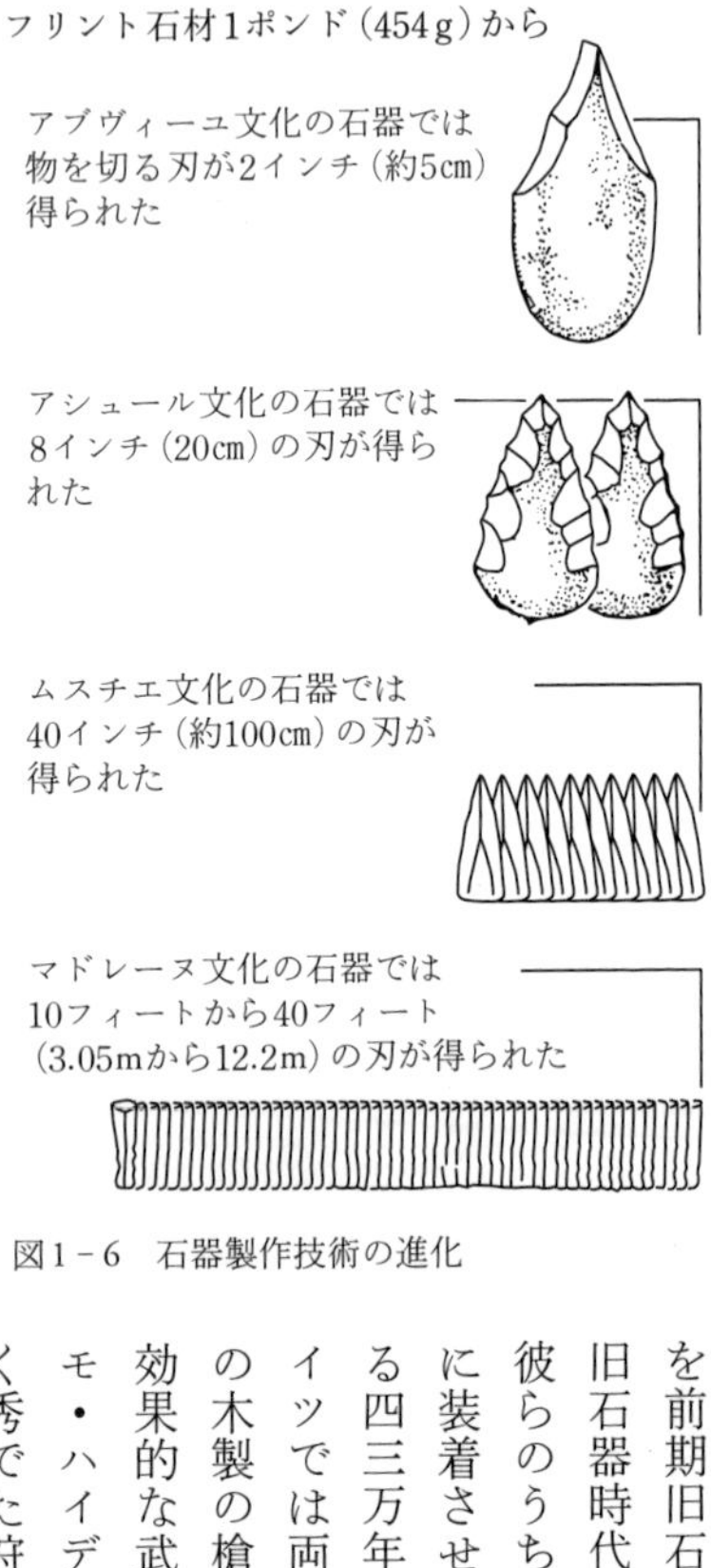
フリント石材1ポンド（454g）から
アブヴィーユ文化の石器では物を切る刃が2インチ（約5cm）得られた
アシュール文化の石器では8インチ（20cm）の刃が得られた
ムスチエ文化の石器では40インチ（約100cm）の刃が得られた
マドレーヌ文化の石器では10フィートから40フィート（3.05mから12.2m）の刃が得られた

図1－6　石器製作技術の進化

を前期旧石器時代、それ以降を中期旧石器時代と呼んで区別している。彼らのうち、南アフリカでは木の先に装着させるための尖頭器と呼ばれる四三万年前の石器が発見され、ドイツでは両端を尖らせたほぼ同時代の木製の槍が六本発見されている。効果的な武器を使用することで、ホモ・ハイデルベルゲンシスはおそらく秀でた狩猟者になっていた。

宗教進化の観点から見て興味深いのは、ホモ・ハイデルベルゲンシスが埋葬をおこなっていた可能性があることだ。スペイン北部のシマ・デ・ロス・ウエソス（「骨の採掘場」）と呼ばれる洞窟遺跡は五〇万～四三万年前とされるので、ネアンデルタール人や現生人より古い遺跡だが、その洞窟の奥にある深い穴から五〇〇〇片、少なくとも二八体のヒトの骨が発見されている。遺跡の発掘にあたった研究者は、ヒトがおこなった最古の埋葬跡だと主張するが、[40] それは肉食獣の巣であって、大量の骨を運んで食べた跡だとする解釈もあり、いまだ決着はついていない。もし埋葬であったとすれば、ヒトの先祖はこの段階で死を認識していたことになり、その場合、死者や霊魂の観念が生じていた可能性もある。宗教進化の観点から見てきわめて興味深い事例だが、残念ながら確実な結論はいまだ出ていない。

ネアンデルタール人の誕生および死[41]

一八五六年、ドイツのデュッセルドルフ郊外のネアンデル谷の洞窟で奇妙な骨が発見された。クマの骨だと思った作業員に対し、高校教員のヨハン・カール・フールロットとボン大学のヘルマン・シャーフハウゼンはさまざまな角度から分析した結果、ケルト人以前のヨーロッパの住人のものだとする研究結果を公表した。この研究は当初は疑問視されていたが、しだいにその真価が認められるようになり、一八六四年に新種のヒトの骨としてホモ・ネアンデルターレンシスの学名が与えられた。このときいらい、彼らネアンデルタール人が私たち現生人とおなじ種なのか異なるのか、種が異なるとすれば彼らは滅亡したわけだがその理由はなにか、なぜ私たちホモ・サピエンスのみが生き残ったのか、など多くの問いが生じてきた。近年の研究によってこれらの問いの多くは答えられるようになっているので、順に見ていこう。

ネアンデルタール人が現生人の先祖と分岐したのは六〇万～四〇万年前とされ、種の違いを証拠立てるだけの十分な古さとされている。もっとも古いネアンデルタール人の骨は三〇万～二五万年前のものだが、この時期は地球の気候が大きく変動し、二〇万年前からは寒冷化が急速に進んだので、彼らは対応を迫られたはずだ。ネアンデルタール人は現生人より若干背が低い反面、骨盤や肩幅は非常に広く、筋肉のよく発達した頑丈な体軀をもっていた。背が高く痩せていると熱を逃がしやすくなるので、彼らの小柄で頑健な身体は多分に寒冷地への適応であった。顔は眼が大きく、鼻も高さ幅とも大きく、眼窩の上が前に出ているなど古い時期のヒトの特徴を残していた。一方、ネアンデルタール人の頭骨の容量は現生人より一〇パーセントほど大きいので、優れた知的能力をそなえていたと推測されている。

彼らはホモ・ハイデルベルゲンシスが開始したムスチエ型石器の製造に秀でており、それを木の先につけて槍として狩りをするすぐれた狩猟者であったようだ。実際、彼らの遺跡からはこの種の石器とともに、シカ、イノシシ、アイベックス、バイソン、クマ、マンモスなど、大型哺乳類の骨が大量に出土している。また、ネアンデルタール人の骨にはしばしば動物につけられた傷の跡が残っており、彼らが獲物のすぐそばまで近づいて槍で狙う接近戦を得意としていたことをうかがわせている。動物の骨を利用した骨角器はほとんど見つかっていないが、これは彼らが秀でた狩猟者であったことを考えると奇妙な現象といえる。

地球の寒冷化は一三万年ほど前に一旦ゆるんだので、温暖化の恩恵を受けて彼らの人口は増加し、ヨーロッパ各地の遺跡数も一気に増えている。しかし、一万年もしないうちに寒冷化がふたたびはじまったので、それへの対応を迫られたに違いなかった。彼らの一部は寒を避けて中東地域まで南下したが、その時期にはアフリカを二〇万年ほど前に出たホモ・サピエンスと共存していたことが確認されている。ネアンデルタール人の遺跡として有名なものにイラクのシャニダール遺跡があり、そこでは数種類の薬効のある植物の花粉で覆われた遺骨が見つかっており、死者へのはなむけに花を添えた埋葬がおこなわれていた可能性がある。[42] また、身体の右半分が麻痺したままで何年か生き延びた個体の遺骨も確認されているので、ネアンデルタール人が死者を悼むと同時に、たがいをケアしながら生きていたことの証拠として、彼らの文化的水準の高さを物語っている。

　一方、ヨーロッパの寒冷な土地に残ったネアンデルタール人は、寒を避けるために洞窟をシェルターとして獲物を追って暮らしていたようだ。寒冷な土地であるために冬季の植物性食物の採集は不可能であり、狩りだけで暮らしていたと考えられるので、彼らの人口密度は低かっただろう。狩りだけでは大人数を養うのはほぼ不可能なので、彼らは少人数の親族単位で狩りをして生活し、他の集団との交流もかなり制限されていたと推測されている。こうした人口密度の少なさや集団規模の小ささ、集団間交流の乏しさ、食料獲得の困難といった要因が重なることで、彼らの滅亡につながった可能性は高い。

　彼らの頭骨は後頭部がふくれており、これは眼から入る視覚情報の処理にもちいられる箇所であるので、いわゆる映像記憶のような視覚情報をそのまま記憶する能力に秀でていた可能性がある。言語については、言語の運用に関わる舌下神経管と脊柱管がよく発達しているので、言語を運用するための生物学的な条件はできあがっていた。しかし、ネアンデルタール人が現生人のような言語を使用していたと考える研究者はほぼいない。その理由は、現生人が七万年ほど前からはじめた岩壁に絵を描いたり小像を制作したりするといった抽象的な作業を彼らがほぼおこなっていないことだ。[43] 集団の規模が小さく、他との交流が乏しかったネアンデルタール人たちは、たがいを思いやる親族を基礎とした親密な集団を形成して暮らしていたが、そのために抽象的な概念をもちいる発達したコミュニケーション手段を必要としていなかったのかもしれない。実際、映像記憶は幼児ではよく発達しているが、抽象的な言語の使用とともに失われる傾向があるので、映像処理や映像記憶の発達と抽象的な認識能力の未発達が彼らの知的活動の特徴であった可能性はある。もし彼らの抽象能力が未発達であったとすれば、死者を埋葬していたとしても、祖先の観念や霊魂の観念等などは生じていなかったと考えるのが妥当だろう。

近年、ネアンデルタール人のゲノムの解析が進み、私たち現生人のなかに彼らのゲノムが二パーセント程度入っていることが確認されたので、彼らとホモ・サピエンスが交雑していたことが確実視されている。[44] 両者はつねに対立していたのではなく、平和的に共存したり交流したりしたこともあったようだ。ネアンデルタール人は三万年ほど前に完全に姿を消して滅亡したが、彼らの一部は私たちのなかで生きつづけているのだ。

ホモ・サピエンスの登場

ネアンデルタール人が北方の厳しい自然環境のなかで適応につとめていた時期に、初期のホモ・サピエンスはアフリカの恵まれた環境のなかで独自の進化を遂げていた。彼らの適応戦略がかなりの成功をおさめていたことは、アフリカの西端のモロッコから南アフリカにいたる広い範囲でその骨が出土していることが示している。彼らは二〇万〜一五万年前にアフリカ大陸を離れ（「第一次出アフリカ」と呼ばれる）、今日のパレスチナ付近にいくつかの遺跡を残した。これらの遺跡は一四万〜一〇万年前と確認されているが、すぐそばにネアンデルタール人の遺跡があるので、両者のあいだには共存ないし支配の関係があったのだろう。しかし、ホモ・サピエンスの遺跡はその後三万年ほど途絶えているので、ネアンデルタール人によって滅亡させられた可能性がある。

ホモ・サピエンスがつぎに中東にあらわれたのは八万～六万年前であり（「第二次出アフリカ」）、そのときまでに彼らはホモ・サピエンスの特徴とされる要素のほとんどを発展させていた。彼らは私たちとおなじようにネオテニーによる丸い頭をもち、歯は小さく、眼窩の上の出っ張りもなかった。さらに彼らは石を薄く剝ぎ削って細石器を作り（図1－6最下段、後期旧石器時代と呼ばれている）、それを弓矢や木の槍の先につけて狩りをし、釣り針をもちいて捕った魚や鳥も食べていた。彼らは堅固なつくりの家に住み、トナカイの骨でつくった針で衣服や網を製作したので、最終氷河期の寒冷な気候にも耐えることができたと考えられている。彼らはネアンデルタール人より大規模な集団を形成しただけでなく、長距離の交易ないし交換によって貴重な石材や琥珀、貝などを入手する広範囲の社会的ネットワークも育てていた。

発達した道具と技術をもちいた狩猟と植物性食物の採集によって彼らの栄養状態は改善されていたはずであり、大半が三五歳までに亡くなった短命のネアンデルタール人[45]をしのぐ人口増加を実現した。ある研究によれば、ホモ・サピエンスは後者の約六倍の人口増加率をもっており、この割合で推移したなら一〇〇〇年でネアンデルタール人が存続できなくなるほどの格差があった。[46]ホモ・サピエンスは八万～六万年前の出アフリカ後まもなく世界中に広がっていったが、その背景にこうした人口の急増とそれを可能にした文化的発展があったのは疑いない。

ホモ・サピエンスのもっとも顕著な特徴は、彼らがそれまでになかった新しい文化的アイテムをつくり出したことであった。彼らが二度目にアフリカを離れる以前に言語ないしその原型をもっていたことが確実なだけでなく、[47]彼らは岩壁にさまざまな絵を描き、ビーナスなどの小像をつくり、貝や石に穴をあけてビーズをつくって身体を装飾し、動物の骨で笛などの楽器を製造し、死者に副葬品を添えて埋葬していた。ホモ・サピエンスのもとで急速な変化ないし進化が生じたことの理由を、遺伝生物学者のスティーヴン・オッペンハイマーらは「共進化」の概念をもちいて説明する。ヒトはさまざまな道具をもちいて環境に積極的に働きかけることで環境の変化をうながし、今度はつくり変えられた環境がそれに適した遺伝子をもつ個体を自然選択する。かくして遺伝子と文化は「共進化」することで、急速にヒトの身体的精神的能力と環境を並行して変化させたというのだ。[48]

ホモ・サピエンスがつくり出したもののうち、宗教的な観点から興味深いのは埋葬形式の変化である。モスクワの東部の二万八〇〇〇年前のスンギール遺跡では、一万数千個の象牙のビーズで覆われた三体の遺骨が発見されており、その制作には数千時間という膨大な時間がかかったと推測されるので、生前に高い地位をもっていた死者に対する副葬品であったと考えられている。[49] このことが示唆するのは、ホモ・サピエンス社会がその初期から貧富の差や階層制をともなっていたことであり、彼らが「死者の国」ないし「あの世」といった生者の生きる世界とは別の世界の存在を信じるようになっていたことであり、身体から切り離されうる「魂」もしくは「生命原理」の存在を共通して理解するようになっていたことである。私は宗教の起源が、集団に統一感と帰属意識を高めるための祝祭ないし類似の実践にあったと考えているが、ホモ・サピエンスの誕生とともに死者の存続や生命原理の観念がつけ加えられたのであり、それによって宗教はより複雑な形態をもつようになったのだった。

ホモ・サピエンスが制作した岩絵[50]

図1-7　ラスコーの岩壁画

ホモ・サピエンスがつくり出した多くの文化的事象のなかでも、私たちにもっとも強い印象を与えるのは、洞窟などの岩壁に描かれたさまざまな絵であるだろう（図1-7）。これらの絵の多くは、狩猟採集で生きていた彼らにとって親しい動物を描いたものであり、ヨーロッパや南部アフリカ、オーストラリア、南北アメリカなど、世界各地で確認されている。[51] そのなかでもとりわけ見事なのが、フランスの南部からスペイン北西部にかけてのものであることは言をまたない。もっとも古いスペインのエル・カスティーヨが四万～三万五〇〇〇年前、フランスのショーベやラ・ガレンヌが三万～二万七〇〇〇年前、有名なフランスのラスコーやスペインのアルタミラが一万七〇〇〇～一万四〇〇〇年前とされ、時代順にオーリニャック期、ソリュトレ期、マドレーヌ期と呼ばれている。

これらの絵についてわかっていることをまとめるなら、多くは洞窟などの岩壁に、赤や黄のオーカー（黄土）や黒色の二酸化マンガンなどをもちいて、ウシ、ウマ、シカ、トナカイなどの狩猟用の動物や、ライオンやオオカミ、ハイエナなどの肉食獣を描いたものである。[52] 一方、動物たちの背景となる自然環境の描写はまったくなく、人物像があるとしても数はかぎられている。描き方としては、顔料をもちいた絵のほかに線刻画や浮き彫りもあり、後者は岩陰や洞窟の入り口付近に描かれることが多い。絵の舞台である洞窟については、そこで生活が営まれていた痕跡はまったくなく、しかも絵はしばしば洞窟の奥深く、数百メートル入った箇所に描かれている。洞窟のなかでは多くの石製ランプが見つかっており、煤で焦げた跡もあるので、人びとはそれで明かりをとりながら絵を描き、眺めたのだろう。これらのことから、絵がいかに見事に描かれていたとしても、鑑賞するためのアートではなく、宗教的ないし実務的な目的で描かれていたのは明らかである。

　描かれた絵はきわめて具象的で躍動感をともなっているが、それらは現実に存在する動物の忠実な再現ではなく、高度な抽象化がおこなわれていることは疑いない。実際に存在するウシやウマは、大きさも違えば形や色も違い、動きも一頭一頭異なっている。しかもそれらは身体的な厚みのある三次元の存在である。そうした多様な存在を、ウシならウシとして、しかも二次元に落として描くためには、ウシを描くという明確な意思と、ウシとはいかなるかたちや大きさをし、いかなる動きをする動物であるかの共通理解が得られていることが前提になる。つまり、ウシという生物をあらかじめ概念化していることが必要なのであり、それは言語がなくては不可能であったはずだ。

　とはいえ、今から数万年前に生きていた人びとが、洞窟の奥の岩壁いっぱいに動物で埋め尽くすように描いた絵を目にするとき、私たちがまず驚かされるのはそれらの絵の力強さであり、生き生きとした躍動感であるだろう。とりわけそれらは太陽の光の差し込まない闇黒の洞窟の奥に描かれ、ランプやたいまつの揺らめく火で眺められていたのだから[53]、その躍動感や生命の煌めきはいっそうの迫力をもって彼らに迫っていたに違いない。しかも、これらの絵が描かれたアルタミラなどの洞窟の入り口付近やその周辺には多くの人びとが存在したあとが残されているので、当時の人びとは時機を見て集まり、これらの絵に接していたと考えられている。[54]

これらの絵がいかなる目的をもって描かれたかについては、さまざまな解釈が提出されてきた。各地の岩絵を研究して、「先史学の法王」と呼ばれたフランスのブルイユ神父は、それを狩猟民の呪術的行為と解釈した。描かれた絵の多くが狩猟の対象の動物であり、なかには槍などで傷ついた動物の絵もあることから、狩りの成功を願う呪術的な世界観をそこに見たのだ。[55]しかし、この解釈は明らかに間違いだろう。本書の第三章で見るように、呪術とは自然の事物を儀礼の網のなかにとり込むことによって人間の思うままに操作しようとする行為であり、作物の栽培や動物の飼育といった自然の操作に長けた農耕牧畜民のもとでは頻繁に見られるが、狩猟採集民のもとではほとんど存在しないためだ。一方、絵が描かれた洞窟の内部に小さな足跡が数多く残されていることから、これが子どもを成人にするイニシエーション儀礼の場であったとする解釈もある。[56]また、南アフリカの人類学者デヴィッド・ルイス゠ウィリアムズらは、半人半獣の絵が少なからず存在すること、現代のシャーマンがしばしば地下世界への訪問について語っていることなどから、シャーマンの儀礼的実践の場であったと主張している。[57]

アニミズムないし世界のうちで共にあること

洞窟の絵をイニシエーション儀礼やシャーマニズムに結びつける解釈は、これらが現代の狩猟採集民社会のもとでしばしば観察される現象であるだけに、一定の可能性がある。しかし、これらの解釈は絵の舞台である洞窟に重点を置き、描かれた図像にはほとんど注意を払っていない点で課題がある。むしろ私たちとしては描かれた絵に単純明快に向きあって、そこに人間と動物が世界のなかに共にあることの喜びと、すべての生物が共に繁殖し増加していくことの希求が表現されていると考えるべきではないだろうか。フランスの思想家ジョルジュ・バタイユは、ラスコーの壁画についての著書の結論でつぎのように述べているが、それは私の見方ときわめて近いものだ。

> ラスコーで私たちに感じさせ、私たちにふれてくるのは、動くものである。これらの作品を前にすると、精神の舞踏という感覚が私たちに生じてくるが、そこでは美は約束事抜きに、熱を帯びた動きから生じているのである。作品を前にした私たちに迫ってくるのは、存在とそれをとり囲む世界とのあいだの自由な交感である。存在はそれに身をゆだね、その世界と調和し、その豊かさを発見する。この酔ったような舞踏の運動は、宗教や呪術が芸術に押しつけ、芸術自身が受け入れていた従属的任務を超えたところまで芸術を高める力をつねにもっていた。逆に、存在とそれをとり囲む世界とのあいだの調和は、芸術の聖変化をうながし、芸術家自身を変容させるのである。[58]

バタイユがこう述べて、美の効用をうんぬんするより、それがもつ力をそのまま認めようとするのは、『宗教の理論』で展開した宗教やアートについてのつぎのような理解があるためだ。彼によれば、人間の先祖が道具をつくり言語を操作するようになったときいらい、人間は世界から切り離されてしまった。動物をはじめ人間以外のすべての存在は、「ちょうど水が水のなかにあるように世界の内に存在する」。ところが人間は、世界を対象化し、功利的な目的をもつ道具や言語を使用するようになったために、世界のなかに内在することができなくなってしまった。人間は世界を理解し、世界を思うままに操作しようとしたことで、言語や道具を介在してしか世界に相対することができなくなったのだ。しかし人間は、人間がそこから出てきた内在的な世界、「水が水のなかにあるような」状態へと回帰することを、意識的であれ潜在意識的であれもとめつづけている。宗教の根源にあるのはこの希求であり、なかでも祝祭は、セックスや詩やアートや音楽とおなじように個を融解させて世界との一体化をめざす試みだというのだ。[59]

　このような人間と、動物をはじめとする周囲の世界のなかにあるものたちとのあいだの一体感、そして生命に対する親和と畏怖は、一般にアニミズムのことばで示されるものである。この語が広くもちいられるようになったのは、文化人類学の祖のひとりであるエドワード・バーネット・タイラーが『原始文化』のなかで、アニミズムを宗教のもっとも原初的な形態として位置づけてからである。タイラーによれば、アニミズムとは、人間には身体のほかにそれを生かし動かす霊魂（ないし生命原理）が存在し、そうした霊魂は人間以外の他のさまざまな存在にもあるとする「古代の野蛮な哲学者」がつくり出した信仰体系にほかならない。こうしたタイラーの理解は、解釈の仕方が主知主義的である、身体や事物を受動的な客体とし霊魂を能動的な主体とする主客二元論にとらわれているなどの点で、近代西洋の視点の押しつけにすぎないといった批判が寄せられてきた。[60] その結果、宗教学においても文化人類学においてもあまり真剣にはとり上げられてこなかった。

ところがこの三〇年あまり、アニミズムに対する見方は大きく変わってきた。世界理解のひとつのあり方としてアニミズムを捉える見方であり、そこにおいては、世界は意思と行為能力をもつさまざまな存在が関係しあうことで構成されており、人間はそのなかの一要素に過ぎないものとして理解されているというのだ。この意味でのアニミズムは、人間を絶対的な主体として世界から切り離したり、世界の上においたりするのではなく、世界のなかの一要素に過ぎないものであるがゆえに他への配慮と敬意をもとめる思想的あり方として理解されることになる。そこから、環境との調和をめざすエコロジー的な世界認識に近いものとして再評価されてきたのだ。[61]

旧石器時代のホモ・サピエンスが洞窟の闇のなかで壁面にさまざまな動物の躍動する姿を描いたのも、またその姿を見るために彼らが闇のなかを手探りで進んでいったのも、それらの存在と共に自分たちがあることの喜びと共感を再確認するためだったのではないだろうか。岩壁の絵のいくつかは、半分が人間で半分がライオンやシカである半獣半人を描いているが、これもこうした視点に立つなら容易に理解できる。人間と動物が世界を共に生きる存在であるとすれば、両者を峻別する必要はないのであって、両者は互換可能であり、たがいに「変身」することも可能なはずだ。洞窟絵画を専門とするルイス゠ウィリアムズらのように、これを彼らが洞窟でシャーマニズムの実践に興じていたことの証拠と特定する必要はないのだ。

シベリアで狩猟採集で生きてきたユカギール社会の狩人は、大型のシカ科の動物であるエルク狩りをするときには、頭にエルクの角を立ててその毛皮を身にまとい、スキーにエルクの毛皮を貼りつけることによってエルクになろうとするという。するとエルクは仲間がやってきたと思って無防備に近づいてくるので、それを鉄砲で仕留めるというのだ。エルクになっている狩猟者がエルクを殺すのは、狩猟者自身が言明しているように、そうしなければ彼が本当にエルクになってしまい、そのときには「彼女が私を殺していただろう」からだ。[62] 動物を擬人化するだけでなく、人間もいわば擬動物化するこうした見方こそ、まさにアニミズム的なものであるだろう。

宗教の起源

私はこの章で、ヒトの先祖は霊長類のなかでもきわめて脆弱で傷つきやすい存在であったこと、そのため大きな集団で生きることによってのみ生存可能であったことを見てきた。こうした集団の規模の拡大は、内部の相互作用や個体間の関係を複雑にし、それが高度な知的能力の発展をうながし、技術の開発や象徴作用を可能にしたのだった。また、石器を発明したのちに狩猟と植物性資源の採集を兼業するようになったことで、男女の分業と食料のわかちあいが生じ、これも知的能力の向上と集団規模の拡大に寄与したのだった。そうしたなかで、大きな獲物を仕留めたときには集団全体で喜びをわかちあい、祝祭ないし原−祝祭というべき空間が現出しただろうことが理解された。かくして、他の霊長類とほとんど変わらない存在であったヒトの先祖が現在見られるような人間になったメカニズムの根底にあったのが、まさに共同存在としてのヒトのあり方であることが明らかになったのだ。

　この共同存在としてのヒトのあり方は、言語に先立ち、言語そのものの成立を可能にした先行条件であるだけに、それを言語化したり意図的に実現したりすることは困難なのだろう。そのことを、イタリアの哲学者ロベルト・エスポジトはつぎのように書いている。

共同体はわたしたちにとって欠くべからざるものである、なぜなら、それはわたしたちの実存の場そのものであり、もっと言うならば、わたしたちの実存の先駆的な前提であり、わたしたちはつねに共同に存在してきたのだから。〔略〕（しかし）共同体はいまだかつて実現されたことがないばかりか、未来永劫にわたって実現されえないといわなければならない。共同体を希求する必然性にもかかわらず、また、ある意味で共同体は、つねに変わらず存在しているという事実にもかかわらず、である。[63]

フランスの哲学者ジャン＝リュック・ナンシーは、共同体が実現不可能なだけでなく、思考することも不可能だと主張する。

私は、とどのつまりは一つの体験を指し示そうとしている――おそらく、われわれが経る体験ではなく、われわれを存在させる体験である。共同体はまだ一度も思考されていないということ、それは、共同体がわれわれの思考を試練にかけるといい、そしてそれが思考の対象ではないということである。[64]

共同存在としてのヒトのあり方があらゆる言語活動に先行し、人間がつくり出したものというより、それによって人間がつくり出された（いいかえるなら、ヒトを人間たらしめた）原理以前の原理であるとするなら、エスポジトやナンシーがいうように、それを言語化したり社会のなかで再現したりしようとする試みはすべて失敗へと宿命づけられているのだろう。にもかかわらず、ヒトの先祖はたえず自分たちをそれに近づけようとしてきた。それが祝祭と呼ばれる宗教的実践であり、それはたとえはかなく終わるものであったとしても、大量の食料や飲料を用意し、ダンスや踊りや歌や身体接触などの感覚的刺激を極大化することで、生の喜びと世界のうちに共にあることの喜びを参加者に実感させるものであった。[65]この点についてはつぎの章でくわしく見ていくが、それは期間をかぎって集まっておこなうものであるだけに、集団規模を可能なかぎり大きくすることを可能にすると同時に、成員間に社会的緊張を強いることのないものであったのだ。

　こうした祝祭ないし原－祝祭はヒトの進化の早い段階で生じていたと思われるが、象徴能力に秀でたホモ・サピエンスの誕生とともに、死者の観念や死者を葬るための実践も生じていた。また、彼らがアニミズム的な世界観のうちで生きていたであろうことも、ホモ・サピエンスがつくり出した洞窟絵画などによって示唆されている。誕生したばかりの宗教の中核にあったのは、おそらく祝祭的実践であり葬送儀礼であり、アニミズム的世界観であったのだが、考古資料にもとづくだけではその理解は断片的なままにとどまっている。それらの要素がどのように複雑な宗教体系を構成するにいたったかを理解するには、私たちと同時代の狩猟採集民社会を見ていくことが必要なのだ。

第2章　アニミズムの世界
——狩猟採集民の宗教

狩猟採集民社会の特徴

今から百数十万年前、ホモ・エレクトスが狩猟のための道具と技術をつくり出して狩猟採集という生き方を確立していらい、地球上のヒトの先祖はすべて狩猟採集民であった。それが変わったのは、今から一万一〇〇〇年ほど前に中東の片すみで農業が開始されたことによってであった。農業は中東だけでなく、中国やメソアメリカなどいくつかの地域でも独自に開始され、やがて地球上の多くの土地を占めるようになっていき、それに従事しない狩猟採集民を世界の周辺地域に追いやっていった。人類学者が各地の狩猟採集民を積極的に調査した二〇世紀後半の時点で、狩猟採集をなりわいとする集団は、砂漠に近い乾燥地か熱帯雨林地帯、極北のツンドラ地帯など、農業や牧畜が不可能かきわめて困難な土地にかぎられていた（その後の気候変動や経済システムの変化により、狩猟採集で暮らす人びとの数は一段と減っている）。先の章で私は、先史考古学や古生物学、進化心理学、形質人類学などの成果にもとづきながら、宗教の起源とその原初的な形態について論じたが、活用できるデータにかぎりがあるため、その記述は十分なものにはならなかった。それゆえ、この章では現存する（もしくは近年まで存在してきた）狩猟採集民の宗教についてまとめることで、ホモ・サピエンスがつくり出した宗教の原初的構造を明らかにすることにつとめたい。その上で、以下の章でその後の変化（ないし進化）をあとづけていくことにする。

最初に、狩猟採集民社会とはいかなる特徴をもつ社会か、概要を記しておこう。狩猟採集民であったオーストラリア南部のタスマニア島の先住民が、一九世紀初頭に入植したヨーロッパ人によって絶滅させられたように、農業をおこなわない人びとは一般に文化をもたない存在、つまり人間以前の存在とされ、しばしば民族絶滅の対象となった。彼らが文化をもつ人間集団の一部として研究されるようになったのは一九世紀のなかば以降であり、彼らの研究はまず探検家や植民地行政官、ついで文化人類学者によって進められてきた。なかでも画期となったのは、一九六六年に世界中の狩猟採集民の研究者七五名を集めてシカゴ大学で開催されたシンポジウムであった。それは狩猟採集民研究の最新の成果を共有するとともに、考古学の知見と人類学の知見を総合することで、人類進化の道筋をたどることを目的とするものであった。[1]その成果は一九六八年に『狩人としてのヒト』として出版され、文化人類学だけでなく、考古学、社会学、経済学、環境科学など、多くの分野で多大な影響をおよぼした。とはいえ、その時点で狩猟採集民社会は大きく変質しつつあったのだから、この本の出版は狩猟採集民社会への最後のオマージュのひとつであったというべきかもしれない。

この論集はなにを明らかにしたのだろうか。その要点は五つある。[2] 第一は、狩猟採集民の集団規模の小ささであり、人口密度の低さである。狩猟採集民は自分たちの住む土地の周囲の動物を狩り、植物を採集して暮らしているので、集団が大人数になるとすぐに周囲の資源をとりつくしてしまい、他に移動しなくてはならなくなる。そのため、彼らの生活の基盤であるキャンプは一般に二五〜五〇人と小規模で、人口密度もごく少ない。[3] 彼らは一〇〇平方キロメートルの土地に〇・四〜一〇人ていどしか住んでおらず、山手線の内側が約六五平方キロメートル、パリ市の面積が約一〇〇平方キロメートルであることを考えれば、いかに彼らの人口密度が少ないかがわかるだろう。これだけ広大な土地に、一家族ていどの人間しか住んでいないのだ。

第二点は流動性である。狩猟採集民はひとつのキャンプで動物や植物性資源をとりつくすと別のキャンプへ移動するという具合に、たえず空間的に移動しつづける。[4] 彼らは移動することを前提にして生活を組み立てているので、道具や衣服などの所有物は最低限におさえ、住む家も身近にある木の枝や葉などをもちいて数時間で組み立ててしまう。そうした空間的流動性に加え、彼らは社会的にも流動的である。[5] バンドと呼ばれる彼らの基礎的単位は、兄弟関係などで結びついた数家族を核にして、それに別の数家族が加わって形成されるのが一般的だが、内部に対立や葛藤が生じると簡単に分裂して、一部が出ていって別の集団に加わっていく。このようにたえず分裂と融合をくり返すことで、彼らは集団の内部に緊張が高まり、紛争が生じたり紛争の調停のために権威が生じたりするのを未然に防いでいるのだ。

第三点は貯えをつくらないことである。狩猟採集民の多くは周囲の環境からいつでも食料を入手できると信じているので、食料の保存につとめようとせず、大きな動物がとれたとしてもただちに集団で分配して食べ尽くしてしまう。そもそも彼らは定住しないので、貯えをもって移動することはほぼ不可能だ。こうした生活様式は、自分たちの活動の成果をただちに消費せず、より多くの収穫を得るためにたえず先延ばしにする農耕民とは対照的といえる。[6] 農耕民は数か月先の収穫のために、現在食べることができる穀物を地面に蒔いて丹念に手をかけて育てるのだが、そうしたことは狩猟採集民にすれば「倒錯」以外のなにものでもないだろう。手間をかけて家畜の繁殖を見守り、その子を成長させる牧畜民についてもおなじことだ。

第四点は平等主義である。狩猟採集民は貯えをつくらないので、とれた獲物の肉はすぐに分配して食べてしまう。獲物をとった狩人は自分の家族のために一番良い部分をとるのが一般的だが、可能なかぎり公平に分配しようとする。不公平があると非難され、集団生活が困難になってしまうためだ。[7] また、貯えをつくらず、移動の際には肩にかつげるだけの道具や資材しかもてないので、ほとんどの人が生活に必要な最低限の財しかもたず、この点でも平等主義的である。集団のなかには男性と女性の役割分担があり、成人と子どものあいだの役割と地位の区別も明確だが、それ以外には固定された役割はなく、祭司などの専門職も存在しない。首長制などのヒエラルキーも存在しないのが一般的であり、社会は徹底した平等性に貫かれている。

第五の点は狩猟採集民社会の「豊かさ」である。狩猟採集民は少ない道具や資材しか手元におかないので、貧しい人びとと、生存経済でかろうじて生きている人びとだと考えられてきた。しかし、多くのフィールドワークを通じて、彼らが狩猟採集に従事する時間は平均して日に二、三時間でしかないこと、その他の時間は会話をしたり歌ったり儀礼にあてたりして過ごしていることが確認されている。アメリカの人類学者マーシャル・サーリンズは、狩猟採集民社会をさして「始原のあふれる社会」と呼んだが、[8]朝から晩まで額に汗して働いてようやく生存が可能になる農耕民社会と異なり、狩猟採集民社会はごくわずかの労働時間で集団全体を養うことができるほど「豊かな」社会だというのだ。

狩猟採集民社会のこうした特徴は、彼らの宗教のあり方にも決定的な影響を与えている。しかし、ここで注意しなくてはならないのは、現存する狩猟採集民が旧石器時代の狩猟採集民の「残存種」でもなければ、両者の生態環境や技術水準、集団サイズなどがおなじでもないことだ。[9]それゆえ、現存する狩猟採集民の社会的特徴や宗教的特徴を無条件に旧石器時代のヒトに当てはめることは不可能であり、後者の宗教を再構成しようと思うなら、観察で得られるデータを考古学や生物進化論のデータでチェックしながら考察していく必要がある。その点に留意しながら、狩猟採集民の宗教の特徴を記述することにしよう。もっとも、狩猟採集民の宗教を網羅的に記述することは不可能なので、そのなかでもっとも深い研究がなされている社会の例をいくつかとりあげ、そこから彼らの宗教の基本構造を引き出すことにつとめる。

オーストラリア・アボリジニのトーテミズム

狩猟採集民の宗教に関する研究のうち、今日もなおもっとも重要なのは、一世紀以上前におこなわれたオーストラリア先住民（アボリジニ、アボリジナル）社会の研究である。オーストラリアの中央部にあるアリス・スプリングス電報局の局長であったジェームズ・ギレンと、メルボルン大学の生物学教授であったウォルター・スペンサーが一八九四年に出会い、共同で研究をはじめることを決定した。[10]そこから生まれたのが、一八九九年に出版された『中央オーストラリアの原住民族』であり、これは西洋人との接触がまだ少なかったアボリジニの人びとの生活様式やとりわけ宗教儀礼をていねいに記述することで、世界の人類学に大きな衝撃を与えたものであった。

　ここではまず、彼らが描いたアボリジニ社会の宗教儀礼を整理し、その上で世界の他の狩猟採集民の宗教を参照しながらおぎなっていく。なお、アボリジニの人びとは、スペンサーとギレンが調査をおこなった時点では狩猟採集に従事していたが、今日ではそれが不可能になり、根強い差別があることもあり、一部が公務員や会社員になっているほか、日雇い労働やアート制作、生活保護などで暮らしている。

　スペンサーとギレンはさまざまな宗教儀礼を記述しているが、アボリジニのおこなう儀礼のなかでもっとも特徴的なのはインティチュマ、トーテム種の増殖儀礼だろう。この儀礼について書く前に、トーテム、トーテミズムとはなにかについて説明しておこう。「アルチェリンガ」と呼ばれる世界のはじまりのとき、世界は混沌としており、人間も動物も植物も今日のようなかたちをしてはいなかった。それらは眼も耳も鼻もなく、食べることもせず、身体の線がぼんやりあるだけの存在であった。そこで、「ゼロから生まれた」と呼ばれる二個の存在が、大きな石のナイフをもちいてこの未分明なものを切り分け、手や足や眼をつくっていった。この未分明なものは、実のところは人間になりつつあった動物や植物にほかならなかった。そのため、このときつくられた人間とそこから生じた子孫は、彼らの元になった動物や植物と今なお緊密な関係をたもちつづけている。これらの存在がトーテムと呼ばれるものであり、人びとはそれぞれの動物や植物の名前を自分たちの集団（氏族）の名前とし、毎年儀礼をおこなってその再生と繁殖を祈願する。こうしたトーテムを核とする宗教的社会的制度がトーテミズムと呼ばれるものである。[11]

オーストラリア全土には、一八世紀末にヨーロッパ人が入植する以前には四〇〇から五〇〇の民族があり、それぞれの民族に五〇〇人から一五〇〇人の構成員がいたとされている。ひとつの民族には数十のトーテム集団が含まれるのが一般的であり、各集団のメンバーは年に一度、特定の場所に集まってトーテム種の増殖儀礼をおこなう。その時期は、動物をトーテムとする氏族であれば動物が子を孕む時期、植物をトーテムとする集団であれば花の咲く季節と決められている。

トーテム種の増殖儀礼

アボリジニの人びとがおこなうトーテム種の増殖儀礼の目的は、アルチェリンガ、つまり力と生命力にあふれたはじまりのときを再現することで世界全体の活力と生命力を昂進させ、トーテム種に活力を与えることである。儀礼の日になると、それぞれのトーテム集団の男たちは集合して身体を赤と白の粘土で塗りわけ、まず先祖が最初に生まれたとされる土地に行き、そこから現在の居住地までの道程をたどりなおす。そして、先祖の記憶が残されているひとつひとつの岩や木や洞窟の前で、トーテム種の増殖を祈願して儀礼をおこなうのだ。

アルンタのエミュー氏族（大型の鳥）の場合には、以下のような過程をたどる。まず、儀礼のお

図2－1　チュリンガに描かれた絵

こなわれる土地の表面をきれいにしたあと、集団の何人かの若者が腕の静脈を切開し、地面の上に血を流す。この血が流れて固まった三平方ヤードほどのスペースができると、他の男がその上に白、赤、黄の粘土と黒い炭の粉をもちいてエミューの身体や卵をあらわす図柄を描く。血は生命の原理とされているので、これはエミューに力を付与し増殖を助ける行為とされている。儀礼にもちいられる聖なる事物であるチュリンガ（図2－1）をこれに触れさせたあと、男たちはエミューを描いた模様を描き直し、チュリンガの先端にエミューの羽をつける。そのまわりで男たちはエミューの歌を歌い、その増殖を祈願する。

ウィチェッティ芋虫氏族の場合にはつぎの通りである。男たちはチュリンガが埋めてある穴のところに行き、皆でこの虫の成長を祈願する歌を歌うあいだ、年長のリーダーが穴の底からチュリンガをとり出す。このチュリンガを手のひらで清めたあとで、参加者の腹にこすりつけ、「お前は十分食った」という。おなじ動作を参加者全員にくり返したあと、男たちは全員でウィチェッティ芋虫の卵の状態をあらわす石のところに行く。産卵をうながす歌を歌うあいだ、リーダーが小型の木の桶で石を叩く。これによって石から生命の胚珠である粉末が出て、芋虫の増殖を助けると考えられている。その後も、この虫の成長の各段階をあらわす一〇あまりの石の前でおなじ所作をくり返したあと、キャンプに戻ってくる。

トーテム種の増殖を祈願するこれらの行為が儀礼の第一段階であり、それが終わると第二段階となる。エミュー氏族やカンガルー氏族の場合には、翌朝早くに数名の若者が狩りに行ってエミューやカンガルーを仕留め、キャンプにもち帰る。調理した肉をリーダーが少量口にし、つぎに他の男や女も口にする。ウィチェッティ芋虫氏族の場合には、雨期になってこの虫が大量に発生するまで待ち、それを集めてキャンプにもち帰り、硬くなるまで焼く。それを粉末にしたものをリーダーがまず口にし、他の男や女も口にする。

トーテムの動物や植物はそれぞれの氏族の先祖に結びついているので、それを殺すことは禁止されてはいないが、食べる場合には厳格な規則を守らなくてはならない。トーテム種の増殖を祈願したあとでそれを口にするのは、氏族の成員とトーテム種との結びつきを再確認するためである。そのことは、オーストラリアの事例を分析したデュルケームがいうように、人間は神聖な存在であるトーテム種なしでは生きることができないように、トーテム種もまた祭祀がおこなわれなければ死んでしまうためだ[12]。と同時に、この儀礼がトーテム集団の全成員が集まる機会になっていることにも注意すべきだろう。彼らは日常時には各地に散って狩猟と採集に従事するが、儀礼がおこなわれるときには結集して共に行動する。このようにして、人びとはトーテム種との始原のきずなを再現すると同時に、自分たちの社会関係を再確認し更新しているのだ。

葬送儀礼と喪明けの儀礼

アボリジニの人びとの主要な儀礼のひとつに、集団の一員が亡くなったときにおこなう葬送儀礼と喪明けの儀礼がある。死が出現すると社会の全成員に烈しい反応を引き起こすので、それにともなう儀礼も長く複雑なものになっている。悲しみ、孤独、激怒、苦悶、悲嘆。死が引き起こすこれらの情動の発作をコントロールするために、彼らがいかに周到に儀礼的な手続きをさだめ感情の表出の仕方をさだめているかをスペンサーとギレンは詳細に描いている。ある男が死にそうになったとき、周囲の集団はつぎのように反応したという。

突然、大きな、突き刺すような泣き声が男たちのキャンプの方で生じた。皆が死が近いことを理解し、すべての男たちは泣きながらキャンプに向かって全速力で走り出した。われわれとキャンプのあいだには深い小川があり、両岸に数人の男が坐っていた。あちこちに散らばり、両ひざのあいだに顔を埋めて、彼らは泣き、うめいていた。小川を渡ると、慣習通りにキャンプが破壊されているのがわかった。女たちは方々からやってきて、死にゆく者の身体の上に横たわる。その間、すぐそばで立ったりひざまずいたりする他の女たちは、うめき声をあげながらヤマイモ掘り棒のとがった先端を頭頂に突き刺しあい、傷からは血液が顔面に大量に流れ落ちていた。そこへたくさんの男たちが駆けつけてきた。女たちが立ち上がると、彼らも身体の上に身を投げ出して、数分すると男たちの塊しか見えなくなった。〔略〕一、二分すると、別の男が苦痛の喚き声をあげ、石のナイフを振り回しながらその場に飛び込んできた。彼はキャンプに到着すると、太腿にナイフを突き刺して筋肉に深い傷を負い、立っていられなくなって集団のなかに倒れ込んだ。[13]

これほど激越な感情を爆発させるからといって、アボリジニの人びとが狂乱に陥っていると考えたなら間違いである。間近で見ていたスペンサーとギレンが明記するように、彼らの悲しみの表出には社会的な決まりがあるのであって、それは故人との社会関係によって正確にさだめられている。もっとも直接的かつ激越な感情を表出するのは故人の親族であり、ついで結婚可能な範囲のメンバーである。それ以外の人びとは遠くから泣き声をあげたり、呻いたりするだろう。このように悲嘆の表出の仕方が社会的にさだめられていることによって、人びとは身近な人が亡くなったことの悲しみや激情をコントロールできているのだ。[14]

故人の近親者が悲しみや苦痛を表出しているあいだに、葬送儀礼の準備がととのえられていく。故人の髪が切られ、生前身につけていたネックレスやお守りがとりのぞかれ、キャンプの近くに穴が掘られ、故人は頭を膝につけてすわった姿勢で埋められ、土がかぶせられる。別の集団の場合には、木の上に枝を組んで死体を載せ、骨になるまで放置されるだろう。いずれのケースでも、故人の魂がとどまっていると危険をもたらすとされるので、故人の近親者を含めた全メンバーはキャンプを捨てて別の土地に移っていく。故人が使った品やお守りなどを残したままキャンプに火がつけられ、全員が新しいキャンプに移るのだ。[15]

身近な人間を失ったことの悲嘆や苦悶は個人的に表出されつづけるが、集団は時間をかけて落ち着いていく。一方、故人の近い親族、とりわけ男やもめや寡婦は一定期間、喪に服すことが求められる。身体に喪をあらわす白い粘土を塗り、いくつかの動物や植物を食べることがタブーとなる。また、彼らは可能なかぎり沈黙を守ることがもとめられ、話しかけられないかぎり自分から喋ってはならない。

喪明けの儀礼がおこなわれるのは、埋葬から十二か月から十八か月経過したあとだ。それに備えて、夫を亡くした寡婦はインコの羽で頭飾りを準備する。喪明けの儀礼の日、喪の色である白い粘土で身体に模様を描いた男たちは全員が墓の近くに集まり、並んで泣きながら寡婦を待つ。寡婦は全身を白い粘土で覆い、羽飾りを入れた木の桶を手にして男たちに近づいていく。彼女は男たちに抱きしめられ、羽飾りをかぶらされる。そのあと、男たちは盾と槍を手にしながら焼け焦げたキャンプの跡地に行き、大声を上げながら盾と槍を振り回す。それに女や子供が加わり、全員が激しく踊る。やがてリーダーの年長者が走って行って墓の上に跳びのって踊り、それに他の男や女がつづく。それが終わると、寡婦は羽飾りを壊して墓の上にまき、体に塗られた喪の模様をこすり落とす。このようにして、集団の全員で死者を悼んだこと、喪がようやく明けたこと、死者は生者の嘆きを受け入れて墓のなかにとどまるべきことを死者に伝えるのである。

この儀礼においても強調されているのは、人びとが結集することだ。死は深い悲しみをもたらし社会関係に欠落を生じさせるが、人びとが集まり、共同でさだめられた所作をおこなうことで、死に立ち向かう勇気が与えられるだろう。このことをデュルケームはつぎのように書いている。「人びとはいっしょになって涙を流すがゆえに、常に相互につながるのであり、集合体は、これを襲った打撃にもかかわらず、傷つくことはないのである。たしかに彼らはこのとき、悲しみの情動しか共有していない。しかし悲しみのなかで合一《コミュニエ》することは、それでもなお合一することなのであり、諸個人意識の合一《コミュニオン》はすべて、どのような形でなされようとも、社会の活力を一段と高めるのである」[16]。死が恐ろしいのは、死が伝染するためでも、死者の霊が人びとを攻撃するためでもない。死が恐ろしいのは、すべての人間が避けることのできない運命の絶対的な力が人びとを無力感のなかに突き落とすためである。それに抗うためにこそ、儀礼は人びとを集め、各人に事細かになにをすべきかを伝えて行動することをうながすのであり、それによって人びとは心のなかに一定の秩序をとり戻すことができるのだ。

イニシエーション儀礼

以上ふたつの儀礼は、私たちが前章で見た、先史時代のホモ・サピエンスがおこなっていた宗教的実践と無関係ではない。トーテム種の繁殖儀礼は、先史時代に洞窟に描かれた動物の絵が関連している可能性が高いし、葬送儀礼も先史時代におこなわれていただろうことは埋葬の様態から推察できる。これに対し、つぎに見るイニシエーション儀礼は、先史時代にそれがおこなわれていた痕跡は、岩絵のある洞窟に遺された子どもの足跡以外なにもない。にもかかわらず、それがアボリジニ社会にとってもっとも重要な儀礼であることは、儀礼の規模や期間の長さ、神話上の位置によって明らかである。彼らの神話は原初の「はじまりのとき」を四段階にわけ、最初が人間の創造、ついで石のナイフによる割礼の起源、性器の下部切開の起源、最後が婚姻制度などの社会組織の起源になっている[17]。イニシエーション儀礼はこのうちの二つの段階を占めているのだから、彼らのもとで最重要な儀礼として位置づけられていることは疑いない。

少年のイニシエーション儀礼がおこなわれるのは、彼らが一〇歳から一二歳になったときだ。その日がくると、男たちは少年をひとりずつ空中に放り上げ、落ちてくるのを受け止める。この放り投げが終わると、少年たちははじめて腹と背中に儀礼の対象であることを示す模様が赤土と黄土で描かれる。これらの所作が終わると、少年たちは女性の世界から決定的に切り離されることになる。それまでは母親の小屋で暮らし、一緒に食用植物の採集や小動物の狩りをおこなっていたのが、以後は男たちのキャンプに移動し、大型動物の狩りに参加するようになり、男たちの社会の決まり事や神話を少しずつ学んでいくのだ。

儀礼の第二段階が開始されるのはその数年後である。男たちのキャンプの近くで、四〇メートルほど離れた二つの茂みのあいだの土地が掃き清められて儀礼の場がつくられる。西側の茂みの前に男たちがすわり、女たちは茂みの背後に位置をとり、戦闘用の盾を振り回しながら踊る。彼女たちが盾を手にするのはこのときだけであり、これがいかに特別な儀礼であるかがわかる。その反対の東側の茂みの前に少年たちがすわり、割礼が終わるまでその場で待つ。執行までの数日のあいだ、少年たちに男の社会の秘密が告げられ、女にはけっしていわないこと、いったなら死ぬだろうことが忠告される。その間、毎日のように女たちは歌を歌いダンスをする。

ある夕方、突然歌を止めるよう命じられ、ブルローラー[18]の音があたりを支配する。ブルローラーは女や子どもにはタブーなので、彼女たちは自分たちのキャンプに走って戻っていく。ふたりの男が少年を茂みの向こうに連れていき、助手がペニスの包皮を引っ張るあいだに、執行者が石英のナイフで包皮を切りとる。少年たちは声をあげずに痛みに耐えるようきつく忠告される。切りとられた包皮は特別な力が籠っているとされ、丸呑みするべく少年の弟に与えられる。

その後、少年たちは儀礼の場で日を過ごすが、その間毎日のように男たちがやってきて、彼らの頭を血が出るまで強く嚙む。この肉体的試練に対しても少年たちは声をあげずに耐えなくてはならない。ペニスの傷が治るころに、儀礼はつぎの段階を迎える。男たちが集まり、トーテム種を描いた神聖な柱のまわりでダンスをする。その横に二人の男が重なるように横たわって一種の台座をつくり、その上に少年を横たわらせる。助手が少年のペニスを引っ張るあいだに、執行者が石英のナイフでペニスの尿道の下部を切開する。その翌朝、少年たちの身体に赤と黄の土で模様が描かれ、戦闘用の盾とブーメランが与えられる。彼らはブーメランを母親がいる方角に向けて投げ、母親との乖離を決定的なものにする。一連の行為が終わると少年たちは完全に男の社会の一員となり、結婚することも可能になる。[19]

イニシエーション儀礼の最終局面がおこなわれるのはそのさらに数年後である。以上の過程を経た少年の数が十分にそろうと、民族の全集団の長老が集まって日程を調整する。日程が決まると各地から人が集まり、儀礼の舞台となる円形の盛り土を築く。それに女たちも加わって集団で歌や踊りをし、性交と盛大な飲み食いにふける祝祭が数日つづく。そのあと女たちはその場を離れ、儀礼用の盛り土の上では数週間のあいださまざまな儀礼的所作がおこなわれ、割礼を受けた少年たちと年長者のきずなが固められ、秘密の知識が授けられる。それが終わると、ふたたび女たちが加わって歌と踊り、性交と飲み食いがおこなわれる祝祭となる。これが数日つづいているあいだに、遠くからきていた構成員たちは少しずつ儀礼の場を離れていくはずだ。

男たちのホモソーシャルな関係

このイニシエーション儀礼の目的は、アボリジニ自身によってつぎのように説明されている。少年たちに試練を通じて勇気と知恵を与え、彼らを「偉大で善良な男」にすることである。[20] それに加えて、この儀礼には以下の効用もあると考えられるとスペンサーとギレンは書いている。イニシエーションを経た若い男たちを年長者の権威のもとに置くこと、自己抑制と我慢強さを学ばせること、神話の秘密に加え、チュリンガやトーテムに関する男たちの秘密の知識を伝えること。こうした説明は間違いではないが、儀礼の効用がそれに尽きるものではないことも明らかだろう。それが社会のなかでいかなる位置を占め、少年たちにいかなる効果をもたらしているかを理解するには、この儀礼がもちいる象徴や所作をよりくわしく見ることが必要である。

この儀礼はまず、少年たちが空中に放り投げられることからはじまっている。あたかも少年たちは、年長の男たちが自由に操作できる対象であることを示すかのように。この放り投げが終わると少年たちの身体に赤や黄の土で模様が描かれるが、これらの模様が描かれるのは儀礼のときだけである。しかも彼らは身体にすぐに消える模様を描かれるだけでなく、自己抑制と我慢強さを学ばせるという目的で性器にナイフで深い傷を入れられるのであり、それが意味しているのは、少年たちの身体への男たちの関与は一時的なものではなく、一生涯つづくことの明示であるだろう。要はこういうことではないか。儀礼以前の少年たちは、他の動物とおなじように女の腹から生まれた自然な存在に過ぎなかった。それに男たちが介入して、男たちの社会の知識やしきたりを与えると同時に、自然なものとしての身体に人為的な傷を刻み込むことで彼らを社会化しようとする。男たちは少年たちの身体に直接社会的な決まりや知識を刻み込むことで、彼らを社会的な存在へと変換するのであり、それ以降、彼らの身体は欲望や情動に左右される自然のままの身体ではなく、規則と社会的要請と自己抑制を組み込んだ社会的な身体へとつくり変えられるのだ。

イニシエーション儀礼がもつこうした効用に加えて、戦いや争いの象徴がくり返し活用されていることも注目すべきだろう。儀礼がめざすのは、少年たちが母親や女性たちの世界から離れて、大型獣の狩りと他集団との戦争をもっぱらとする男たちの世界へ参入することだ。それだからこそ儀礼は少年たちにくり返し痛みを与えることで、それに耐えること、苦痛に対して回避したり逃避したりするのではなく、それに立ち向かうことを求めているのである。そうした心構えは、彼らが有能な戦士になるには不可欠なのであり、その意味で、この儀礼の目的のひとつは少年たちをホモソーシャルな男たちの連帯のなかに組み入れることだと考えられる。[21] 儀礼がくり返し少年たちと年長者とのきずなを強調しているのもそのためだろう。そして、そうしたホモソーシャルな関係性は、他集団との戦いのためだけでなく、自集団の女性や子どもたちを支配し管理するためにも必要だとおそらく考えられているのだ。

かくして儀礼は社会のなかに一連の差異と規則を導入するのであり、それがこの儀礼のもうひとつの特徴である。儀礼は少年たちを女性の世界から切り離し、さまざまな規則やしきたり、男性として果たすべき行為と役割を教え込むことによって、男性と女性のあいだにある生物学的な違いを極大化し、文化的差異へと変換する。同様に、連続的であり、それほど大きな違いではない少年と成人男性のあいだにも絶対的な地位と役割の違いをもち込むことで、差異を社会化して固定化しようとする。年長者の役割を強調することで、年長者と年少者のあいだの差異を極大化するのもおなじだろう。このようにして、儀礼は集団のなかに、男性／女性、少年／成人男性、年少者／年長者という絶対化された差異をもちこみつつ、それに応じて役割と義務と権利を異なる仕方で配分することで、社会の基本的枠組みをつくり上げている。さらに、イニシエーション儀礼を経ないと結婚ができないというのだから、それは若者を婚姻規則と親族／姻族という枠組みのなかに導き入れるものでもある。アボリジニ社会は複雑な婚姻システムをもつことが知られているが、かくしてイニシエーション儀礼は一連の差異を導入することで、社会の多様性と複雑性を増進させつつそれをひとつのシステムとして統合しているのである。

祝祭と集合性

もうひとつ、このイニシエーション儀礼には大きな特徴がある。人びとが集合し参加することであり、この点は先の二つの儀礼とも共通するが、その規模はさらに大きくなっている。トーテム種の増殖儀礼はトーテム集団のメンバーが集まるだけだし、葬送儀礼と喪明けの儀礼は故人の親族と姻族が結集するだけであった。一方、イニシエーション儀礼は民族全体が参加するので、その規模はけた違いに大きくなっている。

ヒトの先祖が他の大型霊長類より大きな集団を結成するようになったことが、人類進化の上で大きな役割を果たしたことは前章で見たが、その点において多くの人間を集める宗教儀礼、とりわけ祝祭は巧妙な仕掛けだということができる。集団の規模が拡大すると社会的緊張が増し、集団の存続を困難にするリスクがあるが、祝祭は多くの人びとを集めるとはいえ、それは一時的なものにすぎないから社会的ストレスを増大させる危険はない。また、日常時に人びとは広く点在して生活のための活動をおこなっており、そのあいだに異なる環境に適応するために技術を洗練させたり、新しい文化的要素を他集団から受けとったりすることがあるだろう。そうした新しい要素や技術を、多くの人びとが集まったときに伝達し交流しすることで、文化の革新や発展が可能になることは十分に想像される。生物進化論のジョゼフ・ヘンリックは、ヒトが進化を遂げて高度な文化を築くことができたことの理由について、発想の転換が必要だと主張する。文化の革新や発展は、ひとりのすぐれた天才がいたためではなく、多数の頭脳がつながり何世代にもわたって協力しあったことによって実現されたのだとして、「集団脳」の考えを導入することが重要だというのだ[22]。この点において、宗教儀礼、とりわけ祝祭こそは、アボリジニをはじめとする狩猟採集民の「集団脳」が発現し、最大限に機能できるようになるための絶好の機会であると考えられるのだ。

それに加えて、大勢の人びとが集まり、大声を出して飲み食いし、何日にもわたって歌いかつ踊り、日常時には禁止されている異性とも性交が可能になる祝祭こそは、生きることの至福と集団であることの歓喜を実感する機会になっている。祝祭がそれに参加するアボリジニの人びとになにをもたらし、彼らの社会になにを与えているかを、デュルケームはあますところなく描いている。

祝祭は、その起源において純粋に世俗的な場合でも、諸個人を接近させて群衆を動かし、そうすることで宗教的状態に類似していなくない沸騰《エフェルヴェサンス》の状態、ときには錯乱の状態さえをも出現させる。人間はみずからの外に運び去られ、みずからの仕事や日常の関心事から解放される。それゆえ宗教儀礼と祝祭の双方において、叫び、歌、音楽、荒々しい動作、踊り、生命の水準を一層高める刺激物の追求等、おなじ表出が観察されるのだ。〔略〕生命エネルギーは過度に興奮し、情念はより活き活きとし、感覚はより強くなる。この瞬間にしか生み出されないものさえ存在する。人間はみずからを見失う。彼は自分が変形されたかのように感じ、その結果、彼はみずからを取り囲む環境を変形する。自分が感じとったきわめて特異な印象を説明するために、彼は最も直接的に関係している事物に、それ自体がもっているのではない属性を帰し、また日常の経験の対象にはない並外れた能力と効力とを帰す。要するに、みずからの俗なる生活が流れゆく現実の世界に、もう一つの世界――ある意味では彼の思考のなかにしか現存しないが、現実の世界に対してより高度な一種の尊厳が付与されている世界――を重ね合わせるのである。したがってこれは、この二重の資格において一つの理想世界なのである。[23]

この「理想世界」をデュルケームは「聖」とも「社会」ともいいかえているが、そのようにいいかえざるをえないこと自体、祝祭がもたらす経験を言語化することの困難を示しているのだろう。私たちはすでに、ヒトの先祖が大きな集団を形成したことがヒトの進化に決定的な役割を果たしたことを見てきた。集合することは、いまだ言語を使用していなかったヒトの先祖が人間になるのに決定的に寄与したのだが、集合することが生み出す経験は、言語以前の生物学的次元に根差すものであるがゆえに言語化することが困難なのである。多くの宗教研究者が言明しているように、宗教の基底、宗教のもっとも深い部分にあるのは言語化以前の非合理的な経験、畏怖と魅惑をひき起こす非合理的な経験なのであり、それをドイツの宗教学者ルドルフ・オットーは「ヌミノーゼ」と呼んだし、デュルケームは「聖」ないし「社会」と呼び、精神分析学のジークムント・フロイトは「大洋的な感情」と、米国の心理学者アブラハム・マスローは「至高体験」と、そしてバタイユは「内在性」と名づけたのだった。[24]

狩猟採集民のシャーマニズム

以上、アボリジニ社会の宗教儀礼について見てきたが、狩猟採集民の宗教にはそれ以外にいかなる要素があるのだろうか。宗教の一形態としてのシャーマニズムは多くの狩猟採集民社会で確認されており、その比較をおこなったある研究者によれば、彼らの宗教のもっとも顕著な形態であるばかりか、その形態は多くの狩猟採集民のもとできわめて類似しているという。[25] それがいかなるものか、具体的に見ていこう。

シャーマニズムとはシベリアのエヴェンキ語の宗教的職能者をさす「サマン」がもとになった語とされ、[26] 実際、北方アジアの諸民族のもとで多くの研究がなされている。これらの社会では、シャーマンはトランス状態に入って身体を離れて天空や地下世界に飛翔し（＝脱魂）、そこで神や高位の霊と交流するという信念がしばしば見られることから、宗教学のミルチア・エリアーデはこうしたエクスタシー技術と脱魂がシャーマニズムの「原初的根本理論」だと主張した。この主張は今日では完全に否定されているが、[27] エリアーデが示したようにシャーマニズムが世界中で観察される現象であること、とりわけ狩猟採集民のもとで有力な宗教現象であることは、多くの研究者によって共有されている。[28]

シャーマニズムは複合的な現象であり、世界中の社会で観察されるのでさまざまなヴァリエーションがあるが、以下のような要素からなるものとして整理できる。[29] それはシャーマンと呼ばれる宗教的職能者を中心とした宗教体系であり、シャーマンはトランスないし「意識の変性状態」(Altered State of Consciousness) と呼ばれる非日常の意識を経験する。この意識の変性状態は、多くの場合当人の意識を超えたところで生じるため、外部の霊の憑依やシャーマンの霊の離脱として解釈される。こうした意識の状態になることは当人にとっては苦しい経験だが、長期にわたる精神的・身体的な訓練を経ることで、こうした意識の変性状態をコントロールすることができるようになる。彼らは普通の人間としては死に、シャーマンとして生まれ変わるのだ。彼らは意識の変性状態のなかで、他の成員の病気の治療や占い、社会的緊張の解消、さらには神との交信など、社会が必要とする課題を解決する能力があると他から認められており、そのことで社会のなかで一定の地位と役割を与えられている。

このような整理では、シャーマニズムがおおよそいかなるものかの外枠はわかっても、その内的実態を理解することはできない。それゆえ、その具体的なあらわれをいくつか見ていこう。まずは、文化人類学の菅原和孝がアフリカのカラハリ砂漠に住む「すべてのブッシュマンに共通したもっとも顕著な文化の核[30]」と形容するトランス・ダンスないしヒーリング・ダンスである。

ブッシュマンは南部アフリカのカラハリ砂漠にすむ狩猟採集民で、ボツワナ政府やナミビア政府の定住化政策が進められるまでは狩猟採集で暮らしていた。ブッシュマンは「藪に住む人間」を意味し、ヨーロッパ系住民が彼らにつけた蔑称であり、それを避けるために「サン」と呼ばれてきたが、これにも侮蔑的なニュアンスがあるので、研究者はクン、グイ、ガナなどの下位集団名で呼ぶのが一般的である。ここでは総称として他に適切な語がないので、ブッシュマンの語をもちいることにする。ブッシュマンは先の『狩人としてのヒト』の編者であるリチャード・リーとアーヴェン・デヴォアをはじめ、わが国では田中二郎、菅原和孝、池谷和信など多くの研究者によって研究され、人類学ではよく知られた人びとである。

ブッシュマンのヒーリング・ダンスであるキアはほとんど毎週のようにおこなわれ、そこにはカミ観念[31]やさまざまな霊の観念、世界理解、病因論など、彼らの宗教世界が凝縮して示されている。それは夜を徹して、村の全成員が老人から子どもまで参加しておこなうものであり、女性たちが焚き火のまわりに円陣を組んですわり、手拍子をとりながらキアの歌を歌う周囲を、男性たちがまわりながら踊る。踊っているうちに男性の一部はトランス状態に入り、その状態で病人の身体に強く接触する。それによって治療者＝シャーマンの身体のなかのカミないし霊的エネルギーが病人の身体に入り、病気を引き抜いて治療を成功させると考えられている。そのほか、集団の成員のあいだの緊張が高まったときにもヒーリング・ダンスはおこなわれ、人びとが集まって一緒に歌を歌いダンスをすることで、人間関係のほころびが修復されるとされている。

このカミないし霊的エネルギーがはじめて身体のなかに入ってくるとき、未来のシャーマンは強い恐れや不安を抱くという。「キアに入るとき、恐ろしいのは死ぬことだ。死んでしまうのではないか、死んで帰ってこられないのではないか、が恐ろしいのだ」。ブッシュマンの下位集団クンのあるシャーマンは、彼らのシャーマニズムを研究していたリチャード・カッツにそう語った。別のシャーマンは、トランスに必要なヌムと呼ばれる生命エネルギーが身体に入ってくる瞬間をつぎのように説明した。「ヌムは上昇して、爆発し、空中にわたしを投げ出す。そうやって天国に入ると、からだは卒倒する」[32]。

ブッシュマンの社会は、他の狩猟採集民社会の多くがそうであるように首長や宗教的職能者のような社会的分化をもたない。そのため、ヒーリング・ダンスをはじめとするキアの機会に憑依に入るのは特定の人間ではなく、多くの人間がそれに入ることができる。とはいっても、狩りや踊りに上手い下手があるように、トランスに入ったり他者の病気を治したりするには人によって上手い下手がある。彼らが社会のなかでそれと認められたシャーマンになるには、右のような「死」や「空中への投げ出し」を耐え忍ぶだけでなく、それを喜んで受け入れることができるようになることが必要とされる。そのために、彼/彼女は先達に助けられ、まわりの人間から勇気づけられながら、意識の変性状態をコントロールする術を少しずつ学んでいくのだ。

別の社会の例を見ていこう。オーストラリアのアボリジニのもとでも、呪医＝シャーマンになるには意識の変性状態を苦痛とともに経験し、それを操作するすべを学ぶことが必要とされる。彼らのもとでよく知られたあるシャーマンは、スペンサーとギレンに自分の成巫《せいふ》過程についてつぎのように語っている。

私が呪医にさせられたとき、ある日、ひとりのたいへん年とった呪医がやってきて、彼のアトノンガラ石[33]をいくつか槍投げ器で私に投げつけた。そのいくつかは胸にあたり、いくつかは頭をまっすぐに耳から耳へと貫いて私を殺した。それから老人は私の内臓のすべて、腸や肝臓や心臓を切り出して、一晩大地に横たわらせて立ち去った。朝になると老人はやってきて、私を見、さらにアトノンガラ石を私の身体と腕と足のなかにおき、木の葉で顔を覆った。それから彼は私の身体が膨れるまで歌いつづけた。それがすむと、彼は新しい内臓の完全な一そろいを準備して、さらに多くのアトノンガラ石をおき、私の頭を軽くたたいて蘇らせた。年とった呪医は私に水を飲ませ、アトノンガラ石の入った肉を食べさせた。私は目覚めたとき、どこにいるかまったくわからなかった。私は「道に迷ったのだと思う」といった。見回すと老人がすぐ近くに立っているのが見えて、「いや、お前は道に迷ってはいない。私はお前をずいぶん前に殺したのだ」といった。私は自分が誰だったか、自分が前になにをしていたのか、まったくわからなかった。〔略〕私がこのようにして復帰し奇妙な行動をするのを見て、周囲の人間はただちに私が呪医になったことを理解したのだ。[34]

ここでもシャーマンは一種の死と再生を経験することでシャーマンとして認められるようになるのであり、彼の主要な役目は病気の治療をおこなうことである。アボリジニの社会では、病気は一般に敵や悪霊が病人の身体のなかに病気の原因物質を送り込んだことで生じるとされているので、シャーマンは意識の変性状態のなかでその原因物質を特定し、小型の木のナイフで患部を切開したり口で吸い出したりしてとり出し、さらに呪文を唱えることで病気を治すのである。そのほか、シャーマンは敵の呪いに対して対抗－妖術をおこなうことで自集団を保護するのだが、彼らの働きはそのようにポジティブな側面だけではない。他の人間に呪いをかけたり殺したりすることもできると信じられているので、彼らは集団のなかで一定の敬意を受けてはいるが、他の成員から疑われ恐れられる存在でもある。その意味で、彼らは社会のなかで中心的な役割を担う高位の職能者になることはないのだ。

シャーマンとジャガー[35]

もう一例とりあげよう。コロンビアの人類学者ライヘル＝ドルマトフが報告する、アマゾン川上流域のトゥカノ系民族デサナのシャーマニズムのケースである。彼らは今日では農耕や牧畜もおこなうようになっているが、伝統的に狩猟採集をなりわいとし、狩猟採集民としてのアイデンティティを強くもっている。この社会では若い男のなかから新しいシャーマンが選び出される。伝統に強い関心を抱いている、ひとりで内省することができる、呪文の覚えが良い、酒をたくさん飲み歌や踊りがうまい、声が良いなどの特性をもつ男である。

彼は選出されると、よその民族に行って名の通ったシャーマンであるパイェのもとで見習いをする。先達のパイェにつき添われながら、村を離れて森のなかで数か月ないし一年以上にわたり修行をするのである。宇宙の創造の神話や氏族の伝承を学び、さまざまな霊の働きなどの知識を学ぶほか、幻覚性のある植物ヴィホの粉を鼻から吸い込んでトランス状態となり、それをコントロールする術を教えられる。その間、十分な睡眠をとることが許されず、食物が制限され、性交も禁止され、内臓を浄化するためにトウガラシの液を吸い、毎日のように幻覚性の植物を吸収させられるので、新参者にとってはたいへん厳しい試練となっている。彼らがそれほど過酷な試練にさらされるのは、それが一種の資格試験となっているためであり、こうした試練に耐えた若者だけがシャーマンとなり、新たなテクニックと世界の見方を獲得するのだ。

デサナ社会のあるシャーマンは、シャーマンになるための成巫過程についてつぎのように説明した。

超自然的存在との接触をするのにパイェはヴィホの粉末を用いる。この語はヴィヒーリ〔嗅ぐ、吸う〕からきているが、それはこの粉末を小さな骨製の管を通して鼻から吸入するからである。〔略〕ヴィホをもとにして幻影を見、そしてこの接触を確立できる能力は、一個人のパイェの全てを決定するものである。パイェには天の川が道のように、山がマロカ（彼らの山型の大きな家）のように、動物が人間のように見えるはずなのである。このように反応しない者にはただの雲とか石にしか見えず、「鳥たちに笑われる。」こうした人は、トランス状態になると、羞恥心を失って陰部覆いを取りさり、裸で歩きまわり、人前で排尿したり脱糞したりまでもする。だがそうでない経験を積んだ本当のパイェは、こうした衝動を制禦できる。彼等は天の川に行きあるいは「山の家」を訪ね、そこにいる者たちと話を交わし「交渉をして」から、この間マロカのハンモックにずっと横になったままでいた自分の体に再び戻って来る。[36]

この社会ではシャーマンは暗闇を照らす火の輝きにたとえられ、創造主としての太陽に由来するその光によって、病気の原因や社会的不和の原因を見通すことができる。また彼は、太陽の地上のあらわれであり、すぐれた狩人であるジャガーに変身することができるとされるばかりか、雷とも関係づけられている。シャーマンは彼の道具である槍のほかに、雷が投げつけたとされる石英の石をつねにもっており、これを病気の治療にもちいたり敵を攻撃するのにもちいたりする。また、シャーマンは幻覚材を使用して天の川にのぼり、そこですべての動物の主であるヴァイ＝マフセと交渉することもできるという。彼は天のヴァイに対し、なぜ猟がうまくいかないよう仕向けているのか、なぜヴァイはジャガーや毒蛇を送って人を傷つけたか、どの敵が自分たちの集団を攻撃しようとしているかをたずね、それへの対処法を探るのだ。

デサナの人びとは世界をエネルギーの閉じた世界と考えており、人間のエネルギーが増大すると、その分、動物その他のエネルギーは減少するので、人間はエネルギーの消費の抑制につとめなくてはならない。そうした収支均衡の考えから、動物の主であるヴァイ＝マフセと交渉するには賠償を支払うことが不可欠であり、それはつねに人間の生命とさだめられている。シャーマンはたいていの場合、敵の集団の人間の生命を差し出すことで自分たちの集団の安寧を守ろうとするというのだから、その交渉は「共同体の生活にとって絶対に欠くことのできない」ものだが、反面、そうしたまがまがしい力の行為は、人びとにシャーマンに対する不安と疑懼《ぎく》を引き起こす元となっている。[37]

そのためシャーマンは、絶大な宗教的能力をもつと考えられていても、社会のなかで中心的な職能者になることはないのだ。

狩猟採集民が発達させたシャーマニズム

以上、オーストラリア、南部アフリカ、南アメリカの狩猟採集民社会のシャーマニズムのあり方を見てきた。これら三つのケースとも、中心的な職能者であるシャーマンは意識の変性状態を経験しており、一種の死と再生と見なされる長期の訓練によって変性状態をコントロールできるようになった彼らは、病気の治癒や社会的あつれきの解決などの働きをすることで社会のなかで高く評価されている。こうした特徴は先に見たシャーマニズムの基本的構図に一致しているが、それだけでなく、シャーマニズムという宗教的実践そのものが狩猟採集民社会の特徴に合致しているように思われるのである。

第一に、シャーマンはほとんど道具をもちいずにその能力を発揮していることだ。ブッシュマンの社会ではシャーマンは手拍子と歌にあわせて踊るだけでトランス状態に入るし、アボリジニのシャーマンがもちいるのは主に石英の石と小型の木のナイフである。そしてデサナのシャーマンの場合にも、幻覚性植物の粉末と石英の石をもちいるだけである。さらに、彼らは神殿や祭壇も必要としないので、どこでも仕事をすることができるし、移動もきわめて容易である。最小限の道具をもちい、神殿などの施設も必要としないシャーマンのあり方そのものが、たえず移動をつづける狩猟採集民社会にかなった宗教形態であることは明らかだろう。

第二に、彼らは修行を通じて意識の変性状態をコントロールできるようになり、その状態で社会が抱えるさまざまな問題に対処しようとするのだが、このように身体―心理的能力を最大限に開発することは、道具をあまりもちいない狩猟採集民社会の特徴に合致していることだ。彼らの狩りの仕方を見ると、槍やネットなどのごくかぎられた道具しかもちいない一方で、動物の習性や環境や地形について深い知識をもつとともに、その身体的能力を極限にまで活用しており、そうした特徴はシャーマンのあり方にそのまま反映されているのである。

第三に、シャーマンはその能力が社会のなかで高く評価される一方で、恐れられていることだ。彼らは病気の治療や敵の発見と攻撃、狩りの成功といった社会が期待する事象を実現できるとされるが、反面、敵を殺したり、霊的存在と取引するために人間の命を差し出したりするといったネガティブな側面ももっている。そのため、彼らはその卓越した宗教的能力にもかかわらず、社会のなかで中心的な役割を果たすことはまずない。シャーマンに対するこうしたアンビヴァレントな位置づけは、平等主義的な狩猟採集民社会に適合しており、彼らが集団のなかで卓越した地位に就くこと、つまり地位の格差が生じることを妨げるための一種の予防措置と考えられるのだ。

かくしてシャーマニズムとは、まさに狩猟採集民社会に適した宗教的技法であり制度であるということができる。道具をほとんど使用することなく、人間の身体―心理的能力を極限まで開発することで社会の諸問題の解決に応えようとするシャーマンのあり方は、先史時代にその痕跡がいくつも残されていることが示唆するように、人類がつくり出したもっとも原初的な宗教的技法のひとつであった。それを備えることで、人間は病気や死の不安と戦うことができるようになっただけでなく、意識の極限まで至ろうとするシャーマンとシャーマニズムという制度を通じて、狂気や逸脱とすれすれのところまで宗教意識と自己意識を拡張することができたのである。

もっともアルカイックな宗教的技法のひとつとしてのシャーマニズムは、あるときには抑圧されたり排除されたりしながら、人類の歴史においてつねに存在していた。それだけでなく、それは社会が危機を迎えたり変革を強いられたりしたときには、社会の前面にあらわれて決定的な役割を果たしてきたのである。シャーマニズムの技法は、宗教の歴史において、預言、神秘主義、瞑想、ヨガ、座禅、精霊運動、スピリチュアリズムなどとさまざまなあらわれ方をしてきたが、今日ではそのいくつかをさして「ネオ・シャーマニズム」と呼ぶのが一般的になっている。特殊な能力をもつシャーマンに対する需要は、どの時代、どの社会にも存在していたのであり、それが社会の危機に際してどのような役割を果たしたかは、のちに世界宗教の誕生のところでくわしく見ることにする。

幻覚剤を使用するトゥカノの儀礼

狩猟採集民に特徴的なシャーマニズムが人間の身体−心理的能力を最大限に開発してきたことを見たが、そうした能力の開発はシャーマニズムだけにかぎられるわけではない。ライヘル＝ドルマトフが研究したトゥカノの諸社会は、幻覚性のある植物をもちいて参加者の身体−心理的能力を開発するための別種の儀礼を実践している。彼自身が参加したヤヘと呼ばれるその儀礼をここで見ておこう。

ヤヘは年に数回、複数の外婚集団が集まったときにおこなわれる儀礼ないし祝祭である[38]。その日が近づくと、男たちは森に行って幻覚性のある植物の蔓を切ってきて、それを煮詰めて準備をする。夕方になると男も女も集合的な家屋であるマロカの大きな家に入るが、ヤヘの飲料を口にするのは男たちだけであり、女たちはそれを見守るにとどまる。男たちは儀礼用の羽飾りやガラガラ、ふんどしを身につけて準備をする。笛の音と亀の甲羅をこする音がするなかを、ビールを入れた大甕がもち込まれ、皆でそれを口にしたあと、一列になって前の男の肩に右手をかけて踊る。そのあと、幻覚性のあるヤヘの容器が運び込まれ、一杯ずつまわし飲みをする。すると大風に吹かれたような強い衝撃があり、眠気が生じてくる一方で、何人かの男たちは大声を出し、叫び、笑い出す。

ヤヘの飲み物をまわし飲みしているあいだ、笛の音が絶え間なくつづき、男たちは踊り、飲み物の刺激で吐き、また踊る。しだいに目の前を、光の点や直線、波線が流れるように浮かんでくるので、経験の少ない若い男たちはそれがなにを意味するかをまわりの男にたずねるだろう。トーチが点けられて家のなかが赤い光で満たされるようになると、笛の音とダンスが激しさを増し、しかも身体の動きはきれいに同調するようになる。やがて目の前に浮かぶ光の線は、単なる点や線ではなく、具体的なかたちをあらわしているように見えてくる。すると長老が、それは銀河への飛翔だ、太陽の娘だ、鱒の娘だ、川を泳ぐ蛇カヌーだ、ガラガラの音は太陽の声だと、目の前に浮かぶ図像をひとつひとつ彼らの神話に即して説明する。そのことは、「宇宙や人類の起源、全ての超自然的存在を自身の目で見る体験を通して、宗教信仰を確かなものにするのが目的」である[39]。

こうした状況が小一時間もつづくと、目の前の光の線は消えていき、なんのイメージも浮かばなくなる。先ほどまでのはげしい踊りや幻視の襲来が嘘のように引き、参加者たちは穏やかで落ち着いた気分になるだろう。彼らはこの儀礼のあと、荘厳な至福の感覚と集合していることの喜びに満たされながら数日を過ごすだろう。

この儀礼に参加したライヘル＝ドルマトフは、それが終わったあとで、儀礼の最中に眼の前に浮かんでいたものを同定しようとして色鉛筆で紙に描いていた。すると現地の人びとがそれを見てあれやこれやと注釈をつけ出したので、彼らに紙と色鉛筆を渡して描いてもらうことにした。その結果が図2－2の上段のさまざまな図像である。それらの図像は、彼らの集合的な家の正面壁に描かれているのとおなじであり、のちにライヘル＝ドルマトフは、これらの図像が眼球を強く押したり暗やみの中で眼をあけたりしたときに眼に浮かぶ「眼内閃光」と呼ばれるものと同一であることを確認した。図2－2の下段の図像は、ドイツの生理学者マックス・クノールが一〇〇〇人の被験者を対象に、実験室で弱い電流を脳波とおなじパルスでこめかみに流したときに眼の前に浮かぶイメージを書いてもらったものであり[40]、それとほぼ同一であることがわかるだろう。それらは人間の視

図2－2　トゥカノの図像（上三段）と眼内閃光（下二段）

神経や脳幹における刺激が生み出した生理学的現象であり、文化以前の生の現象であるが、参加者はそれを儀礼のなかで経験しているのだ。[41]

この儀礼がきわめて興味深く思われるのは、儀礼が人間存在のどのレベルまで測鉛を下ろしているか、そこでどのような効果を生み出しているかをよく示しているためだ。まず、儀礼で参加者が抱くイメージが眼内閃光と同一であるということは、儀礼が人間の身体—生理的次元にまで影響していることを示している。それは言語化されない直接的な身体—生理的経験であるわけだが、儀礼はそうした経験を喚起するだけではない。儀礼はさまざまな象徴を規則正しく活用したり、儀礼の指導者がその直接的経験をひとつひとつ解釈したりすることを通じて、参加者がひとしく了解できるような共通経験へとつくり変えているのだ。

おそらくそこにはいくつかのレベルが階層化されて存在していると考えるべきである。儀礼が作用する最深の層は人間の身体—生理的レベルであり、そこで儀礼は万人に共通の効果を生み出すが、それは言語以前の現象であるために散逸的で不定形な刺激に終わっている。儀礼はそうした散逸的・不定形な刺激を明瞭なかたちへと変形させるために、参加者がどう行動すべきかを事細かく規定し、さまざまな象徴を規則正しく活用させる。これが儀礼の第二の層であり、それによって身体—生理的なものに過ぎなかった刺激は、一定の明確な形象を与えられるようになる。その上で儀礼は、第三の層として、そのようにして定型化された経験に対して指導者がひとつひとつ意味づけをおこなうことで、参加者が神話の世界を現実に生きているかのような共通経験へと導いていくのだ（図2−3）。

かくして儀礼は、人間の身体や深層心理の次元に直接働きかける象徴を規則正しく使用することを通じて、参加者に共通の体験を生み出すものである。共通というわけは、それが万人に共通する身体—生理的次元にまで根を下ろしているためだ。と同時に、儀礼がこのようにして生み出す経験は、身体—生理の次元に根差しているがゆえに十分には言語化不可能な、前言語的・非合理な経験であるので、それを言語化するべく、現地の人びとも研究者もそれを意味づけしようと試みるのである。このように整理していくなら、なぜ多くの研究者が宗教と儀礼の基底に非合理的な要素の存在を認めているか、なぜ儀礼が参加者に強い一体感や共通経験を与えることができるかが、理解可能になるのではないだろうか。

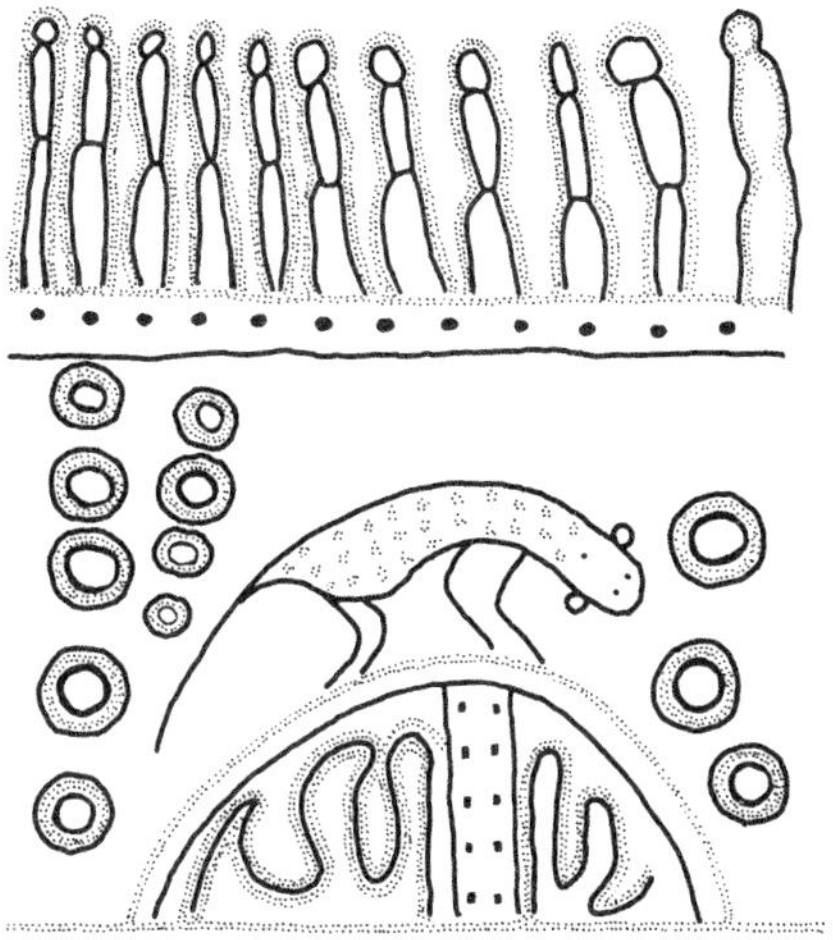

図2－3　幻覚のなかのトゥカノの神話的イメージ。上段は天の川の人びと、下段はジャガーをあらわしている

儀礼の参加者の身体—生理に働きかける力

あるいはここで疑問が生じるかもしれない。儀礼が参加者の身体—生理的次元に働きかけることができるのは、このトゥカノの儀礼の幻覚剤のように特別な力をもつ道具や象徴を活用しているためではないだろうか。そのような力をもつ道具や象徴を活用しない儀礼の場合には、儀礼の力はもっと表層的なレベルにとどまるのではないだろうか。そうした疑問に答えるため

に、儀礼の道具や象徴がどのような力をもつかを狩猟採集民以外の例も含めて検討していこう。
儀礼の象徴が人間の意識を超えて、身体―生理的次元にまで作用しうることを最初に指摘したのはレヴィ＝ストロースであった。彼は中米のクナの人びとの安産儀礼をとりあげながら、難産に苦しむ女性の傍らでシャーマンが神話的な歌を歌うこと、その歌はシャーマンがムゥという胎児の住みかまで行って胎児の魂を解放してくるという内容をもつこと、その歌は患者の意識のレベルにとどまらず、「患者を導いて〔略〕構造の再組織化である器官の変形を誘導すること」を指摘したのである。[42] 彼によれば、人間には意識―無意識―器官という三つの層があり、それらは構造的に「相同」であるので、言語による表現であっても「誘導性」によって器官のレベルで変形をうながすことができるというのだ。この解釈はいくつかの単純化と「誘導性」という説明不可能な仮説に依拠しているので私は同意しないが、儀礼が参加者の意識―無意識―器官の三つのレベルに作用する力をもつという理解については評価したい。[43]
儀礼がしばしば歌謡や音楽を活用すること、その音色やリズムが儀礼において並外れた効力を有していることについては多くの研究がある。心理学のアンドリュー・ネーアーや人類学のウィリアム・スタートヴァントは、太鼓の音のリズミカルな刺激が、「刺激を受ける感覚野とのつながりを通じて、通常は影響を受けない脳の多くの感覚運動野に電気信号を送り出」すこと、それによってトランスのような「ある種の普遍的な心理的および生理的メカニズムを生じさせる」ことを証明した。「ヴードゥー教の太鼓、リバイバル派の儀礼の規則正しく駆り立てるようなリズム、ジャズや十代向けのロックのたえまないビートは、脳と神経システムにむすびつく筋肉の動きのリズムと同調していているに違いない。〔略〕音や反応行動は、テンポが速くなるにつれて参加者を『憑依』させ、コントロールするようになる。外的なリズムはこれらの内的時計をセットするための同調器になる」というのだ[44]。

アボリジニのところで見たように儀礼はさまざまな道具や象徴を活用するが、そのうちで脳や身体に直接的に働きかけることができると思われるのは音だけではない。脳波とおなじリズムで点滅するライトが太鼓の音と同一の働きをすることは、ネーアーが実験で確認している。毎秒七〜九サイクルの速度でライトを点滅すると、被験者の脳に影響を与えてα波を出やすくする一方で、幻覚や強烈な感情、心的混乱、発作などの特異な心的状態を生じやすくするというのだ。視覚的刺激としては、こうしたライトの点滅のほかにも、岩壁画や身体装飾に見られるような、見る者の心を奥深くから動かす力をもつ形や色彩がある。激しい色彩を好んでもちいて野獣派と呼ばれたマティスによれば、色彩はなによりも「力」であり、「解放」であり、「豪奢」である。「単純な色彩はそれが単純であればあるほどいっそう力強く内奥の感情に働きかけることができ」るというのだ[45]。

儀礼が活用する象徴には、こうした音、リズム、音色、形、色彩だけでなく、タバコや香料、香、食料などの嗅覚や味覚を刺激するもの、ダンスや呼吸法、感覚遮断、くり返される苦痛、性的禁欲などの触覚ないし身体感覚を刺激するもの、アルコールや薬品、麻薬のように神経システムに直接作用するものなどがある。しかも儀礼は、これらの感覚特性をもつ象徴を任意に使用するのではなく、正確な手順にしたがって組織的に活用するのであり、それによって参加者の意識と身体に強烈でかつ共通の効果を生み出そうとするのである。

そのことを実験的に証明したのが、人類学のアンソニー・ウォーレスであった。彼は幻覚剤メスカリンを使用するアメリカ先住民の儀礼と、それを実験室で被験者に投与したときとを比較して、両者のあいだの劇的な違いを確認した。儀礼の場と実験室とのあいだでは、情緒的な安定／不安定、対人関係の正常／悪化、現実感覚の高揚／混乱、幻視のパターン化／散乱、治療効果の昂進／不在などの違いが生じたというのだ。[46] 象徴が人間の身体や心理の奥底で生み出す直接的効果は同一であると考えられるので、儀礼の場と実験室とでこれだけの違いが生じているとすれば、それは象徴の活用の仕方や経験の意味づけ方に大きな違いがあるためだろう。人間は何万年にもわたって儀礼をおこなう過程で、個々の象徴が人間の身体−生理にどのように作用するかに精通すると同時に、それをどう使ったならどのような効果が生み出されるかを研究したに違いなかった。それによって、その効果が最大になるよう儀礼を見事に練りあげてきたのだ。[47]

狩猟採集民の宗教を構成する要素

いささか議論が広がったので、狩猟採集民の宗教に戻ってその特徴についてまとめよう。ここではトーテム種の増殖儀礼、葬送儀礼と喪明けの儀礼、イニシエーション儀礼、シャーマニズム、祝祭をとりあげてきたが、狩猟採集民に共通する宗教的要素はそれだけだろうか。世界各地の狩猟採集民の宗教を比較した研究があるので参照すると、もっとも出現頻度の多いのはアニミズムであり、これはすべての狩猟採集民社会で共通している。[48] つぎがシャーマニズムと死後の生の観念であり、いずれも七九パーセントと高い頻度を示している。一方、祖先祭祀（四五パーセント）や高等神[49]

（三九パーセント）も少なくないが、祖先崇拝に積極的な位置を与える社会は二四パーセント、高等神は一五パーセントにすぎない。祖先祭祀と高等神は狩猟採集民の宗教の特徴とはいえないのだ。

　具体的に見ていくと、序章でとりあげたムブティ・ピグミーの人びとは、祖先の観念を重視する周囲の農耕民とは対照的に、祖先に対してほとんど無関心である。彼らは死者を悼んで二か月ものあいだ葬送儀礼を執行するが、そのあとで故人を祀ることはないし、故人や祖先が生者に関与するという考えもない。彼らは死者に対して実にさばさばとした見方を示しており、彼らと共に暮らしていたコリン・ターンブルにつぎのようにいったという。「村の連中のように、いつまでも死んだ者のことを思い煩うより、死んだ人間のことはさっさと忘れてしまうほうがよいのだ」[50]。ムブティに近いエフェ社会で研究する澤田昌人も同様に考えている。この社会では死者は森のなかで生活を送っていると見なされ、現世と隔絶した死者の世界があるわけでもなければ、彼らが祖先として祀られることもない[51]。また、シャーマニズムのところでとりあげた三つの社会のいずれにおいても、祖先祭祀がおこなわれているという記述はない。おそらく祖先祭祀とは、人びとが定住し、土地が価値をもつようになったときに初めて成立するものであり、その土地を開いた先祖と現存する人間との関係が土地や墓のかたちで物質化されることで、生者の今日のあり方を可能にした先祖への感謝と負債が祖先祭祀として制度化されたのだろう。

　高等神についても同様だ。先の三つの社会では神々や精霊について言及されることはあっても、高等神が登場することはない。例外に見えるブッシュマンの場合でも、世界の創造神とされるグイの「ガマ」はあいまいな存在であり、さまざまな出来事を説明するときに言及されるが、キリスト教やイスラームのような人格神ではまったくない。[52] イトゥリの森に棲むピグミーについてターンブルが記したように、森は彼らにとって「父親であり母親である」存在であり、食べ物から衣服、家、焚き木など、すべての生活の糧を与えてくれる存在だが、「神」としては対象化されていない。おなじイトゥリの森のエフェ社会の事例から澤田昌人が言明するように、人類学者が「神」という語をもちいるときには、研究者のキリスト教的バイアスが対象社会に押しつけた概念ではないかと疑ってみることがまず必要なのだ。[53]

一方、トーテム種の増殖儀礼に関していえば、私はトーテミズムをアニミズムの一変形と解釈しており、アニミズムとはなにかについては第一章ですでに論じているのでここでは論じない。イニシエーション儀礼については、これが狩猟採集民社会できわめて重要な位置を占めていることは、これまでの検討からも、またわが国の研究者による研究からも明らかである。[54] 葬送儀礼についても、死が引き起こした社会的混乱を鎮め、悲嘆と混乱のなかにある人びとの情動に働きかけるための儀礼と考えるなら、イニシエーション儀礼と共通する要素は多くある。イニシエーション儀礼が少年や少女の身体や欲動に働きかけ、それを社会的に秩序づけようとするのに対し、葬送儀礼は死がもたらす絶望と無力さの淵から近親者を救い出すために、悲嘆をどう表出すべきかを社会的に水路づけるものである。これらの儀礼はまとめて「人生儀礼」や「通過儀礼」と呼ばれ、農耕民社会のもとでより体系化されているので、そこでくわしく検討する。

狩猟採集民の宗教の特徴

以上を整理しよう。宗教の構造変化ないし進化の観点を保持しながら狩猟採集民の宗教の特徴を列挙していくとすれば、第一に、狩猟採集民の宗教はなによりもまず豊かな内容をもつさまざまな儀礼を中心に構成されていることだ。この点はくり返し論じているので、あらためて説明する必要はないだろう。

第二に、狩猟採集民の宗教のもっとも重要な働きのひとつは人びとを結集させることにある。このことは、二重の被傷性を抱えた存在としてのヒトに課せられた集団規模拡大の直接の帰結であり、儀礼や祝祭において人びとは集合して大きな集団を形成するが、それ以外は分散して小集団で暮らしている。そうしたメカニズムをつくり出すことで、人びとは大集団であることから生じる社会的緊張の高まりを防止しつつ、巨大な集団脳を実現することを可能にしたのだ。

第三に、集合することに積極的な価値を与えるために、さまざまな象徴を使用したことだ。人びとは儀礼や祝祭において、歌、ダンス、音楽、絵画、身体装飾、仮面、食事、アルコール、性交など、人間の五感を刺激する象徴や定型化された行動を総動員する。そのことにより、儀礼、とりわけ祝祭は、参加者に至福の感情と共にあることの喜悦を生み出すことができるようになったのである。

第四に、儀礼、とりわけイニシエーション儀礼は集団のなかに一連の差異を導入し、それによって集団の秩序化と複雑化を実現した。この種の儀礼は人びとがもつ生物学的な差異を拡大し、男／女、子ども／成人、年長者／年少者といった文化的差異を導入した。また、トーテミズムに見られるように、動植物の分類上の差異を利用して人びとを複数の氏族に分割し、そのあいだに複雑な婚姻の規則をもち込むことで、集団規模の拡大と統合を同時に実現したのだった。

第五に、危険をともなう狩猟や他集団との戦争に備え、苦痛や恐怖に耐える意図や能力を育てるべく、身体や生理、情動に働きかける儀礼を開発したことだ。イニシエーション儀礼は、人間の内なる自然としての身体や情動に働きかけてそれを社会的な身体に加工したし、葬送儀礼は、近親者の死が引き起こした心理的社会的混乱を鎮静化するための手段を与えた。一方、シャーマニズムは、日常的な意識や規範を超越する権利を一部の人間に認めることで、社会の可能性を拡張し、それが閉塞化することを予防する働きをもっていた。

第六に、狩猟採集民の世界認識の根幹にあるのはアニミズム的世界観であり、そこでは人間は環境世界を構成する一要素と見なされ、それから切り離されたりそれを超越したりすることはない。英国の人類学者ティム・インゴルドがいうように、「狩猟採集民にとっては、人間の世界（社会）と物の世界（自然）というふたつの世界があるのではなく、人間と、人間が依存する動物と植物と、そしてそれらが生き活動する風景を含めた、人格的な諸力に満ちたひとつの世界、ひとつの環境が存在するだけだ[55]」。

第七に、狩猟採集民も神々（カミ）や精霊などの宗教的観念を有しているが、彼らの宗教の中心にあるのはあくまで儀礼であって宗教的観念ではない。彼らはしばしば神々や霊的存在が活躍する神話をもっているが、神話や宗教的観念が先行し儀礼はそれに依存すると考えてはならない。むしろ神話や神々の観念は、儀礼の効果を説明したり死や病気などの出来事が生じたりしたときに、事後的に動員されていると考えるべきだ[56]。

第八に、狩猟採集民は儀礼のなかで、彼らの生きる環境である森やトーテム種の繁栄を祈願し、大いなる恵みを与えてくれることを期待するが、それは呪術と呼ばれる行為ではない。自然の事物を思い通りに操作しようとする呪術的行為は狩猟採集民にとっては無縁なものであり、植物の栽培や動物の飼育を開始した農耕民や牧畜民に特徴的な行為と考えるべきである。[57]

以上の検討をもとに、狩猟採集民社会の宗教を定義するとすればつぎのようになる。宗教、とくに儀礼とは、それぞれの社会において人間が自分自身に対して働きかけ、その知的能力と身体-生理的能力を開発しつつ、共同性の経験を生み出すためにつくり出した技法の総体である。彼らがつくり出した、身体や無意識に働きかける手段としての儀礼はすでに一定の完成を示しているので、のちの時代にまったく新しくつけ加えられたものはほぼないといってよい。その後、人間は農耕を開始するとともに、そして国家や文明が誕生するにつれて、狩猟採集民がかたちづくった諸要素の一部を改変し、削除し、あるいは特定の方向に発展させていった。それにより、変化する社会に対応可能な宗教へとつくり変えていったのである。

第3章　儀礼の体系の成立
――農耕民と牧畜民の宗教

農業の開始

ホモ・エレクトスが狩りの道具を発明していらい、一八〇万年にわたってつづいた狩猟採集という生き方に大きな変化が生じたのは、今から一万一〇〇〇年前だった。中東のステップの片すみでオオムギなどのイネ科の植物の栽培がはじまったのだ。やがてコムギ、ライムギ、マメ類などの作物も栽培化され、ヒツジやウシなどの飼育もはじまって、農業は地球の表面を広く覆うようになっていった。それとともに、狩猟採集民がつくり上げた宗教システムも大きく変わっていった。狩猟採集民にとっては、もし狩猟や採集が不調になったとしても、新しい土地に移動すればよいだけだからそれほど致命的なわけではない。これに対し、定住して村を築き、田畑の造成や灌漑の整備といった土地への投資をおこなった農民にとっては、農耕や牧畜の不首尾は生存そのものを脅かす致命的危機になりかねなかった。それを避けるために、彼らはくり返し儀礼をおこなって豊作や家畜の繁殖を祈願したし、定住して道具や資産の蓄積が可能になっただけに、儀礼やカミの観念を複雑なものにつくり変えていった。本章のテーマは、農業の出現によって宗教がどのように変化したかを見ていくことだが、その前に、農業はなぜ、どのようにして誕生したか、そこにはどのような前提条件があったかを確認しておこう。

二〇世紀前半に活躍した考古学者ゴードン・チャイルドが農業の開始を「新石器革命」と名づけたことに代表されるように、農業の開始は人類の歴史にとって一大イベントであった。人類の歴史と進化に関心を寄せた一九～二〇世紀前半の研究者のほぼすべては、農業は人間にとって無条件に善であり、すべての人間は技術的・生態学的な条件がととのいさえすれば農業をおこなうはずだと考えていた。考古学のロバート・ブレイドウッドのつぎの主張は、おそらく彼らに共通する理解であった。「私の見解では、外部の『原因』をもち込んで話をややこしくする必要はない。食料生産革命は、人間集団の文化的多様性と専門化がたえず増大した結果生じたように思われる。紀元前八〇〇〇年に肥沃な三日月地帯[1]の周囲の丘に住んでいた人びとは、彼らの生活環境があまりに好適なことを知ったので、それまで狩りや採集の対象であった植物や動物の栽培化＝飼育化《ドメスティケーション》を開始したのだ」[2]（図3−1）。こうした観点からすれば、農業をおこなわない人間集団があるとすれば、彼らにはそれを実現するだけの知的・技術的能力が欠けているか、もしくは農業が不可能な過酷な自然環境の桎梏《しっこく》のもとにあるというのである。

そうした見方が変わったのは、前章で見たような「狩猟採集民の豊かさ」が確認されたことによってであった。今日、研究者の多くは、ベストセラー『銃・病原菌・鉄』の著者ジャレド・ダイア

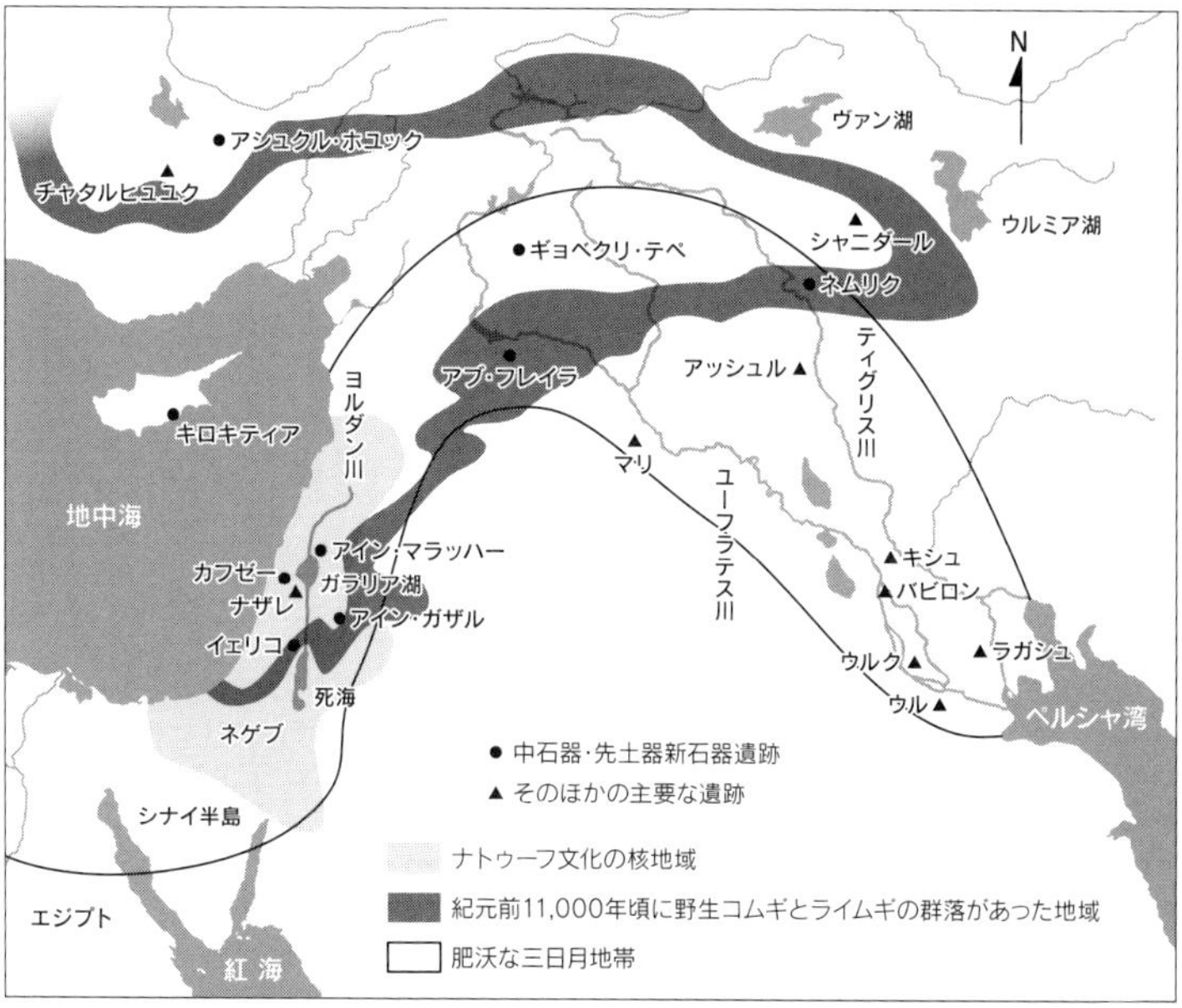

図3－1　肥沃な三日月地帯と農耕起源地、主要な新石器遺跡

モンドがいうように、農業の開始によって「労働時間が増加し、成人の身長が低くなり、栄養状態が悪くなった」ことを認めるだろう。[3]だとすれば、農業をおこなわなかった過去の狩猟採集民とは、「農業ができなかった貧しい人びと」ではなく、「農業を必要としなかった豊かな人びと」だということになる。この観点からは、その必要を感じていなかった彼らに農業を強いた条件はなにかを考えることが論理的帰結となるはずだ。

湖底の堆積層のボーリングによって何万年にもわたる地球上の温度変化の推移を明らかにした安田喜憲は、最終氷河期の終わった紀元前一万三〇〇〇年以降の地球の温暖化のあと、紀元前一万一〇〇〇年から約一五〇〇年間つづいたヤンガードリアスと呼ばれる急激な寒冷化を重視する。それによって野生の動植物などの食料資源が希少になったことが、人類が農業を開始した直接的原因だというのだ。[4] 一方、広範な文献にもとづいて世界の農業起源を論じたピーター・ベルウッドは、農業を開始させた要因として、ヤンガードリアス期ではなく、それ以降に生じた温暖化と湿潤化に加え、社会的圧力、人口圧、定住化の進行、環境ストレスなどの要因を順に検討した上で、「農耕起源については単純な説明は不可能である」と結論する。[5] 前者によれば、西南アジアにおける農耕の起源は紀元前一万五〇〇〇年ごろであり、後者によれば紀元前九〇〇〇年ごろになる。両者の説を比較しただけでも、農業起源をめぐる議論が単純明快とはいかないことがわかるだろう。

安田にしてもベルウッドにしても、一九九五年からトルコ南東部で発掘が開始され、「世界最初の神殿跡」とされるギョベクリ・テペ遺跡についてはほとんど言及していない。この遺跡は農業の起源とも結びつけて論じられることが多いので、最初にこれについて見ておこう。

農業が先か、定住が先か[6]

ギョベクリ・テペ遺跡はトルコ南東部、シリアとの国境付近に位置し、メソポタミア文明を生んだチグリス川とユーフラテス川の上流地帯にある遺跡である（図3-1の中央上）。遺跡はトルコ南部のトロス山脈の山麓に位置し、直径三〇〇メートル、高さ一五メートルのテル（墳丘）を形作っている。石灰岩の多い山の斜面に位置し、人びとは大きな岩塊を石斧で削って石材を切り出して、大型の建造物をいくつも建設した。この土地の使用は紀元前九五〇〇年ごろから約一五〇〇年間つづいたと考えられており、一九九五年から遺跡の発掘にあたったドイツの考古学者クラウス・シュミットは、全貌を掘り出す前に二〇一四年に亡くなっている。

遺跡の最大の特徴は、直径一〇～三〇メートルの円形のエンクロージャーであり（図3－2）、これが少なくとも二〇あることが確認されている。高さ四メートルにおよぶT字形の石板を円形に並べ（最大で一二枚）、石板と石板のあいだを石垣で埋め、石のベンチを張りつけたものである。内部の床は岩盤をそのまま用い、削ることで滑らかな床をつくっている。中央には高さ七メートルにおよぶ二枚の大きな石板がおかれており、屋根を支える柱であった可能性はあるが、確認されてはいない。周囲に並べられた石板には、ヘビ、ハイエナ、ヒョウ、イノシシ、サソリ、ライオン、水鳥などの生物をかたどった浮き彫りがあり、中央の二枚の石板には両脇に手と衣装をつけた腕の浮き彫りがあるので、人間を象徴的にあらわしているのかもしれない。遺跡の全体は紀元前八〇〇〇年以降に意図的に埋め戻されており、発掘がおこなわれるまではテルの表面に石積みが点在して見られるだけになっていた。

図3－2　ギョベクリ・テペ遺跡

大きな石板は高さ七メートル、重さが五〇トンもあり、それを切り出し、運び、組み立てるのには何百人もの共同作業が必要であっただろう。遺跡から出土する穀物や動物はすべて栽培化＝飼育化以前であり、遺跡をつくったのが狩猟採集民であったのは疑いない。肥沃な三日月地帯には、この遺跡のほかにも紀元前一万二〇〇〇年のアイン・マラッハー遺跡、紀元前一万一五〇〇年のアブ・フレイラ遺跡など、定住した狩猟採集民が築いた遺跡が複数存在しているので、定住が農耕の起源に先行していること、しかもかなりの規模の村落を築いていたことは疑いない。そのなかでこのギョベクリ・テペ遺跡の特徴は、生活に必要な水を引くための水路や井戸がつくられていないなど、人間が居住した跡が見られないことだ。また、遺跡からは大量の動物の骨が出土しているが、墓や人間の骨の出土はない。こうしたことから、発掘にあたったシュミットらのグループは、これを居住用の建造物ではなく、周辺の広範囲な土地から「複数のコミュニティが集まって複雑な儀礼に加わった地域的センター」ないし祭祀用施設であったと解釈している。[7]

人びとを結集させた祭祀用施設であったとして、それはいかなる種類の祭祀であったのだろうか。それを理解するには、石材に彫られた浮き彫りを吟味することが必要だろう。その多くは動物の雄の浮き彫りであり、しかも狩猟の対象になる野生のウシやガゼルではなく、ハイエナ、ヘビ、ヒョウ、サソリ、イノシシといった捕食動物や危険度の高い生物である。とすれば、狩猟の成功を祈願する儀礼がおこなわれた場ではなく、別の用途を考える必要がある。シュミットらは生物種をトーテムとするトーテミズムやシャーマニズムの可能性をあげているが、議論を深めてはいない。[8] 一方、前章で現代の狩猟採集民の宗教の基本構造を検討した私としては、トーテミズムに関連させることが一番自然な解釈であるように思われる。トーテミズムとは、各氏族が自分たちのトーテムとする特定の動植物種の増殖を祈願して毎年儀礼をとりおこなうものだから、個々のエンクロージャーに複数の種類の生物種の浮き彫りがあるとすれば、各氏族が個別に集まって儀礼をおこなったというより、それらをトーテムとする複数の氏族が結集して集団的な儀礼をおこなった場であったと解釈するのが適切だろう。それはおそらく、日常では広く拡散して暮らしていた人びとが、時期をさだめて結集する場、すなわち祝祭空間であったのだ。

もう一点、この遺跡には興味深い点がある。ヒトツブコムギの栽培起源地と考えられる土地がこの遺跡のすぐ近くに位置していることだ。[9] それに加えて、この遺跡からは一六〇リットルの容量のある巨大な石製の甕や、石製の椀の破片が大量に見つかっている（中東では土器の発明が遅れたので、人びとは古くは石製の椀や皿をもちいていた）。ここからシュミットらは、この巨大な祭祀場を建設するために各地から人びとが集まって共同作業をしたこと、その彼らのためにコムギをもちいてビールが大量につくられてふるまわれていたこと、小麦の栽培化はそうしたビール製造を目的として開始されたことの可能性を述べている。[10]

農耕の開始に先立って定住化がおこなわれていたという理解は、西田正規がすでに一九八四年に「定住革命」の名で示したものであり、[11] 私たち日本人には親しいものだ。一方、狩猟採集で暮らしていた人びとが各地から集まって大規模な建造物をつくるために共同労働をおこなっていたこと、その彼らを満足させるために大量のビールと動物の肉がふるまわれていたことについては、新しい理解であり興味深いものがある。さらに、そのことが穀物の栽培化をうながしたのではないかという説は、広く承認されているわけではないとはいえ、宗教が社会の変化と相関しながらどのように構造変化を実現したかをあとづけている私にはきわめて魅力的な説である。私は前章で、狩猟採集民社会においてさまざまな制度の根幹にあるのが宗教であることを確認したが、農耕という新たな制度の出現にも宗教がかかわっていたとすれば、宗教が人間にもたらした可能性の新たな例として重要な意味をもつことになる。

農耕の拡散・伝播とその直接的結果[12]

紀元前九〇〇〇年ごろに西南アジアで誕生した農業は、またたく間に発展すると同時に、各地に拡散していった。発展というのは、ギョベクリ・テペの付近で栽培化されたヒトツブコムギだけでなく、ヨルダン渓谷ではオオムギ、ライムギが栽培化され、それにエンドウマメやレンズマメなどのマメ科の植物が加えられたし、五〇〇〇～一〇〇〇年ほど遅れてヒツジ、ヤギ、ウシなどの家畜化も開始されて、農牧複合が完成したことだ。拡散というのは、複数の植物と動物の栽培化＝飼育化から二〇〇〇年もしないうちに四方に広がっていき、西はキプロスやギリシアを経由してヨーロッパ大陸に伝えられ、東はイランとパキスタンを経てインドに、そして北はコーカサスやトルクメニスタンに伝えられたことだ。

西南アジアで栽培化＝飼育化が進行していたとき、地球上の他の地域でも農業がはじまっていた。そのなかでもっとも古いのは中国であり、黄河流域ではアワ、コーリャンなどの穀物と、ダイズ、アズキなどのマメ科植物が紀元前六五〇〇年ごろに、そして揚子江流域ではイネがそれより早い時期に（紀元前八〇〇〇年ごろ？）栽培化された[13]。一方、アメリカ大陸でも紀元前四〇〇〇～三〇〇〇年に農耕が開始されており、中米のメキシコではトウモロコシやインゲンマメが、南米のアンデスではジャガイモやキャッサバ、カボチャ、ピーナッツなどが栽培化された。さらに興味深いのはニューギニア高地であり、小集団にわかれて対立抗争することで国家の建設が進まなかったこの地でも、紀元前五〇〇〇年ごろにはバナナとサトウキビが栽培化されていたことが遺跡の調査から確実視されている。

そのほかの栽培起源地としては、トウジンビエやソルガム、アフリカイネ、スイカなどの栽培化がおこなわれた西アフリカ・サバンナ地帯、ヤムイモやアブラヤシの栽培化がおこなわれた西アフリカ熱帯雨林地帯、イネ科の穀物であるテフやシコクビエなどの栽培化がおこなわれたエチオピア高地などがある。これらの地域では他の地域にない作物が栽培化されたことが確認されているが、これまでの考古学調査では開始時期（紀元前三〇〇〇～二〇〇〇年）が他にくらべて遅れているので、他地域からの農耕の伝播の影響下で開始された可能性がある。

このように農耕が世界各地に急速に広まったのはなぜだろうか。「なぜ」という問いは問いをあいまいにするので、つぎのように問うことにしよう。農耕をはじめたことで、人びとはなにを獲得したのだろうか。農耕の開始がもたらした帰結の第一は、急激な人口増加であった。農耕の開始によって人びとの労働時間が増加し、栄養状態が悪化したのは確実視されているが、その一方で、農耕が可能にした食料の安定供給がそれに従事する人口を激増させたのは事実である。農耕起源地のひとつであるヨルダン渓谷の人口は、農耕開始以前の紀元前一万年から農耕が確立した紀元前八〇〇〇年のあいだに一六〇〇パーセントの増加を見たし、わが国の小山修三らの試算によれば、縄文晩期の日本の人口の推定値七万五〇〇〇が、稲作が普及した弥生時代中期には全国で五九万を数えるまでになっていた。[14]

農耕の開始がもたらした帰結の第二は、定住のいっそうの進行であった。農耕の開始以前から人びとの定住がはじまっていたことはすでに見たが、農耕をおこなうようになると、播種《はしゅ》から収穫まで農地を見守ることが必要になるし、木の伐採や田畑の整備などの労働を投下しただけに居住地を変えることが困難になる。それに加えて、穀物倉に保存した穀物や天然の貯蔵庫である畑のイモ類をもって移動することはほぼ不可能であった。流動することが基本であった狩猟採集民に対し、農耕を開始すると定住が基本となったのであり、それにより社会のなかに生じるストレスや対立を解消させつつ、統合を実現するメカニズムが新たに必要になったのだ。

定住化が進むと、人口が増加したこともあり、大きな村の建設が可能になっていった。これが農耕の開始の帰結の第三である。たとえば南トルコのチャタルヒュユク遺跡は、農耕の開始から間もない紀元前七五〇〇年から約二〇〇〇年つづいた遺跡だが、そこには常時三五〇〇人から八〇〇〇人の人間が暮らしていたと考えられている。[15] 西南アジアでは大規模な村や町が数多く発掘されているが、そのいくつかでは農耕に従事しない神官やアーチスト、職人などが存在し、複合的な社会の建設がはじまっていたと考えられている。

農耕の開始の帰結の第四は、土地の私有化と財産の蓄積であった。農耕の単位となったのは家族か家族の拡大形態としてのリネージ[16]であり、彼らに割り当てられた土地は独占的な占有権が認められ、収穫された食料は彼らの所有となった。それぞれの集団は独自に土地を開墾することも、得られた収穫物を保存することも可能であったので、労働力に富む集団は規模を拡大して多くの収穫物を獲得し蓄積した。社会によっては、あとで見るような貧富の差を抑えるための「平準化」のメカニズムをそなえていることもあったが、貧富の差が徐々に形成されていったのは事実であり、この点も徹底した平等原則を旨とし、獲得した食物をすぐに消費してしまう狩猟採集民社会とは大きく異なるものであった。

チャタルヒュユク遺跡と祖先祭祀の開始[17]

農耕の出現によって人びとの生活にどのような変化が見られたのだろうか。それを、一九六〇年代から発掘が進められているトルコ南部のチャタルヒュユク遺跡に見ていこう（図3－1、左上）。この遺跡は直径四五〇メートル、面積一四ヘクタールという大きな規模をもち、紀元前七四〇〇年ごろに居住がはじまったと考えられている。家々は日干し煉瓦をもちいて隣家とのあいだのスペースがないほど密集して建てられているため、人びとは家々の屋上の小道を使って移動し、各家に入るには上の戸を開けてはしごを使って下りることが必要であった（図3－3）。

遺跡の住人の生業は、ヒツジやヤギの飼育とコムギやオオムギ、マメ類の栽培が主であり、この点は当時の西南アジアの諸集落と共通する。それに加えて彼らは長距離交易にはげんでおり、各家には多くの黒曜石のナイフ類の備蓄があり、死者はカーネリアン（紅玉髄）などの貴石や貝のビーズで飾られていた。黒曜石もほかの貴石や貝も、数十～百数十キロメートル離れた土地から運ばれたものであった。

図3－3　チャタルヒュユク遺跡の屋上の道

チャタルヒュユク遺跡の最大の特徴は、イエにきわめて高い価値が与えられていたことである。そのことは、貴重品の備蓄が各イエを単位としておこなわれていたこと、各イエの所有権を示す大理石製のスタンプが数多く出土していること、家々の床下に死者を埋葬していたことによって示されている。西南アジアの新石器時代の遺跡には、ヨルダン渓谷の有名なイェリコ遺跡をはじめ、奇妙な慣習が存在することが知られている。死者を埋葬したあと、一定期間ののちに骨になった遺体を掘り出して頭蓋骨を切り離し、それに石膏を何層にも重ね塗りし、眼のすきまにタカラガイをはめ込んで先祖像を制作していたのだ。チャタルヒュユクの家々の床下にはこうした頭蓋骨が何体も埋められており、しかも定期的に掘り起こしては埋め直されていたようだ。床や壁の漆喰が何十層も重ね塗りされていることがその証拠とされている。

この遺跡のように大きな町で大勢の人びとと共存しながら暮らしていくには、二つのことが必要であった。ひとつは、血縁のない他者と共存していくための技法を開発することであり、もうひとつは、生活の単位となる基礎的集団の結束を固めることである。前者については、興奮した多くの人びとが巨大な動物のまわりに集まっている壁絵が数多く存在するので（図3－4）、人びとを結集させて共食する祝祭がしばしばおこなわれていたと考えられている。[18] 後者については、イエが堅固な制度となって機能していたことを、発掘に従事したイアン・ホッダーは述べている。

図3－4　チャタルヒュユク遺跡の壁絵

人類学者のクロード・レヴィ＝ストロースの「家社会」の定義のうちに、親族の分類モデルから、土地を所有し、名前と財産と権利をもつ法人組織としての「家」へと向かう動きが認められる。とくに近年の研究は、家の物質性、家の慣行や法定相続財産を考察の中心としている。家々や家にある品々を伝承することは、社会的記憶をつくり出し、社会的単位を構成する。〔略〕たしかにチャタルヒュユクでは、家の建築・利用・放棄・再利用に関わる儀礼や日常的慣行は、連続性を構成する上で家がいかに重要かを示している。社会的な単位は、家の再生産へ関与することを通じてつくり出されていたのかもしれない。品々は回収され、少なくとも頭骨は手渡される。人びとは物理的な壁の内部で振る舞い方を学ぶことで、「家」という単位に組み込まれて社会化されたのだ。[19]

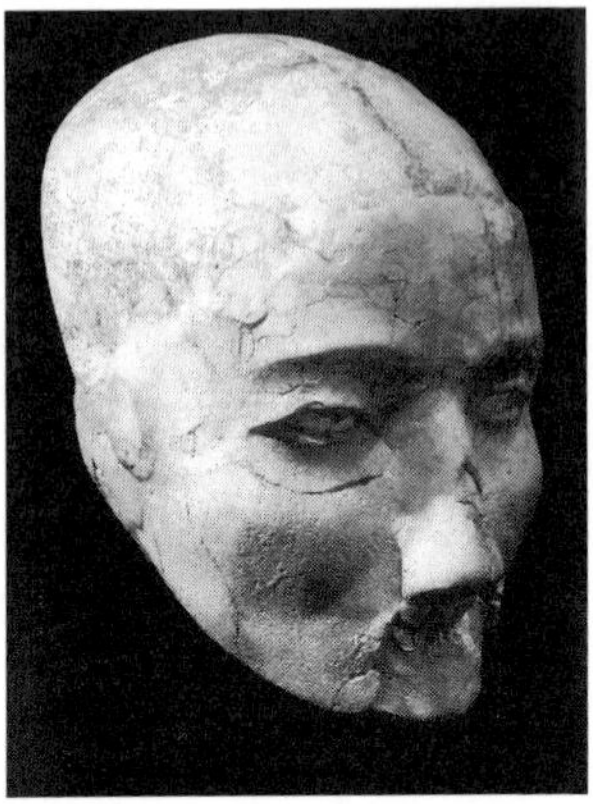

図3－5　イェリコ遺跡の漆喰を塗り重ねて装飾された頭骨

ホッダーは物理的かつ社会的なものとしての「家」について得意げに書いているが、こうした法人格としてのイエは私たち日本人には親しいものであり、特別強調する必要はあるまい。イエが法人格をもつには、先祖からの系譜を通じて有機的に結合した人びとの集団が、土地を占有し、労働と財産の単位となることが承認されていることが必要であり、こうした祖先崇拝を核として成立しているイエやその拡大形態としてのリネージの制度については人類学で多くの蓄積がある。[20]「死んだ人間のことはさっさと忘れてしまうほうがよいのだ」といっていた狩猟採集民が、自家の床に先祖の頭蓋骨を埋め（図3－5）、それを定期的に掘り起こして祭祀をおこなう祖先祭祀にはげむようになるには、農耕を開始して、土地への執着が強まると同時に、人びとの現在の生活の基盤を築いた先祖への負債の感情が生じることが不可欠であった。祖先祭祀とは、農耕と定住をはじめた人びとがつくり出した宗教の一要素であったのだ。

人生儀礼の諸相

このような祖先崇拝の誕生は、成人式や成女式をはじめとする人生の各段階におこなわれる儀礼、「人生儀礼」や「通過儀礼」と呼ばれる儀礼に大きな変化をもたらしたと考えられる。祖先祭祀を通じた人生儀礼の複雑化と農耕や牧畜に結びついた儀礼の体系の創出は、農牧民の宗教の大きな特徴であり変革であるが、この点は遺跡の発掘からは明らかにならないので、現代の農牧民社会の例を見ていく。ここでとり上げるのは、西アフリカのドゴン社会とわが国の例である。

ドゴンの人びとは人口約一二〇万、西アフリカのマリ共和国中部のバンジャガラ崖地に住んでいる。[21] 彼らがこのような不便な土地に住み着いたのは、周囲の戦争やイスラーム化の影響を避けるためとされ、そのことによって彼らは近年まで独自の文化を保つことができた。[22] トウジンビエの栽培を中心に、野菜の栽培と少数のヒツジやヤギの飼育を組み合わせて生計を維持する農耕民であり、王や国家は存在せず、社会統合の核になったのは、いくつかの村が集まって構成する地域が単位となる宗教儀礼とそれを掌握する首長であった。独自の神話と儀礼をもつ彼らは、一九三〇年代からフランスのグリオール学派と呼ばれる民族学者の手で研究が進められ、それによって文化人類学でもよく知られた集団のひとつになっている。

この社会では、赤子が生まれるとすぐに父親は各地域にある水の精霊を祀る神殿に人をやって、小さな木片をもらってくる。これによって水の精霊の生命力が赤子に伝えられ、生存のチャンスが増えるとされるためだ。その後、男子であれば三週間後、女子であれば四週間後に母親は初めて赤子を抱いて外出し、水の精霊の祭司に名前をつけてもらう。これは儀礼のときだけもちいられる名前なので、父親の一族の長にも名前をつけてもらい、日常生活ではこれを使用する。女子の場合、三歳ぐらいになると口と耳に輪をつける儀礼がおこなわれる。この儀礼は美的効果と教育的効果をもつものであり、他人の話をよく聞き口の利き方に注意を払うようになるとされると同時に、少女を美しく飾るためのものだ。

やがて少年の場合には一〇歳前後、少女の場合には胸が膨らみはじめると、イニシエーション儀礼がおこなわれる。先に見た狩猟採集民社会とおなじくドゴン社会でも、性差を極大化すること、社会化以前の存在である少年や少女に規則や知識を授けることで社会的存在に変えること、性器の包皮の切断やクリトリスの切除などの肉体的試練を課すことで欲動や情動のコントロールの仕方を教えること、などの機能をもっている。

イニシエーション儀礼を経ると彼らは一人前の存在とされ、男子であれば死と戦うための仮面結社の一員に加えられるし、女子であれば結婚し出産するようになる。結婚式は少女が初潮を迎えたときにおこなわれ、夫の側から少女に二匹のナマズと、多産を祈願してさまざまな模様を刻み込んだヒョウタンが贈られる。ナマズは胎児と同一視され、それを食べると妊娠がうながされるはずだし、子宮の象徴であるヒョウタンに刻まれた記号は女性の子宮に効果的に働きかけるはずだとされている。

人生儀礼の最後は、葬送儀礼とその数年後におこなわれる喪明けの儀礼である。葬送儀礼の目的は狩猟採集民社会のそれとおなじで、故人の身内の人間にどう振る舞うべきかを告げることで、悲嘆や苦しみをコントロールする仕方を教えることにある。一方、その数年後におこなわれる喪明けの儀礼は数日つづき、死によって不浄で不安定な存在になった死者を、恵み深く安定した存在である祖先に変えるための儀礼であり、多くの人びとが集まる祝祭としての性格をもっている。

喪明けの儀礼が近づくと、夜ごとにブルローラーが鳴らされ、祭にそなえて準備すべきことが告げられる。いよいよ儀礼の当日になると、ヒエのビールと食物がふんだんに用意された喜ばしい雰囲気のなかを、色とりどりの鮮やかな仮面が数十体出て、村の広場で激しく踊る（図3－6）。彼らの仮面には、動物の仮面や鳥の仮面、神話的存在の仮面、隣接するフルベ人の仮面やバンバラ人の仮面（人類学者の仮面も新しく登場した）、涯に沿って家々が積み重なって並ぶさまをあらわした高い家の仮面など、さまざまなものがある。それらはドゴンの人びとがイメージする世界の縮図とされ、それらが太鼓のリズムにあわせて激しく踊り出すと、彼らが理解する世界が丸ごと現出すると考えられるのだ。

図3－6　ドゴンの仮面儀礼

仮面の踊りに勢いをつけるために男たちがたてる太鼓と鉦の音が鳴り響き、それに当の村だけでなく、周囲の村々から集まった観客の手拍子と掛け声が入り混じって、場を盛りあげていく。仮面の踊り手たちはひとりひとりが技を競い、力強くかつ華麗に舞うことで、それを見守る生者と死者に喜びを与えようとする。食物とヒエのビールがふんだんに用意され、仮面の色彩と動きと音楽と匂いが熱帯の強い日差しの下で充溢する仮面の儀礼は、彼らにとってなによりの楽しみであり、最大の喜びを与える機会である。生者がこれだけ満足するのだから、儀礼が捧げられる故人はいっそう満足するに違いない。故人の霊は死後も生前の家にとどまり、さまざまな害をなす可能性があるが、色彩と音と香りの充溢がもたらす高揚によって満足した故人の霊は、先祖の国へと旅立っていき、そこから生者を見守ってくれる先祖になるだろう。そして、生者が先祖のことを気にかけて祭りをおこないつづけるなら、先祖はやがて赤子として村に戻ってくるだろう。それが喪明けの儀礼の目的であり、めざす効果なのだ。[23]

通期儀礼の構造

こうした人間の一生に沿っておこなわれる儀礼は、不思議なほど日本でおこなわれている儀礼に似ている。わが国は世界宗教としての仏教が浸透しているが、人生儀礼であれ農耕儀礼であれ、世界宗教以前の農耕民の宗教的要素が奇妙なほど色濃く残っている。そのことを、ドゴン社会の儀礼と対比させながら見ていこう。

日本でも赤子が生まれるとすぐに命名の儀式がおこなわれ、誕生の一か月後には母親に抱かれて神社に宮参りをする。各地の神社は地域社会の象徴なので、これは赤子が地域社会の承認を受けるための儀式と考えられる。[24]誕生から一〇〇日目にはお膳をそろえてお食い初め、一年後には一升餅を背負う一升餅の儀式がおこなわれるが、いずれも赤子が将来食べるものに困らないようにという願望を込めた儀式である。と同時に、乳幼児の死亡率の高かった過去の社会では、いつ死ぬかわからないはかない存在としての赤子が、一升餅を背負えるほどにたくましくなった幼児として認められる機会であった。

　やがて幼児は七五三を迎え、それが終わると今日では学校に行くが、過去には女子であれば子守りや家事手伝い、男子であれば丁稚として働きはじめる時期であった。そのつぎにおこなわれるのは一五歳前後の成人式（元服）であり、それを経ると一人前の労働力として働きはじめることになる。やがて稼ぎが認められると結婚相手が紹介され、結納を経て結婚式となる。それ以降、男女は家庭をもち、父母となり、子どもの養育と家業の維持につとめるだろう。そして、年をとって一定の年齢になると隠居し、死んだ場合には葬送儀礼、弔い明けを経て、先祖として祀られることになるのだ。

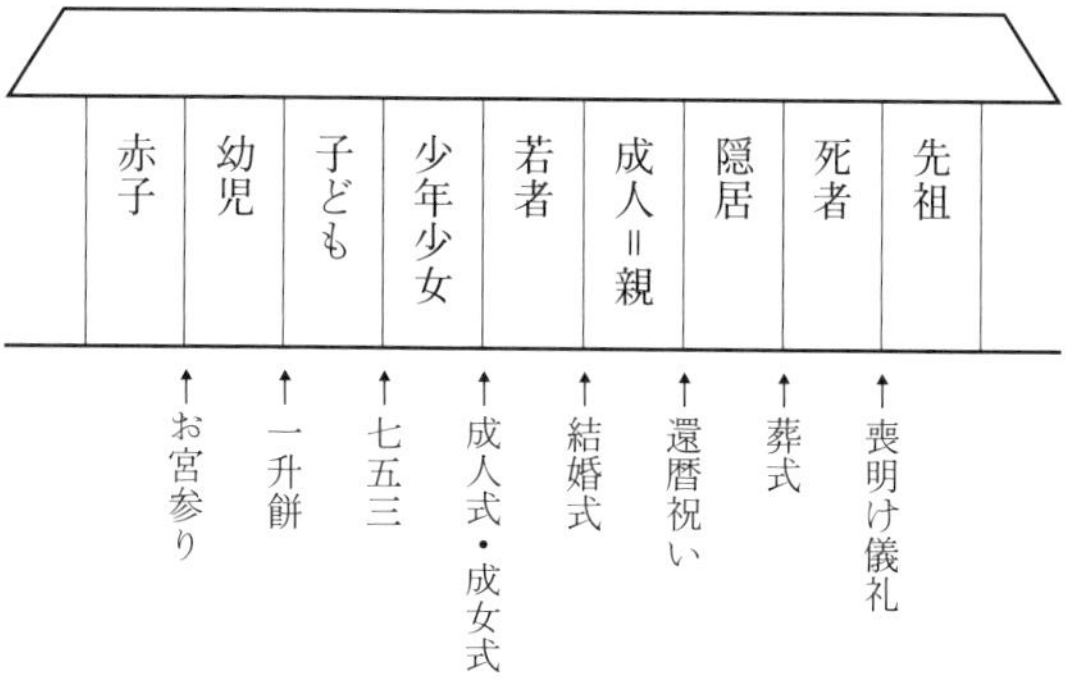

図3－7　通過儀礼の図式

　これらの儀礼が緊密な体系をなしていることは、図にすればよくわかる（図3－7）。フランスなどで活躍した民俗学者アルノルド・ヴァン・ジェネップの秀逸な比喩をもちいるなら、伝統社会とは一軒の家のようなものだ。その家＝社会にはいくつもの部屋があり、社会のすべての成員は年齢に応じてそれぞれの部屋＝年齢集団に入れられている。伝統的な社会ではこうした年齢ごとの区分が社会制度の根幹をなしているので、各世代をわける区分＝壁が堅固でなかったなら、家＝社会は瓦解してしまうだろう。そのため、ひとつの部屋＝世代から別の部屋

=世代へと移行するには、壁にある戸を開けて敷居をまたぐように特別な手続きが必要になる。移行に必要なこの手続きが人生の各段階でおこなわれる儀礼であり、それはある世代から別の世代へと通過することを目的とするものだから、通過儀礼と呼ぶのが適切だというのだ。[25]

ヴァン=ジェネップがつくったこの図式は見事なものだが、二点注意を加えておこう。一点は、死者や先祖もまた社会を構成するメンバーの一部であり、社会を維持するのに必要な役割が与えられていることだ。それに対し、イニシエーション儀礼を経る前に死んだ子どもの霊は先祖になれないので、行き場のないまま浮遊することで不安定で不浄な存在となり、病気などの害を引き起こすと考えられている。これは戦死者についてもおなじであり、若くして亡くなったがゆえに先祖になれない彼らの霊をどうするかは、柳田國男が第二次世界大戦の末期に書いた「先祖の話」で述べたように、日本の宗教の歴史においてきわめて重大な課題であった。[26]

もう一点は、村の内部、先の比喩では家=社会の内部は秩序の空間なので、すべてがしかるべき場所に収まるべきであり、変化が生じにくいことだ。そこで、イニシエーション儀礼や喪明けの儀礼のように当人の社会的地位に大きな変化がある儀礼の場合には、秩序空間である村の外部で儀礼がおこなわれることになる。ドゴンのイニシエーション儀礼の場合には、式を受ける少年少女は一か月ほど村外のやぶで暮らさなくてはならないし、喪明けの儀礼の場合には、村外から死者をあらわす仮面が登場して死者の魂を先祖の国へと旅立たせる。かくして、村外の空間はたんに秩序のない空間なのではなく、そこで変化や移行が可能になる空間だという意味で、村の空間を補完する空間なのである。

農耕のサイクルと農耕儀礼[27]

祖先祭祀とそれにともなって体系化された通過儀礼だけが、農耕を開始した人びとが新しく手掛けた宗教儀礼なのだろうか。そうではない。彼らが新規に開拓した宗教儀礼のうち、もっとも重要なのは一年の農耕のサイクルに沿っておこなう農耕儀礼である。その例として、やはりドゴン社会と日本の農耕儀礼をとりあげて比較しよう。

ドゴン社会の農耕儀礼は、実際の種蒔きの数日前におこなわれる種蒔き儀礼からはじまる。地域の首長が最初の死者＝始祖とされるレベの祭壇に行き、[28] ニワトリの供犠《くぎ》を捧げながら、「レベよ、その日が来た。レベよ、雨をもたらしてくれ。村を守ってくれ、村を守ってくれ。子どもを与えてくれ、たくさんのヒエを運んでくれ」と祈りを口にする。翌日は水の精霊の社の前で、水の精霊の祭司がおなじような祈りをささげる。三日目、四日目は「あいさつの日」であり、村びとはたがいの家を訪問し、ことばを交わし御馳走をふるまいあう。最終日の五日目にはすべての成員が水の精霊の社に行き、祭司が社の上から神聖なヒエを「雨あられ」と蒔くのを手に入れて、各家で保存してきたヒエに混ぜて畑に蒔く。

一方、日本の農業は稲作を中心に成立してきたので、[29] 儀礼はその栽培のリズムに沿っておこなわれてきた。最初の儀礼は一月の小正月であり、山の木を切ってきて餅や団子をつけて床の間や大黒柱に飾り、秋の農作物の実りを先取りして祈願する。願望の対象である豊作がすでに実現されたかのように振る舞うことで、当事者に期待と確信を与えることを目的とするいわゆる予祝儀礼であり、民俗学の倉田一郎はこう書いている。「まず始めに紋べたいと思うのは、モノツクリと呼ぶ予祝行事である。予祝行事は言葉の表す如く、稲作の実務の開始に先だち、秋の稔《みのり》はかくあれかしと、予て農作の成就を祝福祈願する所の作法であるから、尠《すくな》くも秋の刈り入れに対する農民の希望と理想とが顕れることは当然であろう」[30]。なかには奥州一之宮、八槻都々古別《やつきつつこわけ》神社の御田植祭のように、春の田作りや田植えから秋の収穫までの全行程を小正月のときにおこなうケースもあるが、これは民間の予祝行事を神社がとり込んだ例と見なすことができる。

ドゴン社会では種蒔き儀礼が終わり、実際の種蒔きがおこなわれると、若干の日をおいて木の葉の仮面の儀礼がおこなわれる。割礼を終えたばかりの青年たちが、一年中葉が青いので水と生命の象徴とされる樹の葉でつくった仮面と衣装を身につけ、村のなかに侵入して出会う人間を片端からひっぱたく。こうした所作は約半月間つづくが、これによって待ち望む青々とした雨期の到来が儀礼的に先取りされている。もしこの儀礼をおこなっても雨期にならない場合には、雨乞い儀礼の出番となる。水の精霊の祭司が村の外で火を焚き、油と水草を火にくべて雨雲を連想させる黒い煙をあげ、鉄の鉤を手にして雲を引き寄せるような所作をする。それを三日間つづけ、それでも雨が降らない場合には、占いによって原因を特定したあとで、先の所作をくり返すのだ（図3-8）。

日本では小正月の一か月後の二月一五日に、田のカミが山から降りて田に入ってくれるよう祈願する田の神降りがおこなわれる。カミに餅や団子をそなえることで、カミを慰撫し、稲作への保護を祈願したあとで、苗代作りにとりかかるのである。苗代作りは稲作の開始にあたり、一年の豊不作を左右する重大な作業と考えられているので、家長は斎戒沐浴して身を清めてから苗代作りに着手する。

日本の稲作は、粗放な西アフリカのヒエ栽培と違い、段階を追ってさまざまな作業をおこなうので、それにともなって儀礼も複雑になっている。五月ないし六月には田植えとなるが、その数日前に田植えの成功を祈願する初田植えがおこなわれる。神田などに村中の人間が集まって、新しい手ぬぐいと襷で着飾った早乙女たち[31]が田植え歌にあわせて苗を植えつけていく。それが終わると本田植えとなり、早乙女たちにとっては「一年を通じて田植の時が最も御馳走を食べる折目」とされていた[32]。あたかも豊作がすでに実現したかのように振る舞うことが、実際に豊作をもたらすはずだという予祝のあり方そのものに関わる振る舞いである。

図3－8　ドゴンの占い。村はずれの占いの場を通過するキツネの足跡で占う

やがて雨が降り、ヒエや稲が成長してくると雑草も成長し、イナゴやバッタなどの害虫も出てくる。炎天下の雑草とりはまことに苦しい作業だが、労働すれば成果はすぐにあらわれるので儀礼は必要ではない。一方、イナゴやバッタなどの害虫の害を防ぐことや、秋の台風や大雨の害を防ぐことは人智を超えた事態なので、西アフリカでも日本でも儀礼の対象となってきた。害虫よけの虫送りの行事がおこなわれるほか、とくに九月の風よけの風祭りは有名な

「おわら風の盆」に代表されるように、日本各地で行事として定型化されている。

収穫の時期を迎えると、実際の収穫に先立って収穫儀礼がおこなわれる。ドゴン社会では、収穫の前日に家長が畑に行って、ヒエやコメ、ゴマを諸霊に捧げる。この捧げものをしないと、翌日の収穫がうまくいかないと信じられているためだ。また、刈り入れの直前には大地の霊であるレベと水の精霊に供犠をおこない、そのあとこれらの精霊の畑で刈り入れをおこない、来年までヒエの生命が保たれるよう刈った穂を水の精霊の神殿に保管する。村びとが各自の畑を刈り入れるのはそのあとであり、収穫したヒエは各イエの穀物倉に収めるが、冬至の新年祭がすむまでは手をつけないでおいておく。新年祭になると、まず先祖に初穂を捧げて感謝のことばを捧げたあと、全成員の健康と安寧を祈る。それがすむと、初穂でつくったモチとヒエのビールがはじめて全員にふるまわれてお開きとなる。

日本でも、秋になって稲穂が垂れて刈り入れの日が決められると、その前日に家中を掃き清め、家長が田からよく実った稲穂を二、三株刈ってきて、床の間に飾って馳走をする。そのあとで刈り入れが完了すると収穫祭がおこなわれるが、これは十日夜、亥の子などとも呼ばれ、先祖に初穂を捧げる、餅を搗く、大地を叩くなどの定型化された行事がある。宮中でおこなわれる新嘗祭もこの収穫祭の一種であり、日本書紀や古事記の神武天皇や雄略天皇の条に新嘗祭がおこなわれたという記述があることを見れば[33]、収穫祭は王権そのものの根幹をなす稲作儀礼として古くからおこなわれてきたことがわかる。とりわけ新天皇が即位する大嘗祭は、この新嘗祭に重なるかたちで執行されるのだから、収穫祭＝新嘗祭は王権の存続そのものにかかわる重要な儀礼であった。

他の社会の農耕儀礼

農耕の節目ごとに儀礼をおこなうのはこれらの社会だけだろうか。宗教学の宇野円空が第二次世界大戦中に出版した『マライシアに於ける稲米儀礼』は、マレー半島からインドネシア、フィリピンにいたるオーストロネシア語族の諸社会の稲作儀礼を比較した労作だが、そこで宇野は多くの社会で、水田や焼き畑の準備から、播種とイネの発育成熟を経て、収穫にいたる各段階で周到な儀礼がおこなわれていることを記している。それらの儀礼の一部は特別な象徴を活用することなく、カミへの祈願をおこなうだけだが、儀礼の所作や祈りの文句はわが国の稲作儀礼と共通しており、とりわけ稲魂《いなだま》に関する祈禱や所作はわが国のそれとの比較の観点から興味深いものがある。宇野によれば、彼らがそれほど周到に儀礼をおこなうのは、稲作は「耕作の過程が技巧的であるだけ、それが風雨その他の自然の変化からうける危機も多いから、それの保護を超自然的な力にまとうとする欲求が刺激され、その成功にも宗教的な原因や功徳をみとめる傾向も強い」ためだ[34]。

一方、ポーランドで生まれて英国で活躍したブロニスロウ・マリノフスキは、第一次世界大戦中にニューギニア東方のトロブリアンド諸島でおこなった丹念なフィールドワークによって「近代人類学の祖」と称される研究者であり、クラ交換と呼ばれる島々のあいだの大規模な交換システムの記述でよく知られている。しかしそれだけでなく、彼の関心はこの地におけるヤムイモの栽培とその儀礼にも向けられていた。というのも、これらの島々の人びとは「なににもまして栽培民」であるので、彼らをよく知ろうと思ったなら、「彼らがヤムイモ畑やヤシ園やタロイモ畑にいるときに会わなくてはならない」からだ。[35] 土地の人びとが細心の注意を払いながら畑作の諸作業に従事すると同時に、畑の準備から、植えつけ、成長、収穫にいたるすべての段階で儀礼ないし呪術を欠かさないでいることを、マリノフスキはつぎのように書いている。

私は呪術の体系といったが、それは呪術師が畑に一続きの儀礼と呪文をおこなわなくてはならないからだ。実際、労働の各段階と植物の生命の新たな発育を開始させるのは、労働と並行しておこなわれるこれらの儀礼と呪文である。呪術師は畑づくりがはじまる前に、村中の男が参加する大きな儀式をおこなって敷地を聖化しなくてはならない。この儀式が公式に農耕シーズンを開始するのであり、そのあとはじめて村びとは各区画の木々を切ることができる。それから、呪術師は一続きの儀礼によって木々の火付け、開墾、植えつけ、除草、収穫の各段階を開始する。さらに、彼は別の一連の儀礼と呪文によって、植物が発芽し、芽や葉を生じ、蔓が伸び、葉が繁り、食用茎ができるのを助ける。現地人の考えでは、呪術師はこのようにして人間の仕事と自然の力をコントロールするのだ。[36]

マリノフスキが別のところで明確に述べているように、トロブリアンドの人びとはこうした威力をもつ呪術や儀礼をおこなうからといって、実務的な仕事を怠ることはけっしてない。彼らはどの種類の土がヤムイモ栽培に適しているか、どのようなイモがよい種イモか、大きなヤムイモを育てるにはどのような作業が必要かを熟知している。にもかかわらず、「害虫や葉枯病、野豚の害、旱魃、大雨などの災厄は、どう頑張って働いたとしても人間の力ではどうにもならないもの」だから、彼らは周到な呪術的行為を欠かすことがないというのだ。[37]

呪術をどう捉えるか

主著のひとつであるこの書を『サンゴ礁の畑とその呪術』と名づけたことが示すように、マリノフスキは私たちが儀礼というところを呪術と呼んでいる。それは、彼の時代にはそうすることが自然なためであった。彼が影響を受けた人類学者にジェームズ・フレイザーがいるが、彼もまた呪術の語を好んでもちいていた。一九世紀末から二〇世紀初頭に出版されて一大ベストセラーになった主著『金枝篇』のなかで、フレイザーは呪術の理論化を試みている。まず彼は、「人間社会のもっとも遅れた段階にある人びと」は「誤った科学」としての「呪術」に耽っていたが、のちに人格神を崇敬する「宗教」を信奉するようになり、最終的に事物の客観法則を理解しようとする「科学」の段階へ到達したという進化論的枠組みを提示する。その上で彼は、呪術には二つの法則があるとし、ひとつは類似は類似を生むという「類似の法則」であり、もうひとつは、一度接触したものはその接触がなくなっても影響を継続するという「接触の法則」だと主張したのである。[38]

こうした彼の主張のうち、前者の進化論的見方についてはじきに否定されたが、後者の呪術の法則については今日もなお一定の評価がある。のちに言語学者ローマン・ヤーコブソンが、類似性と隣接性の関係（ないしメタファー＝隠喩とメトニミー＝換喩）を、言語の習得、失語症、詩的言語、文芸作品、夢といった人間の象徴活動全般の根本原理として位置づけ、呪術の二法則もそこに入れたためだ。[39] 実際、先に見たいくつかの儀礼においても、メタファーとメトニミーが中心的な役割を果たしているのは明らかである。たとえばドゴンの雨乞い儀礼では、水の精霊の祭司が雨雲に見立てて黒い煙をたき、鉄の鉤を手にして雨雲を引き寄せる所作をするなど、くり返し類似の法則＝メタファーに訴えている。わが国の小正月で、種蒔きの前に木の枝に餅や団子をつけて床の間に飾って予祝するのも、主要な雑穀であるアワやヒエをかたどったアワボーやヒエボーを畑に立てて予祝するのもおなじである。一方、ドゴンの結婚儀礼で新婦にナマズ＝胎児を食べさせ、ヒョウタン＝子宮に妊娠に結びつく記号を刻んで贈るのは、メタファーに加えて接触の法則＝メトニミーを活用している例ということができる。

これらの行為は呪術と呼ばれるのが一般的だが、それについて二点注意しておきたい。第一に、呪術と称される行為は一連の儀礼との関連のもとで実施されているのであり、それだけを切り離して議論すべきではないことだ。たとえば雨乞いの行為は、種蒔き儀礼、雨期の到来を願う儀礼、虫送り、収穫儀礼といった一連の農耕儀礼の枠組みのなかで実施されているのであって、それとの関連でのみ意味をもっているのである。

第二に、それらの行為がおこなわれるコンテキストを重視することだ。ドゴン調査に加わった作家のミシェル・レリスは、雨乞い儀礼がおこなわれるのは、「空が真っ黒になって、雨がくることが誰の眼にも疑いなくなったとき」だと明記しているし、英国の人類学者ゴドフリー・リーンハートも東アフリカのディンカ社会で、マラリア除けの儀礼がおこなわれるのは雨期が終わってマラリアの危険が少なくなったときだし、雨乞い儀礼が実施されるのは雨期が近づいたときだと明記している。また、ブッシュマン研究で名高いローナ・マーシャルによれば、雨乞い儀礼が終わるや否や雨が降りはじめたのを見て驚いた彼女に対し、執行者は嘲りの顔を見せたという。[40]

これらの例が示唆しているのは、研究者より現地の人びとの方が状況をよく理解し、知的にも洗練されていることだろう。研究者は個々の象徴的行為と現実の出来事のあいだの関係性だけを見て呪術と口にするが、それでは単純すぎる。人びとは現実に雨を降らせようとして雨乞いをするというより、総体としての儀礼が現実に対して効果をもつことを確認するために儀礼を実施しているのであって、視点が根本から間違っている。もし人びとが儀礼に対する信頼や確信をもつことができなかったなら、儀礼がおこなわれることはなかったはずだし、もし儀礼がなかったなら、はたして農耕がおこなわれたかも疑わしいのだ。

私は先に、狩猟採集民の経済原理を即時報酬システム、農耕民のそれを遅延報酬システムとして区別した。前者のもとでは、狩猟であれ採集であれ、各人がおこなった行為の結果をただちに知ることができるのに対し、農耕民の場合には、彼らの労働の成果があらわれるのは数か月先である。しかもそのためには、彼らは食べることのできる食物を地中に埋めなくてはならないのだ。そうであるかぎり、自分たちの行為に確信と信頼を与えてくれるメカニズムがもし存在しなかったなら、彼らがこうした不確定の要素に満ちた行為を実行しなかった可能性はある。彼らにこの確証を与えてくれるのが一連の儀礼なのであり、そしておそらく神々や精霊とは、彼らが祈願する対象として、さらにはそのお返しに彼らに確証を与えてくれる存在として、彼らがつくり出したものなのだ。

体系としての儀礼

したがって、重要なのは個々の儀礼や呪術ではなく、総体としての儀礼であり、儀礼の総体と現実世界とのあいだの関係性だということになる。農耕民が農耕の節目ごとに、雨期の到来や豊作の実現といった望まれる事態を先取りするかたちで儀礼をおこなっていることを見てきたが、彼らの儀礼は農耕だけに関わるわけではない。人の一生についても、赤子の誕生から葬式と喪明けにいたるまで、お食い初め、一升餅、七五三、成人式、結婚式と、望ましい事態の出現を先取りするかたちで儀礼がおこなわれている。もちろん儀礼はそのほかの領域でもおこなわれており、売買、同盟、戦争、旅行、家の新築、漁、狩猟、試験、病気治癒など、なんらかの重要性をもつ行為はすべて儀礼によって先立たれている。この種の儀礼は、望まれる結果がすでに実現したかのように振る舞うことで期待と確信を与える儀礼として「予祝儀礼」と呼ばれているが、私は出来事に先立っておこなわれる儀礼という意味で「先行儀礼」と名づけている[41]。

とはいっても、儀礼がおこなわれたからといって、それにつづいて望ましい事態が生じるとはかぎらない。雨乞い儀礼をおこなっても雨が降らないことはあるし、妊娠祈願の儀礼をしても不妊の状態がつづくことはある。病気治療の儀礼をおこなったとしても、病気が治らないことはつねに生じうるのだ。そうしたときに、期待に反する事態をとりなし、儀礼に対する信頼をつなぎとめるメカニズムが存在しなかったなら、儀礼は無意味なものとして打ち捨てられて、二度と顧みられることはなかっただろう。この、事態をとりなすためのメカニズムがどのようなものかは、ドゴンの雨乞い儀礼のなかで示されている。儀礼をおこなっても雨が降りはじめない場合には、占い師が呼ばれてその原因を特定したあとで、浄めの儀礼をおこない、雨乞い儀礼を再開するというのだ。

このとりなしのメカニズムは、一般につぎのような構成になっている。まず、儀礼の責任者は儀礼の手順をたどり直して誤りがなかったかを確認したり、占いによって儀礼の不成功の理由を特定しようとしたりする。たとえばドゴン社会では、日照りがつづくとその原因はつぎのいずれかと考えられている。雨に結びつく水の精霊の畑に不浄の状態の人間が入った、水の精霊の社が動物の糞で穢された、神域の木がなんらかの原因で倒れた。占いによってその原因が特定されたなら、つぎにその原因をとり除いた上で、水の精霊の畑や社を浄めるための儀礼をおこなうことで、事態が正常に復帰するはずだと考えられているのだ。

人の一生と農耕をはじめとする主要な行為のすべては成功を先取りする儀礼によって先立たれているので、病気や事故のないことや季節が順調に進行して農耕が成功することが「正常な」事態と考えられる一方、それに反する病気や事故の出現や日照りや大雨の出現は「異常な」事態と見なされるようになる。人間の身体も季節の循環もすべて自然の一部なのだから、病気が生じることも旱魃が生じることも「正常な」事態であるはずだ。ところが、人間は自分たちの行為に儀礼の網をかぶせることで自然の出来事を左右できると信じるようになったために、その網から逃れていく事態を「異常」と考え、それへの対処をおこなうようになったのだ。おそらく人間の身体や環境に対する見方にはある閾値があるのであって、多少の熱や一定の日照りは「正常な」事態として扱われ、薬効のある植物を煎じるなどの手段で対処されるだろう。ところが、それがある閾値を超えると「異常な」事態と判断され、占いなどを通じて原因を特定した上で、とりなしの儀礼をおこなうことが必要になってくるのである。

解釈枠組みとしての妖術信仰

異常とされる出来事や事態が生じたとき、人びとはそれにどのように対処しているのだろうか。文化人類学の長島信弘はケニアのテソ社会で三六五例の病気の原因をしらべ、そのうちの一五七例（四三パーセント）が死霊に、六六例（一八パーセント）が妖術師や呪詛に帰されていることを明らかにした。一方、世界各地の伝統社会の病因論を調べたジョージ・マードックらは、病気の原因を妖術師に帰す社会が全体の七〇パーセント（重複可）、先祖の霊や土地の霊の攻撃とするケースが八四パーセント、人間の過ちが原因とするのが二八パーセントであることを示している。[42] これらのケースで病気の原因とされる要因を見ていくと、それらに共通する特性が明らかになる。それらはいずれも妖術師や過ちなどの、儀礼の原則に対して外的な要因である。それらが告げているのは、総体としての儀礼は有効であり、それゆえ望ましい事態が生じるはずであったが、妖術師や霊の攻撃や人間の過ちなどの儀礼の原則から外れた要因が出現したことで、好ましくない事態が発生したという意味づけである。

病気や事故、怪我、日照りや不作といった好ましくない事態、先行儀礼の原則に反した事態が発生したあとに、それをとりなして事態を修復しようとしておこなう儀礼を私は「遡及儀礼」と名づけている。かくして、儀礼には相補的な性格をもつ二種の儀礼があるわけである。ひとつは、望ましい事態に先立って、それを先取りするかたちでおこなわれる儀礼、つまり先行儀礼であり、もうひとつは、儀礼がうまくいかなかったときや好ましくない事態が生じたときに、原因を特定し、事態を修復するためにおこなわれる儀礼、つまり遡及儀礼である。この二種の儀礼があることによって儀礼は閉じた体系をなし、人間とその社会に生じるあらゆる出来事や事態をそのなかに組み込むことが可能になった。そのことにより、総体としての儀礼はつねに有効であるとして、儀礼に対する信頼は揺るがされることがなくなったのだ。

このような体系としての儀礼はあらゆる農耕社会に存在すると思われるが、いくつか注意をしなくてはならない。第一に、人びとが儀礼の有効性を信頼するようになったとしても、儀礼にたよるだけで実務的な行為をおろそかにすることはないことだ。どの社会においても人びとはこの二つを峻別してきたのであって、病気の原因を妖術師や過ちに帰すことが知られているドゴンの人びとも、数十種類の植物の薬効の知識をもち、それを煎じて飲んだり病院に行ったりすることを怠ることはけっしてない。

第二に、すべての農耕社会がドゴンや日本のように複雑な儀礼を発展させているわけではなく、神々や精霊に祈願するだけで済ますケースも少なくないことだ。しかしその場合でも、望まれる事態は神々や精霊に対する祈願によってつねに先立たれており、それに反する事態が生じたならとりなしの儀礼がおこなわれることになる。かくして、あらゆる事態や出来事は儀礼の体系のなかに取り込まれているのである。

第三に、好ましくない事態を解釈するための装置が制度としてつくり出されたことだ。狩猟採集民も身のまわりの出来事や事態を解釈しているが、その多くは自発的におこなわれ、占いがおこなわれたり特別の職能者が存在したりすることはない。これに対し、複雑な儀礼の体系を発達させた農耕民は、出来事を解釈する手段としての占いのメカニズムをつくり出し、解釈枠組みとしての妖術信仰や悪霊信仰を制度化させたのだ。狩猟採集民の社会ではほとんど存在しない妖術信仰が農耕民社会の多くで見られることの背景に、定住化がもたらした人間関係のストレスの増大があるのは疑いない。しかしそれだけでなく、農耕民社会が制度化した儀礼の体系は、人間に生じるすべての不幸を解釈することを必要とするようになったため、解釈枠組みとしての妖術信仰を発達させたと考えられるのだ。

解釈枠組みとしての妖術信仰は、現代アフリカの農村部だけでなく、近代的なビルが立ち並ぶ都市部でも盛んになっていることが報告されている。[43] サッカーのワールドカップの試合には、それぞれの国の有力な妖術師がついて回っているという話が伝えられているが、あながち人を笑わせるためのつくり話とばかりはいえないものがある。妖術信仰とは、元来、秩序を生み出す働きをもつ儀礼の体系に吸収できない事態や出来事を説明するための枠組みであるだけに、グローバル化がもたらした急激な社会経済的変化によって自分たちの手では操作不可能な現象が頻出しているアフリカの諸社会で、旧来の枠組みでは解釈が困難な現実を説明するのに適した解釈枠組みなのだろう。そうしたものとしての妖術信仰は、今後より盛んになることはあっても、けっしてすたれることはないと思われるのだ。

牧畜民社会の特徴

農耕民のもとで練り上げられた儀礼の体系に相当するものが、牧畜民のもとでも存在するのだろうか。その前に、狩猟や農耕とならんで人間の主要な生業形態のひとつである牧畜は、いつ、どこで、どのようにしてはじまったのだろうか。

牧畜の起源については、狩猟につながるかたちで農耕より先に開始されたという説が一時は有力であったが[44]、今日では緻密な考古学的知見を積みあげることによって、西アジアで農耕をはじめた人びとがその一〇〇〇年ほどのちに牧畜を開始したというのが定説になっている。トルコ南部の丘陵地帯でコムギやオオムギの栽培を開始した人びとが、草原に自生するイネ科植物の野生種を食べにくるヒツジやヤギの群れと競合するなかで、その飼育を開始したとする説明である。また、家畜を殺すことなく食料を獲得する方法としての搾乳についても、西アジアで紀元前五〇〇〇年までに広くおこなわれるようになっていたことが確認されており、その技術はそこからアフリカ大陸やモンゴルに伝えられたと考えられている[45]。

家畜とは人間がその繁殖に関与している動物として定義されるが、世界中に何千種類とある哺乳類のうち、家畜化された動物はわずか一四種類しかない。そのなかで牧畜の対象になっているのは、集団をつくる群居性の有蹄類であるウシ科（ウシ、ヒツジ、ヤギ、ヤク）とラクダ科（ヒトコブラクダ、フタコブラクダ、アルパカ）、シカ科（トナカイ）、ウマ科（ウマ、ロバ）の動物だけである[46]。他の主要な家畜としてブタがあるが、これを飼うことは飼育とはいっても牧畜とはいわない。前者が草を食べるのに対しブタは雑食性である、前者が一般に草地で放牧されるのに対しブタは多く囲い地で飼育される、前者はそれを主たる生計手段とすることが多いのに対しブタの飼育は農耕民の副業である、などの違いがあるためだ。なお、英国の人類学者ティム・インゴルドは狩猟と牧畜と畜産を区別するために、対象となる動物が私有か共有か、活用する土地が私有か共有かで区別しており（表3－1）、わが国の福井勝義もこれにならっている。[47] 以上をまとめるなら、牧畜とは、農耕が困難で土地の私有のない乾燥地や寒冷地で、人間には消化できないセルロースの多い植物性資源を肉や乳に変えてくれる動物を飼育することで食料を獲得する技術であり、それを核とする生業形態だといえるだろう。

	動物	土地
狩猟	共有	共有
牧畜	私有	共有
畜産	私有	私有

表3－1　狩猟・牧畜・畜産の区別

福井もいうように、牧畜だけで全生計をたてている「純粋な牧畜社会」は「たいへんまれであり、歴史的にみてもきわめて特殊」である。[48] 彼らの多くは農耕民と交易をするか、みずから農耕をおこなうなどして穀物等を手に入れており、それによって消費カロリーのかなりの部分を入手している。にもかかわらず、ほぼすべての牧畜民研究者が断定するように、農耕を主とする農耕民と牧畜民とのあいだには、気質や行動様式や宗教生活において決定的といえるほどの違いが存在する。文化人類学の太田至はウォルター・ゴールドシュミットを引きながら、牧畜民の特性を、①情動を開放的に表出する、②対人関係において直接的に行動する、③独立心が旺盛である、④にもかかわらず社会的に団結する、⑤強くて明確な価値観をもつ、の五点にまとめ、「独立志向症候群」と呼んでいる。太田はゴールドシュミットのまとめに完全に同意するわけではないが、彼らの「強烈で仮借ない気質」や「傲岸ともいえる誇りの高さ」を指摘することを忘れてはいない。[49] 彼らの気質や対人関係は、控えめであることを貴ぶ私たち日本人のそれとはまさに対極的なのだ。

おそらくそうした牧畜民の気質や行動様式は、牧畜という生業のあり方そのものに由来するのだろう。農耕民の場合には、土地は伝統的には私有ではなかったとはいえ、割り当てられた土地を半永久的に占有することが認められている。そのため、彼らにとって重要なのは、先祖や年長者の教えにしたがいながら、土地に多くの労働を投下することで可能なかぎり多くの収穫を得ることであって、それ以上でも以下でもない。勤労と従順と協調性が彼らの最高の価値なのだ。これに対し、牧畜民の場合には、家畜は私有だが、家畜に草を食べさせる土地は共有であり、しかもその土地は家畜の総量に対して希少なので、たえず他の単位集団と交渉したり抜け駆けしたりすることがもとめられる。その一方で、家畜は略奪や盗みの対象になりやすい財であるので、家畜や放牧地を守るためには仲間うちで協力することが必要になる。こうして、牧畜を継続しておこなうためには、共有と私有、協力と敵対、協調と自由、他への配慮と抜け駆けなどの矛盾する要素をつねに斟酌しながら、自分の利益と集団の利益が最大になるよう抜け目なく行動することがもとめられるのである。そのため、そこで期待される倫理は農耕民のそれとは大きく異なっているのであり、その結果、太田が著書につけたタイトルのように、「交渉に生を賭ける」生き方が生じてくるのだ。[50]

牧畜民の宗教[51]

現代世界の牧畜民は、中央アジアの草原地帯を支配してきたモンゴル人やチュルク系諸民族、極北のチュクチ人やサーミ人、アンデス高地のケチュア人などがいるが、[52]文化人類学でもっとも多くの研究がなされてきたのは、東アフリカの上ナイル川とその支流域に住む、ヌエル、ディンカ、マサイ、シルックなどのナイロート系の諸集団であった。彼らに関する研究の多くは、牧畜の形態や社会組織、経済活動、紛争を含めた集団間関係などに向けられてきたため、牧畜民に固有の宗教形態を明らかにしようとする研究は、南スーダンのヌエルやディンカ、ケニアのマサイをのぞけばかぎられている。ここでは、この分野でもっとも重要な著作である英国のゴドフリー・リーンハートの『神性と経験』をはじめとするディンカの宗教に関する研究をとりあげ、ヌエルとマサイについても適宜言及しながらおぎなっていく。[53]

ディンカ社会は人口約二百万、二〇一一年に独立した南スーダン最大の民族集団であり、独立運動の主力になった人びとである。ディンカは他称であり、彼ら自身は自分たちのことをジエンと呼んでいる。ナイル川の西側の支流沿いの湿地帯に居住する彼らは、アフリカ原産の穀物であるトウジンビエやソルガムの栽培もおこなっているが、最大の価値をおくのは他のナイロート系の人びとおなじようにウシである。ウシのミルクや肉を消費するほか、バターを薬用にし、尿を殺菌剤として使い、皮を敷物や盾に加工し、骨でスプーンその他の道具をつくり、糞を燃やした灰を身体に塗りたくるなど、彼らの生活や身体そのものがウシと一体化されている。とりわけ、流血をともなう過酷なイニシエーション儀礼を終えた若者は、父親から戦士の象徴である槍と一頭の若いウシを贈られるが、[54]それ以降若者はそのウシの特徴にちなんだ名前をつけ、それを美しく飾り、たたえる歌をつくり、その歌を歌いながらウシとともに歩くなど、自分のアイデンティティをウシに一体化させながら青年期をおくっている。[55]

ディンカの土地は川沿いの低地にあるので、雨期になると父親とその男子はウシを追ってサバンナに移動し、仲間と一緒に放牧キャンプを築いて暮らし、雨期が終わると穀物の収穫にあわせて村に戻ってくる。彼らの社会生活の基礎にあるのはこの放牧キャンプであり、これがいくつか集まってサブ部族を形成し、サブ部族がいくつか集まって部族を形成する。各部族には「ヤスの主」のクランと戦士のクランのメンバーがいて、それぞれが宗教と戦争をつかさどる「二重統治制」になっている。[56]宗教をつかさどるクランが「ヤスの主」と呼ばれているのは、彼らが魚をつくためのヤスをつねに手にしているためであり、ヤスにそれほどの価値が与えられているのは、あとで見るように彼らの起源神話でヤスが重要な役割を果たしているためである。ヤスの主の能力と地位は父からその男子へと父系で継承され、彼らのクランだけでなく、部族の全成員のためにさまざまな儀礼や祈願、祈禱、祝福、調停、供犠を執行する。

ヤスの主は他のメンバーから「命を運ぶもの」、「彼らは私たちの生命を運んでいる[57]」と称され、儀礼に際してはしばしば憑依しながら職務を果たすが、そうしたつとめはこのクランのメンバー以外には果たすことができない。こうした祭司クランの地位と能力の独占はマサイ社会でも共通するが、ヌエル社会では供犠はだれでもおこなうことができるし、個人的な祈願もおこなわれるなど、よりルーズになっている。こうしたヌエル社会における宗教的権威のゆるさを、ディンカ研究のリーンハートはヌエル社会における祭司制度の未発達の結果と解釈している。[58]

ディンカのカミ観念

ディンカの人びとの宗教世界の中心にあるのはニアリッチと呼ばれる「神性」であり、それは「天上の方」、「創造主」、「私の父」などと呼ばれ、すべてのディンカ人に正義と誠実さを求める点で、ユダヤーキリスト教的な唯一神を連想させるものがある。しかしディンカにはそのほかに、それぞれのクランを守護する精霊や、雨や雷をもたらしたり病気や事故などの災厄をもたらしたりする精霊も存在し、これらの精霊ないし神々もニアリッチと呼ばれているので、リーンハートはこれを「神」Godではなく、「神性」ないし「カミ」Divinityと訳している。天空にいる創造神の観念はマサイやヌエルでも共通しており、たとえばヌエルでは最高神はクウォスと呼ばれる一方、さまざまな精霊や下級の神々もまたおなじ名で呼ばれている[59]。

ディンカの人びとがニアリッチになにを祈願するかをわからせるために、あるヤスの主はリーンハートにつぎのような祈りのことばを唱えて見せた。

カミよ、あなたにウシを贈ろう、あなたが私たちを気に入ってくれるように。私たちを健康に歩ませ、熱や病気が人間をとらえることがないよう、全員が元気であるよう、私たちは儀式をおこなったのだ。私のクランの人間が旅をするなら、病気にかからずに旅ができるよう、彼にも他のだれにも災厄が生じないように。カミよ、私たちの上に悪がもたらされなければ私はうれしい。女たちよ、手を叩き、歌を歌い、ウウウといって熱を遠ざけよ。私たちになにも悪が生じないように。私の父の部族よ、健康に歩め。なにも私たちを傷つけず、カミは私たちに満足し、なにも悪いことがないよう、私たちはあなたに祈りをささげるのだ。[60]

この祈りはヤスの主がおこなう祈願のひとつにすぎないが、ディンカの人びとがニアリッチになにを期待しているかをよく示している。それは健康と生命と安寧と集団の繁栄であり、旅行などの企ての成功である。それ以外にも、ウシの繁殖、雨期の到来、漁の成功、戦争の勝利、男子の誕生、和平の締結など、人びとが実現を希望する出来事や事態はすべてヤスの主の祈願によって先立たれており、それなくしては実現不可能だと信じられている。そして万が一、病気や事故や旱魃や敗戦などの期待に反する出来事や事態が生じたときには、ヤスの主は占いを命じて原因を確定したあと、神々に守護を願ってふたたび祈りを捧げ、そのあとで供犠をおこなうのだ。

リーンハートによれば、ディンカの人びとの生活世界は、人間が主体的におこなう世界への働きかけによってのみ構成されているわけではない。彼らの生活世界は、そうした人間の側からの働きかけと、神々や霊などの超人間的な諸力の介入との相互作用によって形成されているのであり、彼らが経験するすべての出来事や事態はこうした相互作用の結果として捉えられている。そのため、彼らは物事がうまくいったなら、ニアリッチをはじめとする神々や精霊の加護に感謝するだろうし、うまくいかなければ、自分たちになんらかの過ちがあったのではないかと反省し、それをとり除いたあとで、神々や精霊をとりなすためにヤスの主を通じて供犠や祈願を捧げるのだ。

ディンカの神話と儀礼

ディンカの人びとにとって、世界はどのようなものとして捉えられているのだろうか。彼らの神話はつぎのように語っている。太古の昔、天と地は今よりずっと近くにあり、一本の縄でつながっていたので、人間はいつでもこの縄を伝って天まで行くことができた。当時、死は存在せず、ニアリッチは毎日一粒のヒエを与えてくれたので、人間はそれを食べて暮らしていた。あるとき、ひとりの女性が欲張って、もっと多くの穀物を得ようとして長い鍬を振り上げたところ、ニアリッチにあたってしまった。腹を立てた彼は天の彼方に行ってしまい、一羽の鳥を送って天と地上をむすぶ縄を断ち切らせた。このときいらい、人間は神とのつながりを失ってしまい、死と病気に苦しむようになり、日々の糧を得るために労働しなくてはならなくなったのだ。[61]

こうして神話は、人間が我欲をおこしたためにカミとのつながりが断ち切られてしまったことを物語っている。かといって、人間とカミとの関係性が完全に失われてしまったわけではなかった。そのことを、別の神話はヤスの主の始祖と供犠の起源に関係づけながら語っている。太古の昔、人びとは川のなかに住んでいた。最初に川から出てきたのはロンガール、生命全体の頭であるカミの長男だった。ロンガールは村に住み、ウシを飼って暮らしていた。あるとき旱魃が起こり、牧草をもとめてウシを遠くに連れて行かなくてはならなくなった。人びとはロンガールの言いつけを守らず、違う土地をめざして自分たちだけで出発した。彼らが川を渡ろうとすると、ロンガールはヤスで頭を突いてひとりひとり殺していった。そのとき、ある男がロンガールと戦ってこれを打ち破った。そこでロンガールはその男にヤスと祈願のことばと精霊を与え、空色の去勢牛を供犠に付して祝福した。ロンガールからこれらの道具やことばを与えられたのが、今日のヤスの主のクランの始祖である。[62]

カミの長子であるロンガールは人間以上の力をもつ存在であったはずだが、そのロンガールを打ち破ったのがヤスの主の始祖であったというのだ。彼にはそのことを記念して、供犠をおこなうための道具とことばと精霊が与えられたのであり、それ以降、彼の一族はカミとの失われたつながりを回復するために供犠を執行するようになったのだった。彼の一族が他の人びとから、「彼らは私たちの生命を運んでいる」といわれているのはそのためであり、彼らはディンカ人全体の繁栄と生命の保全と家畜の繁殖を実現するために独占的な役割を与えられてきたのである。

それにしても、なぜ供犠であり、供犠はなぜそれほど効力があるものと見なされているのだろうか。供犠の式次第をたどりながら考えていこう。ディンカの人びとの屋敷地にはたいてい二股に分かれた木が立てられている。それに人びとはウシをつなぐだけでなく、収穫物の初穂をくりつけ、ビールやミルクを注ぎ、タバコをそなえ、供犠がおこなわれたときには肉片を与える。それはいわば屋敷のなかの祠であり、供犠のために選ばれた去勢牛は連れてこられ、その木に結わえつけられて供犠の執行を待つのだ。

いよいよ供犠となると、供犠を依頼した一族の長がまず祈願をし、ついでヤスの主のクランのメンバーが代わる代わる祈願をする。祈願がくり返されるあいだに、最初は弛緩していた参加者の緊張と一体感は高まっていき、それが絶頂に達するとき、供犠獣は右側から腹を槍で突かれて殺される。それとともに人びとの緊張は解け、殺害されたウシを規則にしたがって解体し、その肉を切りわけてみなで焼いて食べるのだ。

こうした所作をともなう供犠の内容と効果について、リーンハートはつぎのように説明する。供犠は人びとの一体感を高めるためにおこなわれるものであり、「供犠は本質的に幸福なことと見なされ」、つねに祝祭的な雰囲気をともなっている。供犠獣はその生命を供犠がなされる人間の命と交換するのであり、後者の命を救うためにいわば身代わりとして殺される。祈願は殺害の行為そのものと同等か、それ以上の重要性をもっていると考えられ、供犠はそれなくしては効力をもたない。最終的に、供犠獣は死ぬのに供犠を捧げられた人間はその後も生きているのだから、「供犠とは人間が生き延びるドラマである」というのだ[63]。

この説明は魅力的ではあるが、いくつか欠陥があるように思われる。彼の記述が全般的にそうであるように、リーンハートは現地の人びとの解釈を重視してそれを詳細に記述する一方で、具体的な式次第の記述は簡略化している。そのため、読者は供犠の具体的な式次第や、ヤスの主を含めた参加者たちの振る舞いを知ることはできない。また彼は、「身代わり」としての犠牲というキリスト教的な解釈を優越させるあまり、供犠が病気や不幸が生じたときだけでなく、豊饒や繁栄や生命の昂進をめざしてもおこなわれることを説明できていない。これに対し、エヴァンズ＝プリチャードによるヌエルの供犠の説明は、供犠を奉献、聖別、祈願、屠殺の四段階からなるものとし、その具体的内容についてもよりくわしく記述している点で、供犠を理解する上でより有意義である。ところが彼もまた、「ほとんどの供犠は贖罪の意図を顕著にそなえている」と書いており[64]、その説明がヌエル人のものか、あるいは彼のカトリック的偏向によるかは明確ではないのだ。

供犠の一般理論へ

リーンハートにしてもエヴァンズ＝プリチャードにしても、供犠の解釈に西洋的な視点をもち込んでいるように見受けられるが、供犠は世界中でおこなわれてきたし、今なおおこなわれている慣行であるのだから、特定の文脈や視点に沿って解釈されるのではなく、一般化可能なかたちで説明されることが必要だろう。それゆえここで、供犠の基本的構造を明らかにしようとしたフランスの人類学者マルセル・モースとアンリ・ユベールの研究を参照しよう。

モースとユベールは、世界の各地でおこなわれている供犠には共通する「図式」ないし「基本形態」があるとする。入場－執行－退場という三つの局面からなる図式であり、それぞれの局面についてもう少しくわしく説明している。まず入場において、供犠の執行者は神殿ないし神聖な場所に行き、そこに供犠獣を連れてきて、聖所のまわりをまわらせる。執行者は供犠獣に祈願のことばをかけるだけでなく、油を塗る、灰を塗る、印をつけるなどの操作をおこなって獣を聖化する。つぎに執行となるが、供犠獣はさだめられた人間によって、さだめられた所作にしたがって刀や槍で殺害され、その命が失われる。最後に退場であり、殺害された動物は規則通りに解体および分配され、その肉が焼かれることで煙は天上の「神」に贈られる一方、肉は供犠の参加者によって共食されるというのだ。[65]

私は先に呪術的行為と呼ばれるものが、多くの場合フレイザーのいう類似の法則と接触の法則（もしくはメタファーとメトニミー）を核として成立していることを指摘した。この観点を供犠に適用するなら、この儀礼が一から十まで接触の法則ないしメトニミーによって貫かれていることは明白だろう。それはまず、執行者が供犠獣を神聖な場所ないし祭壇まで連れて行き、そのまわりをまわることからはじまる（神聖な場所との接触）。つぎに、供犠獣は祈願のことばを与えられるだけでなく、聖化のために油や灰を塗られ、印をつけられるというかたちで接触行為が重ねられる。それから、供犠獣は刀か槍を身体に差し込まれて殺害されるが、これは最大の接触行為というべきである。そして、殺害された獣はその肉が参加者によって共食され、肉を焼いた煙は天にいる神々まで直接とどけられるのだ。

このように供犠が接触の法則を何重にも重ねて活用しているとすれば、それがなにをめざしているかは明らかだろう。供犠とは、接触の法則に即した象徴や行為を積み重ねることで、原初のときに切り離されてしまったカミと人間のあいだのつながりを復活させようとする行為だと考えられる。さらにいえば、接触の法則に即した象徴や行為を積み重ねることで、不在であるカミを儀礼の行為の向こう側に現出させようとするメカニズムだといえるかもしれない。人びとは事あるごとにカミに祈願し、病気や不幸に見舞われれば自分たちに非があったと信じて贖罪をおこなうのだが、祈願にしても贖罪にしてもカミとのつながりが再確立されてはじめて可能になるのだから、供犠がまずカミとのつながりを再確立しようと試みるのは理にかなっている。

供犠をこのように接触の法則の累積として説明することは、単純すぎる見方だろうか。供犠は一般に過剰な意味が与えられる傾向があるが、それはおそらくヨーロッパ文明の二つの源泉である古代イスラエルと古代ギリシアの宗教の根幹にあったのが供犠であったためだ。旧約聖書は動物の供儀の記述にあふれているし（「レビ記」などはその半分が供犠の規定にささげられている）、アテナイの一年は、「ほとんど一日も祝祭と犠牲なしにはすぎなかった」とさえいわれている[66]。しかし、供犠がもし単純な組成をもつ儀礼的行為でなかったなら、それがかくも世界中で広くおこなわれていることの理由は説明できないだろう。その意味で、供犠を接触の法則の累積と解釈することは十分に可能だと思われるのだ。

牧畜民の宗教の特徴

これまで東アフリカの牧畜民社会の研究を参照することで、彼らの宗教の特徴を明らかにしようとしてきた。彼らは人生儀礼や生業にまつわる儀礼、そのほかさまざまな企てにかかわる儀礼を執行することで、病気や日照りなどの災厄のない安定した暮らしを実現しようとしていたし、万一好ましくない出来事や事態が生じた場合には、占いをおこなって原因を特定し、その上で神々の守護を願って儀礼をおこなうことで事態を修復しようとした。こうした点は農耕民の宗教体系と共通しているが、牧畜民の宗教にはそのほかに固有な特徴があるように思われる。そのひとつは、宗教体系のなかで供犠が占める圧倒的な大きさであり、もうひとつは、ディンカのヤスの主やヌエルの豹皮祭司などの宗教的役職者が果たす役割の大きさである。

供犠についてはすでに見たので、後者について見ていこう。宗教的職能者の役割の重要性は多くの牧畜民社会で共通しており、たとえばエチオピア南部のホール社会では、世襲の役職者がヒツジやウシの供犠をおこなうことで「穀物の豊作や家畜の多産をもたらす」と信じられている。彼らは就任に際して一種の死と再生を経ることで特別な力をもつ存在となるだけでなく、その身体にはおどろおどろしい人面蛇体の守護神が巻きついているので、外部の荒々しく豊饒を可能にする力が備わっていると信じられている。彼らはその力を操作することで農耕と牧畜の成功を可能にするのだが、反面、呪詛を投げかけて人びとを殺したり、病気にしたりする力をもつとして恐れられる存在でもある。[67]

牧畜民社会におけるこうした職能者の地位の高さは、おそらく牧畜という生業形態を反映したものである。農耕民の場合には、彼らがなにより希求する豊作は大地の力や天候といった不可知の要因に左右される部分が大きいので、丹念に儀礼をおこなうことでそれが希望通りに実現することを祈願する。一方、牧畜民の場合には、牧畜の成功は自然の条件に左右される部分はあるが、それに劣らず重要なのは、良い牧草地を見つけたり他集団と競合したり交渉したりするリーダーの能力である。彼らの宗教が、外部の自然への働きかけ以上に人間的要素を重視しているのは、そこに理由があるのだろう。

牧畜民社会はしばしば複雑な年齢階梯制を備えているが、これも人間的要素の重視という観点から説明可能である。この制度がもっとも発達しているのはホール社会に隣接するボラナ社会であり、そこではイニシエーション儀礼は八年ごとにおこなわれ、イニシエーションを同時におこなったメンバーからなる八つの階梯がある。一番若いのは幼児の階梯で、髪にタカラガイを結わえているのですぐにわかる。つぎが子どもの階梯で、彼らも社会的役割はなく、頭の中央を丸く剃りまわりを伸ばす独特の髪形をもっている。そのつぎは放牧に従事する青年の階梯であり、狩猟や戦争に参加するが、まだ結婚したり子をもうけたりすることはできない。つぎの四番目の階梯から中核的な役割を果たすようになり、狩猟や戦争に加え、結婚し子どもをもうけることができるようになる。五番目の階梯は男性性と父性を象徴する特別な儀礼をともない、六番目の階梯になると年齢階梯組織ガダの「父」と呼ばれ、さまざまな儀礼地を巡回しながら、豊饒と安寧を祈願する儀礼をくり返しおこなう（図3－9）。七番目の階梯になると社会的役職から解放されて助言的働きをするだけになり、最後の八番目の階梯になると多くの禁止にしたがわされる反面、社会全体を祝福する並外れた力をもつとされる。[68]

図3－9　牧畜民ボラナの年齢階梯制ガダの儀礼

　こうした階梯組織は、社会を横断するかたちで組織されるので社会的連帯を築く上での核になっており、戦争や放牧、紛争の解決などに寄与することで、政府のないこの社会で基幹的な働きをしている。その一方で、階梯を移行するためにおこなわれるイニシエーション儀礼は、社会全体の安寧と豊饒が祈願される機会でもある。儀礼の各段階を経るごとに、狩猟、放牧、戦争、結婚、出産、豊饒などの社会的任務が加えられていく彼らは、それぞれの任務の成功が儀礼のなかで先取りされている。その意味で年齢階梯制とは、「男性のライフサイクルに合わせて儀礼と供犠を周期的に行い『ボラナの安寧』を天／神であるワーカに祈願する儀礼体系」でもあるというのだ。[69]

体系としての牧畜民の宗教

東アフリカの牧畜民で見られるこうした宗教的特徴は、他の地域の牧畜民にも共通して見られるのだろうか。文化人類学の小長谷有紀はチベット仏教が深く浸透しているモンゴル遊牧民の研究をおこなっているが、家畜の搾乳にむすびつく増殖儀礼や屠殺にかかわる儀礼、馬乳をもちいた病気治療儀礼や、新婦の出産を祈願する結婚式について記している。[70] 彼女はくわしくは論じていないが、そのほかに去勢儀礼や祝福儀礼があると書いているので、家畜の飼育にかかわるさまざまな儀礼があるのは間違いないし、人の一生に関する儀礼も存在するだろう。

そのことは、モンゴルで長期にわたって宣教師として活動しながら研究をおこなったアントワーヌ・モスタールトが、つぎのように書いていることからも推測できる。「モンゴル人はきわめて信心深い人種である。〔略〕日常座臥《ざが》、モンゴル人の生活の真髄にまで信心が深く浸み透っているのであって、いかなる日常の行為も宗教的行事を伴わぬ限り、何らの意味ももたないのである」[71]。実際、彼はこの論文のなかで、家畜の繁殖儀礼や搾乳儀礼、病気治療の儀礼のほか、狩猟、家の新築、雨乞い、妊娠、病気治療、葬送などの儀礼についてふれている。人の一生と生活にかかわるすべての出来事が儀礼によって先立たれているのだ。

ノルウェーからロシアにいたる極北地方でトナカイ飼養をおこなってきたサーミ人についても、同様の記述がある。彼らは今日ではキリスト教が深く浸透しているが、古くは自然界にあるさまざまな存在が魂や神性をもつとするアニミズム的な心性をもち、それに祈りを捧げ、儀礼と捧げものをして加護を願ってきた。そのなかには、雷の神、太陽の神、風の神、月の神といった多くの神々が存在していた。たとえば雷の神は男性神で嵐と雷と雨をもたらすと信じられていたので、その活動はトナカイが食べる地衣類や草の成長に不可欠とされるなど、自然界の出来事は神々と密接に結びついていた。こうした神々と人間の世界を結ぶのがシャーマンであり、彼らはトナカイの皮を張った太鼓を叩くことでトランス状態となり、神々の意図を人間に伝えたり、病気などの不幸が生じたときにはその原因を究明し、どのように対処すべきかを人間に教えたりしていた。こうしたシャーマニズムの実践はキリスト教が浸透する過程で排除・抑圧され、シャーマンのもちいる太鼓が燃やされることもあったが、サーミの伝統文化の再評価とともに近年は活発な活動をおこなうようになっている[72]。

こうして見てくると、牧畜民のもとでも農耕民とおなじようにさまざまな儀礼がとりおこなわれ、人間が経験するあらゆる出来事や事態が、好ましいものであれ好ましからざるものであれ、すべてそのなかに包摂されるように儀礼が組織されていることがわかる。もちろんそれらの儀礼は、自然の進行に直接影響したり、左右したりするわけではない。しかし儀礼は、自然に相対し、自然に対してさまざまな活動をしている人間の身体や情動、意識に深層から働きかけ、それらを組織し、一定の方向へと導く働きをすることができる。こうした儀礼を洗練させかつ体系化していくことによって、農耕民や牧畜民は転変しつづける自然の働きのなかに一定の秩序を導入することが可能になったのであり、それによって彼らは自然に対して受動的な位置にとどまるのではなく、能動的・主体的に接することができるようになったのだった。リーンハートが明言するように、儀礼は人びとが受動的な存在であることを止め、自然に対して能動的な存在になることを可能にした。それは、「彼らが望むかたちの経験をつくり出すとともに、それがなければ受動的に耐えなくてはならないだろうものから、自分たちを象徴的に解放することを可能にしている」のだ。[73]

農耕民と牧畜民の宗教の特徴と神々の誕生

私はこの章で、農耕と牧畜を開始した人びとがさまざまな儀礼をつくり出し、それをひとつの体系へと組織したことを見てきた。このことは、新しく農耕や牧畜を開始した人びとが、自分たちの行為を自然の偶然性にゆだねるのではなく、そこに一定の秩序と介入可能性を確証するためにつくり出したものであった。この章の最後に、狩猟採集民社会の宗教と、農耕民と牧畜民の宗教の違いについてまとめることにしよう。

私は先に狩猟採集民社会の宗教の特徴として、人びとを結集させると同時に生きることの喜びを与えるものとしての祝祭が中心にあること、新しいメンバーを加え社会化するものとしてのイニシエーション儀礼が不可欠であること、宗教的意識を拡張し新しい理解の産出を可能にするシャーマニズムが重要な位置を占めること、をあげてきた。農耕民と牧畜民はこれらの要素を受け継ぎながら、生業様式が大きく変わったことに即して、新たな要素を加えつつその宗教を改変してきた。新たにつけ加えられたのは、農耕や牧畜の成功をあらかじめ先取りするかたちでおこなう予祝儀礼ないし先行儀礼であり、それがもたらす期待に反するかたちで生じた出来事や事態を修復するための遡及儀礼であった。また、遡及儀礼の一部と考えられる妖術信仰などの解釈装置がいちじるしく発達し制度化されたのも、農耕民や牧畜民の宗教の特徴であった。さらに、農耕と牧畜のために土地に労働が投下され、土地が価値をもつようになったことから祖先崇拝が盛んになり、それにともなって人生儀礼ないし通過儀礼が整備されたのも彼らの宗教の特徴であった。

儀礼を複雑化し、身近に生じる出来事の解釈のための装置を洗練させた農耕民と牧畜民は、神々の観念に関しても少なからぬ変化を生み出していったように思われる。彼らのもとで儀礼の機会がふえ、豊作、自然の運行、家の建築、妊娠、安産、健康、旅行、火除けといった活動の全般に関して儀礼がおこなわれるようになった結果、そのなかで勧請される神々の種類がふえ、その機能も多様化していったのだ。

狩猟採集民の宗教はアニミズムが中心であり、自然のうちにあるあらゆる存在がたがいに関係しあい、人間もそのうちの一要素に過ぎないと捉えられている。そこにおいては神々や神的存在もまた、イトゥリの森のピグミーの人びとが言明していたように、彼らの「父親でも母親でもあ」り、食料から家、衣服にいたるまでの生活の糧をすべて与えてくれる存在であるが、明確に対象化されたり特別に祀られたりしているわけではない。これに対し、農耕や牧畜を開始した人びとは、自然にたいして剝き出しのかたちで相対するのではなく、あいだに儀礼の体系をおくことで、自然の出来事や事態を操作することを期待するようになった。その結果、自然はもはや丸ごと一体となった自然ではなく、雨をもたらす雷、熱を伝える太陽、時の進行を告げる月、植物を育てる大地、病気や死をもたらす霊など、さまざまな存在によって切り分けられ、それに即して神々や精霊が想定されるようになったのである。これらの神々や精霊はいまだ明確には人格化されていないのであいまいさを保っているが、人びとは機会に応じてそうした神々や精霊に対し、特定の場や祭壇で儀礼をおこない祈願するようになったのだった。

岩田慶治はアニミズムを狩猟採集民に固有の宗教観念と見なし、農耕民のもとでそれが擬人化されて大きく変質したとして、つぎのように述べている。

狩猟・採集民族における宗教を通説にしたがって精霊崇拝と考えておいた上で、当時のカミは〈出逢うカミ〉であったといえる。森のなか、山の奥でかれらはカミに出逢った。カミはその時、その所における出逢いにおいて出現したのである。しかるに、民族生活が安定し、文化に厚みがでてくると、カミはこの文化のうちにとりこまれて、文化の意のままに去来するカミとなった。これをカミが擬人化したといってもよい。擬人化することによって文化の枠内にとりこまれることになったといってもよい。[74]

要するに、「アニミズム世界にはカミはいない」のに対し、農耕とともにカミが世界に充溢するようになったというのだ。[75] これは宗教の深層をついたすぐれた見方であったが、のちになると岩田は、複数の神々の存在を信じる東南アジアや日本の農耕民の宗教もアニミズムを骨子とすると述べるようになっていく。[76] しかし、これは多分に間違った解釈である。後者の宗教はアニミズム的ではあったとしても、自然をあるていどは操作可能だと信じるようになった点で、厳密な意味でのアニミズムではない。むしろそれは、万事に儀礼を加えるという意味で儀礼主義（ritualism）というのが適切なのであって、農耕や牧畜の開始とともに宗教はその形態を一部変えたのだ。

第4章　多神教の確立
——国家と古代文明の宗教

国家の誕生

前章では、人びとが農耕や牧畜を開始したことで宗教が大きく変化したことを見てきたが、それはいずれも国家をもたない農耕民や牧畜民のケースであった。国家が誕生すると、社会のあり方が根底から変化することはよく知られている。そうした変化は宗教の領域でも生じていたのだろうか。そもそも、人類の歴史において国家はどのようにして誕生したのだろうか。最初に、文化人類学や経済史学などの分野における国家の起源に関する議論を整理しておこう。ここでいう国家は、国連に加盟するような巨大な近代国家ではなく、「初期国家」と呼ばれる人口数万〜数十万の小規模な国家であり、その後の国家の発展についてはのちに検討する。[1]

国家をもつ社会と国家をもたない社会の違いについては、一七世紀以降、ホッブズやルソーなどの社会哲学者が関心を寄せたが、彼らの著作は実際の社会の観察にもとづかない思弁的なものであった。国家の起源をめぐる議論がはじめて具体的なデータにもとづいて進められたのは一九世紀後半であり、とりわけ米国の人類学者ルイス・ヘンリー・モーガンによるところが大であった。ニューヨーク州の弁護士であった彼は、イロクォイなどの先住民の法的権利を守る運動にかかわりながら、その社会制度の研究をおこなった。その過程でイロクォイの親族体系とインドのタミールのそれとが多くの点で一致することを理解した彼は、広大な比較研究に着手し、一八七一年に『人類の血族と姻族の体系』を出版した。その後、親族組織だけでなく、技術、経済、社会制度、文化がどのように相関しながら発展したかをあとづけて、六年後に『古代社会』を発表したのだった。[2]

野蛮(Savagery)—未開(Barbarism)—文明(Civilization)の各段階を追って人間の社会と文化の進化をたどったこの書は、今日ではほとんど顧みられなくなっているが、当時としてはきわめて斬新なものであった。それは、経済の観点から人間の歴史を理解しようとする史的唯物論の精緻化につとめていたカール・マルクスを完全に魅了した。マルクスは他の人類学や歴史学の研究も読み込んで詳細なノートをつくったが、それを完成させることなく一八八三年に亡くなった。死後そのノートを発見した僚友フリードリヒ・エンゲルスが、彼の遺志を引きついで一八八四年に『家族・私有財産・国家の起源』を出版し、これが国家の起源に関する最初の科学的研究であった。[3]

エンゲルスはモーガンにしたがいながら、狩猟採集民や初期農耕民の平等主義的な社会が、技術の発展と生産力の向上にともなって氏族を単位とする社会に移行し、農耕民と牧畜民、手工業民などの分業が生じたと考えた。やがて金属加工などの技術の発展によって生産力が向上すると、労働力不足をおぎなうために戦争捕虜を奴隷として活用するようになった。こうして富の不均衡と階級対立が生じると、それを抑え込むために暴力装置としての国家が必要になったと考えた。私有財産と階級対立に国家の起源をもとめるこの解釈は、文化人類学より古代ギリシアやローマの資料に依拠しており、人類学ではマルクス主義の流れをくむ研究者がアフリカのいくつかの国家の起源を説明するのに活用しただけであった。[4]

人類学でより有力視されたのは、ドイツの社会学者フランツ・オッペンハイマーが提唱した征服説である。彼によれば、高い軍事力をもち、移動性が高く組織力にすぐれた牧畜民が、定着的で「鈍重な」農耕民に出会ったとき、容易に後者を支配することができた。その後、その支配を維持・強化するために国家装置が築かれたというのだ。この説明は、とりわけ東アフリカの大湖地方のブニョロ、ブガンダ、アンコーレ、ルワンダ、ブルンジなどの諸王国の起源を説明するのに適しているとされ、人類学で多くの支持を得ている。[5]

一方、ドイツ出身の中国学者であるカール・ウィットフォーゲルは、古代中国の経済に関する研究から出発して、世界の諸文明の発展に関心をもつようになった。彼は古代文明の多くが乾燥地での大規模な灌漑を基盤として成立したことを発見し、「水利経済」や「水利社会」と名づけた。それは、灌漑のための労働力の動員と組織化、分業と集約的農業の発展などを国家の発生の主原因と見なす解釈であった。しかし、灌漑をおこなわない小規模な国家も数多く存在するため、ウィットフォーゲルの説は国家の起源を説明するというより、初期国家がつぎの段階へと発展することを説明するのに有効だと考えられている。[6]

モーガンらの視点をさらに発展させた新進化人類学のモートン・フリードは、平等主義社会→ランク社会→階層化社会→国家という図式を提唱し、これに沿って社会は発展するとした。とりわけ彼が重視したのは資源に対するアクセスであり、人口圧によって希少な資源に対するアクセスが不均等になると社会の階層化をもたらすことを強調した。この視点は多くの研究者によって評価されたが、ロバート・カーネイロはそれをさらに洗練させ、人口圧が生じるのは高山や海などの環境のバリアーがあるときか、敵対する集団に囲まれているときであり、そのケースでは人口圧が社会の成層化につながることを示した。これらの観点にもとづいて、熱帯アフリカのいくつかの国家の起源が論じられている。[7]

征服説をのぞいて社会の内在的要素に力点をおくこれらの説に対し、外部との関係を重視する視点も存在する。アフリカ史のカトリーヌ・コクリー＝ヴィドロヴィッチは「アフリカ的生産様式」の概念を提唱し、アフリカの社会は一般に土地の生産性が低く、余剰を生む余力をもたないため、長距離交易によって富を蓄積した一部集団が他に優越するようになって国家を築いたと主張した。長距離交易と国家の結びつきは西アフリカでしばしば指摘されているし、[8]物質文化の観点から社会の変化を説明しようとする考古学者の多くも、この観点に立って国家の起源を論じている。[9]

国家成立の要件

国家の起源をめぐる理論的説明は、以上のように多様なものがある。ここではそれらの論点を整理するために、つぎのように要約する。

1　階級対立説
2　征服説
3　水利国家説
4　人口圧説
5　長距離交易説

これらの説はそれぞれ一定の有効性をもってはいるが、いずれも決定的な一般理論にはなりえていない。そのため、個々の社会の国家の起源について論じる研究者は、これらの説を組みあわせたり批判したりしながら、具体的データに即して試行錯誤をくり返しているのが実情である。その意味では、国家の起源に関する理論化はいまだ十分とはいえない状態にある。

そのことに加え、これらの説明は共通して以下の欠陥を免れていないように思われる。第一に、それらは長距離交易や人口圧などの要因と国家の起源のあいだに一定の相関関係があることを示してはいるが、因果関係を証明するまでにはいたっていないことだ。たとえば歴史上の西アフリカの国家の多くは長距離交易と密接に結びついて成立したが、長距離交易が国家の誕生をうながしたのか、あるいは国家が形成されたから長距離交易が盛んになったのかは明確にはなっていない。他の要因についても同様であり、人口圧が先か国家の成立が先かは議論の余地があるし、征服についても、灌漑施設の整備についてもおなじことがいえる。

第二に、これらはいずれも単線的な進化論に陥っているように見えることだ。多くの無国家社会は内部の階層化を避けるために「平準化」のメカニズムをそなえていることが知られており、たとえば先に見たドゴン社会では、土地が不均等に割り当てられていることで年長者のいるイエは余剰生産の蓄積が可能だが、喪明けの祝祭のなかで蓄積した富を還元することが求められているため、富の不均衡が固定されることはないし、社会の階層化も生じていない。一方、ブルキナファソ西部を研究する中尾世治は、国家が存在しなかった地域に外部の影響で国家形成の動きが生じたときに、親族関係や共通の祭祀によって連合した村々がそれに抗することで、国家の発生を抑えたケースを報告している[10]。さらに、一三〜一五世紀に西ヨーロッパにまでその名が知られたほど繁栄したマリ帝国が、一七世紀以降は国家組織を失って、首長制として存続したというケースもある。これらの事例が示しているように、一定の条件がそろえば国家が自動的に誕生するというのではなく、国家に抗するメカニズムや国家から首長制へと回帰するメカニズムも包摂した国家起源論を築くことが要請されているのだ。

第三に、国家は単に経済的利害や暴力装置によって成立しているのではなく、その正当性を根拠づける観念体系や住民の同意をとりつけるメカニズムがなければ存続は困難である。にもかかわらず、右のどの説明もそのことを考慮していないことだ。この点は、初期国家のほぼすべてが祭祀をつかさどる神聖王をいただく祭祀国家であることを考えたとき、あまりに不十分だというべきだろう。アフリカの伝統社会の多くでは、首長制社会であれ、国家をもつ社会であれ、権力の行使や社会的権威のあり方は宗教と不可分の関係にある。宗教は、前章で見たように人びとの生き方や日々の生活に深くかかわっているだけでなく、どの社会においても、社会が成立し存続するために不可欠の役割を果たしている。この点は本書全体のテーマに密接にかかわるので、つぎにくわしく見ていこう。

祭司長としての首長

まず、ドゴン社会の例をとりあげる。[11] これは中央に政府をもたない無国家社会であり、最大の政治的単位は、いくつかの都市をのぞいて、十あまりの村が集まってかたちづくる人口五〇〇〇ていどの地域である。それぞれの地域には、ひとりの首長がいて、週に一度開催される市《いち》があり、仮面結社などの主要な儀礼の単位になっている。首長はオゴンと呼ばれ、地域の最年長の男がなることになっており、彼が死ぬと、つぎに年長の男が死と再生の儀礼である就任式を経てその役職につく。彼は長老会議によって補佐され、長老会議の決議に反することはできない反面、オゴンの同意がなければいかなる決定も下されない。オゴンの主要な職務は、この長老会議を主宰することにくわえ、イエ同士の争いを調停すること、人をやって市を管理し平和を維持すること、他の地域との連絡や交渉をおこなうことなどだが、なかでももっとも重要なのは宗教的な役割だ。

農耕儀礼であれイニシエーション儀礼であれ、地域全体にかかわる儀礼の開始の合図を出すのはオゴンであり、地域のなかで彼の気に入らないことがあればその合図を出さないこともできる。また、彼の存在や立ち居振る舞いはそのまま宇宙の進行に結びつけられており、彼の衣装は白、赤、淡い青、濃い青(=黒)の四色でできており、これは風地火水の四元素と東西南北の四方位をあらわしている。彼の家の壁には星座や太陽が描かれ、床にはドゴンの人びとが栽培する八種類の穀物

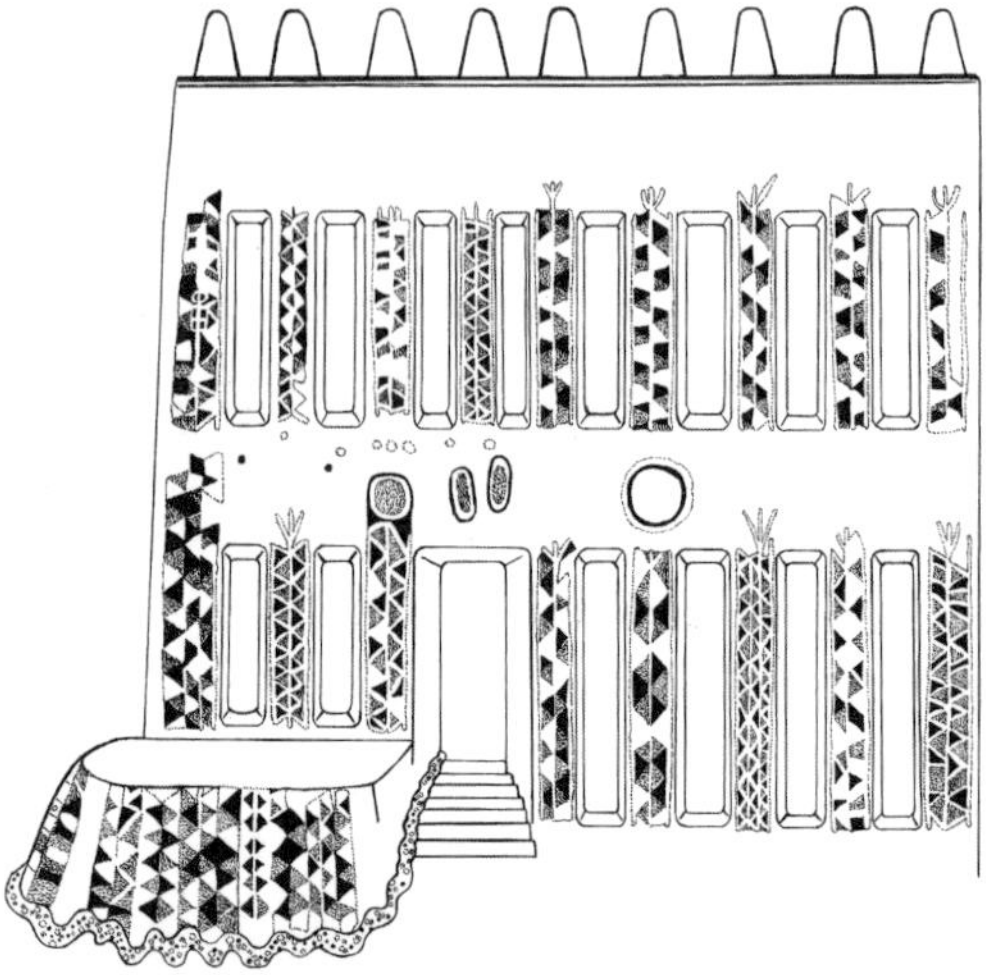

図4－1　世界の縮図としてのオゴンの家

が埋め込まれるなど、彼の住居は世界のミニチュアになっている（図4－1）。これらの象徴や儀礼を操作することで、彼は自然の運行をコントロールすること、とりわけ雨を降らせたり止めたりすることができると信じられている。

オゴンの存在と立ち居振る舞いがそのまま宇宙全体の進行に結びつけられていることを、三〇年にわたってドゴン研究に従事したマルセル・グリオールとジェルメーヌ・ディテルランは書いている。

オゴンの日常生活は、ミニチュアとしての世界をあらわす背景の上でくり広げられている。だから、彼の儀礼的行為や振る舞いは世界を動かす力を象徴するのだ。夜明け前に、彼は東を向いてすわり、陽が昇るのを見る。つぎに、彼は一日をかけて北と南をめぐり、陽が沈むころには西を向いてすわる。彼の外出もまたきびしく規制されており、とくにヒエが生長する時期、彼の魂がヒエの魂とまじわる時期には、彼は家の外に出てはならない。この期間の始まりと終わりは彼が水をまくことでしるしづけられている。最初の雨と最後の雨というわけだ。こうして彼は、その衣装によって宇宙を表象し、家のなかの動きによって事物の普遍的リズムに参加し、彼を天体やとくに月の運動に結びつけるきずなによって暦をコントロールしているのだ。[12]

その身体を通じて宇宙全体の運動に参与していると考えられるオゴンは、どんな小さな所作であっても重大な帰結をもたらしかねないので、さまざまな禁止にしたがわされている。彼は大地の主であり蛇のかたちをしている精霊レベの身代わりとされ、夜ごとレベが彼の身体を舐めて生命力を与えるので、けっして家を離れてはならないし、身体を洗ってもいけない。彼に多くの種類の食物の禁止が課されているのは、彼の生命力を常人以上の状態にたもつためだ。就任式のときいらいかぶっている赤い帽子は太陽の象徴とされるので、彼が大地を踏むと旱魃が生じると信じられている。そのため、彼は自分の意思で動くことができず、移動は他の人間に背負われておこなわれるし、村びとと話をするときには仲介者を必要とする。また、卓越した調停者である彼はいかなる諍いにも加わってはならないし、戦争に加わることは固く禁じられている。

オゴンがこのように並外れた力をもつと信じられているのは、宇宙をあらわすさまざまな象徴にとり囲まれているからであり、特別の就任式を経ているためだ。その日がくると、地域中の男たちがオゴンの家に集まり、ラッパの音とともに、役職の象徴である赤い帽子と四色の衣装を着けた彼が姿をあらわす。水の精霊の祭司が聖なる石を差し出すが、彼はそれを受けとることを拒み、ようやく三度目にそれを首にかけられる。彼の権威はこれを機に地域の全員に承認されるのである。オゴンへの就任は、彼の家族にとっては死を意味している。彼はもはや家族と交渉をもたなくなり、誰も彼に触れることも、会話をすることもできなくなる。こうして「彼は儀礼的に死に、不死の存在として生まれ変わるのだ」[13]。

レインメーカーとヤスの主

首長がこれほどの権威と力能をもっているのはドゴン社会にかぎられるのだろうか。私は先にディンカの祭祀をつかさどるヤスの主について見たが、この社会では供犠をおこなうのは彼らだけであり、その地位は父から子へと継承されている。ヤスの主はどの単位集団にもかならずいて、集団全体のために供犠をおこなうことで、すべての人間とウシの生命と繁栄を保証するとされている。彼は雨を降らせたり止めたりすることができると信じられていたし、水をコントロールすることで魚を得させ、森や川の危険な力を遠ざけることもできる。また、重い病気の人間がいれば、彼は治癒のための供犠もおこなう。

ヤスの主が使用する道具や象徴としては、原初のときに神から与えられたヤスと呪文のほかにくわしい記述はないが、彼もまたドゴンのオゴンのようにさまざまな禁止にしたがわされ、並外れた調停者としての地位を与えられている。そのため、彼はいかなる争いごとの当事者になることも、戦争に加わることも厳しく禁止されている。ドゴンでは最年長の男が、ディンカでは特定の一族が主要な宗教的行為をおこなうという違いはあるが、それ以外の点では彼らのあり方は驚くほど似ている。

ディンカ社会から南に数百キロメートル行くと、ウガンダ北部にルグバラ社会がある。ディンカとおなじナイロート系の民族だが、彼らの生業は基本的に穀物栽培で、ウシやヒツジは主に婚資として活用されている。この社会もまた政府のない無国家社会であり、最小の政治的単位は「下位クラン」と呼ばれる親族集団だ。[14]各下位クランには一名のレインメーカー（雨の主）がいて、その役職は父から子へと受け継がれる。彼はリネージを超える範囲の争いを調停することで、政府をもたないこの社会に平和と安定をもたらす存在であり、国家も首長制もない「ルグバラ社会が維持され、〔略〕破壊を導きかねない対立が解消されたり、禁止されたりするのは、まさにレインメーカーのおかげ」だというのだ。[15]

レインメーカーの職能が最大限に発揮されるのは、なにより宗教の次元である。彼はカミと人間の仲介者として位置づけられ、人びとと家畜と土地の生産力をコントロールしたり、死や乾燥をもたらしたりすることができるとされている。とりわけ彼は雨の石をはじめとするさまざまな象徴を活用することで、雨を降らせたり止めたりすることができる。さらに彼は、神の病である疫病をコントロールすることができるし、特定の人間に対して呪いをかけることもでき、その能力はとりわけ戦争のときや敵に対して有効である。彼がこのような並外れた力をもっているのは、村の外の危険で破壊的な力とつねに接触しているためである。彼はこの非日常的な力を就任式を経ることによって手に入れたのだが、その儀式は過去にはまさしく死を意味していた。というのも、彼は生きたまま地中に埋められ、そのあとで掘り出されたからだ。かくして、一度死んだ人間である彼は、普通の人間ではなくなり、それ以降、髪を切ることもなければ爪を切ることもない。また彼は、つねに武器を携帯している普通の男と異なり、けっして武器を手にすることがない。[16]

もう一例見ていこう。西アフリカのブルキナファソのサモ社会のレインメーカーであるラムチーリである。[17] このサモ社会もまた国家のない社会であり、ラムチーリと大地の主を中心に個々の村落共同体が完全な独立を維持している。この二つの役職のうち、重要なのはラムチーリの方であり、彼は先任者が亡くなった七年後に占いで選任される。彼の主要なつとめは雨を降らせることで、そのために彼は祭りの日を計算し、「雨の道」を開くために供犠を含む集団的儀礼を組織する。彼はまた、村全体の問題を論じるために長老会議を招集し、村の存続を脅かしかねない害悪をとりのぞくために占いを命じ、特別な儀礼を執行する。

この社会が彼になにを期待しているかを示しているのが、年に一度の大祭の直前の長老会議で唱えられるつぎのことばである。

ラムチーリ、長はおまえだ、塵芥の山よ
なんでも集め、なんでも引き受ける男よ
赤ん坊や、子どもや男たち
彼はその背になんでも背負い込む
良い雨がおまえの上に降るように
そして村を覆い、国を覆うように
どこか別のところで不幸が起こったとしても、私たちのところでは起こらないように[18]

彼の宗教的権威はきわめて大きいが、その分、彼はさまざまな禁止にしたがわされている。彼は村を離れてはいけないし、走ってもいけない。土を叩いてはならず、はだしで歩くことも、ダンスをすることも禁止されている。家のテラスに上がることもできないし、畑を耕すことも、荷を頭にのせることも許されていない。彼の髪は特別に「熱い」ために「冷たい」雨を呼ぶことができると信じられているので、髪を切るのは年に一度だけだ。これらの禁止や決まり事にとり囲まれているラムチーリは、その権威の大きさにもかかわらず、全能の首長のイメージからはほど遠い。むしろ彼は、自然の出来事をコントロールするための儀礼の体系に埋め込まれた囚人を連想させる。実際、調査をおこなったフランソワーズ・エリチエは、ラムチーリは「潜在的な人身御供」にほかならず、もし不幸な出来事があいついだときには、過去にはその責任を負わされて殺されるか村から追放されるかしたと述べている。[19]

以上、アフリカの四つの社会で祭祀をつかさどる首長をとりあげてきた。彼らの力能と役割がいかに共通しているかは驚くほどだ。彼らは並外れた調停者であり、複数のイエのあいだの争いごとを調停することで社会に平和をもたらす存在だが、戦争には加わらず武器を手にしてはならないなど、軍事と暴力からは徹底的に遠ざけられている。その意味で、彼らの権威は政治的というより、なにより宗教的なものである。彼らは地域の主要な儀礼を主宰し、供犠を執行することで宇宙の進行に直接関与し、雨をはじめとする自然の出来事をコントロールでき、それによって豊作や牧畜の成功を実現すると信じられている。彼らは常人にはない卓越した能力をもつとされる反面、さまざまな禁止にしたがわされており、行動の自由はほとんどない。ある意味で彼らは、自然をコントロールするためにつくられた儀礼の体系に一体化させられた存在であり、そのことに尽きるといってよい。彼らが就任式において一種の死を経験するのはそのためであり、彼らは一般人として死に、その役職に純化した存在として甦るのだ。

このように彼らが自然の進行を左右できる存在と見なされているとすれば、その死が宇宙全体の危機をひき起こすと考えられるのは自然だろう。彼らの死が特別の扱いを受けるのはそのためであり、たとえばドゴン社会ではオゴンが死んでも葬送儀礼がおこなわれることはない。彼は就任式においてすでに死んでいるためだ。そして数年後の喪明けの儀礼では、普通の男性のような仮面の儀礼はなく、代わりに女性たちが草や木で即席の仮面をつくり、仮面のダンスを踊る[20]。秩序を故意に転倒させることで新しい秩序への移行をうながすのであり、そのことは、イニシエーション儀礼で少年たちがやぶで儀礼を執行されることで社会的地位が変化するのと並行している。このように首長の死後に秩序が転倒されることは、ルグバラ社会でも観察されている。

一方、ディンカのヤスの主の場合には、高齢になると彼は人びとを呼び、自分を生きたまま墓に埋めるよう命ずる。彼は人びとに祝福を与え、集団の未来を予言し、死を恐れることなく歌いながら死んでいく。ヤスの主は人びとに生命と繁栄を与える存在であり、自然に生じる出来事をコントロール可能な人間であるから、もし彼が死んだなら、彼を中心として組織されている儀礼のシステムは論理的に破綻してしまうだろうし、彼らを中心として成り立っている社会そのものが崩壊してしまうだろう。それだからこそ彼はみずから死を選び、自分が出来事を支配可能なことを証明しようとするのである。リーンハートが明言するように、人びとはこうした「彼の死を、死と、死をもたらす要素に対する社会的勝利をあらわす」ものとして理解しているのだ。[21]

『金枝篇』と神聖王

首長が宇宙の進行を左右する力をもち、高齢になったときにはみずから死を選ぶか殺害されるという観念は、祭祀をつかさどる王である「神聖王」を連想させる。ローマの片田舎、ネミの森に残された不可思議な風習の起源を明らかにする目的で、古代ギリシアやイタリアの神話から現代アフリカの神聖王権までを渉猟したフレイザーは、世界各地の王権にまつわるさまざまな慣習をおどろおどろしく描いてベストセラーになった『金枝篇』を出版した。そこで彼はネミの森の風習について、ゴシック・ロマン張りにつぎのように描きはじめている。

この聖なる森の中にはある一本の樹が茂っており、そのまわりをもの凄い人影が昼間はもとより、多分は夜もおそくまで徘徊するのが見うけられた。手には抜身の剣をたずさえ、いつなんどき敵襲を受けるか知れないという様子で、油断なくあたりをにらんでいるのであった。彼は祭司であった。同時に殺人者でもあった。いま彼が警戒をおこたらない人物は、遅かれ早かれ彼を殺して、その代りに祭司となるはずであった。これこそこの聖所の掟だったのである。祭司の候補者は、祭司を殺すことによってのみその職を継承することができ、彼を殺して祭司となった暁には、より強く更に老獪《ろうかい》な者によって自分が殺されるまでは、その職を保つことを許されるのである。[22]

この祭司と彼をつけねらう殺人者はどのような存在であったのだろうか。伝承によれば、ネミの森の木の枝は一本たりとも折ることが禁じられていた。ところが逃亡した奴隷だけは折ることが許されており、そのことに成功したなら彼は祭司と一騎打ちをする資格が与えられ、相手を打ち負かすことができれば、「森の王」の称号が与えられて代わりに治めることとなっていた。フレイザーによればこの森は豊饒の女神ディアーナの聖所であり、ローマ建国以前につくられたものであった。命をねらわれる祭司はディアーナに奉仕すると同時に、彼女を王妃とする王であった。彼は森を守り、供犠をおこなうことで国土全体の豊饒を可能にし、宇宙の進行を保証し、雨を降らせ、農作物を豊かに実らせた。王が崇敬されたのは彼が神と人間の仲介者であるだけでなく、彼自身が自然の進行を左右し豊饒をつかさどる神であるためだった。[23]

こうして万物の生命と豊饒を支配する王は、病気になるか老衰したときには、その身体の脆弱が宇宙全体の衰弱をまねかないために王殺しがおこなわれたとフレイザーは書いている。そして、この神聖王や王殺しの慣行は、ヨーロッパにはもはや現存せず、アフリカやオセアニアの諸民族のもとでは今（当時）でも観察可能なのだから、それを研究することがヨーロッパ人の遠い過去を理解するには不可欠だと主張したのだった。

アフリカの神聖王権

アフリカの神聖王権はいかなるものだろうか。欧米の人類学者が集中的に調査をおこなった一九四〇～六〇年代、その多くはいまだ王国として存続しているか、その主権が植民地勢力によって奪われたばかりであった。この時期になされた人類学者の手になる記述に依拠しながら、神聖王権の実態について見ていこう。

最初は、英国の人類学者ジョン・ビーティーの記述する東アフリカのブニョロ王国だ。この王国は、バンツー系の牧畜民が農耕民を征服するかたちで成立したとされるアンコーレ、ブガンダ、ルワンダ、ブルンジなどのいわゆる征服王朝のひとつであり、一五世紀ごろ誕生したと考えられている。[24] 鉄の製造に優れ、それをもちいた武器や交易によってさかえ、一時は東アフリカの大地溝帯で有数の強大な国家であった。王国は発達した官僚制をもち、彼らが軍事と税の徴収をおこなった。王は「王国の全体に同一視され」、「国家のすべての政治権力の源泉」といわれていた。[25]

王がその国家に同一視されたのは、毎日国家にとって重要な儀礼を執行するためであり、さまざまな禁止にしたがっているためである。王はこの社会で最高の価値をもつウシの搾乳の儀礼に加わり、その乳を毎日儀礼的に飲む。その一方で、彼は多くの禁止にしたがわされており、彼が口にしてよいのは原則的にウシの肉だけである。彼が食べるときはたったひとりで、しかもだれにも見られてはならないし、その料理人も二日前から性交が禁止される。王はだれとも口をきいてはならないし、その身体や活動を示すための特別の語彙さえあった。

王は王国全体の生命と豊饒の守護者であり保証者であると見なされていたため、身体を健康にたもち、つねに力強いことが求められた。病人や死者は彼から遠ざけられたし、ウシが病気になるとただちに王宮から外に出されて殺された。王自身が高齢や病気で衰弱したときには、国家的な不幸が出現することを避けるために、王は殺されるかみずから死を選ばなくてはならないとされたのだった。
王が死ぬと、ただちに官僚や地方の有力者たちに支えられながら先王の息子たちのあいだで継承戦争がくりひろげられ、最後に残ったひとりが新しい王に就任した。その就任式は特異なものであった。新王は死者のように頭を剃られ、爪を切られ、身体に死に結びつく白い粘土が塗られる。彼の頭には九度王冠がおかれ、九度目にそれをかぶると王はみずから太鼓をたたく。つぎに玉座に、「王権の移行にともなう呪的危険を転移させるために」偽の王がすわらされ、そのあとで殺される。これらの儀式が終わると、王に剣と槍、弓、矢筒、短剣、杖といった王権のレガリアが与えられ、王はその弓をもちいて四方に矢を射た。「私は矢を射ることで、国家を超えるのだ」と口にしながら射たのである。[26]
王の死後に継承戦争がおこなわれるのは、ブニョロ王国の数百キロメートル北に位置するシルック王国でも共通する。[27]しかしこの場合には、むしろ儀礼的な性格がまさっていた。先王の死後国土は二分され、つぎの王を擁する軍隊は、王権をあらわすニイカングの軍隊と戦って敗れ、王子はいったん捉えられる。このときに、ニイカングの霊が王子の身体に入り、憑依することで新王が誕生する。「王権が王をとらえた」というのだ。[28]以降、王は王国の全体に同一視され、国家の祭祀と政治的権威の中心となる。王は雨を呼び豊作や家畜の繁殖を可能にするために供犠をおこなうほか、収穫のときや疫病が発生したときも儀礼を執行したのだった。
政治的な次元では、王の権威はむしろ象徴的なものとされていた。[29]「神聖なのは王権であって、王自身ではない」といわれ、王より王権が優位に立たされていたのである。戦争の勝利、国民の健康、家畜や農作物の豊饒といった国民全体の財は、王ではなく王権によって保護されると信じられていた。王は専制的な存在というより王権の囚われとされており、それゆえに彼は多くの禁止にしたがい、儀礼的に清浄であることを求められた。王はつねに健康で力強くあらねばならない。王が衰弱すると「国民全体が苦しむ」ためである。そのため、王が高齢や病気で衰弱したばあいには、不幸が出現することを避けるために彼は殺されたのだった。

　西アフリカの神聖王国についても見ていこう。とりあげるのはコートジボワールのアニー王国であり、ここでも王は多くの禁止と象徴にとり囲まれていた[30]。王はひとりで移動してはならない、はだしで土を踏んではならない、だれとも口をきいてはならない、挨拶をしてはならないなどの禁止のほかに、さまざまな食物も禁止されていた。また、王は特別の衣装や王冠、宝石類を身につけるほか、「彼の至上権の徽章」である象の尾と特別な剣を与えられていた。

　これらの象徴と彼がおこなう儀礼によって、王は「生命と豊饒の究極の保証者」と考えられていた。それゆえに、王の死は国家全体を揺るがす危機の様相をとった。王が死ぬと、人びとは「世界が壊れそうだ」、「大地が揺れる」といって歩きまわり、混乱と転倒が王国を支配した。王の死が公にされるや否や奴隷は自由になり、奴隷どうしで王と王妃、貴族、王の従者を選任した。選ばれた奴隷は王宮に行き、王の象徴を手にし、王の衣装を身につけ、宴会をおこなった。この間、自由民は家に閉じこもり、喪のしるしとして断食をおこなった。自由民は「王が死んだ」と口にしてはならないのに対し、奴隷たちは「王が死んだ」と口にし、ヒツジやニワトリをとらえて「真の饗宴」にふけった。こうした「カオスと無秩序の支配」は、奴隷の王と王妃が殺されることで幕を閉じた。

そのあとに新しい王が王位につくことで、王国に新たな秩序が甦ったのだ。

アフリカの神聖王権の最後の例は南アフリカのスワジ王国である。最後の絶対王政といわれるこの王国は一八世紀に誕生し、一九世紀末のボーア戦争や一九三四年の南アフリカ連邦の独立等の有為転変を超えて、今日まで独立した王国として存続している。[31] 王は税の徴収と軍事をつかさどる官僚制に支えられているが、その一方で王国全体の象徴とされ、王の健康と身体的な力は国民全体の安寧と国土の豊饒に同一視されている。王がそのような位置を占めているのは、王がさまざまな儀礼を主宰すると同時に、王権のレガリアである多くの象徴と禁止にとり囲まれているためだ。

この王国のもっとも重要な儀礼は、夏至のときにおこなわれる新年祭としてのインクワラ祭である。この祭は二つの局面から構成され、最初の局面は新月のときにおこなわれて小インクワラと呼ばれる。王は聖なる小屋に身を隠し、そのまわりで人びとは王に対する憎しみの歌を歌う。つぎに王は、古い年の死と新しい年の到来を示すべく特別な呪薬を吐き、そのたびに王の力は増すと信じられている。これが済んで二週間すると、大インクワラ祭になる。その最初の日、人びとは王が「新たな生命力と力強さをもって生まれ変わるよう」子守唄を歌う。その四日後、王は悲しみと喪の歌を歌う人びとの前を全裸で通り抜けなくてはならない。王はそのまま小屋に入り、何度も呪薬を吐くが、そのたびに彼の力は回復していく。とうとう彼は王子の呼びかけに答えて、華美な衣装とともに姿をあらわし、気が狂ったかのように激しく踊る。今や彼は、「初物のなかでもっとも力のあるものを食べられるほど強くなった」といわれるのであり、[32] 王は他の人びとを目覚めさせ、収穫を祝う初物儀礼をおこなうようながすのだ。

祭祀長から神聖王へ

アフリカの四つの首長制社会と四つの初期国家をとりあげ、首長と王を中心とする祭祀体系を検討してきた。これらのケースから、首長や王が祭祀をつかさどる存在であるとき、どのような共通の特徴をもつかを整理していこう。私が理解するところでは、要点は以下の六点である。

①首長や王は雨や豊饒をはじめとする自然の出来事をコントロールできると考えられている。
②祭祀をつかさどる首長や王だけに課せられた禁止や象徴が存在する。
③首長や王の就任式は当事者の儀礼的死の様相をとる。
④首長や王が死んだとき、葬送儀礼は一種の転倒儀礼となる。
⑤首長や王が病気や高齢で衰弱したとき、みずから死ぬか殺されることが不可避とされる。
⑥首長や王は軍事に結びついている。

この六点について、該当するものに＋の記号をつけていくと表4－1が得られる（参照した文献に該当項目の記述がないばあいには空欄とし、反対の記述があるばあいには－の記号をつけている）[33]。

この表はなにを示しているのだろうか。注目すべき点はいくつかある。第一に、宗教的な観点から見たときの、国家をもたない社会の首長と初期国家の王との共通性である。首長も王も当該社会の主要な儀礼をつかさどり、それによって雨や季節の循環を支配し、作物の豊作や家畜の繁殖などの出来事を実現可能だと信じられている。また、彼らにはさまざまな象徴が与えられ、行動を規制するさまざまな禁止にしたがわされるほか、就任にあたっては普通の人間としての死を経験する。これらのことは、王や首長を、自然をコントロールするべくつくられた儀礼の体系に埋め込むための措置と考えられるだろう。彼らはこのようにして儀礼の体系に同一視されるがゆえに、自然をコントロールすることが可能だと信じられているのであって、生身の人間としての彼らにそれが可能なわけではない。シルックの王についていわれるように、「神聖なのは王権であって、王自身ではない」のだ[34]。

第二に、首長や王は自然をコントロール可能な存在とされるがゆえに、「自然に」死ぬこと、つまりその存在が自然の法則によって打ち負かされることは論理的に破綻することになる。そのため、彼らの多くはみずから死ぬか、彼らより一層強力な第三者によって殺されるかすることが必要だと考えられている。また、こうした規定が見られない場合には、彼らの死はしばしば転倒儀礼をともなっている。転倒儀礼とは、秩序を故意に転倒させることで新たな秩序への移行を完遂させるための儀礼的手段であり、このようにして儀礼は首長や王の死といった危機的事態をコントロールしようとしているのだ。

	社会名	①	②	③	④	⑤	⑥
無国家社会	サモ	+	+			+	−
	ドゴン	+	+	+	+		−
	ルグバラ	+	+	+	+		−
	ディンカ	+	+		+	+	−
初期国家	ブニョロ	+	+	(+)	(+)	+	+
	シルック	+	+	(+)	(+)	+	+
	アニー	+	+		+		+
	スワジ	+	+	(+)	+		+

表4－1　アフリカの祭司長と神聖王の比較

第三に、軍事および争いに関して、首長と王のあいだに決定的な違いがあることだ。首長はいずれも卓越した調停者であり、社会に平和をもたらす存在と考えられる反面、軍事や争いからは徹底的に遠ざけられている。これに対し、ここでとりあげたすべての王は就任にあたって剣や弓などの武器を与えられるだけでなく、ブニョロとシルックでは継承戦争がおこなわれ、その勝者が新王になる。アニーでは、王の死にともなう危険を転化させるために奴隷の王を選んだあとで殺害したし、スワジのばあいには、新王の即位に集団猟がともなっており、これは過去には敵の部族に対する攻撃であった。[35] いずれのケースでも、王は不可分に軍事に結びつけられているのであり、王とは儀礼の執行を通じて国土全体に生命と豊饒をもたらす存在であると同時に、死と破壊を与える暴力的存在でもあるのだ。

この最後の点はまさに国家の起源にかかわる問題であるだけに、もう少しくわしく見ていこう。国家が出現するのは、祭祀をつかさどる反面、武器から決定的に遠ざけられていた首長が軍事にかかわるようになったときではないかという問いである。この点に関し、二〇世紀の初めにドゴンの土地をおとずれたフランス軍人ルイ・デプラーニュは興味深い事実を伝えている。彼によれば、ドゴンの多くの地域ではオゴンの権威が優越していたが、南東部の「モシ台地」では、宗教的権威を代表するオゴンと軍事をつかさどるナバの二頭制が見られた。とりわけ、強大な国家を築いていたモシや牧畜民のフルベとの戦争が絶えなかったモシ台地を含む一部の地域では、年老いて無力なオゴンが廃位され、世襲のナバが全権を掌握することさえあったというのだ。[36]

一方、ドゴンの西隣りに住むバンバラは長く無国家社会であったが、一七世紀以降新しく国家が誕生したことが知られている。国家の誕生以前、それぞれの地域には宗教をつかさどる「平和の王」ないし「女の王」と呼ばれる首長がいて、武力をもちいずことばの力だけによって社会に平和をもたらしていた。ところが一七世紀の後半になると、「戦争の王」ないし「男の王」と呼ばれる実力者が登場するようになり、武力によって自分の権威を確立していった。彼らはおなじ年齢集団の若者が集まって武力をたくわえ、他の村々が争ったときに武力をもって介入することで勢力圏を拡大し、国家の建設へとつなげていったというのだ[37]。

いずれのケースでも、儀礼を掌握していたが武力からは遠ざけられていた祭祀長に対し、武力を掌握した有力者がその儀礼的地位を専有したときに国家ないしその萌芽形態が建設されている。しかし、武力を掌握した者が儀礼も掌握するにいたった過程を詳細に記述した研究はないし、ドゴンのばあいにもナバが王へと発展したとされるわけではないので、おそらく平準化のメカニズムが作用してそれを防いでいたのだろう。軍事の支配と儀礼の掌握という分離された二つの領域がどのようにしてひとりの人間のうちに統合されていったかは興味深い問題だが、これまでのところその間隙を埋めた研究は存在しない。今後の課題といえる。

天皇の祭祀

アフリカの事例をとりあげただけでは地域的な特異性に過ぎないと思われるかもしれないので、別の地域の例をとりあげよう。資料が豊富にある古代日本の天皇制の祭祀について検討していくのである[38]。古代の天皇もまた、儀礼をつかさどる神聖な存在にほかならなかった。そのことを示しているのが、大宝元年（七〇一年）ないし養老二年（七一八年）に成立した神祇令《じんぎりょう》による天皇の祭祀の一覧である[39]（表4－2）。その具体的な内容について、少しくわしく見ていこう。

最初に記載されている祈年祭だが、この「年」は穀物の実りをさすことばであり、神祇官が全国の神社に神への供え物である幣帛《みてぐら》をわかつことによって、稲の豊饒を天神地祇《てんじんちぎ》に祈願する祭であった。そのときに唱えられる祝詞によれば、白猪、白鶏、白馬をもって御歳神《みとしのかみ》を祀るとしており、『古語拾遺』には、御歳神の祟りによって蝗害で荒れた田を救うためにこれら三種の動物を献じたとある。それゆえ、この祭は年のはじめに一年の豊作を祈願した行事であったというより、稲作の成功を呪的に保証しようとした古い伝統をもつ予祝儀礼がもとになっていたと考えるのが適切だろう。

春	仲春（2月）	祈年祭
	季春（3月）	鎮花祭
夏	孟夏（4月）	神衣祭　大忌祭　三枝祭　風神祭
	季夏（6月）	月次祭　鎮火祭　道饗祭
秋	孟秋（7月）	大忌祭　風神祭
	季秋（9月）	神衣祭　神嘗祭
冬	仲冬（11月）	相嘗祭　大嘗祭　鎮魂祭
	季冬（12月）	月次祭　鎮火祭　道饗祭

表4－2　神祇令による天皇の祭祀

季《すえ》の春の鎮花祭は、祟り神である大物主《おおものぬし》神をまつる三輪の大神《おおみわ》神社と狭井《さい》神社に対しておこなわれたもので、春に花が飛散するときに、疫神が四方に散ることを防ぐためのものである。孟夏《もうか》の大忌祭は、大和平野の諸河川が合流する地点にある広瀬神社に対しておこなわれたもので、稲作に必要な水の確保と水害防止のための水神信仰に結びついたものであった。また、同月の風神祭は、生駒の竜田神社に対しておこなわれたもので、「悪風・荒水」をふせぐことを目的としていた。

季の夏の月次祭《つきなみのまつり》、鎮火祭、道饗祭《みちあえのまつり》の三つの祭は、一年の終わりの季の冬にもくり返されていた。月次祭は神々をたたえるための祭であり、鎮火祭は火災を防ぐために「宮城四方外角」において卜部《うらべ》らがおこなうもの、道饗祭は「京四方大路の最極」において、「鬼魅《きみ》（鬼や化け物）」が外から侵入することを防ぐためにおこなわれた儀礼であった。

季の秋の神嘗祭は、伊勢神宮において新穀を神に捧げて稲の収穫を感謝する祭であり、その二か月後に相嘗祭《あいなめのまつり》と大嘗祭がおこなわれた。前者は畿内の各社に対して一年の実りを感謝する祭であり、後者は大新嘗祭の略とされ、宮中で天皇が新しく収穫された稲を諸神に捧げ、天皇自身がともに食する儀礼であった。

こう見ていくと、神祇令が記す天皇の主宰する儀礼は、日本全土の人びとの生活を支えていた稲の栽培に関係するかたちで、季節の循環に沿っておこなわれていたことがわかる。日本史の井上光貞によれば、これらの儀礼の枠組みは唐の祭祀を模したものであった。しかし、皇帝の権威にもとづいて一年を区切っておこなうことを主眼としていた唐の制度に対し、古代天皇の祭祀は稲作に密接に結びついた呪的要素を強くもっていた。実際、疫病退散の鎮花祭や、大忌祭、風神祭などの儀礼は唐の制度には対応するものが存在しなかった。儀礼の大枠は唐から輸入したとしても、その中身は農業に関連する日本独自のものであった。それは、春の豊作を予祝する行事からはじまり、雨の祈願と疫病退散、河川氾濫と風害の防止、そして冬の収穫祭まで、一年の周期に沿って儀礼が組まれていたのだ。

一方、これらの儀礼をおこなっても日照り等が生じたときには、自然の運行をつかさどる天皇自身が雨乞いをおこなっていたという記事が『日本書紀』にはくり返し登場する。たとえば巻二四には、皇極元年八月の日照りに際し、皇極女帝が「南淵河上」で天を仰いで祈ったところ、たちどころに雷鳴して大雨になったと記されている。こうした慣行は平安時代になってもつづけられており、祈雨のばあいには黒馬を、止雨《しう》のばあいには白馬を吉野の丹生《にう》川上神社に奉納するのがならわしであった。黒雲＝黒馬、干天＝白馬という、フレイザーのいわゆる類似の法則をここに認めることは容易だろう。また、疫病に対処するために天皇自身がさまざまな儀礼的行為をおこなっていたという記述も、崇神天皇の記事をはじめくり返しある。[40] 古くは天皇は、一年を通じて儀礼を定期的におこなうことで豊作を予祝していたし、万一不幸な出来事が生じたときには、それをとりなすための儀礼を遂行することによって、日本全土の稲作の成功を保証する存在と見なされていたのだった。そのことは、記紀神話で天照から神武天皇までのあいだに、オシホミミ、ホノニニギ、ホデリ、ホセリなど、稲穂をあらわすホを含む神名がくり返されていることに示されている。日本を建国したとされる神武天皇自身が、別名をワカミケヌやトヨミケヌと、ミケ＝御食を含む名をもっていたのだ。

『魏志倭人伝』のヒミコの記載を待つまでなく、天皇を含めた古代日本の王の権威は、みずからおこなう宗教行為によって支えられていた。王は春には山や高台に上り、臣民の生活の舞台である村や田を望み見て、一年の安寧と豊饒を祈る「国見の儀式」をおこなうのがつねであった。それは国文学の三谷栄一や土橋寛が示したように、[41] たんに神々に安寧を祈願する行為というより、言挙げすることによってそれを現実化しようとする予祝的性格をもつ宗教行為であったのだ。

天皇の即位儀礼

古代の天皇が主宰していた一連の祭祀が、アフリカの神聖王の手になる祭祀と符合していること、さらにいえば国家をもたない農耕民社会の儀礼の体系にも一致していることが明らかになったが、両者のあいだの符合はもうひとつある。天皇の即位式である大嘗祭である。それがいかにアフリカの神聖王の即位式に類似しているかを検討する前に、その内容を国文学の西郷信綱にしたがって要約しよう[42]。

先天皇の死後、日をおかずに即位式がおこなわれ、三種の神器が与えられるが、これは唐にならったものといわれる。天皇が真に即位するのは、旧暦一一月の二の卯の日におこなわれる大嘗祭である。その七日前に大嘗殿があたらしくもうけられるが、これは古式にのっとってつくられた悠紀殿《ゆきでん》・主基《すき》殿《でん》のまわりを柴垣でかこった斎場である。その中央には、衾《ふすま》（真床《まとこ》御衾《おふすま》）によって覆われた神座が設けられている。午後八時、新天皇は湯あみをし、装束をあらためて悠紀殿にはいり、そこでアマテラスとともに大嘗の稲穂を食し、神座で衾にくるまる。つぎにおなじ所作を主基殿でくり返す。彼がすべての儀式を終えるのは、冬至の太陽がのぼる卯の刻である。以上が終わると、天皇は主だった家臣を集めて即位の議をおこない、豊明の宴を張る。一方、大嘗祭の斎場となった二つの建物はただちにとり壊される。

こうした内容をもつ大嘗祭は、秘儀とされてその内容が十分には伝えられなかったこともあり、さまざまな解釈をまねいてきた。たとえば折口信夫は、大嘗祭を天皇霊の継承のための儀礼と見なし、天皇が真床御衾をかぶって神座にこもるときに、アマテラスいらい途絶えることなく伝えられてきた天皇霊が新天皇の身体に入ると解釈する。西郷信綱は、これを通過儀礼と考え、天皇は衾にくるまる＝胎児の状態を経たのち、天の羽衣をつけて湯あみする＝産湯を使う、そして大嘗の食事を与えられるというかたちで、一般人として死んで儀礼的存在として甦ると考えている。そのほか、神話学の松前健や岡田精司は、国土全体の豊作と豊饒を実現するための天皇とアマテラスの聖婚だと主張し、人類学の松本信弘や民俗学の倉林正次は、これが冬至の時期におこなわれることから、太陽＝アマテラスが甦るための新年祭と解釈している。[43]

いずれの解釈でも、生身の人間としての新天皇が神聖な存在としての天皇になるには特別な儀礼を経ることが必要だとするのであり、この点はアフリカの神聖王の即位式と完全に重なっている。なかでも、新天皇が衾にこもっているときに過去からつづいてきた王権としての天皇霊がとり憑くとする折口の解釈は、シルックの王の即位儀礼とまったく符合する。また、スワジの王は新年祭で儀礼的な死と再生を経て精力を増強したのちに初めて初穂を口にするのだが、この規定も大嘗祭の式次第と共通する。天皇も冬至の卯の日におこなわれる新嘗祭の前夜、死者をも甦らせるという物部氏や猿女《さるめ》の君の鎮魂の術を受けて力をつけたのちに、はじめて初穂を口にするとされるからだ。[44]このように、天皇の神聖王としての性格を際立たせているのが毎年おこなわれる新嘗祭であり、とりわけ新天皇として即位のときにおこなわれる大嘗祭なのである。

それだけではない。神聖王としての天皇は、冬至のときにおこなわれる初穂の祭式＝新年祭をみずから遂行することで、暦を支配するようになったと考えられる。国家をもたない社会においては、時の流れは循環的なものとして捉えられて、累積することは不可能であっただろう。これに対し、過去から一貫して存在する天皇霊＝王権をみずからの身体に引き受けた天皇＝王は、循環する農耕のサイクルのなかに、過去から現在へとつながる屹立した時間意識を導入することが可能になった。実際、チャドのムンダン王国では、王の在位の年数は彼がおこなった新年儀礼の数で計られている。また、中部アフリカのブーム王国では、毎年王の新年儀礼のたびに皮袋に小石が一個詰められ、皮袋は新王の即位のたびに新しくされた。一九世紀末にその数を数えたところ、皮袋が四三、小石が全部で九〇〇〇個あったという。[45] わが国においても、最初の歴史書としての日本書紀や古事記が、天地をつくった神々とその霊を受け継いだ天皇の事績の記録であることはいうまでもない。儀礼を通じて時の流れを支配した初期国家の王や古代の天皇は、みずからの身体の上にさまざまな出来事の記憶を積み重ねていったのであり、王権はその身体をとり込んで過去の王へと接続させることで、個としての王の死を超えて一貫する時間意識＝歴史意識を創造したのだ。

以上、アフリカのいくつかの初期国家と古代日本の天皇制をとりあげた。これらの王が、自然の出来事をコントロール可能な神聖王と見なされていたこと、彼らがそのように考えられていたのはみずからを儀礼の体系に同一化させていたためであること、個々の王は死んでも儀礼の体系と一体化した王権は死なずに存続すること、こうした持続する王権の観念が循環する時間意識を超えて屹立する時間意識＝歴史意識を生み出したことが、理解いただけただろう。こうした王と王権の観念は、政治思想史のエルンスト・カントロヴィチが中世ヨーロッパに見いだして「王の二つの身体」

と呼んだように、地域と時代を超えて広く存在した。二つの身体というのは、王は生身の死すべき身体と、王権という不死の身体を有するという意味においてである。[46]

四大文明の誕生

今から五千数百年前、人類の歴史において画期的な事態が生じた。チグリス・ユーフラテス川、ナイル川、インダス川、黄河の四つの大河の流域でいわゆる文明が誕生したのだ。[47]それ以前にも、世界の各地で初期国家がくり返し誕生していたのは疑いない。しかしながら、これらの河川の流域に誕生した国家はそれとは大きく異なっていた。それらはいずれも発達した灌漑ないし水利施設をそなえ、人口の集中と都市を生み出し、文字を発明し、広範な交易をおこない、農業に従事する必要のない官僚や宗教者を大量に生み、高度に成層化した社会組織を築き上げたのだった。

なぜ文明が誕生したのがこれらの地域であり、この時期であったのだろうか。環境史学の安田喜憲はつぎのように説明する。紀元前九〇〇〇年ごろに農耕と牧畜が誕生していらい、西南アジアでは気温と降雨に恵まれて農地が拡大し、人口の急増を見た。ところが、紀元前三七〇〇年ごろに急激な寒冷化がはじまったことで、チグリス・ユーフラテス川の上流のアナトリア高原では雨量が増加した半面、下流域では乾燥化が進行した。その結果、河川の流域のかぎられた土地に人口が集中したため、農耕民と牧畜民のあいだのあつれきが増大した。農耕民は土地にしばられ、平等主義的で契約観念も希薄であったのに対し、つねに移動を必要とする牧畜民は軍事にすぐれ、契約の観念を発達させ、家畜の群れを管理するリーダーが存在した。こうした異質な二種の人口が遭遇したとき、後者が前者を支配して文明が誕生したというのだ。[48]
この説は明らかに征服による国家起源論に立っているが、[49]かなりの単純化があるように思われる。安田がいうように、紀元前三七〇〇年ごろに大規模な気候変動が生じたこと、その結果、乾燥化によって大河の流域に人口が集中して農耕民と牧畜民の葛藤が増大したことは、実際に生じた事実だろう。反面、牧畜民もまた農耕民に劣らず平等主義的な傾向をもっていること、彼らのもとでは灌漑の技術が存在しないことも否定できない事実である。おそらく実際に生じたのは、乾燥地を流れる大河の流域で農耕をおこなうために灌漑技術を発展させていた農耕民が、牧畜民の圧迫を受けるなかで軍事組織を発達させ、集権的な国家を誕生させて周囲の牧畜民をとり込んでいったことだろう。西アフリカのサハラ砂漠南部のサヘル地域もまた牧畜民と農耕民が接していて、両者のあいだの葛藤がつづいた地域だが、ここでは一〇世紀以前からガーナ、ガオ、カネムなど複数の強大な国家が誕生した。そこで国家を築いたのはいずれも定住農耕民であって、牧畜民ではない。[50]それとおなじことがメソポタミアでも生じていたと推測されるのだ。
考古学のブライアン・フェイガンも安田とおなじように歴史変革の要因としての気候変動を重視し、紀元前三七〇〇年ごろの環境変化が文明を生み出したことを認めているが、その説明は異なっている。もともと乾燥していたメソポタミア南部では、紀元前五八〇〇年ごろから灌漑農耕が発達していた。そこに築かれたのは多くが小さな村であったが、なかには人口数千人を擁する都市も誕生した。乾燥化が進んだとき、人びとは灌漑農耕をさらに集約し、都市への集住を進めた。これがウルクなどの都市の発展と文明の誕生をうながしたというのだ。[51]フェイガンはアナトリア高原で雨量が増加していたことを（それゆえチグリス・ユーフラテス川の水量が増加していたことを）認識していないが、その他の点ではおおむね妥当な議論だと思われる。

メソポタミア文明と都市国家[52]

世界最古の文明であるメソポタミアでは、二つの河川の流域にまず都市と都市国家が誕生し、それが領土を拡張して巨大国家へと発展していった。ここから考古学のゴードン・チャイルドは、農業起源＝新石器革命につづく人類史上の第二の革命として「都市革命」が生じたと主張する。彼によれば、都市とは以下の特徴をそなえた社会構成体である。①人口の集住、②余剰生産物、③税や貢納、④神殿などの巨大な公共建造物、⑤支配階級、⑥書記システムの発明、⑦暦と科学、⑧彫刻や絵画などのアート、⑨長距離交易、⑩支配階層に従属する工人集団[53]。これらの特徴をそなえた都市は最初にメソポタミアで誕生し、つづいてナイル川やインダス川の流域でも生じたというのである。

メソポタミア最初の都市ウルクを築いたのはシュメル人であった（図3-1の右下）。それは紀元前三五〇〇年ごろには都市国家と呼べるほどの規模をもち、前三二〇〇年までに固有の文字をつくり上げていた。それをもちいて作成されたのは、多くが家畜を数え、穀物を計量し、土地の面積を計算するなどの行政資料であり、拡大した都市生活を維持するための記録であった。この時期、ウルク市の人口は二万〜四万と推測され、都市人口のかなりの部分は農業に従事しない行政官や職人、宗教者、商業者であったので、彼らを養うことは都市国家の第一の任務であった[54]。莫大な非農業人口を抱えた各都市は、それを維持するための作業が煩瑣になり、正確な記録の作成が必要になったのだろう。ウルク市の中心にあったのは都市神イナンナ（＝イシュタル）の神殿であり、それを維持管理し、定期的に祭祀をささげることが都市住民の主要な任務のひとつであった。それがどのような統治形態であったかは、原始共和制、氏族による神殿経済、神殿共同体など諸説あり、いまだ決着はついていない。[55]

その後、紀元前二〇〇〇年代になると、ウルクだけでなく、ウル、キシュ、ラガシュなど八つの都市国家が成立した。都市には中心に神殿が立てられ、周囲は城壁で守られていた。メソポタミアではエジプトのような統一王朝の成立が遅れたが、その原因はメソポタミアの地形および生態学的な要件にあった。毎年定期的に氾濫して大量の堆積物を運んでくるナイル川と異なり、メソポタミアの土地はきわめて平坦で、河川、とりわけチグリス川はしばしば大洪水を引き起こした。メソポタミアにはノアの箱舟のような洪水伝説が伝えられており、旧約聖書に影響を与えたことが確実視されている。しかも、高低差の少ないメソポタミア下流域は塩害を生じさせやすく、平坦な土地であったために牧畜民などの攻撃にさらされやすかった。そのため人びとはいくつかの都市に集住して、その周囲の土地を高度な技術をもって集約的に開発したのだった。

紀元前二九〇〇年ごろにはウルク市で王権が確立し、「初期王朝時代」と呼ばれている。メソポタミアの他の都市国家も王をもつようになったが、それらは連携したり敵対したりしながら並立状態がつづいていた。やがて、いくつかの都市は領地を拡大して一定の領土を支配するようになり、領域国家が誕生した。そのなかから、紀元前二三〇〇年ごろにアッカド王国、紀元前一八九四年にバビロン第一王朝、紀元前九三〇年ごろから範域を拡大した新アッシリア王国といった、メソポタミアのほぼ全域を支配する巨大国家が誕生したのだ。

初期メソポタミアの宗教

メソポタミアの宗教生活の中心にあったのは、都市を保護してくれる都市神に対する信仰であった。各都市は、ウルク市の愛と戦争の女神イナンナ、ニップル市の中空を支配する神エンリル、エリドゥ市の水と知恵の神エンキなど、固有の神を祀っており、ラガシュ市のように主神ニンギルス神のほかに、市区ごとに異なる神をまつっているところもあった。これは、都市国家が拡大する過程で生じた他都市の支配や連合を反映していたと考えられている。

メソポタミアでは都市の真の所有者は神であり、都市の境界をさだめたのも、都市を敵から守ったのも神とされていた。都市住民、とりわけ王の主要なつとめが都市神の祭祀であったことを、粘土板に書かれた創生神話はつぎのように語っている。ギルガメシュ叙事詩の翻訳で知られる月本昭男による要約だ。

地上に人間が創造される以前、食糧の生産と供給も、神殿の建立と管理も、すべて神々がその労役を負わねばならなかった。そこで神々は、これら自分たちの労役を肩代わりさせるために人間を創造したのである。ここには、神々に仕え、神々に代わって働くことに人間の存在理由を求めた古代メソポタミアの人間観が見て取れる。具体的には、神々のために神殿を建立し、年間を通じて祭儀を実施し、供犠・供物を献げることが人間の義務とされたのである。〔略〕だが、その一方で、最初に創造された人間は無能であった。〔略〕原初の不完全な人間たちに代わって、有能な王が創造され、神々から権力と武力と栄誉を付与された、と物語られる。王こそが完全な人間であり、王の支配下でこそ人間はその本来の務めをはたしうる、というのである。[56]

かくして王の権威は神によって与えられていたのであり、王権を象徴する玉座、冠、王杖、錫杖などもおなじであった。王はなにより都市神につかえる祭司だったのであり、少数の例外をのぞいて神格化されることはなかった。そうしたなかで、王および人間と神との関係が時代を通じて変わっていったことを、メソポタミア史の前田徹は段階を追ってたどっている。[57]

第一段階は、都市国家が誕生した紀元前四〇〇〇年紀（四〇〇〇～三〇〇一年）であり、人間は自然の諸力に対して非力で、農業は不安定な状態にあった。そのため、農耕や牧畜などの生業を保証し、豊饒を実現することが祭祀の主要目的とされていた。[58]都市を代表していたのはエン（「主人」）であり、彼は神との「聖婚」によってこの責務を果たすことが可能になっていた。やがてエンはルガル（「王」）に代わるが、王が果たした儀礼的役割については月本がくわしく書いている。王は「国に災厄を招きかねない『穢れ』からつねに身を守らなければならなかった」し、天体観測によって災厄の兆しがあらわれたときには、「種々の除祓《じょばつ》・浄化儀礼に」参与した。王は毎年新年祭を主宰したが、その最中に王は王権のレガリアである王杖や冠をとり上げられ、祭司から頬を張られたあと、「罪を犯さず、王としての義務を怠らなかった」ことを宣言してようやくレガリアを

図4－2　舟の上でイナンナ神を祀る祭司者。イナンナ神は頭を丸めた葦の束で示されている

返還された。この新年祭では天地創造神話が朗誦され、王権の更新と神による都市の保護の更新が可能になった。[59]アフリカの神聖王国のもとで神の概念が明確になっていなかったように、メソポタミアの神々も初期には明確には個性化されていなかった。そのことは、ウルク市のイナンナ神が人格神化されず、上端を丸めた葦の束で表象されていたことが示している[60]（図4－2）。

つづく紀元前三〇〇〇年紀の第二段階になると、都市間の戦争がはげしくなり、神々は個々の都市で都市神として絶対的な位置を占めるようになった。各都市民は自分を保護してくれる個人神をもち、国家と祭祀を管理する官僚や宗教者の数が増えたこともあり、神々の機能や役目が明確化され、天神アン、大気の神エンリル、水と知恵の神エンキを頂点とする神々のパンテオンが形成された。神々の名と役割を記した神名帳には二〇〇〇もの神の名が記されていたとされている。[61]こうした神々の数と権威の拡大は王の権威の強化を反映しており、王は豊饒のための祭祀の主宰者でありつづける一方で、都市を守るための武力に力点がおかれるようになった。王が都市の王にとどまらず、「四方世界の王」を称するようになったのもこの時期であった。[62]

やがて紀元前二〇〇〇年紀の第三段階になると、つぎに見るギルガメシュ譚に代表されるような個人の死や運命が中心的な宗教的課題のひとつになっていく。[63] 有名なハンムラビ法典をはじめとする一連の法典が起草されたのもこの時期であり、人びとは法や規則を遵守し、倫理的な生をおくることによって神の怒りを和らげることにつとめるようになったのだ。王はこれまでとおなじく豊饒と平和の守護者であると同時に、法典の作成の事実が示すように「社会正義の擁護者」として位置づけられるようになった。法典のひとつであるリピトイシュタル法典はつぎのように書きはじめており、王の位置づけの変化を示している。「国土に正義を確立せんがため、悲嘆を口から除かんがため、悪業と暴虐からその家を（平安な状態に）戻さんがため、シュメールとアッカドを安寧にせんがために、アン神とエンリル神は、リピトイシュタルを国土の王侯に選んだ[64]」。

ギルガメシュ叙事詩の位置づけ

メソポタミアのきわめてユニークな創作であるギルガメシュ叙事詩について、ここで触れることにしよう。人間の運命をテーマとするこの作品は、紀元前一八〇〇年ごろに成立したとされるが、それは人類が生んだ最初の叙事詩であった。その内容は、翻訳者の月本によれば以下の四つのテーマをもっている。1　人間の死すべき運命、2　ふたりの英雄であるギルガメシュとエンキドゥのあいだの友情、3　太陽神シャマシュに対する信仰、4　ギルガメシュの精神形成。

叙事詩は、神の子であるウルク市の王ギルガメシュのもとへ、荒野で生まれた荒ぶる英雄エンキドゥがやってくるところからはじまる。ともに猛々しいふたりは格闘をはじめるが、決着がつかないまま、永遠の友情で結ばれることになる。ある日、友エンキドゥに対し、ギルガメシュは「琥珀の森」の主である怪物フンババ（＝フワワ）を退治することを提案する。勇んで森に出かけたふたりであったが、「声は大洪水、その口は火、その息は死」といわれるフンババを前に、エンキドゥは尻込みをはじめる。その彼に対し、ギルガメシュはつぎのようにいう。[65]

人間の生きる日々は数えられている。
彼が成し遂げることはすべて風に過ぎない。
あなたはここにおよんで死を怖れるのか。
あなたの勇敢果敢さは何だったのか。
あなたの前を、わたしがゆこう。
あなたは口で叫べばよい、「近づけ、ひるむな」と。
もし斃《たお》れたら、わたしはわが名をあげるだろう、
「ギルガメシュは、かの恐ろしいフワワと闘いを交えたのだ」と（図4－3）。

ギルガメシュはこの英雄的な戦いにのぞみ、見事フンババを打ちとる。勇敢で美しいギルガメシュに魅了されて、愛の女神イナンナ神がいいよってくるが、ギルガメシュは彼女の不実を理由に拒絶する。しかしそれによって女神を怒らせたことが、盟友エンキドゥの命を失わせる伏線となった。

図4－3　ギルガメシュと考えられる王のレリーフ

友が死んだとき、死の悲しみと死の怖れに打ち砕かれたギルガメシュは悲嘆を口にする。

ギルガメシュは彼の友エンキドゥのため、いたく泣き、荒野をさまよった。

「わたしも死ぬのか。
エンキドゥのようではない、とでもいうのか。
悲嘆がわが胸に押し寄せた。
私は死を怖れ、荒野をさまよう」。

友と死別したギルガメシュは、永遠の生命を求めて、その秘密を知るべく旅に出る。大洪水を生き延びて永遠の生命を与えられたとされるウトナピシュティムからその秘密を教わることが目的であった。旅の途中、彼は「酌婦」シドゥリに出会うが、彼女はつぎのようにいって、ギルガメシュに生命の探求を思いとどまらせようとした。

ギルガメシュよ、お前はどこにさまよい行くのか。
お前が探し求める生命を、お前は見出せないであろう。
神々が人間を造ったとき、
彼らは人間に死をあてがい、
生命は彼ら自身の手におさめてしまったのだ。
ギルガメシュよ、自分の腹を満たすがよい。
昼夜、あなた自身を喜ばせよ。
日毎、喜びの宴を繰り広げよ。
昼夜、踊って楽しむがよい。〔略〕
あなたの膝で妻が歓ぶようにするがよい。
これが人間のなすべき業なのだ。

不死を求めて困難な旅をつづけるより、現世を楽しむがよいということばであったが、それを振り切って探求をつづけたギルガメシュは、ようやく永遠の生命をもつとされるウトナピシュテムに会うことができた。彼の口から生命の秘密を聞き出したギルガメシュであったが、眠りに落ちた彼はそれを失ってしまう。かくして、なにひとつ成果を得ることができず、人間の死すべき運命のみを心に刻んだ彼は故郷のウルク市に戻ってくる。その後のギルガメシュについて叙事詩はなにも語っていないが、冒頭におかれたつぎの二行が彼の運命を示唆していると月本はいう。

彼は遥かな道を歩んで労苦を重ね、ついにはやすらぎを得た。
彼は石碑に彼のすべての労苦を刻みつけた。

ギルガメシュの試みを長く引用してきたのは、ここにはまったく新しい人間観が刻印されていると思われるためだ。この叙事詩が誕生したのは紀元前二〇〇〇年紀であったが、それより古い前四〇〇〇年紀のメソポタミアの王は、儀礼をつかさどることで豊饒を保証する反面、さまざまな規則に拘束されていた。その点で彼らは、アフリカや古代日本の神聖王と大きく異なる存在ではなく、王は自然を操作することを目的とする儀礼の体系のなかに埋め込まれていたのである。これが紀元前三〇〇〇年紀になると、王の戦士としての性格が強調されるようになり、豊饒と支配の二つを可能にする万能の存在としての王の神格化が進行した。また、国家が発達して官僚や宗教者の制度が整備されたこともあり、神殿の整備と巨大化が進んだ。それにともない、神々の数が増加すると同時に神々のあいだの機能分化が進んでいった。数柱の神は絶対的な力をもつとみなされるようになり、それから全権をゆだねられた王はもはや儀礼のなかに埋め込まれるのではなく、それを支配するようになったのだった。

さらに時が進んで紀元前二〇〇〇年紀になると、法典が整備されて人間の義務と規範が明確化されるとともに、ギルガメシュ叙事詩に見られるような個としての人間像が出現するようになる。それ以前の段階では、人間は儀礼をくり返すことで豊饒を実現するとともに、死後は先祖となってこの世に甦ると信じられていた。そうした生き方や死に方を保証していたのが一連の人生儀礼であり、個を包摂する親族や氏族の枠組みであった。これに対し、ギルガメシュはみずからの意志で自分の運命を引き受け、個としての可能性を追求したがゆえに、生の終局にある死を見つめないではいられなかった。こうした人間観、死生観は、記録に残るかぎり人類の歴史においてはじめて出現したものであり、それは宗教のあり方にも根本的な変化をもたらすことになる。仏教やキリスト教などの世界宗教はそうした変化＝個の出現に対応すべく築かれることになるのだが、それを検討する前に、メソポタミアにつづいて誕生した諸文明について見ておこう。

エジプトの王と神々[66]

古代ギリシアの歴史家ヘロドトスは、エジプトは「ナイル河の賜物というべきもの」だといった[67]。ナイル川がいかに深くエジプト文明の誕生に結びついているかを要約したことばである。ピラミッドがあいついで建設され、神々と王の事績がヒエログリフ（象形文字）で記された時代には、エチオピア高原で降った雨がエジプトに達する七月から一〇月まで、ナイル川は多いところで七メートルも増水し、流域を氾濫水で覆った。エジプトの人びとは養分にとんだこの水を貯めるために自然堤防を利用して堰を築き、土中に蓄積した塩分をそれに溶かしたあと、川の水位が下がったときに水門を開けて一気に放出した。こうした「湛水灌漑」の技術により、ナイル川流域では五〇〇〇年以上にわたって塩害に悩まされることなく農業を継続することができたのだ。

ナイル川流域ではメソポタミアからコムギやウシやヒツジを受けとり、紀元前六〇〇〇～五〇〇〇〇年ごろに農耕と牧畜がはじまったが、紀元前三五〇〇年までに国家と呼べるような「地域共同体」があらわれ、文字も発明されていた。エジプトではメソポタミアのような都市国家は誕生せず、個々に地方神を祀る地域的単位が複数出現するなかで、紀元前三〇〇〇年ごろに、下エジプトと呼ばれるナイルデルタと上流のアスワン急流までの上エジプトを支配する最初の統一国家が建設された。これは「初期王朝」と呼ばれている。

その初代の王とされるナルメル王は、両面に浮き彫りのある石製の化粧板が残っており(図4-4)、初期王朝がどのようなものであったかを示している。表面には中央に二匹のライオンが組みあわされて描かれ、二つのエジプトの統合を示している。その下部には王の象徴である雄牛が敵の城壁を壊しており、上の左側には下エジプトをあらわす赤冠をかぶった王が首をはねられた一〇体の敵を視察している。裏面には、上エジプトをあらわす白冠をかぶった王が敵を打ち据える姿が描かれ、その右上にはハヤブサの姿のホルス神が、背がパピルスになっている捕虜(下エジプトをあらわす)の鼻につながれた縄を握っている。両面の最上部には、人間の顔をもつ牝牛で示された四体の女神バトの図像がある。この化粧板は軍事をつかさどり両エジプトを支配する王の武勇を描くとともに、それが神に祝福された行為であることを示しているのである。

エジプトの王は代々ハヤブサの姿をした神ホルスの化身とされていたが、ホルスの誕生について神話はつぎのように語っている。原初、この世界はまったくの闇であり、ヌン(原初の海)と呼ばれる混沌のみ存在した。その混沌からあるとき原初の丘が出現し、そこに太陽神=創造神アトゥムがあらわれた。アトゥムは大気の男神シュウと湿気の女神テフヌトを生み、これが大地の男神ゲブ

図4－4　ナルメル王の化粧板。右が表面

と天空の女神ヌトを生んだ。そしてこの二柱の神が、男神オシリスとセト、女神イシスとネフティスを生み、オシリスとイシスが結婚することで生まれたのが、王がその化身とされたホルス神であった。かくしてこの神話は、わが国の「国生み神話」のように混沌からの世界の出現と、現存する王につながる系譜を物語っている。と同時に、ここで示された多様な神々の存在は、統一王朝の成立以前に各地で祀られていた神々を統合することによって実現されたものであった。

ピラミッドの建設とミイラ

神の子孫とされる王のつとめについて、エジプト考古学の高宮いづみはつぎのように記している。「王が現世で行うべきことは、宇宙の秩序（エジプト語で「マアト」）をこの世において維持することであった。神々が創造した宇宙の外側には無秩序が存在しており、それはこの世においてもしばしば現れる。そこで王の役割は、天候不順、外敵の侵入あるいは社会的混乱等の形でこの世に現れるさまざまな無秩序を排することであった」[68]。王はそのためにさまざまな儀礼を主宰したと思われるが、その詳細な記述は与えられていない。膨大な楔形文書が残るメソポタミアにくらべ、おそらく現存する資料の数がかぎられているのだろう。

反面、エジプトで特徴的なのは、王の事業としての巨大なピラミッドや神殿の建設であり、ピラミッドその他の墓に描かれたピラミッド・テキストと呼ばれる色鮮やかな文書類である。ピラミッドが最初に建造されたのは第三王朝のジェセル王のときであり（前二六一五年以降）、その後第四王朝時代に「ギザの三大ピラミッド」と呼ばれるクフ王、カフラー王、メンカウラー王のピラミッドが建造された。王がピラミッドを建造した理由とその社会的意味について、エジプト学の屋形禎亮はつぎのように書いている。

> 方錐ピラミッドに象徴されるように、王は、世界を創造し、宇宙の秩序（マアト）を定め、これを維持してエジプトの繁栄を保証する太陽神ラーの化身ともされ、ナイルの増水の規則性は、王が太陽神の役割を充分に果たしていることの証であった。現世においてその役割を完璧に果たしていた王が、死後昇天して神々の一員となった後も、国土の繁栄を見守ってくれるとの期待と確信をこめて、ピラミッドはつくられた。ピラミッドは、単なる一人の王のための墓ではなくて、一種の神殿だったと言えよう。そこには、宗教的な熱情が投影されているのである。すなわち、ピラミッドは、簡単な技術

を駆使する職人の技と厖大な労働力が、宗教的熱情に支えられてつくりあげたものなのである。[69]

エジプトを南北に貫流するナイル川は一年のうち四か月が増水期であり、その間人びとは農業をおこなうことができなかった。古代エジプトではすべての耕土は王の所領であったので、そのあいだに人びとを使役してピラミッドを建設することは、経済的にも社会的にもいかなる問題も生じなかった。むしろ人びとは、神の化身としての王のために働くことに、屋形のいう「宗教的熱情」を傾けた可能性がある。巨大なピラミッドの建設は、動員した厖大な数の人びとを養い管理するために巨大な管理体制を必要としただろうし、そこにおさめられた多様な副葬品は多くの職人を生み、貴重な品々の入手のための交易の発展をうながしただろう。ナイル川のほとりに建てられたピラミッドや葬祭神殿などの巨大建造物は、集権的な国家体制の確立を象徴するものであったとともに、古代エジプト経済を牽引する原動力であったのだ。

ピラミッドが太陽神ラーに結びついていたとすれば、ピラミッド内部のミイラが意味していたのは、古代エジプトの宗教のもうひとつの柱である来世信仰であった。この信仰の中心にあったオシリス神について、神話はつぎのように語っている。かつてエジプトの王であったオシリスは善政により大きな尊敬を受けていた。それに嫉妬した弟のセトは姦計によってオシリスを殺害し、その身体をナイル川に流した。夫の遺体を探していたイシスはそれを発見するが、セトによってオシリスの身体はバラバラに切断され、エジプト中にばらまかれた。イシスはそのすべての部位を探し出して甦らせ、ふたりから息子のホルスが誕生した。ホルスは長い戦いの末にセトに勝利し、その結果、

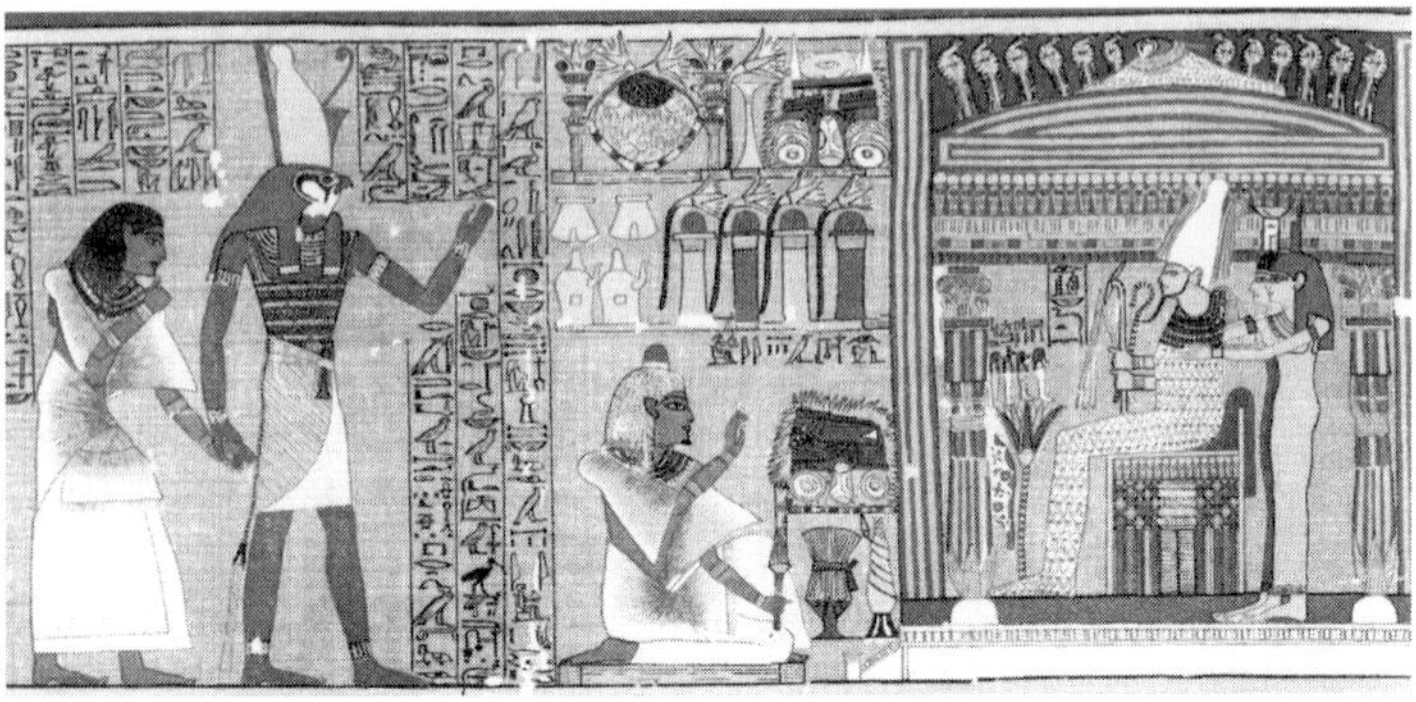

図4－5　ピラミッド・テキスト。死者（左）はハヤブサ頭のホルス神に連れられて、冥界の支配者オシリス神（右）と対面する

オシリス神は冥界の王として、ホルスはこの世の王として、セトは不毛な砂漠の王として、それぞれの領域を収めるようになった。[70]

この神話にならい、初期には王のみが死後に特権的にオシリス神となり、冥界で王として暮らすと信じられていた。そのため、ピラミッドには王の死後の生活を安堵させるために多くの副葬品が埋葬された。ところが中王朝（前二〇〇〇年ごろ）以降になると、人はだれでも死ぬとオシリス神となって再生復活するという「オシリス信仰の大衆化」がはじまった。[71]これ以降、人びとは各自の資力に応じて死体をミイラに加工し、棺や墓所の壁面に死後の再生のための呪文や義務を記したピラミッド・テキストを作成した（図4－5）。このような現象は、すべての宗教行為を王が統括していた時代から、社会の全体的な富裕化と役職分化を通じて、各個人が自己の死と向きあうようになったことへの推移をあらわしていた。エジプトでも、メソポタミアとおなじように強大な国家の建設と宗教者を含む官僚制の発達は多神教の制度化をうながしていたし、社会の富裕化と各種産業の発展と交易の活発化は、ギルガメシュ譚とは違ったかたちで個人の析出を生じさせていたのだ。

新王国第一八王朝のアメンヘテプ四世（在位前一三五一～一三三四ごろ）のとき、従来の多神教的な宗教形態を廃して、唯一神である太陽神アテンへ祭祀を集中させるいわゆるアマルナの宗教改革が試みられた。これは人類史上最初の一神教樹立の試みとされ、これが旧約聖書との関連でモーセに影響を与えたのではないかとする解釈が、精神分析学のフロイトをはじめ多くの研究者から出されている。[72]しかし、私はこの解釈をとらない。あとで見るようにモーセの実在はきわめて疑わしいこと、神が宗教をつくったのではなく人間が宗教をつくったという本書の基本的な立場からすれば、一神教の確立とは、神と一般信者のあいだの媒介者である宗教者の権威を絶対化するための手段にほかならず、人類史上くり返し生じた現象であることがその理由である。ユダヤ教における一神教の成立を、エジプトでの宗教改革の試みに求める必要はないのだ。

インダス文明の誕生[73]

インダス文明はパキスタンを南北に貫流するインダス川と、その東部にある現在では枯れ川になっているガッガル・ハークラー川を中心に、広範囲に点在する都市遺跡のかたちで現在に伝えられている。その盛期は紀元前二六〇〇～一八〇〇年ごろとされ、メソポタミア文明の強い影響下で成立したと長く考えられてきた。近年、インダス文字をもちいた言語がインドの先住民族であるドラヴィダ系であることが確実視されていること、文明以前の紀元前三〇〇〇年ごろの大規模な集落ないし城邑《じょうゆう》が複数発掘されたことから、内発的な文明の発生が考えられるようになっている。しかし、整然とした都市の建設、焼き煉瓦の使用、同型の印章の使用、インダス文字、共通の度量衡といったインダス文明の特徴とされる諸要素が一気に広範囲で出現していることを見るかぎり、外部の強い影響下に地域的な要素をとり込みながら誕生したと考えるのが適切だろう。

インダス文明の中心である二つの河川の流域では、自然増水を利用したコムギやオオムギの栽培と、ウシとヒツジ、ヤギの飼育がおこなわれており、これはメソポタミアとほとんど異ならない。一方、インダス文明の最大の特徴は、モヘンジョ・ダロやハラッパー遺跡に代表されるような整然とした都市の存在にある。これらの遺跡は、城塞と市街地にわけられた一〇〇～二〇〇ヘクタールほどの広がりをもっており、モヘンジョ・ダロでは焼き煉瓦をもちいた大きな沐浴所と「穀物倉」と呼ばれる大規模建造物や、整然と縦横に走る道路網が発掘されている。ハラッパーでも大きな「穀物倉」が発掘されたほか、市街地の碁盤目状の道路や排水溝の建設、沐浴場などは、インダス文明のどの都市でも共通して見られる現象である。

インダス文明は、メノウ、カーネリアン、トルコ石、ラピスラズリなどの貴石の生産基地を域内ないしすぐ外側にもっており、それからつくったビーズなどの加工品は、アラビア半島をはじめ、メソポタミア、遠くアフリカ大陸にまで輸出されていた。これらの貴石の産地は東南部のグジャラート地方に多く、そこには工房をもつ都市が多く建設され、海路によって遠方に運ばれた。一方、インダス文明の特産品ともいうべき印章（図4－6）は凍石を原材料としていたが、その産地は今日のアフガニスタンの山地にあった。また、ワタが栽培されていたのは確実であり、布に染色もおこなわれていた。インダス文明が西アジア文明の経済的後背地であった可能性が高いことは、メソ

図4-6　一角獣（左）とコブウシをあらわすインダス印章

ポタミアのアッカド王国の記録に、「黒檀の木、山牛、孔雀、紅玉髄、黄金、銅、象牙、猿など」がインダスから輸入されているという記述があることに示されている。[74] これが記録に登場するのは前二三五〇～一八〇〇年であり、インダス文明の最盛期とほぼ一致する。

インダス文明では、都市を超える領域国家が建設されたこともなければ、王宮や神殿などの中心的な施設が建造されたこともなく、複数の都市がゆるやかに結ばれたネットワーク型の文明であったと考えられている。文字、都市、工房、職業集団など、古代文明の特徴とされる諸要素が存在するのは確実だが、メソポタミアやエジプトのような広範囲の灌漑施設がつくられた形跡はなく、集約的な文明を築くにはいたらなかったのだろう。

インダス文明の終焉は前一八〇〇年ごろであり、その後は北東のガンジス川上流のガッガル地方やガンガー地方へと遺跡の重心が移っていった。その理由としてはいくつかの説明が与えられてきた。アーリア人の侵入による、急激な乾燥化による、メソポタミアでの混乱が原因、戦争や疫病がつづいた、などの説明である。この文明が崩壊したあと、人口と産業が東部のより湿潤なガンジス川流域に移っていることを考えれば、乾燥化が原因とする解釈がもっとも説得的に思えるが、最終的な結論は与えられていない。アーリア人の進出は紀元前一五〇〇年ごろとされているので、過去には有力であったこの要因が文明崩壊の原因でないことは今では確実とされている。なお、インダス文明の宗教については、インダス文字がいまだ解読されておらず、神殿も発掘されていないので[75]、正確な情報が与えられていないことから、ここでは論じない。

古代中国文明の誕生[76]

中国での農耕の開始は早かった。北の黄河流域やその周辺では紀元前六〇〇〇年ごろにアワやキビが、南の揚子江流域ではそれより二〇〇〇年ほど早くイネが栽培化されたと考えられている。中国における新石器文化のはじまりであり、土器についてはメソポタミアより早くから製造されていたほか[77]、ブタやニワトリも飼育され、麻や絹などの布もかなり早くから織られていた。中国北部の新石器文化は、紀元前七〇〇〇～五〇〇〇年の新石器前期、前五〇〇〇～三〇〇〇年の新石器中期(仰韶《ぎょうしょう》文化)、前三〇〇〇～二〇〇〇年の新石器後期(龍山文化)、前二〇〇〇年以降の青銅器文化(二里頭文化)のかたちで区分されており、最後の二里頭文化は伝説上の最初の王朝である夏王国に一致させられている[78]。

中国はきわめて広大な土地であり、北の乾燥した地域を流れる黄河と、南の湿潤な土地を流れる揚子江という性格を異にするふたつの大河があることもあり、地域ごとに特色ある多様な文化が形成されてきた。「中原」と呼ばれる黄河中流域の仰韶文化―龍山文化、黄河下流域の大汶口《だいぶんこう》文化―龍山文化、揚子江中流域の屈家嶺《くつかれい》文化―石家河《せっかか》文化、揚子江下流域の崧澤《すうたく》文化―良渚《りょうしょ》文化、北方の長城地域の江山《こうざん》文化などが紀元前四〇〇〇年以降かたちづくられたのだ。これらの地域では紀元前三五〇〇年以降に巨大遺跡が出現し、たとえば揚子江中流域の石家河遺跡では、一辺が一一〇〇〜一二〇〇メートル、高さ六〜八メートルの巨大な城壁が形成され、内部では日干し煉瓦をもちいた家々が建設されていた。そこには王ないし貴族の住居と考えられる大きな建造物の跡や、権威の象徴である玉器や土偶を製造した工房跡も発見されている。この遺跡は一三〇ヘクタールほどの面積があるので一・五万〜三万人が暮らしていたと推測されるし、しかも遺跡の周囲に数十の小集落があるので、一定の非農業人口を擁する都市が成立していたと考えるのが妥当だろう。

一方、揚子江下流域では紀元前三五〇〇年以降の良渚遺跡群がよく知られており、その中心には東西七五〇メートル、南北四五〇メートルの人工土台のある莫角山《ばっかくさん》遺跡があり、祭祀空間ないし集会場であったと考えられている。揚子江下流域は中国の宗教文化の特徴である玉器製造の中心地であり、莫角山遺跡付近の墓からは五四七点もの玉器が発見されている。しかもそこでは、宗教的な祭具である玉琮《ぎょくそう》（縦方向に丸い孔を穿った筒形の玉器）と軍事権を象徴する玉鉞《ぎょくえつ》（まさかりをかたどった玉器）が同時に発見されているので、埋葬者は祭司権と軍事力を一身にそなえた人物であったことが示唆されている。先に私は首長と王の違いについて、前者が祭司権のみを保持して軍事権からは遠ざけられていたこと、後者はこの二つの権威を併合した存在と定義されることを述べておいた。その意味では、良渚遺跡群を初期国家、その埋葬者を王と呼ぶことに問題はないだろう。[79]

中国文明の発祥の地とされる黄河流域でも、初期国家と呼びうる政体がいくつも誕生していた。そのひとつである黄河中流域の陶寺遺跡は、南北一五〇〇メートル、東西一八〇〇メートルの城壁で囲まれた巨大遺跡であり、階層化が進んでいたことが墓葬の形態から明らかにされている。発掘された墓は約七〇〇基あり、そのうち一パーセントが大型墓、一一パーセントが中型墓、八七パーセントが小型墓であり、副葬品にも決定的な違いがある。とりわけ大型墓には、祭司権を示す玉琮と軍事権を示す玉鉞が同時に埋葬されており、神聖王の存在を想定することが可能と思われる。そのほか、揚子江下流産の玉器のほかに、揚子江南部でのみ獲れるワニの皮を張った鼉鼓《だこ》が発見されるなど、長距離交易が活発におこなわれていたことも疑いない。この遺跡には半径二五メートルの三層の基壇がもうけられているが、その隙間の方角が冬至や夏至の日の出と一致することが確認されており、天体観測に結びつけられている。そのほか、大型墓の被葬者は全員が男性であって権力が男性に集中していたこと、人身供犠がおこなわれていたと思われる大量の人骨が出土することなど、初期国家ないしそれを超えるレベルの遺跡ということができる。[80]

この陶寺遺跡は、おなじく中原に出現する二里頭文化へと発展しており、後者は紀元前二〇五〇～一六〇〇年ごろの夏王朝に同一視されている。二里頭文化の代表格である二里頭遺跡は、城壁で囲まれた三〇〇ヘクタールの土地に複数の宮殿様の建造物の跡があり、多くの銅器、玉器、漆器、白磁器、原始青磁器が出土するなど、[81] 初期文明と呼びうる宮殿文化が花開いていた。後世の歴史書によれば、夏王朝をひらいたのは禹《う》であり、彼は「豊水（＝黄河）東に注ぐ、これ禹の績なり」といわれるような治水の功績によってたたえられると同時に、人びとの行動指針としての徳の模範を示し、神々への祭祀も怠らないなど、卓越した文化英雄であった。古代中国文明は、禹と彼が築いた夏王朝とともに独自のものとして花開いたのだ。

古代中国文明はなぜ黄河流域で誕生したか

古代中国文明の成立を夏王朝の誕生におくとするなら、いくつかの疑問が生じるだろう。中国の二つの大河のうち、都市や文字をともなう文明が成立したのが、なぜ黄河の流域であり、古くから稲作がおこなわれた揚子江の流域ではなかったか。メソポタミアやエジプトの文明の誕生が紀元前三七〇〇年ごろに生じた地球の急速な寒冷化に結びついていることは確実だが、それと比較したとき、黄河流域での文明の誕生が紀元前二〇〇〇年紀まで遅れたのはなぜか。

この点に関し、宮本一夫の緻密な研究が多くの示唆を与えている。古代中国で飼育された動物は主にブタやニワトリであり、西アジアで家畜化されたウシやヒツジ、ヤギの飼育はおこなわれなかった。これらの動物は紀元前三〇〇〇年紀になって黄河上流地域に導入され、ついで中流域に広まったとされている。西南アジアで栽培化されたコムギやそこで発明された銅についてもおなじであり、それらが中国に伝えられたのはこれらの有蹄類とほぼ同時期であった。[82] 北半球の寒冷化と乾燥化は紀元前三七〇〇年ごろはじまり前二五〇〇年までつづいたとされるので、[83] 有蹄類の家畜とコムギと銅を保有した人びとは湿潤な土地を求めて黄河を下って中原にいたり、その影響はさらに南の揚子江流域に伝えられたのだろう。

ウシやヒツジ、ヤギなどの家畜は肉や乳のタンパク源を提供するだけでなく、価値ある食品として評価されるので、希少な資源として争奪の対象になるケースが多い。しかも、これらの動物を飼育する牧畜民集団が成立すると、牧草地をめぐって定住する農耕民と対立が生じることがしばしばある。これに乾燥化という条件が加わると、農耕や牧畜に適した土地はかぎられてくるので、牧畜民と農耕民のあいだに対立が生じ、国家の発生をうながしたこと、さらに治水や灌漑の発達とともに高度に集約した文明の誕生をうながした可能性があることは、先に見たとおりだ。[84]

黄河の流域で生じただろうこうした事態に対し、揚子江の流域では稲作農業の発達によって人口の増加を見たはずだが、人口密度が一定の高さに達しないかぎり土地が希少性をもつことがないので、集団間の闘争を引き起こすことはない。揚子江流域の遺跡では希少性をもつ玉器が遺跡から大量に出土しているが、これは威信財であって、希少な財ではない。威信財は、一部の人間が自分の権威を他に誇示したり、影響力を拡張したりするために活用するものであって、その所有をめぐって闘争が生じるようなものではないからだ。家畜や土地などの希少性のある財が存在しなかった華南の土地では、華北で形成された強固な支配装置＝国家が伝わらないかぎり、集権的な国家は生じなかったのだろう。[85]

古代中国の宗教[86]

新石器時代から初期文明にかけての中国の遺跡からは、特色ある土器や玉器、多くのイヌや人間の犠牲など、宗教的慣行を示唆するモノが数多く出土している。しかし、これらは文字をともなっていないため、この時期の宗教がいかなる形態であったかを明らかにしてはいない。文字がまとまって出現するのは紀元前一六〇〇年以降の殷代の甲骨文字であり、そののちの青銅器の銘文や考古学の発掘成果、後代に書かれた『史記』や『書経』などの情報を総合することで、古代中国の宗教のあり方が解明されてきた。

殷の時代に宗教の中心にあるのは帝であった。それは天を支配するだけでなく、雷や風などの自然神を使って人びとの生活に影響を与えたり、作物の実りを左右したりすると信じられていた。殷の時代に最高神としての帝が誕生したのは、中国考古学の林巳奈夫によれば、王権の確立の宗教上の対応であった。「この時代になると最高神が出現する。人間世界で王という最高権力者が出現するのに対応する者である」。このとき、帝を祀ることができたのは王のみであった。一方、帝が使役した雷、風、岳、河などの自然の神々もまた王の祭祀の対象となっていたが、これらの神々は「殷が諸族を統合した際に、王室の祭祀に取り入れられた」ものであった。[87]

帝が雷や風の神を支配し、それを通じて作物の実りを左右すると信じられていたことは、殷代の甲骨文に、「貞う（問う）、帝は雨に命じて年《みのり》を足らすか」、「帝は風に命じて夕べに霧せしめざるか」、「帝は其れ正一月に雷《いなずま》に命ずるか」などの文があることに示されている。[88] 自然神を使って作物の実りや人びとの生活を左右する帝の意図を推し量るために、王は甲骨文を刻んだ貞卜《ていぼく》をおこなわせてひとつひとつ帝に問いを立てた。王がそれをおこなったのは、彼が帝の直系の子孫として帝の真意を理解可能な唯一の存在と考えられたためであり、自然のあり方を整序し季節の循環を滞りなく進行させることが王の主要なつとめとされたためであった。

実際、中国最初の王朝である夏王朝をひらいた禹は、帝から「大地を整え、険しい山岳を崩し、川を深く掘って（洪水を治めるように）」と命じられたとされている。[89] 荒れ川である黄河はしばしば洪水を生じさせたが、禹は川を削り堤防を築くことで流域を整備することに成功し、それによって人びとに豊かな実りを可能にした。そうであるがゆえに彼は、毎年の農耕の開始にあたって「広く中原地帯の農耕民たちによって、思い起こされ、祀られる神話的人物」とされた。また彼は、「地上における天の代理者として、民衆たちを導き、民衆たちの父母となり、我らの最初の王となり、臣下のあり方をも定めた」のであった。[90]

古代中国の王が農業の成功を祈願し、かつ保証する存在と見なされていたことは、つぎのエピソードによっても示されている。夏王朝を滅ぼして殷をひらいた湯王《とうおう》は、旱魃《かん》が数年にわたってつづいたとき、それを終わらせるべく身を犠牲にしようとしたという。「天大いに旱し、五年なるも収あらず。湯《とう》すなはち身を以て桑林に禱《いの》りて曰く、余《われ》一人罪あるも、萬夫に及ぶことなかれ。萬夫罪あらば、余一人に在り。一人の不敏を以て、上帝鬼神をして、民の命を傷《やぶ》らしむることなかれと。ここにおいてその髪を翦《き》り、その手を磨し（爪を切り）、身を以て犠牲と為し、もつて福を上帝に祈る。民すなはち甚だ説《よろこ》び、雨すなはち大いに至れり」。[91] 湯王が自分を犠牲にする覚悟で死装束をして帝に祈ったところ、ただちに雨が降り出したというのである。まさに彼は、自然の進行と豊作の実現に責任をもつ神聖王としての務めを果たすべく行動したのだった。

殷は、中国文字学の白川静によればメソポタミアやエジプトとおなじように祭政一致の神聖国家であり、王は最高神としての帝を祀る祭司にほかならなかった。白川はつぎのように書いている。

王は巫祝《ふしゅく》王であり、祭祀王であった。卜兆《ぼくちょう》に占断を加え[92]、その吉凶を定めるものは王であった。祭祀を主宰し、多くの犠牲を供えるものも王であった。王がこのようにしてつかえる神は、帝である。この絶対的な主宰神はまた上帝ともいい、卜辞《ぼくじ》に「上帝は莫《ひでり》を降さんか」のようにいう。王朝の祖王たちは、死後には召されて上帝の左右に従うものとされ、金文には「先王それ厳として帝の左右に在り」、「十有二公、帝の不朽《ところ》に在り」のようにいう。祖神は下帝とよばれ、合わせて上下帝と称した。上帝は自然的世界のみならず、地上のすべての営みについて、完全な支配権をもつ。その支配を行なうために、百神を使役した。西周中期の宗周鐘に「皇上帝百神」の語がある。天上の世界にも、厳然たる秩序が存するのである[93]。

人身供犠の祭祀国家とその批判

殷の王は帝だけでなくすべての祖先の神々を祀る義務を負っていたので、毎日のように祭祀をおこなわなくてはならなかった。殷末には、祀るべき先王、先妃の数は一六〇を越え、そのため二日に一回の割合で祖先祭祀をおこなったといわれている。それに加えて、太陽や風や雷や、山や川のような自然神を祀ったし、国の四方を守る方位神なども祀っていたので、王が祭祀をおこなわない日はなかった。さらに殷は祭祀国家であったために、王の祖先祭祀には従属する多数の氏族集団が参列したと考えられている。岡村秀典によれば、「そうした共同儀礼は王権の正統性を象徴的に示すものであり、王を頂点とする祭祀共同体の求心力のよりどころであった[94]」。殷の時代には青銅器の製造技術が発展したことが知られているが、青銅器の多くは祭儀としてつくられていたので（図

4-7)、王が主宰した祭祀がこのような技術的発展をうながしたのは間違いあるまい。

他方、王が主宰する一連の儀礼は多くの人間や動物の犠牲をともなっていた。岡村によれば、殷墟の宮殿区や王陵区で発見された犠牲者は「発掘された数だけでも三〇〇〇人をこえ、甲骨卜辞に記された犠牲者は一万人を優にこえている」[95]。しかも、殺害されたのは人間だけでなく、多くのイヌでありウシでありウマであった。これまでに発掘されたのが殷墟の一部でしかなく、しかも殷墟は殷が築いたいくつかの都の一部に過ぎないことを考えるなら、殷がアステカ王国におとらず血生臭い祭祀国家であったのは疑いない。

もっとも、こうした血生臭くかつ非生産的な宗教的慣行に対し、批判的な視点がなかったわけではない。魯の歴史を描いた『春秋左氏伝』には、紀元前六三九年のこととしてつぎのような記述がある。「夏、大旱《たいかん》す。公、巫尪《ふおう》を焚《や》かんと欲す」。そのとき、王の側近の太夫がこれをとがめたのである。「曰く、旱の備えに非ざるなり。城郭を修め、食を貶《おと》し用を省き、穡《しょく》(収穫)を務め分を勧む。此れ其の務めなり。巫尪何をか為さん」[96]。旱魃がつづいたために、雨乞いの儀礼をさせた巫尪にその責を負わせて焼き殺そうとした王に対し、側近の太夫はそれがなにの役に立つか、城壁を補強し、贅沢をせず、節約につとめ、収穫を増やし、分配をよくするのが旱魃に際し主君がすべきことだといさめたというのだ。

さらに同書には、その少し前の前六六一年の出来事として、以下の記述がある。敵対する虢《かく》についてたずねた王に対し、臣下の太夫はつぎのようにいった。「虢は其れ亡びんか。吾之《われこれ》を聞く。国の将に興らんとするや、民に聴く。将に亡びんとするや、神に聴く、と。神は聡明正直にして壹なる者なり。人に依りて行う。虢は涼徳多し。其れ何の土を之《こ》れ能《よ》く得ん、と」[97]。中国文学の小南一郎はこう訳している。「虢は亡びるであろう。わたしは次のように聞いている、国が盛んになろうとしているときには、民衆の言葉に耳を傾け、滅亡しようとしているときには、神の言葉に耳を傾ける、と。神なる存在は、目や耳が鋭く、正しい道を貫いて変わることなく、人のありようを見定めた上で、その意思を実行されるのです。虢には徳に外れた行ないが多いのですから、どうして土地を神から授かることができましょう」[98]。「神に聴く」ことは、小南も指摘するように、殷の時代からつづく天上（＝帝）と地上（＝王）とをむすぶ特権的手段としての供犠であった。王がもし民のことばに耳をかたむけることなく、神の保護を求めて祭祀にのみ力を入れたなら、国は亡びるだろう。臣下は王をそういっていましめたのであり、おそらくそのことばの背景にあったのは、人身供犠などの儀礼や呪術的行為を重ねることで神の加護をもとめる古い慣行に対する合理的観点からの批判であった。

図4－7　殷代の人面鉞。軍事権の象徴とされる威圧的な製作品である

中国では叙事詩が誕生しなかったことはよく知られている。ギルガメシュ譚がそうであったように、個としてどう生き、どう世界に向きあい、どう死ぬべきかを記す語りは、集団のなかでどう生きるかが

優先されていた中国では生じる余地がなかったのだろう。しかし、すべての古代文明がそうであったような、王のもとにあらゆる祭祀と意識が一元的に集約された状況に対し、それを批判的に見、距離をおこうとする意識は中国でも生まれていた。先の二つの引用はそうした意識が出現していたことを示しているが、おそらくそれこそが儒教などの合理的な観点から倫理と論理を追求する試みをうながしたのだった。それとともに、古代の王は宗教儀礼に支えられる神聖王から、倫理と統治術によって支配する人倫王へと移行していったのである。

第5章　世界宗教の誕生
――「枢軸の時代」

古代文明が育てた多神教の世界

前章では旧世界における古代文明の誕生とともに、多神教世界がどのように成立し発展したかを見てきた。とはいっても、多神教が古代文明とともに成立したと考えられるわけではない。先に第3章で見たように、初期国家や国家をもたない農耕民や牧畜民のもとでも複数の神々が存在し、人びとは儀礼を通じてこれらの神々に豊饒や健康を祈願しながら生きていた。その意味では、多神教の世界は古代文明がつくり出したものではなく、それ以前から存在してきたのだった。

しかし、人間の歴史において未曽有の規模の政体や経済組織をつくり出した古代文明は、宗教の次元でも大きな変化をもたらした。その変化はまず神々の数にあらわれており、国家をもたない農耕民や牧畜民のもとでは複数の神々が存在していたとしても、せいぜい数柱ないし十数柱の神々が存在するだけであった。これが古代文明になると、エジプトやメソポタミアに見られたように数千の神々が存在するようになったのである。その理由のひとつは、古代文明が勢力を拡大したときにさまざまな地域集団や異民族を征服し、個々の集団が信奉していた神々を併合したことであった。また、古代文明は巨大な国家を統治するために官僚制を発展させたが、儀礼をつかさどる祭祀者の数もふえたため、彼らはみずからの権威と権力を保持するために神々を増殖させたのだった。

多神教のあり方の変化は神々の数だけでなく、その性格にもおよんでいた。農耕民や牧畜民の場合には、複数の神々が存在したとしても、一柱の神が複数の機能を果たすことが一般的であった。たとえばディンカ社会のヤスの主の主要なつとめは牧畜の成功と豊饒を祈願することであったが、彼らは同時に病気を直し、集団の未来を予言し、戦時には勝利を確証するべく供犠をおこなった。祭祀者が複数の役割を果たすことに対応して、彼らの祈願対象である神々も複数の働きをするため、その個性は複合的であり明確化されることはなかった。[1] 一方、古代文明のばあいには、それぞれの都市が異なる神々を祀っていたし、農耕民の神、商業者の神、鍛冶師の神、牧畜民の神、占い師の神、雷の神、暦の神などのかたちで神々が分化し、異なる役割と個性をもつようになった。複雑化する社会のなかで人びとの職業や役割が分化していったように、神々もまた個別化され、明確な個性をもつ存在として特徴づけられていったのだ。[2]

数千もの神が存在したとすれば、神々の世界は混沌としていたのだろうか。否。人間の社会が王を頂点に序列づけられていたように、神々の世界も最高神を頂点におくヒエラルキーをかたちづくっていた。それがもっとも顕著にあらわれたのはエジプトの宗教であっただろう。中心に位置していたのは、天地を創造した創造神アトゥムが変じた太陽神ラーであり、そのもとで天空の神ヌトと大地の女神ゲブが生まれ、この二柱から誕生したのが生命と再生の神オシリス、豊饒の女神イシス、破壊の神セト、オシリスの息子であるホルスなどの主要神であった。そしてこれらの神々が他の神々をいわば統治していたのである。王はホルスの生まれ変わりと考えられ、そうであるがゆえに神々の意図を知ることができたし、神々に祈る能力は他のどの人間より卓越していた。王のつとめは神々の代理人として現実世界に秩序をもたらすことであり、その力は人間界だけでなく、ナイル川の増水や季節の循環にもおよぶとされた。人間の世界と神々の世界は並行して存在し、二つの世界をむすびあわせるのが卓越した媒介者としての王であったのだ。

　このように神々が個性化されその力能が絶対化されると、人間が自然に対して働きかける手段としての儀礼も変質していった。農耕民の宗教の中心にあるのは一連の儀礼であり、農耕と人生のサイクルに沿ってくり返し儀礼をおこなうことで、農業や人生の成功への期待が確信へと転換されていた。これに対し、神々が個性化し絶対的な力をもつと信じられるようになると、身体や心理に働きかける手の込んだ儀礼はすたれ、神々への祈願が優先されるようになった。その結果、人間と神々とをつなぐ特権的手段としての供犠が重視されるようになったのである。そのことは、無数の人身供犠をおこなった殷王朝やアステカ王国のみならず、メソポタミアやエジプト、古代インドでも神々への供犠が重視されていたことに示されている。[3] 古代文明の特徴である多神教の世界では、儀礼の体系の原則は保持されていたとはいえ、王やその代理人がおこなう供犠が宗教的実践の中心に位置するようになったのだった。

古代文明の終焉

多神教を発達させるとともに未曽有の国家を築いた古代文明であったが、紀元前一二〇〇年ごろになるとその勢力に陰りが生じてくる。それは、歴史家フェルナン・ブローデルのことばを借りるなら「大破局」[4]というべき事態であった。繁栄をきわめていたエジプトは謎の「海の民」の侵略を受けて手痛い敗北を喫したし、メソポタミアでは鉄によって強大な国家を築いたヒッタイト王国が滅亡した。東地中海の交易を掌握していたクレタ島やミュケナイでは壮麗な宮殿に火がつけられたし、ギリシア全土が文明の香りを喪失した「暗黒時代」へと突入したのだった。

そうした破局の原因としてブローデルはいくつかの要因をあげている。鉄の普及により、天水農業がさかんになって灌漑農業のメリットが失われたこと。乗馬の技術が発明されたことにより、破壊手段が広まって大規模国家の統治が困難になったこと。[5]騎馬に秀でたインド・アーリア系諸民族の侵略がつづいたこと。気候変動によって乾燥化が進み、古代文明を支えていた乾燥地農業が危機にさらされたこと。乾燥化に関してブローデルが言及するのは西アジアと東地中海だけだが、中国の周王朝が弱体化して春秋戦国時代へとつながっていったのが紀元前一〇〇〇年以降であったことを考えるなら、地球規模での寒冷化と乾燥化が大変動を引き起こしていたと考えるのが適切だろう。[6]

いずれにしても、前一二〇〇年以降の大変動が示したことは、乾燥地を流れる大河の流域に権力と富を集中させた集権的な古代文明より、フェニキアやギリシアのような分散的で自律的な小規模社会の方が、環境変化に適応可能で効率的な社会システムであることであった。メソポタミアでもエジプトでも金銀等の「貨幣」が使用されていたが、商人さえも一元的な国家のなかに吸収されていたこれらの国家では、彼らに自発的で創意工夫に富んだ行動を期待することは不可能だった。また、大河流域の農地を一元的に管理していたこれらの国家に対し、天水による農業では国家による一元管理は不可能であり、農地の私有化とそれにともなう自営農民の自発的な行動様式が生まれていた。こうした社会経済システムの変化を、古代史の弓削達はつぎのように整理している。

オリエントの灌漑農業地域にあっては集団労働の組織者としての専制君主の生産的機能が不可欠であったが、天水農業地域であるギリシアにあっては、家族単位の個別労働の集約性にのみ生産を高める鍵があった。毎日毎日の個別的生産労働のくり返し、畝の深さに注意し、剪定《せんてい》を巧みに行ない、水の配慮に注意することといった地味な労働のみが、農業の生産性を高める不可欠の手段であった。その上で、私有地をふやせばいっそうよかった。これらの諸条件はあいまって、農民すなわち共同体成員個々人の経済的自立を強める。個々人の経済的自立の強化は、共同体成員の共同体規制からの相対的独立を強める。共同体成員はクレーロス（私有地）所有者として経済的に自立するとともに、自主独立の個性ある人格として形成される。共同体の土地所有形態は、共同体成員の共有にかかる公有地（共同体所有）と、共同体成員のクレーロス所有（私的所有）との統一としての新たな段階の形態に向かう。〔略〕四〇〇年の暗黒時代に進行したギリシア人社会の基本的な発展方向は、およそ以上のようなものであったであろう。[7]

国家が政治と経済を一元的に管理する古代文明とはまったく異なる社会経済システムが出現しつ

つあったのであり、それが古代文明の周辺に花開いたことを後世の私たちは知っている。今や文化と繁栄の中心は、メソポタミアとエジプトの乾燥地ではなく、周囲のシリア、ペルシア、ギリシアなどのより湿潤な地域に移っていったし、インドでは乾燥したインダス川から湿潤なガンジス川流域へ、中国では北の黄河から南の淮河・揚子江流域へと広がっていった。そして生産力の向上にともなって商業活動が東地中海を中心に盛んになると、忍耐と従順と継続を旨とする農民の生き方に代わり、商業者の自由で利にさとい生活様式が支配的になっていった。古代文明は世界史におけるその役割を失いつつあったのだ。

古代ギリシアの多神教世界[8]

右の弓削の引用が示すような古代ギリシアにおける土地私有制の出現は、自由で自主独立の精神をもつ諸個人の誕生をうながしたのだろうか。弓削が引用のなかで、土地の共同体所有と私的所有の共存にふれていることを見逃すべきではない。新しく誕生した「自主独立の個性ある」諸個人は、同時に共同体の義務を負う諸個人であり、その背後にあったのは戦争の形態の変化であった。紀元前一〇〇〇年ごろから鉄が大量に生産されるようになったことで、戦争のあり方は大きく変わっていた。それまでの戦争は、ホメロスの『イーリアス』などが示すように、戦車に乗った卓越した戦士がたがいに戦う英雄的・叙事詩的なものであった。これに対し、ヘシオドスのいう「鉄の時代」になると、[9]鉄製の大きな盾と槍で武装した重装歩兵が一団となって激突するようになり（図5−1）、そこで求められたのは卓越した技量や猛々しい勇気ではなく、仲間との連帯心や沈着冷静であり、本能的な衝動を抑えて規律にしたがって行動することであった。規律と自己統制こそが社会の中心的価値になったのだ。[10]

ギリシアには一五〇〇もの都市国家ポリスがあり、たがいに争っていただけでなく、隣国の強大なペルシア帝国はたえず侵略の機会をうかがっていたので、この時代のギリシアはマックス・ヴェーバーのいう「慢性的戦争状態」にあった。[11] そして、ポリスの市民になれるのは武器をもって戦う人間だけであったので（女性や子ども、奴隷は、決定権をもつ民会から排除されていた）、市民の数と力を維持することがポリスにとってなにより必要であった。

図5－1　古代ギリシアの重装歩兵の絵

一般に私有化の進展は貧富の差を拡大させ、土地を失って零落する小市民を生み出す傾向がある。しかし、それを放置するとギリシアのような小規模な都市国家は軍事的に維持することが不可能になる。そうした事態を防ぐために、小市民の零落をふせぎ、彼らにも政治的権利を付与しようとする「ソロンの改革」などの政治改革がくり返しおこなわれたのだ。[12]

すべての市民はひとしい資格で戦争に参加したので、市民としての権利もひとしく分有された。ポリスの中心にあるのはアゴラ（広場）であり、すべての市民はそこに集まり自分の見解を述べることが許されていた。古代史家ジャン＝ピエール・ヴェルナンは、ポリスの制度的特徴を三点にまとめている。語られることばこそがもっとも重要な政治的道具であり、あらゆる権威の鍵であること。すべての社会的決定が公共的になされるべきこと。そして都市構成員のあいだの等質性、平等性の徹底である。[13]すべては口にされ討議されるべきであり、しかも徹底的に討議されるべきであった。討論によって自分自身を理解し、世界を理解しようとしたソクラテスをはじめとする哲学者の出現はこうして可能になっていたのだ。

ポリスの社会生活がことごとく公共性をもち、万人に開かれていたとすれば、宗教の領域でも公開が旨となったのは必然であった。神々の像は秘匿されることなく、普通の人間以上の見事なプロポーションをもって公共の広場に並べて立てられたし、一年を通じてさまざまな儀礼が公共の場で、市民の眼前でとりおこなわれた。ヴェルナンが明言するように、「かつて権力の護符として宮殿の秘密の場所あるいは祭司の家の奥に大切に保存されていた古い聖なる物のすべては、開放された住居、公共の住居である神殿に移され」た。[14]かくして宗教は、一部の権力者とその代理人が独占する秘儀的な実践ではなく、すべての都市民に接近可能な公共財となったのだ。

すべての神々の頂点に立つ天空神ゼウス、海神ポセイドンと冥界神ハデスの兄弟神、次世代の青年神アポロンと戦争の神アレス。女神の側では、ゼウスの妻であり結婚をつかさどるヘラ、ゼウスの娘であり知恵と戦いの神アテナ、穀物の神デメテル、美と愛の神アフロディーテ、出産の神アルテミス。これらの神々を中心としたオリュンポスの一二神は、神話において語られ、公共の広場にその像が建てられ、定期的に儀礼や供犠が捧げられ、壺や器にその姿が描かれた。そのほかにも、大地女神ガイアやアフロディーテの子である性愛の神エロスがいたし、人間と神との結合から誕生したディオニュソスやヘラクレスなどの半神も存在したので、古代ギリシアのパンテオンは無数の神々で埋め尽くされていた。個性あるこれらの神々の存在は、ギリシア人たちの「自主独立の個性ある人格」に対応したものにほかならなかった。神々のいくつかはヘロドトスがいうようにエジプトから伝えられていたが、[15] 神と人間の結合から生じた半神などはギリシア起源であり、人びとは多くの神々を生みその権能と個性を際立たせていくことで、宗教生活を豊かにしていたのである。

古代ギリシアの儀礼

これほど多くの神々が存在していたとすれば、祭祀がくり返しおこなわれることは必然であっただろう。前五世紀の喜劇作家のアリストパネスはつぎのように書いていた。「何と多くの犠牲が神々に捧げられたことか、何とたくさんの神殿や神像、そして宗教行列が捧げられたことか！ 一年中、宗教祭儀や冠をいただいた犠牲が見られる」[16]。「アテーナイの一年は、ほとんど一日も祝祭と犠牲なしにはすぎなかった」[17]。こう書くギリシア宗教史のヴァルター・ブルケルトのことばは、けっして誇張ではなかったのだ。

ギリシアの人びとの宗教生活がいかに多くの祭儀で満たされていたかは、つぎの例を見ればよくわかる。エルキア区はアッティカ地方の一三九区のうちのひとつにすぎなかったが、その公共の暦には四三の神々と半神が供犠を捧げられるべき存在として明記されていた。そして、それぞれの神々に捧げる儀礼をとりおこなうための祭祀場は三五もあったという[18]。この暦に記されていたのは区が費用を負担する行事だけであり、それに加えて都市のレベル、部族のレベルの公的祭事があったし、家族や親族が単位となる祭祀もあった。たしかに古代ギリシアの「一年は、ほとんど一日も祝祭と犠牲なしにはすぎなかった」のだ。

古代史家のフュステル・ド・クーランジュは、名著『古代都市』を死者の祭祀と各家の祭壇の記述からはじめているが、それはポリスを構成する最小単位である家族や親族が祭祀なしには存続しえなかったことを示すためであった[19]。そして家族や親族と同様に、人の一生もまた誕生から死までが儀礼で覆われていた。子どもが生まれると、五日目に両親は子どもを抱いて生命の象徴であるかまどのまわりをまわり、一〇日目には名づけをおこない、友人や親戚を招いて供犠をおこない宴を張った。成人式には、ポリスの単位である各区から一員として承認されることが必要であったし、それに際して新加入者は市民のつとめである軍務を果たすことを誓約しなくてはならなかった。彼が結婚するときには新婦が区から承認を受けることが必要であったし、人が亡くなれば葬式があり、そのあとには祖先への祭祀が家族や親族を中心にしてとりおこなわれたのだった。

もちろん農業もまた周到な祭祀の対象であった。「ギリシャにおいては農業の成功は適時に充分な水量を得ることができるかどうかにかかっていて、この不可欠の水を与えたのはゼウスであった[20]」。十分な水を得、農業が成功するように人びとは可能なかぎり穢れをとり除き、神々への誓約を守り、供犠を捧げ、収穫を感謝する儀式をおこなった。戦争の勝利もまた神々に依存するところが大きかったので、戦いの開始にあたっては占いをおこなって吉日を選んだし、神々に戦勝を祈願することは不可欠であった。それだけでなく、「国家の幸運、繁栄、将来への善望、戦争や農業における成功、そしてまた個人の健康、身体の強健、市中での名誉、愛友の善意、財産、子供、戦場や海上での安全も神々のおかげ」とされていたのだから[21]、神々の祭祀は人びとの生活のすべての領域におよんでいた。一方、それらの企てが失敗したばあいには、その原因が神々に帰されることはなかった。それは人間の過ちや怠慢が原因とされるか、あるいは人間と神々のあいだの存在であるダイモーンや運命に帰されていたのだ。

　今日の私たちからすれば奇妙なことに、ポリスにとって重要な議題を決議する民会での集まりでさえ、「浄めの犠牲に豚を捧げ、薫香をたき、布告者による祈りの言葉でもって始められた」のがつねであった。議事の第一の項目は「父祖伝来の宗教の事」にかかわることであったし、宗教的な事柄がまず議論されたあとではじめて世俗のこと、政治のことが議論された。ポリスにおいて政治がいかに宗教と不可分であったかは、紀元前四三三年に、「『神々のことを尊重せざる』者は不敬の咎により告発されるべきこと」が法令として定められたことに明示されている[22]。哲学者ソクラテスが民会から告発されて毒をあおいで死んだのは、ポリスの認める神々を認めようとせず、新しい祭祀を導入しようとしたとする不敬罪で告発されたためだというのだから、古代ギリシアにおいて宗教がいかに大きな意味をもっていたか、それを怠ることがどれほど生死を左右する力をもっていたかが、わかろうというものだ。

　こう見てくると、古代ギリシアにおいて宗教はそれ以前からつづいてきた基本形態をそのまま引き継いでいたといえそうである。実際、あらゆる好ましい出来事は神々への祈願と祭祀によって先立たれていたし、万一不首尾が生じたときには人間の怠慢かダイモーンに原因が帰された。こうした儀礼と出来事の関係性は、先に見た農耕民や牧畜民の宗教の核にある儀礼の体系とまったく同一の構造をもっていたのである。それに加え、ギリシアのもっとも重要な神託の場であるデルフォイの巫女が神懸かりのなかで託宣をおこなっていたように、シャーマニズムの要素も少なからず存在した。[23] さらに、酒と踊りのなかに忘我と一体感を引き起こすディオニュソスの祭儀もあった。それは、「あらゆる境界を廃し、組織された世界を守る壁をすべて突き崩すための努力」であり、「人間と神、自然と超自然、そして人間、動物、植物のあいだに立ちはだかる障壁をなくし、社会的な障壁や自我の境界までもなくそうとする」ものだというのだから、[24] 祝祭のコムニタス的空間そのものであった。

古代ギリシアについて私たちが連想するのは、広場で市民たちがあらゆる事柄を徹底して討議し、プラトンやアリストテレスなどの哲学や、ピュタゴラスの数学やヒポクラテスの医学が誕生するなど、合理的で開明的なイメージだろう。たしかにそれは生じていたし、のちに近代ヨーロッパが理想とするような強度をもって人びとに経験され追求されていたのは事実である。しかし、宗教生活に関するかぎり、ギリシア人たちは過去に農耕民や牧畜民がつくり出し、古代文明が発展させた基本的構造をそのまま受け継いでいたのだ。

「枢軸の時代」

ソクラテスとプラトンが独自の思想体系を基礎づけるべく対話をおこなっていたのと前後して、

インド北部ではゴータマ・ブッダが菩提樹の下で悟りを開き、その教えを広めるべく説教をおこなっていたし、周が弱体化して諸国が抗争した中国では、孔子が国家をどう統治すべきか、諸人はどう行動すべきかの準則をつくろうとしていた。さらに、ペルシアでは世界を善と悪の闘争と見るゾロアスターの教えが広まっていたし、イスラエルではエリア、イザヤ、エレミアなどの預言者が一神教の教えを強烈に打ち出していた。今日もなお影響力をもつ思想や宗教の基礎を築いたこれらの賢者や宗教者が活躍したのが、紀元前八世紀から五世紀というかぎられた時期であったことは、世界史における奇跡とも、驚嘆すべきことともいうべきだろう。この点に着目したドイツの哲学者カール・ヤスパースはこれを「枢軸時代」と名づけ、この時代に世界史を動かす機軸ができあがったとして、つぎのように述べている。

世界史の軸があるとすれば、結局それは〔略〕、人間存在の形成において強烈きわまりない生産性が実現された時点であるであろう。人間存在の形成は、特定の信仰内容にかかわりなく、西洋でもアジアでもあらゆる人間にとっても、〔略〕経験的理解に基づいて納得しうるような様式で行なわれたものであろう。その結果あらゆる民族にとって、歴史的自覚という一つの共通な枠が生じたものであろう。この世界史の軸は、はっきりいって紀元前五〇〇年頃、八〇〇年から二〇〇年の間に発生した精神的過程にあると思われる。そこに最も深い歴史の切れ目がある。われわれが今日に至るまで、そのような人間として生きてきたところのその人間が発生したのである。〔略〕この時代に基本的範疇が生み出されたが、それらを身につけてわれわれは今日まで思惟しているのである。また世界宗教の萌芽が生み出されたが、それに基づいて人間は今日まで生きてきたのである。[25]

こう述べたあとでヤスパースは、「新たな精神的世界には、ある社会学的状態が対応している」として、これらの宗教家や思想家が活躍した歴史的背景を明らかにしようとする。彼が挙げているのは、エジプトやメソポタミアの初期文明と中国の周王朝が終末期を迎えたことで、世界的に小国家や独立した都市が分立する時代となり、それらのあいだの交易や交流が盛んになる一方で、諸国家間の抗争がつづいたこと。そうした混乱した状況のなかで、既成の秩序の枠に収まらない諸個人が、未曽有の事態を超克するべく、精神の次元で秩序を再構築しようとして独自の活動を開始したことであった。[26]

この説明は大枠では間違ってはいないが、あまりに大雑把すぎる。それまでの人間の社会的・経済的・宗教的活動のすべてを包み込んでいた古代文明という巨大な統合体が解体するという未曽有の地殻変動のなかで、ギリシアでは人びとが宗教は旧来のものを受け継ぎながら思想と科学を洗練させていたのに対し、おなじような状況にあったイスラエルの人びとが一神教というまったく新しい宗教のかたちを確立したのはなぜか。インドでは現世的なものを徹底して否定しようとするゴータマ・ブッダの宗教運動が生じたのに対し、中国では思想が現世における理想的国家の建設とそれを支える個人の倫理に向かったのはなぜか。これらの問いを問うことがここでの課題であり、そのためには個々のケースをくわしく見ていくことが必要なのである。

古代イスラエルの宗教

「乳と蜜の流れる国」、ユダヤ人[27]の本拠である地中海とヨルダン川にはさまれた土地を旧約聖書はこう形容する。そのことば通り、カナンともイスラエルともパレスチナとも呼ばれるこの土地は、人間の居住が古くから確認される豊かな土地であった。そこには先に言及したイェリコなどの農耕以前の町が存在したし、オオムギやコムギの一部が栽培化されたのもその周辺であった。また、山地では大量のオリーブやブドウが生産されて輸出されていたし、沿岸地方は地中海全域で活躍したフェニキア諸都市に近接し、交易もさかんであった。その一方で、メソポタミアとエジプトという強大な国家にはさまれたこの土地はいく度も侵略を受けており、聖書はイスラエルの人びとの敗戦と捕囚についてくり返し言及している。

旧約聖書によれば、ユダヤ人の祖であるアブラハムはメソポタミアのウルに生まれ、神に選ばれて「約束の地」であるカナンにたどり着いた。その息子イサク、孫ヤコブはカナンの土地でヒツジやヤギなどの飼育に穀物栽培を加えることで豊かな生活を営んだ。しかし、飢饉によってカナンを追われたヤコブたちユダヤ人の先祖はエジプトに移り住み、四〇〇年にわたって奴隷労働で苦しんだとされており、イスラエルに関する記録上の初出であるエジプトのメルエンプタハ王の石碑は（紀元前一二〇七年ごろ）こうした事態を反映していると考えられている（図5-2）。その後、彼らはモーセに導かれて「出エジプト」を敢行し、幾多の苦難と人びとの離反を乗り越えながら、唯一神ヤハウェへの信仰と律法を中心にした生活を確立したというのが、「トーラー」と呼ばれる旧約聖書の最初の五巻の内容である。

図5－2　イスラエルの初出であるメルエンプタハ王の石碑

以上の経緯は、信心深いユダヤ教徒やキリスト教徒だけでなく、多くの研究者にとっても多少の作為を含む「歴史的事実」と見なされてきた。[28]しかし、それは現代の研究者の多くにとっては後世につくられた「伝承」に過ぎない。実際、古代イスラエル史とその宗教の再構成を試みた聖書考古学のティリーとツヴィッケルは、アブラハムやモーセについてはまったく言及していないし、わが国の旧約学の山我哲雄やユダヤ教学の市川裕もほぼ同様である。[29]彼らが重視するのは、考古学をはじめとする聖書以外の史料によって確認された事実にもとづきながら過去を再構成しようとすることだ。

　これらの史料は古代イスラエルの宗教についてなにを示しているのだろうか。それが明らかにしているのは、古代イスラエルの宗教形態が西南アジア各地のそれと重なることである。その特徴をあげていけば、第一に多くの神々を擁する多神教であったことだ。「創世記」は神が人間をつくるときに、「我々にかたどり、我々に似せて、人を造ろう。そして海の魚、空の鳥、家畜、地の獣、地を這うものすべてを支配させよう」（創世記1:26）と述べるなど、[30]創造神ヤハウェは初期には複数形で捉えられていた。さらに、紀元前八〇〇年ごろの碑文にバアル神をはじめとする多くの神々の名前が記されていたこと（図5-3）、そののちも二〇〇〇体以上の豊饒の母神像が出土していることも、古代イスラエルの人びとが多神教徒であったことの証拠とされている。考古学のフィンケルシュタインとシルバーマンがいうように、「ユダの民の偶像崇拝は彼らの初期の一神教からの逸脱ではなかった。それどころか、それはユダの民が何百年もの間崇拝してきた仕方であった」のだ。[31]

第二に、古代イスラエル人の宗教生活の中心にあったのは神々への供犠であったことだ。旧約の「民数記」は、供犠がいつ、どのようにおこなわれるべきかをさだめた供犠の手引書というべきものだが、そこにはつぎのような記述がある。「第一の月の十四日は、主の過越《すぎこし》である。十五日は祭りの日である。〔略〕あなたたちは、若い雄牛二頭、雄羊一匹、一歳の羊七匹、すべて傷の無いものを、燃やしてささげる焼き尽くす献げ物として主にささげる」（民数記28:16,19）。祭壇で供犠をおこなうことは、肉を焼き尽くすケースをのぞいて、神と参加者が肉を共食する機会であった。「主の住まいを尋ね、そこへ行きなさい。焼き尽くす献げ物、いけにえ、十分の一の献げ物、収穫物の献納物、満願の献げ物、随意の献げ物、牛や羊の初子などをそこに携えて行き、あ

図5-3　イスラエル北部の遺跡から出土したバアル神像

なたたちの神、主の御前で家族と共に食べ、あなたたちの手の働きをすべて喜び祝いなさい」（申《しん》命《めい》記 12:5-7）。古代イスラエルの祭祀場には供犠のための祭域がつねにもうけられていたが、供犠の重要性を考えればそれは必然であった。

第三に、神々に農耕の成功を祈願し収穫を感謝する農耕儀礼が彼らの祭事暦の中心にあったことだ。聖書は神がモーセに対し、「あなたは年に三度、わたしのために祭りを行わねばならない（出エジプト記 23:14）」と命じたと記している。穀物の収穫のはじめにおこなわれる除酵祭《じょこうさい》（酵母を入れないパンを食べる祭り）、穀物の収穫の終わりにおこなわれる七週の祭り、夏の果物の取入れののちにおこなわれる仮庵《かりいお》の祭りの三つである。のちに除酵祭は、牧畜民が移動の際におこなう魔よけ儀礼である過越祭《すぎこしのまつり》と統合され、さらに信仰体系が農業の成功からユダヤ人としてのアイデンティティの確立へと再編成されていく過程で、出エジプトを記念する祭りに変換された。同様に、七週の祭りはシナイ山でモーセにトーラーが与えられたことを記念する祭りに、そして仮庵の祭りは出エジプト後に天幕のなかで生活したことを記念する祭りへと位置づけられていったのだった。[32]

第四に、王が神から権威を授けられたとする神聖王権の観念だ。ダビデは全イスラエルを統合する統一国家を築いたとされるが、聖書は彼に対する神の寵愛をくり返し記している。「詩篇」は神のことばとして、「とこしえの慈しみを彼に約束し／わたしの契約を彼に対して確かに守る。／わたしは彼の子孫を永遠に支え／彼の王座を天の続く限り支える」（詩篇 89:29-30）と書く。ダビデもまた、彼の権威が神によって支えられていることを明言する。「あなたはわたしの父／わたしの神、救いの岩」（詩篇 89:27）。そう呼びかけるダビデに対し、神は答えている。「お前はわたしの子

／今日、わたしはお前を生んだ。／求めよ。わたしは国々をお前の嗣業とし／地の果てまで、お前の領土とする」（詩篇2：7）。

こう見てくると、古代イスラエルの宗教生活は、農耕や牧畜のサイクルに沿いながら供犠を執行することで神々に豊饒を祈願することを基盤とし、それを統括する王は神の子孫とされる神聖王であったことがわかる。こうした形態は、古代ギリシアやエジプト、メソポタミアの宗教と基本的に一致していたし、さらにいえば農耕民や牧畜民の儀礼の体系を受け継ぐものであった。こうした宗教体系をもっていた古代イスラエルの人びとが、なぜ、唯一神ヤハウェを中心におき、他の神々の存在を一切認めない一神教へと移行したか。なぜ、彼らの神はギリシアやエジプトのように自然と一体化した神々ではなく、自然の一切を超越しつつ信者ひとりひとりに向きあう人格神になったか。[33]一神教の誕生というユダヤ教が実現した革新は人間の宗教の歴史において画期的なものであったが、それがなぜ、いかにして生じたかを明らかにしていかなくてはならない。

アッシリアによる捕囚と一神教の成立

ユダヤ教における一神教の成立をあとづけるために、歴史的事実として確認されている事項をたどっていこう。旧約聖書において最初に統一王朝を築いたとされるダビデについては、彼が南部のユダ王国の王であったことは疑いないが、統一王朝を築いたことを示す聖書外史料は存在しない。確実なのは、紀元前九三一年ごろに北にイスラエル王国が建国され、南にダビデの子孫によってユダ王国が建国されたことである。フェニキア諸都市に近接する北のイスラエル王国は交易や各種の産業と農業で栄え、とりわけオリーブの生産は眼を見張るほどであった。それは西アジアでもっとも人口の密集した地域のひとつになるほど豊かであったが、一方の南のユダ王国は丘陵地にある「いくぶん孤立した、人口が希薄な王国」でしかなかった[34]。考古学のフィンケルシュタインとシルバーマンによるなら、ユダ王国の人口はイスラエル王国の一〇分の一でしかなく、聖都エルサレムは丘陵地にある小さな町に過ぎなかった[35]。

変化が生じたのは前八世紀の後半である。北のイスラエル王国はアッシリアに支配され、主要な都市は破壊され、支配層はアッシリア領内に移住させられた[36]。その後もアッシリアによる圧迫はつづき、紀元前七二二年にイスラエル王国は滅亡する。一方、人口も少なくたいした産業もなかった南のユダ王国は、支配に値しないとみなされたせいか属国として存続することを許された。その結果、ユダ王国はイスラエル王国から避難してきた人びとによって人口の急増を見、農地が拡大され、手工業が隆盛し、複数の都市が発達した。また、官僚制が発達し、人びとの読み書き能力が向上して、旧約聖書の整備が進められたのもこの時期であった。

国家は残ったとはいえ、ヤハウェ信仰を共有していた隣国が解体されたことはユダ王国にとっても衝撃的であった。それへの対応が必要とされたが、強大なアッシリアに軍事的に対抗することは不可能であったので、彼らに可能なのはその理由を宗教的に解釈することだけであった。北の人びとを非難するアモスやホセアなどの預言者が出現したほか、彼らと主張を一にする「原理主義的」な申命記主義者[37]が勢力を増し、イスラエル王国の腐敗と神からの離反が敗戦の原因だとする一方で、唯一神ヤハウェへの絶対的帰依を要求した。当時の一般的な見方からすれば、国の敗戦は国を守護する神々の敗北にほかならなかったが、北も南もヤハウェを信奉しており、北は滅んだのに南の王国は存続したのだから、ヤハウェの敗北を問題にすることはなかった。その教えにそむいたことでヤハウェの怒りをかったことが敗戦を招いたのだとして、人びとの信仰心の欠如に敗戦の原因を帰したのだった。[38]

古代イスラエル宗教史を書いたティリーとツヴィッケルによれば、この申命記主義者たちは、ヤハウェ信仰の厳格な遵守、他のすべての神々の放棄、エルサレムの祭祀場以外のすべての祭祀場の破壊を要求した。また、モーセまで遡る「律法の書」がエルサレムの神殿で発見されたと称して、それを王に渡したのも彼らであった。「ひとりの神、一つの信仰、一つの王国、一つの聖所」というのが彼らのモットーであり、[39] 宗教的でナショナリスティックなこの主張はアッシリアの政治的支配に抗すべく生じたものであったが、前七世紀になってアッシリアが弱体化するとユダ王国の王ヨシアによって受け入れられ、前六二二年以降は国是として位置づけられた。この時期には、イスラエルの歴史書とされる「ヨシュア記」「士師《はじ》記」「サムエル記」「列王《れつおう》記」が完成したが、いずれも申命記主義者の手で書かれたと考えられている。

アッシリアのくびきを逃れたユダ王国であったが、のちに大きな困難に直面する。新しく起こったバビロン王国によって前五八六年に王国が解体され、聖都エルサレムは破壊され、多くの人びとがバビロニアに強制移住させられたのだ。国家が解体されたため、ユダ王国において確立されていた、国家に基礎づけられたナショナリスティックな統一神観はもはや通用しなくなった。そして、神の地上での代理人と見なされていた王も存在しなくなったので、個々の信者にとっての神と信仰が問題にされるようになった。異教の神々を信奉する人びとのあいだで生きることを余儀なくされた捕囚の状況のなかで、彼らはどうすれば自分たちの信仰を維持し強固にできるかを問わなくてはならなかったのだ。

バビロニアにはそのつとめを果たすべき祭司が少なからず存在した。彼らは、人口の大半を占める農民層から切り離されたことで農業に結びつく儀礼を軽視したし、神への供犠をおこなう神殿が失われたことから、割礼や安息日、異教徒との結婚の禁止、食物規制といったユダヤ教徒としてのアイデンティティを確保するための実践や規制を強化した。「申命記」には、呪術的な慣行を一切禁止し、太陽や月を敬うことを禁止し、死者への供え物を禁止するといった記述があるが、それらはおそらくこの時期に書かれたものであった。預言者と申命記主義者たちは、各人が神との契約としての律法を守って生きることを求め[40]、異教徒のただなかで信仰を守るために神との直接的な結びつきを強調した。彼らはそのために、旧約聖書の多くの部分を整備し、書き直し、書き換えた。山我によれば、「現在ある旧約聖書の諸文書の多くの部分が、捕囚時代に編集されて今あるかたちになったか、あるいは新しく書かれた」のだ[41]。

預言者運動とシャーマニズム

イスラエル王国の崩壊、ユダ王国の属国化とバビロニアによる捕囚といった苦難の時代を証言しているのが、この時代に多く出現した預言者である。神から直接にことばを預かったと称する預言者の存在は旧約時代のイスラエルの宗教の特徴のひとつだが、それは当時の人びとが経験していた社会的・宗教的危機の深刻さを反映したものであったと解釈することができる。というのも、そうした現象は、未知の近代化の経験に見舞われたアフリカの諸社会でも生じていたし[42]、日本の幕末―明治期においても見られたものであったからだ。あらゆる制度が根本から動揺した幕末―明治期には、神から直接ことばや召命を受けとったとして、人びとに従来の生き方や考え方を根底から考えなおし、新しい信仰と倫理にしたがって生きるよう説いた多くの「生き神」が誕生した[43]。おなじように未曽有の困難に直面した古代イスラエルにおいても、神との直接の結びつきを主張して新しい生き方や信仰形態を説いた預言者が数多く出現したのだった。

旧約聖書の歴史書で最初に預言者への言及があるのは「サムエル記」である。「町に入るとき、琴、太鼓、笛、竪琴を持った人々を先頭にして、聖なる高台から下って来る預言者の一団に出会います。彼らは預言する状態になっています。主の霊があなたに激しく降り、あなたも彼らと共に預言する状態となり、あなたは別人のようになるでしょう。これらのしるしがあなたに降ったら、しようと思うことは何でもしなさい。神があなたと共におられるのです」（サムエル記上10：5―7）。このくだりを見ると、当時のイスラエルでは預言者が集団で行動し、笛や太鼓などの楽器をもちいながら、神や霊の憑依のなかでさまざまなことばを伝えていたことがわかる。私たちが先に見た、意識の変性状態のなかで人間の意識を拡張するための原初的な宗教的技法としてのシャーマニズムがここでも生きられていたのである[44]。

これに対し、聖書に記載されている預言者たちは、ひとりで行動し、人びとの行動や社会のあり方を警告しながら、神から直接与えられたとすることばを伝えていた。彼ら苦難の時代に活躍した預言者＝シャーマンたちは、なにをおこなっていたのだろうか。彼らがめざしていたのは、第一に、国家の壊滅や捕囚といった困難な状況を人びとに説明し、了解可能なものにすることであった。出来事の説明図式として、好ましくない出来事や事態が発生したときに、妖術師や悪霊、人間の過ちなどがその原因とされる傾向があることを先に見たが、イスラエルの預言者たちはそのうちの人間の過ちのみを強調していたのである。

第二に、人びとの行為、とりわけ神の教えに対する違反を厳しく批判したことである。彼らは苦難の説明要因として人間の過ちを強調したが、それは行為遂行上の一時的な過ちではなく、人間の行為の総体、神に対する向き合い方そのものの告発であった。行為の総体を告発することは人格の否定につながりかねないので、なんらかの役職にある人間がおこなうようなものではなく、いかなる役職ももたない預言者＝シャーマンにのみ可能なことであっただろう。預言者たちが社会的に周辺化された存在であったことは、預言者エレミアが逮捕され命を狙われたとされること（エレミア書37-38）に如実に示されている。

第三に、預言者たちは社会的に不安定であり周辺化された存在であっただけに、自分のことばに権威を与えるためにも、神との直接の結びつきを強調したことだ。一般にシャーマニズムの場合、複数の神ないし霊が存在するので媒介者（メディウム）も複数存在することになり、媒介者が絶対的な権威をもつことはない（図5-4）。しかし、神が唯一の存在であるとすれば、それを媒介する職能者はひとりないし少数しか存在しえないので、そのことばは絶対的な権威をもつことになる。その意味では、社会的・宗教的に周辺化された存在である古代イスラエルの預言者たちが、神の唯一性・絶対性を強調したことは必然であった。

　第四に、預言者第二イザヤ[45]がおこなったように、ヤハウェはユダヤ民族にとっての唯一神であるだけでなく（ここでは他の民族が崇敬する神々は否定されない）、他の諸民族の神々の存在をも否定する唯一神・絶対神だとする主張を打ち出したことだ。旧約学や聖書学の専門家たちは、これによって従来の一神崇拝（monolatry）が唯一神教（monotheism）に変化したとして、その意義を高く評価する。たとえば山我哲雄は、「それはおそらく、民族解体と信仰喪失という絶対的な危機に直面して、それをもっとも効果的に克服する最後の手段としてある種の天才的直観によって案出された信仰上の革命であ」ったと述べる[46]。しかし、私にはこの二つの概念の区別が重要であるとは思えない。民族宗教の枠内にとどまりながらヤハウェの名において他民族の神々を否定することは、他民族との共存を不可能にする民族主義的覇権主義や「選民思想」以外のなにものでもないからだ。それが宗教史的に見て真に革新的な意味での唯一神教化するには、のちにイエスと彼が興したキリスト教がおこなったように民族宗教の枠を批判し、それを超越する思想と実践を案出することが必要であった。そうでなければ、それはたんなる排他的唯一神観に過ぎないのだ。

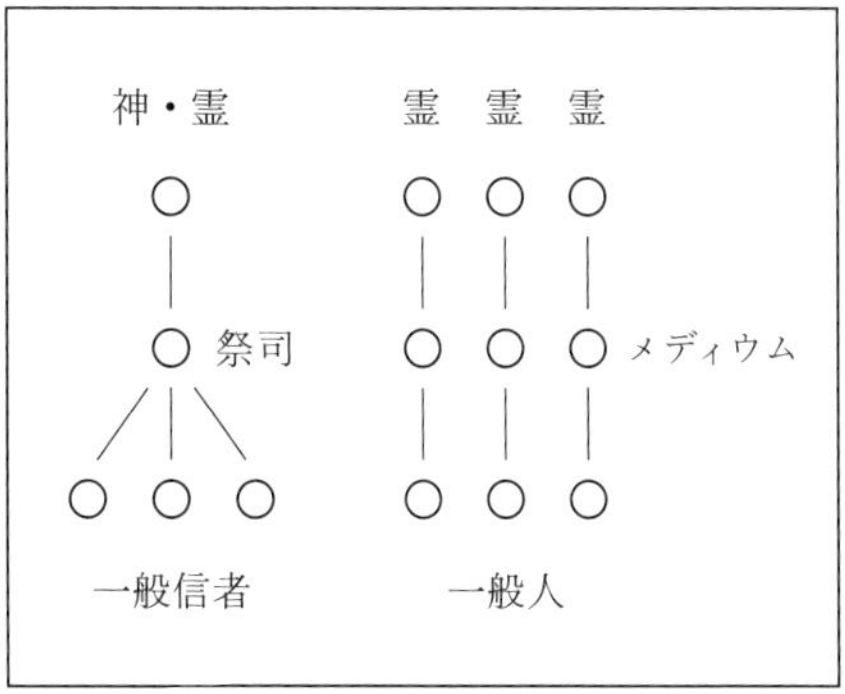

図5－4　憑依システム（右）と一神教的システム（左）

　以上を私なりに宗教史的観点からまとめるとつぎのように

なる。イスラエル王国の繁栄と崩壊、その後のユダ王国の発展とそれにつづく王国と神殿の破壊、バビロン捕囚。紀元前八世紀から五世紀にかけての苦難と激動の時代を生きるなかで、自分たちがなぜそのような状況にあるかを説明しようとしたのがこの時代に輩出した預言者であった。社会的・宗教的に周辺的な存在であった彼らは、自分たちのことばに権威を与えるためにも神から直接ことばを授かったと主張すると同時に、神ヤハウェの唯一性・絶対性を強調することが必要であった。神が絶対的で無謬の存在であるとすれば、人間が経験する苦難や困難を招いたのは人間自身だということになる。彼らは人間の行為の過ち、唯一神からの離反が一連の不幸の原因だとして、権威層やそれに追随する人びとを糾弾したが、既成の宗教体制の側からも彼らの主張に同調する聖職者があらわれ、一大勢力を構成した。申命記主義者と呼ばれる彼らは、こうした主張に沿って一連の歴史書を書き、預言者たちの言動を記録し、モーセ五書を書き直すことで旧約聖書の骨子を完成し、人類の宗教の歴史において画期的な唯一神教としてのユダヤ教を確立した。それは「ある種の天才的直観」というより、歴史的な有為転変に条件づけられつつも、その条件を超克するためにさまざまな宗教者が各自の能力に応じて行動することでつくり上げた共同製作であったのだ。

捕囚期以降のユダヤ教とローマの支配

紀元前五三九年にペルシア王キュロスはバビロニアを攻略し、王は捕囚者の帰還を許可した。また王は、税を払うかぎり各民族の文化や宗教を尊重したので、イスラエルから連行されていたユダヤ人の多くはエルサレムに戻り、神殿の再建につとめた。神殿は紀元前五一五年に完成し、これ以降、西暦七〇年にローマ軍によって破壊されるまでが「第二神殿時代」と呼ばれている。本拠地に戻ったユダヤ人は自治を認められ、大祭司を中心に一種の神権政治を実現した。エルサレムの神殿には多くの祭司が常駐し、彼らは律法を重視し、大祭司を頂点とした安定した宗教的秩序を好んだので、体制批判をおこなう預言者の活動は忌避されるようになった。実際、預言者の言動を記した預言書は前五世紀までで終わっている。彼らの活動がもっとも際立ったのは社会の混乱期である前八世紀から前五世紀であり、社会が安定すると彼らは疎んじられるようになった。それ以降も預言者は出現したが、彼らの言動は周辺化され、その記録は「偽書」として位置づけられるようになったのだった。[47]

紀元前三三〇年にアレクサンドロス大王によってペルシアは滅ぼされ、ユダヤの土地は大王が築いた国家の支配下に入る。これによってユダヤ人のあいだにもギリシアの思想や文化が流入し、モーセ五書をはじめとする諸巻のギリシア語への翻訳がおこなわれた。そうしたなかで、既成権力に対して迎合的な保守派のサドカイ派と、律法を厳格に守ることで救われようとする、小市民層に支持されたパリサイ派、世俗を忌避して荒野で共同生活をおくるエッセネ派などの分派が誕生した。ドイツの聖書学者ゲルト・タイセンは、これらの派の誕生はローマの支配とギリシア文化の流入に対するユダヤ側からの対抗運動であったとするが、[48]傾聴すべき見解だろう。社会と宗教を貫いてさまざまな運動が、多くの民衆をまきこむかたちで生じていたのだ。

その後、前一七五年以降にユダヤ教の実践が禁止されると抵抗運動が生じ、混乱に乗じてローマ軍が侵攻し、前六三年以降ローマの支配下におかれるようになる。こうしたローマの支配は、ユダヤ社会にどのような影響を与えたのだろうか。ユダヤの土地はローマの総督によって支配されたが、彼らは特殊な信仰形態をもつユダヤ教については手をふれようとせず、ユダヤ人の大祭司を任命して人びとを統治した。しかし、このことはイスラエルの民衆にとっては苦痛を増しただけであった。彼らはローマが課す人頭税や市場税に加え、エルサレム神殿に神殿税や十分の一税を支払わなくてはならず、負担は二重に重くなった。その結果、多くの零細農民は土地を担保に借金を重ね、貴族や大土地所有者への農地の集積が進んで社会は二極化した。また、大祭司の地位を金で買収するような不正がつづいたことでその権威は失墜し、旱魃があいついだこともあり、精神的支柱を欠いたユダヤ社会は不正と貧困と混乱が横溢する危機的状況を呈した。そうした状況のなかで、ユダヤ教の革新者イエスが誕生するのである。

史実としてのイエス[49]

史実としてのイエスについて、私たちに知らされていることは多くはない。イエスは紀元前四年ごろ、北イスラエルのガリラヤのナザレ村で生まれ、紀元後三〇年ごろにローマのユダヤ総督ピラトゥスによって処刑された。父親は大工ないし石工であり、彼もその仕事を継いで生計を立てていたはずだ。当時の彼がどのように生きていたかは不明だが、三〇歳になるころとつぜん志を立てて宗教者として生きるようになった。彼はヨルダン川のほとりに行き、「悔い改めよ。天の国は近づいた」（マタイ書3:2）と述べて人びとに洗礼を施し、洗礼者と呼ばれていたヨハネのもとで洗礼を受けた。かなりの数の研究者は、ヨハネが信仰者の集団を率いており、イエスもしばらくのあいだ彼と行動を共にしていたと考えている。[50] その後、イエスはヨハネのもとを離れて独自に活動するようになったが、ヨハネはその言動が危険視されて後二八年ごろにローマによって処刑された。イエスが奇跡の業を中心にした独自の宣教活動を開始したのはヨハネの処刑とほぼ同時期であり、その期間はせいぜい一年半、長くて二年でしかなかった。[51]

ユダヤの地では、ヨハネをはじめ終末思想にもとづくメシア主義的な行動が頻出する一方で、ローマの支配に暴力で対抗しようとする運動も生じていた。ローマは西暦六年以降、ユダヤ人の直接支配に乗り出し、人頭税の徴収を確実にするために戸籍調査をおこなった。それに対し、「ガリラヤのユダ」と呼ばれていた男が、自分たちの神以外に主はいないので、ローマ帝国に税を支払うことは神への冒瀆だとする拒否運動を組織した。[52] 終末の日が近いことを訴えながら熱烈に神を信仰したことで「熱心党」と呼ばれた彼らは、一部のパリサイ派祭司と協力しながら、律法を遵守することと、ローマが課す偶像崇拝を拒絶すること、ローマの側に立つ人間を襲撃することなどの実力行使に訴えた。彼らの活動は、同時代の歴史家フラウィウス・ヨセフスによって、サドカイ、パリサイ、エッセネに並ぶ「第四哲学」と呼ばれるほどの力をもったが、[53] やがてローマ軍によって鎮圧される。しかし、紀元後四六年にガリラヤのユダの子ヤコブとシモンによる武装蜂起が発生し、同六六年にも彼の孫メナヘムらに率いられた反乱軍がローマ軍に対して蜂起し、数十万の死者を出して、エルサレムの神殿が破壊されるなど、彼らの影響はユダヤ社会に残りつづけたのだった。

ここでの問題は、イエスがこの熱心党の運動にかかわっていたか否かである。一部の研究者は、イエスに「熱心党のシモン」と呼ばれる使徒がいたこと（使徒言行録1:13）、最後の日が近づいたときにイエスが弟子たちに向かって「剣のない者は、服を売ってそれを買いなさい」といっていること（ルカ書22：36）、イエスがローマ帝国に対する反逆者の処刑方法である十字架刑に処せられたことなどを理由に、彼は熱心党の一員であった、ないしローマ支配に抵抗した民族主義的な革命家であったと主張する。[54] そして聖書にそうした彼の姿を記した記述がないのは、キリスト教をローマ帝国内に浸透させるために教会の指導者がとった方便であったとするのである。

こうした解釈、とくにイエスの言動を同時代のユダヤの地で生じていた社会運動に結びつける視点は、両者が関与していた人びとが共に社会の底辺層であっただけに興味深いものがある。しかしながら、その解釈を肯定するには、ほとんどが奇跡譚である四つの福音書の記述を否定することが必要になる。もしイエスが武力によるローマからの独立をめざしたユダヤ民族主義者であったなら、彼が社会の底辺で生きる人びとを救うためにあれほど奇跡をおこなう必要はなかったはずだからだ。イエスの言動を見るかぎり、彼がこの運動に影響されていた可能性はあるが、それに同一視することは無理があるというべきだろう。

イエスはなにをおこなったか

それでは、イエスはなにをおこなったのだろうか。彼が師であったヨハネと異なったのは、後者が「らくだの毛衣を着、腰に革の帯を締め、いなごと野蜜を食べ」ながら、ヨルダン川のほとりの荒野で彼を求めてくる人びとに悔い改めの洗礼をおこなっていたのに対し（マルコ書1：4-6）、イエスは積極的に町や人びとの集まるところに出かけて、奇跡の業をおしげもなく行使したことであった。彼の言動の記録である福音書に接するとき、最初に眼に入ってくるのは、彼がおこなったとされるさまざまな奇跡の業である。最古の福音書である「マルコによる福音書」は、彼の癒やしの業についてこう書くことからはじめている。

イエスは、安息日に会堂に入って教え始められた。人々はその教えに非常に驚いた。律法学者のようにではなく、権威ある者としてお教えになったからである。そのとき、この会堂に汚れた霊に取りつかれた男がいて叫んだ。「ナザレのイエス、かまわないでくれ。我々を滅ぼしに来たのか。正体は分かっている。神の聖者だ。」イエスが、「黙れ。この人から出て行け」とお叱りになると、汚れた霊はその人にけいれんを起こさせ、大声をあげて出て行った。〔略〕夕方になって日が沈むと、人々は、病人や悪霊に取りつかれた者を皆、イエスのもとに連れて来た。町中の人が、戸口に集まった（マルコ書 1:21–26, 32）。

新約聖書の柱である四つの福音書は、いずれもイエスがおこなった奇跡の業をこれでもかというぐらいに記している。彼は、不治の病とされていたらい病患者を治し、一二年間血の病に苦しんでいた患者を癒やし、悪霊を追い出し、手や足が萎えた人を健やかにし、目の見えない人や耳の聞こえない人を回復させ、さらには死人までも生き返らせた。彼はどこにでも出かけて行き、対価を求めずに奇跡の業を行使したので、多くの人間が彼のあとを追い、住まいにつめかけるまでになった。しかも彼は病める者を治しただけでなく、罪人や取税人や娼婦のような社会のなかで差別されていた人びとに対しても排除することなく、わけへだてなく接していた。

イエスがレビの家で食事の席に着いておられたときのことである。多くの徴税人や罪人もイエスや弟子たちと同席していた。実に大勢の人がいて、イエスに従っていたのである。ファリサイ派の律法学者は、イエスが罪人や徴税人と一緒に食事をされるのを見て、弟子たちに、「どうして彼は徴税人や罪人と一緒に食事をするのか」と言った。イエスはこれを聞いて言われた。「医者を必要とするのは、丈夫な人ではなく病人である。わたしが来たのは、正しい人を招くためではなく、罪人を招くためである」（マルコ書2:15–17)。

ユダヤ教の伝統的な教えでは、らい病患者や罪人などは汚れた人間のカテゴリーに入れられ、彼らと同席して食事を共にすることは禁止されていた。しかし、弱い者、傷つきやすい者に対してイエスが示した心からの共感は、そうしたユダヤ教の律法の教えを超えるところまで達していた。そのため、彼を慕ってやってくる人びとの数は増えるばかりであった。

イエスは町や村を残らず回って、会堂で教え、御国の福音を宣べ伝え、ありとあらゆる病気や患いをいやされた。また、群衆が飼い主のいない羊のように弱り果て、打ちひしがれているのを見て、深く憐れまれた。〔略〕「疲れた者、重荷を負う者は、だれでもわたしのもとに来なさい。休ませてあげよう。わたしは柔和で謙遜な者だから、わたしの軛を負い、わたしに学びなさい。そうすれば、あなたがたは安らぎを得られる」(マタイ書 9:35-36, 11:28-29)。

貧困や病気や障害を抱える人びと、社会の底辺に位置づけられている人びとに対する共感こそがイエスをある意味で過激な行動に駆り立てていたのであり、その点こそが彼を「革命家」とする一連の解釈のもとになっていたわけだが、彼の言動はそうした解釈を超えていく。彼は弱い人びと、社会の底辺にある人びとを包摂していく一方で、自分の身近にいる弟子たちに対しては無理難題というほどの要求を課していた。彼が彼らに対して求めたのは、一切を捨ててしたがうこと、家族を捨て、故郷を捨て、一切の財産を捨て、自分に気づかうことや防御の意志さえも捨てて、彼にしたがうことであった。

「わたしが来たのは地上に平和をもたらすためだ、と思ってはならない。平和ではなく、剣をもたらすために来たのだ。わたしは敵対させるために来たからである。人をその父に、娘を母に、嫁をしゅうとめに。こうして、自分の家族の者が敵となる。わたしよりも父や母を愛する者は、わたしにふさわしくない。わたしよりも息子や娘を愛する者も、わたしにふさわしくない」(マタイ書 10:34-37)。
「だから言っておく。自分の命のことで何を食べようか何を飲もうかと、また自分の体のことで何を着ようかと思い悩むな。命は食べ物よりも大切であり、体は衣服よりも大切ではないか。空の鳥をよく見なさい。種も蒔かず、刈り入れもせず、倉に納めもしない。だが、あなたがたの天の父は鳥を養ってくださる」[55](マタイ書 6:25-26)。

「敵を愛し、あなたがたを憎む者に親切にしなさい。悪口を言う者に祝福を祈り、あなたがたを侮辱する者のために祈りなさい。あなたの頬を打つ者には、もう一方の頬をも向けなさい」[56]（ルカ書6:27-29）。

家族を捨て、故郷を捨て、財産を捨て、自分への配慮さえも捨てて、自分についてこい。弟子に対してそうもとめるイエスであったからこそ、つぎのような発言も出てきたのだろう。この発言はどう見ても合理的なものではないが、弟子の眼をのぞき込みながらそういうことばを口にできるイエスであったからこそ、命を懸けてでも彼についていこうとする弟子をつくることができたのだ。まさに教祖の誕生である。

「あなたがたはどう思うか。ある人が羊を百匹持っていて、その一匹が迷い出たとすれば、九十九匹を山に残しておいて、迷い出た一匹を捜しに行かないだろうか。はっきり言っておくが、もし、それを見つけたら、迷わずにいた九十九匹より、その一匹のことを喜ぶだろう」[57]（マタイ書18:12-13）。

これほどラディカルな発言をし、振る舞いをつづけたイエスであっただけに、彼がユダヤ教の根幹である律法の遵守につとめる人びとと対立するようになったのは必然であった。[58]時間が経過するにつれて、イエスと遵法主義のパリサイ人との対立は深まっていく。ある日イエスの弟子たちは、ユダヤ教の教えの根幹にある安息日の決まりを守らず、麦の穂を摘んで手でもんで食べていた。[59]それを見たパリサイ人がなぜ安息日を守らないのかと詰問したところ、イエスはつぎのように答えた。「安息日は、人のために定められた。人が安息日のためにあるのではない。だから、人の子は安息日の主でもある」(マルコ書2:27-28)。そう述べるイエスは、律法を重視する他のユダヤ人と決定的に対立していく。

イエスはまた会堂にお入りになった。そこに片手の萎えた人がいた。人々はイエスを訴えようと思って、安息日にこの人の病気をいやされるかどうか、注目していた。イエスは手の萎えた人に、「真ん中に立ちなさい」と言われた。そして人々にこう言われた。「安息日に律法で許されているのは、善を行うことか、悪を行うことか。命を救うことか、殺すことか。」彼らは黙っていた。そこで、イエスは怒って人々を見回し、彼らのかたくなな心を悲しみながら、その人に、「手を伸ばしなさい」と言われた。伸ばすと、手は元どおりになった。ファリサイ派の人々は出て行き、早速、ヘロデ派の人々と一緒に、どのようにしてイエスを殺そうかと相談し始めた(マルコ書3:1-6)。

律法については自由な解釈をしたイエスであったが、ユダヤ人以外に救いの業を広げることには抵抗があったようである。ユダヤ人が他の民族の人びとと交わることは律法で禁止されていたので(使徒言行録10:28)、ユダヤ人の神から与えられた救いの業を異民族の人間に与えることには、さすがのイエスも躊躇したのだろう。つぎのくだりは、それをおこなうことへのイエスの逡巡と、それを彼が乗り越えた過程を示している。

イエスはそこをたち、ティルスとシドンの地方に行かれた。すると、この地に生まれたカナンの女が出て来て、「主よ、ダビデの子よ、わたしを憐れんでください。娘が悪霊にひどく苦しめられています」と叫んだ。しかし、イエスは何もお答えにならなかった。そこで、弟子たちが近寄って来て願った。「この女を追い払ってください。叫びながらついて来ますので。」イエスは、「わたしは、イスラエルの家の失われた羊のところにしか遣わされていない」とお答えになった。しかし、女は来て、イエスの前にひれ伏し、「主よ、どうかお助けください」と言った。イエスが、「子供たちのパンを取って小犬にやってはいけない」とお答えになると、女は言った。「主よ、ごもっともです。しかし、小犬も主人の食卓から落ちるパン屑はいただくのです。」そこで、イエスはお答えになった。「婦人よ、あなたの信仰は立派だ。あなたの願いどおりになるように。」そのとき、娘の病気はいやされた（マタイ書15：21-28）。

子どもたちのパン＝ユダヤ人のための救いの業を、小犬＝ユダヤ人以外に与えることは許されないとするイエスに対し、異邦人の女性はパン屑＝救いの業が床に落ちるほどあるなら、それを小犬に食べさせることに問題はないはずだと返す。イエスがこのことばを受け入れることによって、その教えの業が他民族へと開かれていくきっかけがつくられたのだった。人間の社会はそのはじめから、親族を基礎とし、それが集まって地域社会を構成し、その地域社会が集まって民族や国家を形成していた。宗教はこれらの社会組織に深く結びついて成立していたため、その枠を超えることはなかったのだが、個々人の苦しみを癒やすことを第一にしたイエスはそれをおこない得た。民族や国家の枠を超えた世界宗教としてのキリスト教がここに誕生したのである。イエスの啓いたキリスト教はのちにユダヤ人以外に対しても宣教をはじめ、その功績は使徒のペテロやパウロに帰されている。しかし、彼らとしてもここでイエスが転換をおこなわなかったなら、世界宣教を開始できたかは疑わしい。イエスの教えが世界宗教になるための第一歩は彼自身によって踏み出されたのだ。

イエスの死とイエス運動の誕生[60]

その後、イエスは奇怪な行動に出る。あえて自分の宿命を確認するかのように、敵対するユダヤ教勢力の本拠であるエルサレムの神殿に乗り込み、そこで商売をしている人びとを追い出し、神殿へ捧げるための両替人の机や鳩を売る台をひっくり返すなどの狼藉をはたらく。その上で、「『わたしの家は、すべての国の人の祈りの家と呼ばれるべきである。』ところが、あなたたちはそれを強盗の巣にしてしまった」と、挑戦のことばを投げつけたのである（マルコ書11:17）。ここまでくれば、イエスと守旧派のユダヤ教勢力とのあいだにもはや和解の道はない。イエスは大祭司の勢力によって捕らえられ、ローマのユダヤ総督ピラトゥスの前に引き立てられて、過越祭の前日に裁判が開かれる。そして、彼の死を望む大祭司らによって、エルサレムの神殿を汚し、「ユダヤ人の王」を名乗ったと告発されて、死刑の判決を受けたのである。

イエスはローマの政治犯の処刑方法である十字架の刑に処せられたのだが、十字架の上で彼は、「エロイ、エロイ、レマ、サバクタニ」、「わが神、わが神、なぜわたしをお見捨てになったのです

図5－5　ジョットによるイエスの磔刑の図

か」と叫んで息絶えたとされる（マルコ書15:34）（図５－５）。このことばを真に受けるなら、おそらく彼は神が介入して天変地異ないし終末を引き起こして自分を救ってくれると信じていたのだろう。しかし、そのような事態は起こらなかっただけでなく、イエスが逮捕されたことを見た弟子たちは、追及を恐れて逃げ出してしまった。もし事態がこのままで終わったなら、イエスの改革の試みは既成の宗教権力に敗れたことになり、キリスト教が誕生することもなかっただろう。しかしその三日後、イエスの墓から遺体が消え、四散していた弟子たちのもとにあらわれてその存在を確証したことで、最初は疑っていた弟子たちもイエスが復活したことを信じるようになる。[61] イエスとおなじように精霊に満たされた彼らは、その教えを伝えるために四方に散って宣教をはじめたのである。

この段階の弟子たちの集団はどのようなものであり、社会からどのように受け入れられていたのだろうか。イエスの試みはユダヤ教の革新運動であったから、それが第一にターゲットとしたのはユダヤ人であった。避妊や間引きを禁止するユダヤ人はきわめて多産で、その人口は紀元一世紀には六〇〇万〜八〇〇万を数え、ローマ帝国全体の一〇パーセントに達していた。そのうち、パレスチナに居住していたのが一〇〇万から二〇〇万とされるので、ユダヤ人の多くは各地に散ったディアスポラであった[62]。彼らの多くはギリシア語を話したし、ローマの支配下にあったパレスチナのユダヤ人のかなりもそうであった。聖書はきわめて早い段階からヘブライ語を話す弟子とギリシア語を話す弟子とのあいだに葛藤があったことを記しており（使徒言行録6:1）、二種の信者集団が初期の段階から存在していたことがわかる。

ヘブライ語を話す信者の中心にいたのはイエスから直接教えを受けた一二人の使徒であり、彼らはエルサレムでユダヤ教主流派との協調路線をとりつつ、各地に使徒を派遣してイエスの教えを広めていた。一方、ギリシア語を話すヘレニストと呼ばれる信者の集団は、ユダヤ人だけでなく、非ユダヤ人にも積極的に宣教をおこなっていた。そのひとりであるパウロの行程に見られるように、その足跡はシリアのアンチオキアをはじめ、トルコのエフェソス、ギリシアのコリントス、そしてローマへと広がっていた。

彼らがどのように宣教をおこなっていたかについては、聖書学者ゲルト・タイセンのきわめて興味深い研究がある。新約聖書には、「信者たちは皆一つになって、すべての物を共有にし、財産や持ち物を売り、おのおのの必要に応じて、皆がそれを分け合った。そして、毎日ひたすら心を一つにして神殿に参り、家ごとに集まってパンを裂き、喜びと真心をもって一緒に食事をし、神を賛美していた」（使徒言行録2:44-47）などの記述がある。これを根拠にタイセンは、宣教をしていた彼らは、故郷と家族と財産を放棄し、巡回しながら癒やしの業をおこないつつイエスの教えを広める説教者にして霊能者であったとするのである。

原始キリスト教の中心的な人物像は、ある場所から他の場所へと移動しては、それらの場所で小さな支持者の集団によって支えられ得た、巡回する使徒や預言者や弟子たちであった。この支持者の集団は、組織という点から見るならばユダヤ教の枠のうちに留まっていた。彼らは、原始キリスト教の革新的な要素を明瞭に具現していない。彼らは、様々な義務や条件によって古い状態の中に繋がれていた。後でキリスト教として独立したものの担い手は、むしろ故郷を捨てた巡回霊能者たちであった。[63]

タイセンの理解がすぐれているのは、イエス運動ないし原始キリスト教を二つの異質な集団のダイナミズムにおいて理解しようとしているところである。そのひとつは、巡回しながらイエスのことばを伝える霊能者の集団であり、その生き方は先のイエスが弟子たちに課したことばそのままに、故郷を捨て家族を捨て財産を捨てて宣教に専念するものであった。当時の社会の基礎にあったのは親族と地域社会であり、それから切り離されることはほぼ死か奴隷の境遇を意味していた。ところがイエスはそれをもとめただけでなく、財産も家族も定住地もなく生きることを弟子たちに要求した。彼らは赤子のようになにもたず傷つきやすい状態におかれていたのであり、そうした彼らが生き延びるには、集団を築き周囲からサポートを受けることが必要であった。私はこの本の最初で、ヒトの先祖が他のどの霊長類より脆弱な存在であったこと、そのため彼らは大きな集団を構成することによってのみ生き延びえたことを指摘した。彼らはそれにより知能の発展を可能にし、人間の誕生へとつなげていったのであり、そのようにして誕生した人間はその後も祝祭のかたちでこうした集団性を維持してきたのだった。私はそれを「被傷性の共同体」(「傷つきやすい者たちの共同体」)と呼びたいが、そうした共同体はイエス運動においても存在しただけでなく(仏教でもおなじだった)、それはあえて意図的に形成されていたのである。

イエス運動を構成したもうひとつの集団は、故郷も財産ももたずに巡回する霊能者を支える各地の集団であった。彼らは生産活動や商業に従事して生計をたてながら、巡回する霊能者の生活を支え、そのことばを受け入れることで、みずからの生活と意識を変革していったのだろう。新約聖書のかなりの部分を占めるパウロの手紙は、霊能者のひとりであった彼が、彼らの活動を支えていた各地の集団に対してイエスの教えから外れることがないよう書き送ったものである。もっともそれにあたってパウロは、地上の権威や財産を否定したイエスのラディカルさを弱め、「人は皆、上に立つ権威に従うべきです」(ローマ書13:1)といい、妻は夫に、子は親に、奴隷は主人にしたがうべきだと説いている[64](コロサイ書3:18–22)。タイセンはこうしたパウロの転換をもって、「イエス運動の倫理的急進主義」を「愛の家父長制」へと変質させたとして整理する。その上で彼は、それによってキリスト教が下位階層のための宗教にとどまらず、上位階層にまで影響力を広げることができたとするのである。[65]

史上最大規模の版図を誇ったローマ帝国が、なぜキリスト教を国教として受け入れたかは明確ではない。しかし、もしキリスト教がローマ帝国で受け入れられなかったなら、それはユダヤ教内部の小さな分派にとどまっていたはずだ。その意味で、キリスト教がローマ帝国で受け入れられた過程を理解することは重要なのである。

ローマは元々ギリシアのような共和制の都市国家であったが、常備軍を整備することで領土の拡大に成功し、広大な領域国家を建設した。しかし、ローマが戦争によって獲得した領土や賠償金は、一部が市民に税の免除や食料配布のかたちで還元されたが、多くは有力者や軍人のものとされたため、市民のあいだの経済的格差はいちじるしく拡大した。その結果、市民の半分近くが国家の補助によって生活するような社会の分極化が生み出されたのである。こうした状況では、もはや市民はギリシアのポリスのように軍事を担うことはなく、軍隊は一部の軍人によって担われるようになり、ローマは軍事国家へと変質した。ローマが紀元前二七年以降帝政となったこと、のちの皇帝の多くが下層出身の軍人でありしかも頻繁に入れ替わったことは67、そうした経緯によれば当然の帰結であった。

市民の半数近くが国家によって扶養される人びとであったとすれば、支配者にとってなにより重要なのは、彼らに食糧を供給することであり、市民としての権利をもつ彼らが不満をもたないよう気晴らしや娯楽を提供することであった。いわゆる「パンとサーカス」の政治であり、ローマに巨大な競技場コロッセウムが建設され、公共浴場が建設されたのはそのためであった。他方、一部の支配階級は食の贅沢にふけり、性的にも乱雑をきわめていたし、女性の半数は一四歳以下で結婚し、離婚は一枚の紙切れで可能であったので、ローマには家庭といえるようなものはなかった。それに加えて、平民層における衛生状態の悪さや栄養失調、貧困のゆえに結婚ができず同棲が一般的だったことなどから、ローマ帝国はつねに人口減少に苦しんでいた[68]。空前の領土と繁栄を築いたローマ帝国であったが、その内実は、生活倫理の欠落と社会統合の欠如によって特徴づけられる、社会学でいう「アノミー状態」であったのだ。

ローマの宗教についていえば、ギリシアのような多神教であり、ゼウスがユピテルになりアテナがミネルヴァになったように主要神についてはギリシアのそれをそのまま移入していた。また、征服によって拡張したローマがさまざまな民族集団を包摂したように、その宗教も各民族やエジプトやメソポタミアの神々や儀礼をとり込んだいわばごった煮状態であった[69]。ローマでもギリシアとおなじように政治と宗教は密接に結びついていたので、社会が安定していたときには宗教は秩序の確立に欠かせない役割をはたすことができた。しかし、社会がアノミー状態になったときには宗教もまた混乱し、それを乗り越えるために皇帝崇拝を強調したが、地方出身の軍人皇帝がつづくような状態では宗教の統合機能は失われていった。紀元六四年の大火ののちに皇帝ネロは責任をなすりつけるためにキリスト教徒の弾圧に乗り出したし、その後もキリスト教徒の弾圧はくり返されたが、それはスケープゴートを仕立てることで秩序を維持しようとするさもしい試みであった。ローマの人びとが初期のキリスト教をどう見ていたかは、歴史家コルネリウス・タキトゥスが紀元一〇九年ごろに完成させた『年代記』に如実に示されている。

それは、日頃から忌わしい行為で世人から恨み憎まれ、「クリストゥス信奉者」と呼ばれていた者たちである。この一派の呼び名の起因となったクリストゥスなる者は、ティベリウスの治世下に、元首属吏ポンティウス・ピーラートゥスによって処刑されていた。その当座は、この有害きわまりない迷信も、一時鎮まっていたのだが、最近になってふたたび、この禍悪の発生地ユダヤにおいてのみならず、世界中からおぞましい破廉恥なものがことごとく流れ込んでもてはやされるこの都においてすら、猖獗をきわめていたのである。[70]

この文章にはローマの神々に無関心なキリスト教徒に対する強烈な反感が示されているが、それだけではない。この時期にすでにキリスト教がローマのなかにかなり入り込んでいたことの証言として興味深いのである。キリスト教徒の増加割合を計算した宗教社会学のロドニー・スタークによれば、キリスト教徒が年に四〇パーセントの割合で増加したと考えるなら、イエスの死の直後の信者数一〇〇〇が、紀元一〇〇年には七五三〇になり、二〇〇年には二一万七〇〇〇、三〇〇年には六三〇万、三五〇年には三三八八万になる。[71] 彼らの多くはローマ帝国内に居住していたのだから、六〇〇〇万と推測されるローマ帝国の人口の半数以上がキリスト教徒になっていた計算になる。皇帝コンスタンティヌスは三一三年にミラノ勅令を出してすべての宗教を公認し、三二五年には教義の混乱をしずめる目的でニカイア公会議を主宰するなど、キリスト教の国教化に尽力したが（図5－6）、ローマ帝国におけるキリスト教徒の割合を考えるなら国教化はおそらく必然であった。それに加え、異民族を統合するのにその神々を追加することしかできず、真の意味での統合原理をもたなかったローマ帝国にとって、ひとりの神とひとりの媒介者を中心に教義を整えることで世界宗教化しつつあったキリスト教は、きわめて魅力的な統合原理に映ったに違いなかった。

愛と配慮の共同体

図5－6　ニカイア公会議

キリスト教がローマ帝国内で進展したことについて、スタークはその一因をキリスト教の倫理性の高さと愛護精神、共同体意識に見ている。二世紀から三世紀にかけてローマ帝国内では疫病や災害があいついだが、それに際してのキリスト教徒の振る舞いは異教徒のそれとは対照的であったと彼は述べる。同時代のアレクサンドリア司教ディオニュシウスはつぎのように書いているというのだ。

> わたしたちの兄弟の大半は、あふれんばかりの愛と兄弟愛から、骨惜しみせずに互いのことを思いやりました。彼らは危険を顧みずに病人を訪れ、優しく介護し、キリス

トにあって仕え、そして、彼らとともに喜びのうちにこの世を去りました。この人たちは他の者から病気を移され、隣人たちの病を自らの側に引き寄せ、その苦痛をすすんで自分のものにしました。そして多くの者が、他の人たちを看護し癒したとき、その者たちの死を自分に移して自ら死んで行きました。〔略〕それは多くの長老や、執事や、一部の平信徒たちであり、彼らは大いに賞賛されました。[72]

弱者に配慮し、社会から排除された人びとに救いの手を差し伸べたイエスの振る舞いは、疫病や災害といった逆境のなかで多くのキリスト教徒によって追体験されていたというのだ。これに対し、キリスト教徒以外の人びとの振る舞いは対照的であったとディオニュシウスは述べる。

異教徒たちの振る舞いはまさに逆でした。彼らは疫病に倒れたばかりの者さえ敬遠し、最愛の者たちから遠ざかりました。彼らは半死の者を路上に投げ出し、葬られていない死体を手ひどく扱いました。彼らはそうすることによってこの死病の蔓延と伝染を避けようとしましたが、それはどんな手立てによっても容易に逃れられませんでした。[73]

これは一例でしかないが、平和を求め、不正を避け、隣人を愛し、夫や妻と子を愛するようもとめたキリスト教の倫理は、社会規範が崩壊し、各自が自分の利益だけを追求するようなアノミー状態にあったローマ帝国の人びとには大いに歓迎されたのだろう。それに加えて、キリスト教会は信者を結びあわせる強固な共同体組織をつくり上げることができた。古代社会の基底にあったのは親族組織であり、それは共通の先祖を祀ることで構成員のあいだに強固な結びつきを築いたが、複数の親族間の関係は共通の敵にあたるときをのぞいて対立的であった。一方、すべての死者がいつの日かイエスのように甦るとの信仰を打ち出したキリスト教は、甦りに備えて死者を教会の墓地に埋葬するようにしたことで、イエスの代理である教会を父とし信者を子とする強固な共同体を築くことができた[74]。イエスがみずからの死をもってつくり出した弱者の共同体、被傷性の共同体は、従来の親族組織に代わるものでありえたのである。それはアノミー状態にあった古代ローマの人びとにとって、貴重なものに映ったに違いなかった。

キリスト教は四世紀にローマの国教とされる以前から、司教、司祭、助祭、副助祭などの組織をつくり上げていたし、信者になるための洗礼式やキリストの生命をとり込む聖餐式などの手順も整備していた[75]。それに加え、キリスト教はローマ帝国の国教として受け入れられることで、巨大な帝国を維持するために整備された官僚制やヒエラルキー組織をそのままとり込むことができた。そのことは、キリスト教内部の異端を排除するためにくり返しおこなわれた公会議が、皇帝のもとで開催されたことに如実に示されている。そうした世俗の権力との結びつきは、キリスト教が世界宗教として発展していくことに大きく貢献した。反面、それはイエス運動が生み出した、人間の脆弱さ、被傷性に根ざした弱者のための共同体としてのあり方とは異質なものであった。

キリスト教は、ある意味で矛盾のかたまりといえる。それは、被傷性に裏打ちされた弱者の共同体の意識を核としながら、帝国の組織を与えられている。それは、世俗の秩序を否定したイエスの教えに根差しながら、世俗的な制度である国家の秩序を維持するのに利用されている。それは、人間を救うために地上に降りた神の子が、人間によって殺されたという矛盾を教義の核とする。それは、神と人間をむすびつけるための手段としての供犠を不要とするべく、神の子自身が人間の救済のために供犠に付されたという矛盾に満ちた信仰を有している。それは、ユダヤ教の教えそのままに一切の具象化を拒否する唯一神を信奉しながら、その子であるイエスの具象化をくり返しおこなっている。それは、新約聖書の編纂に見られるような教義と文書を重視する一方で、十字架や洗礼、絵画、彫像、音楽、食物といった、儀礼がもちいてきた五感を刺激する象徴を動員する。[76] もし人間とは矛盾に満ちた存在であり、それによって多様な要素をとり込んで活力を得る存在であるとするなら、キリスト教とはまさに矛盾からなる制度であり教義である。それが二〇〇〇年後の今日も活力をもって生きられていることの秘訣は、おそらくその点にあるのだ。

アーリア人の到来と古代インドの社会[77]

つぎに、キリスト教とならび重要な世界宗教である仏教の誕生について見ていこう。ゴータマ・シッダールタ（ゴータマ・ブッダ）[78]によって仏教の教えが広められたのは紀元前五世紀ごろであり、[79] キリスト教の成立よりかなり早く、パレスチナで預言者が活発に活動した時期と符合するだけでなく、ギリシアでソクラテスやプラトンなどの哲学者が活躍した時期と重なっている。中国で孔子が誕生したのは約一世紀早かったが、世界史の観点から見ればほぼ同時代であり、これほど異なる地域で同時に宗教や思想の動きが活発化したことは世界史上の奇跡というべきだろう。また、彼らの活動の舞台がいずれも古代文明の周辺に位置していたことにも注目したい。乾燥地を流れる大河の流域に成立した集権的な古代文明が終焉すると、その周囲により小規模で、より自由な商業と都市化の進んだ国家がいくつも誕生した。これらの宗教家や思想家が活動したのはそれらの国家であり都市であった。

前章で見たように、インド亜大陸のインダス文明は紀元前一八〇〇年ごろ衰亡し、その三〇〇年ほどのちにアーリア人がアフガニスタンを経由してインダス川上流のパンジャブ地方に到来した。ウシとウマの飼育を主とし、騎馬の戦車をもつ彼らは武力にすぐれ、先住民族と対立したり吸収・同化したりしながら勢力を拡大した。彼らは前一〇〇〇年ごろにはさらに東のガンジス川流域に達し、鉄器をもちいて森林を切り開くことでガンジス川流域の肥沃な大地を開拓した。インド・ヨーロッパ系諸民族の一部である彼らは、他の諸民族とおなじように戦士－祭司－生産者からなる三機能体系をもっており、これに先住民をシュードラ（隷属民）として加えることで、ブラーフマナ（祭司、バラモンとも）、クシャトリア（戦士）、ヴァイシャ（庶民）、シュードラからなるカースト制の原型を築いていった。

インド古代の聖典であるヴェーダはアーリア人によって作成され、最古の「リグ・ヴェーダ」は前一五〇〇年から前一〇〇〇年までに成立したと考えられている。[80] もっとも、この時期には文字が使われておらず、文字の初出は有名なアショーカ王の碑文（前三世紀）まで待たなくてはならなかったので、それが文字化され記録として残されるのはずっとあとであった。ヴェーダは基本的に祭祀に関する資料だが、当時のアーリア社会のあり方や人びとの暮らしについてもある程度の知識を与えている。「リグ・ヴェーダ」時代の社会の基礎にあったのは外婚制の親族組織であり、これが貴重財であるウシを所有したほか、労働と所有の単位集団であった。こうした親族集団がいくつか集まって部族を構成し、ラージャンと呼ばれる首長によって治められていた。

紀元前一〇〇〇年以降になると、リグ・ヴェーダにつづく「サーマ・ヴェーダ」や「ヤジュル・ヴェーダ」がつくられ、「後期ヴェーダ時代」と呼ばれている。この時期には鉄器の使用が進んだことで経済が活発化し、機織り、土器作り、皮革製造などの産業が発展したほか、都市の萌芽も見られていた。こうしたなかで、リグ・ヴェーダの「十王戦争」の記述に見られるような初期国家が誕生し、国家間の戦争も生じていた。やがて前六〇〇年以降には、ガンジス川の上中流域にクル王国、パンチャーラ王国などが誕生し、「十六大国時代」と呼ばれるようになる。商業活動や各種産業が活発になるとともに、長距離交易に従事する大商人も出現し、都市化が進み、社会の階層化が進行した。国家の建設に付随して祭司ブラーフマナの権威が高まったことで、祭祀とその解釈が複雑になるとともに、古代インドの宗教観と哲学の到達点である「ウパニシャッド」が書きはじめられたのもこの時期であった。

ヴェーダが示す古代インドの宗教世界[81]

ヴェーダは基本的に祭祀文書であり、その内容は、神々への讃歌や祭祀で唱えられる呪句《じゅく》や歌謡、祭祀の説明やそれに付随する秘密の知識などからなっている。ヴェーダが示しているのはメソポタミアやギリシアとおなじような多神教の宗教世界であり、そこには三三柱の神々が存在した（三三は多数をあらわし、実際の神々の数に対応するわけではない）。中心となる天空神はギリシアのゼウスに対応するディヤウスであり、大地母神プリティヴィーと対をなす。他に、水と夜の神ヴァルナや、昼と契約の神ミトラがいて、雷を武器とする変幻自在の神インドラや（仏教で帝釈天）、インドラと密接な関係にある多彩なヴィシュヌの神がいた。また、儀礼では火と刺激性のある液体ソーマが頻繁にもちいられるが、それぞれ火神アグニやソーマ神として神格化されている。

ヴェーダにおいて火は強い威力をもつものとして神聖視されており、それをもちいた祭式が数多くある。アグニホートラは神聖な祭火にミルクをそなえる儀式であり、祭火＝太陽に生命力と豊饒力を与えるものとされた。ウパナヤナは一定の年齢に達した少年に知識を授けるために入門させる儀礼であり、多くの社会の成人式がそうであるように象徴的な死と再生を課した。そのほか、各家庭における小規模な火の儀礼や祖霊祭、病気の治療儀礼、半月ごとの新月満月祭や四半期ごとの四か月祭、穀物の収穫を祝う収穫祭、ソーマの搾りかすを供えるソーマ祭など、さまざまな儀礼があった。[82]これらの多くは、讃歌や供犠・供物をささげることで神々の加護を求めることを目的とするものであった。

このようにヴェーダの祭祀が整備され大掛かりなものになったのは、儀礼が王権とむすびついたことによってである。王の家臣のうち最上位にあるのは王の儀礼を担当するブラーフマナであり、戦勝祈願をおこなったほか、王が関与するすべての儀礼を監督した。王に関する儀礼のなかでもっとも盛大なのは即位式であった。これは二年にわたっておこなわれ、ソーマをもちいた儀礼や四か月祭、王の頭に水を灌《そそ》ぐ灌頂《かんじょう》儀礼がくり返されたあと、王は戦車を走らせて模擬的な戦争によってウシを捕らえる。その後に、長期にわたる謹慎と断髪という一種の死を経験した彼は、王として再生する。この即位式は、王が普通の人間として死に、宇宙全体を統括する存在として生まれ変わることを象徴するものであり、それ以降、王は神聖王として宇宙の秩序に関与し、豊饒をもたらす存在とみなされたのである。

以上のように、ヴェーダの宗教は、多数教であること、くり返し農耕儀礼や人生儀礼をおこなうこと、供物や供犠を通じて神々に祈願することが儀礼の中心にあること、王は儀礼的な死と再生を通じて神聖王になることなど、エジプトやメソポタミア、ギリシアの宗教にきわめて類似する構造をもっていた。これに対し、そうした集団主義的で儀礼中心的な宗教のあり方を克服しようとする試みも生じていた。それが後期ヴェーダやウパニシャッドであり、そこでは多様な現象の背後に、唯一の普遍的本質としてのブラーフマン（梵）が存在するとされ、アートマン（我）と呼ばれる個々の存在はそれを理解しそれと一体化することがもとめられた（「梵我一如」）。ギリシアでは世界の統一原理の探求が哲学や自然科学の次元でおこなわれたのに対し、インドでは宗教の次元で試みられていたのだ。

後期ヴェーダとウパニシャッドに示されるインド宗教のもうひとつの特徴は、輪廻の思想である。生けるものは死と再生を無限にくり返し、しかもこの世での生のあり方は前世の行為（業）によって決定されると考えられた。そうした無限の循環を逃れるためには、ヴェーダでは儀礼を正しくおこなうことがもとめられたが、のちのウパニシャッドでは、苦行の実施や一種の本質直観によってアートマン（我）がブラーフマンに帰入ないし一体化することが可能だとされた。ここから、苦行や秘密の知識の探求がさかんにおこなわれるようになり、インド哲学の立川武蔵はこれをウパニシャッドの「主知主義」と呼んでいる[83]。ゴータマが仏教をおこしたのは、このような知的・宗教的環境においてであった。

仏教誕生[84]

ゴータマはヒマラヤ山麓にある釈迦族の小国の王スッドーダナの王子として生まれた。生母マーヤーは彼を生んだ一週間後に亡くなっており、そのことが彼の心に暗い影を投げかけた可能性はある。彼は一六歳のときに結婚し、息子ラーフラをもうけて、なにひとつ不自由のない生活をおくっていた。しかし、やがて人生を考えてふさぎ込むようになっていく。そのことを、初期仏典である『阿含経』の一節はつぎのように記している。

私の生活は、とても快いものだった。父の館には、蓮池が設けられていた。その池のあるところには青い蓮が、あるところには紅の蓮が、あるところには白い蓮が植えられていた。それらは、私のためだけになされたのだった。〔略〕私には、三つの宮殿があった。一つは冬のため、一つは夏のため、一つは雨季のためのものだった。雨季の四カ月は、その雨季に適した宮殿で、女たちだけが演じる歌舞にとりかこまれ、宮殿から外に出たことはなかった。私の父の館では、使用人たちには（美味しい）米と肉の食事が提供された。私は、このように裕福で極めて快い毎日を過ごしていたが、次のような思いが起こった。「無学な凡夫は、〔略〕老いるのを免れないのに、老い衰えた他人を見て、考え込んでは、悩み、恥じ、嫌がっている。私もまた老いていくことを免れない。それなのに、老い衰えた他人を見て、〈このことは、私にふさわしくない〉といって、悩み、恥じ、嫌がるだろう。」このように洞察したとき、青年の意気はまったく消え失せてしまった。[85]

こうした老いの心配だけでなく、人間であるかぎり避けることのできない病や死も彼を悩ませていた。とうとう彼は二九歳のときに、王位を捨て、妻と子どもを捨てて、悟りを求めて出家することを決意する。彼はまず瞑想の達人として知られていたふたりの仙人のもとをたずね、瞑想の技法を習得したが、それに満足することはできなかった。その後、彼は六年にわたり、解脱の道にいたる手段とされるさまざまな苦行に没頭した。のちにつくられた彼の像はその行のすさまじさを伝えているが（図5－7）、それでも彼は心の平静を得ることができなかった。とうとう彼は苦悩から逃れるための手段としての苦行を放棄することを決め、体を川で清めたあと、菩提樹の下で座禅をして瞑想にふけった。そのとき彼は忽然として悟りをひらき、「目覚めた人」を意味するブッダになったというのだ。

そこで彼が得た理解、人生の指針は、過去にそうであったような愛欲や快楽をもとめることではなく、はたまた苦行を通じて肉体的な疲労や消耗をもとめることでもなく、その中間の道、「中道」をもとめることであった。そうすることによって心の平安と深い理解が可能になり、彼の教えの基本のひとつである「八正道」の理解がもたらされるというのである。八正道とは、正しい見解（正見《しょうけん》）、正しい思考（正思《しょうし》）、正しいことば（正語《しょうご》）、正しい行為（正業《しょうごう》）、正しい生活（正命《しょうみょう》）、正しい努力（正精進《しょうしょうじん》）、正しい配慮（正念《しょうねん》）、正しい精神統一（正定《しょうじょう》）の八つを守ることであり、それによって絶対安心の境地である涅槃にいたる道が開けるというのだ。

ゴータマが得た理解によれば、人生は苦に満ち満ちている。生まれることの苦、老いることの苦、病むことの苦、死を避けることのできないことの苦である（四苦）。それに加えて、愛しいものとの別れの苦があり、憎いものに会うことの苦があり、欲求を充足できないことの苦があり、心身を構成する「五蘊《ごうん》」の苦がある（八苦）。五蘊についてはあとで見るが、これらの苦が生じる原因は、人間には情欲や権勢欲や存続欲などの対象に愛着する「渇欲」があるためであり（「苦諦《くたい》」、諦は真実のこと）、したがって苦が渇欲から生じていることを正しく知り（集諦《じったい》）、この渇欲を離れ執着をなくすことと（滅諦《めったい》）、苦の消滅に進むための方法を学ぶこと（道諦《どうたい》）が重要だとされる（「四聖《ししょう》諦《たい》」）。苦を消滅させるには「八正道」の教えを守って生きていくことが必要であり、それによって苦を消滅させたなら涅槃の状態を得ることができるというのだ。[86]

図5－7　苦行中のブッダ

瞑想によってこうした理解を得たゴータマは、喜びに震えながら四九日間を過ごしたとされるが、そこで得た理解を他の人びとに伝えることには躊躇をおぼえていたようだ。彼の理解を人に説いたとしても、「貪欲と憎悪とにうち負かされた人々」、「貪欲に汚され幾重にも無知の闇におおわれている人々」には理解できないだろというのである。すると、娑婆の主であるブラフマー神（梵天）がゴータマのそばにあらわれて、つぎのように説得したという。「世尊、法をお説きください。善き人よ、法をお説きください。世にはその眼があまり塵によごれていない人々もおります。いまは彼らも法を聞いていないのでその心が衰退していますが、世尊が法をお説きになったら、やがて法を了解する者となるでありましょう」。そのことばを受け入れ、また世間の人びとに対する憐みの気持ちが生じたことから、ゴータマは人びとに教えを説くことを決めたというのだ。[87]

ゴータマは三五歳で教えを説きはじめ、八〇歳で亡くなるまで説教をつづけた。やがて彼のまわりには、「比丘《びく》」、「比丘尼《びくに》」と呼ばれる出家者の集団が形成されていった。彼らは、生き物を殺さない、盗まない、淫らな男女関係をもたない、嘘をいわない、酒を飲まない、の「五戒」をはじめとする二五〇ないし三五〇の戒律を守らなくてはならなかったので、生産活動に従事することは不可能で（農業をおこなえば虫を殺さずにはいないだろう）、ゴータマの教えを守りそれを他に伝えることができるだけであった。そのため彼らのまわりには、農業や商業などの生産活動に従事する一方で、ゴータマの教えである五戒を守りながら出家者を支える「優婆塞《うばそく》」（男性）や「優婆夷《うばい》」（女性）と呼ばれる支援者の集団が形成されていった。この段階の仏教は「原始仏教」と呼ばれるが、放浪しながらイエスの教えを伝える霊能者の集団とそれを支える在家の信者という原始キリスト教の二元的な教団組織が、ここでもおなじように形成されていたのである。

ゴータマの教えはすべて口頭でなされたので、直接教えを受けた出家者のあいだでも見解の相違が生じていた。そこで、ブッダの高弟の発案で比丘が集まって、ゴータマの教えである「経」と教団の運営にかかわる「律」の編纂がなされた。これは「結集《けつじゅう》」といわれている。とくに、ゴータマの死後一〇〇年あまりのちに開かれた第二回の結集では、律を厳格に守るべきかその必要はないかで見解の相違が生じ、厳格に守ろうとする「上座部」とゆるやかな姿勢をとる「大衆部《だいしゅぶ》」に分裂した。また、その前後の前三世紀には、インドで最初の統一王朝を築いたマウリヤ朝のアショーカ王が帰依したことで、仏教はインド亜大陸全域に広まっていった。その後、西暦紀元前後になると、ゴータマの教えを文字に記録する仏典の作成がはじまったが、それをどう継承するかで二〇あまりの部派が生じることになる。この時期の仏教は「部派仏教」と呼ばれている。

仏教誕生のコンテキストとブッダの教えの特徴

ゴータマが新しい教えを探求したきっかけは、老いや死といったいかなる人間も逃れることのできない苦に直面したときに、旧来の宗教ではそれに十分に応えることができないと思ったことにあった。とはいっても、当時のヴェーダの宗教がそうした人間の脆弱さを無視していたわけではなかった。それは人間に生じる苦の経験を神々の保護の失われた状態とみなし、それを乗り越えるには供犠や供物を捧げることで神々の加護を増強することが必要だとしていた。こうしたヴェーダの宗教は王権を守護することを目的のひとつにしていたのだから、王族の一員であったゴータマがそれに無知であったはずはない。しかし、彼はヴェーダの宗教の儀礼主義的で集団主義的な対応には満足できなかった。彼がもとめていたのは、個々の人間になぜ苦が生じるかを理解させるとともに、それを超克することを可能にする認識と実践の枠組みであったのだ。

ヴェーダの宗教をはなれた彼は六年にわたって苦行をつづけたとされているので、そのあいだにさまざまな宗教者と出会い、彼らの教えの理解につとめていたはずだ。先にも見たように、紀元前六―五世紀のインドでは、経済発展にともなって都市化と商業化が進んだことで社会は動揺し、変化しつづける社会のなかで個としてどう生きるべきかを告げる新しい枠組みがもとめられていた。そうした事態に対応すべく、ヴェーダの宗教はその完成形というべきウパニシャッドをつくり出したし、人間とは四大元素の集合に過ぎないとする唯物論や、人間には一切の行為が許容されているとする虚無思想も生じていた。仏典ではこれらの思想を、異なる六人の指導者の教えという意味で「六師外道」と呼んでいる。[88]

ゴータマの教えはこれらの説とどのような関係にあったのだろうか。ウパニシャッドは世界の統一原理としてのブラーフマンの存在を認めた上で、我としてのアートマンは修行や知識を重ねることでそれとの一体化が可能になり、苦も存在しなくなるとしたが、[89]こうした理解は個の絶対性を否定するゴータマには受け入れることができなかった。一方、唯物思想を説いたのはアジタ・ケーサカンバリンであり、自我を地・水・火・風の四元素の集合に過ぎず、死ねば四散するだけだとするこの派の説は彼に大きな影響を与えたようだ。ゴータマは「六根」(「六処」)といい、人間とは眼、耳、鼻、舌、身、意(心)の六つの根＝器官を通じて世界を経験する存在であり、その過程で経験の主体としての自己を想定するが、それは迷妄に過ぎないとした。同様に、人間には姿かたちの「色」、感受の「受」、表象の「想」、意思の「行」、識別の「識」の「五蘊」があるが、[90]これらはいずれも対象との関係においてつねに変わるものだから「無常」であり、それに立脚する自己は真実の存在ではないとしたのである。

ゴータマによれば、世界のなかの人間のあり方は「縁起」で説明可能である。縁起とは世界にあるすべてが関係しあいながら存在するあり方をさし、それは「十二支縁起」説によれば以下の通りである。

> 無明《むみょう》（無知）によって行《ぎょう》（意思作用）が生じ、行によって識《しき》（識別作用）が生じ、識によって名色《みょうしき》（名称と形態）が生じ、名色によって六入《ろくにゅう》（六つの感覚・意識機能）が生じ、六入によって触《そく》（接触）が生じ、触によって受《じゅ》（感受作用）が生じ、受によって愛（愛着）が生じ、愛によって取《しゅ》（執着）が生じ、取によって有《う》（生存）が生じ、有によって生《しょう》（出生）が生じ、生によって老いと死と、愁いと悲しみと苦しみと憂さと悩みが生じる。このようにして、この苦しみの集合がすべて現れる。[91]

無明＝無知であることが根本原因なのであり、そこから出発するためにあやまった行為と理解と感覚が生じ、それが対象への盲目的な愛着と執着を生み、それを生とみなすことで一切の苦が生じるのだとゴータマはいう。したがって、苦を逃れようと思うならすべてを逆転させなくてはならない。まず無知をあらため、自分の行為と理解と感覚を見直し、愛着や執着を滅して自分を正していけば、すべての苦の無くなった状態、涅槃にいたることができると説くのである。

ゴータマの言行録は何世紀にもわたって語り継がれ、そののちになってはじめて文字化されたために同時代資料が存在しない。生前の彼の主張は時間をかけて洗練されていったと思われるが、彼が最初に悟りをどこまで得たか、彼の教えが同時代のインドでどのように評価されていたかは、不明にとどまっている。とはいえ、彼の教えは生前から一定数の出家者の獲得に成功していたようであり、そのことは仏典に出家者を獲得したことや、宗教問答によって敵対者が改宗したという記述があることから確認できる。

出家者はどのような生活をおくっていたのだろうか。彼らは現世への執着を断ち切ること、そのために多くの律＝規則を守って暮らすことがもとめられていたから、その生活はきびしく秩序づけられていた。彼らは起きるとすぐに瞑想に入り、食事は一日に一回、午前中の托鉢によって得られたものを食べるだけである。彼らの衣服はぼろ布をつなぎ合わせてつくった糞掃衣《ふんぞうえ》であり、定住することなく、人里離れた森や墓地、洞窟などに住まなくてはならなかった。しかし、これでは雨期を過ごすことができないので、のちになると小屋を建てたり、裕福な人から寄進された土地に小屋掛して暮らすようになり、これが出家者の組織であるサンガの形成につながっていった。こうして原始仏教の基礎にあったのが、自己をあえて傷つきやすい状態におく出家者の共同体であったことは、原始キリスト教と共通する特徴として興味深いものがある。

出家者は現世から切り離されていたのだから周囲のサポートが必要であり、その任は在家信者にゆだねられていた。仏教では、ゴータマ・ブッダとその教えと僧の組織であるサンガを「三宝」といって重視したが、それに帰依すること、この三者を支えることが在家信者の第一のつとめとされた。かくして、世間との交渉を断ち、瞑想を通じてブッダの教えを理解し深めようとする出家者と、経済活動を担いながら出家者を支援する在家信者という二元的な枠組みができていたのであり、これが以後の仏教組織の中核になっていく。この意味で原始仏教とは、出家者の修行と解脱をなにより優先させるという点で、主知主義的でエリート主義的な性格をもっていた。在家信者は、ヴェーバーがいうように「恩寵状態を得ようとつとめる仏陀の弟子を、彼らの達成まで、施物によって扶養するために、存在した」のであり、彼らの救済は出家者にとっては「関心のないものであった[92]」。そうであるとすれば、在家信者はそうした状況に満足できたか否か、いいかえるなら、在家信者はみずからが救われる必要を感じなかったかが問われるべきだろう。

大乗仏教の成立[93]

ゴータマの死後しばらくのちの前三世紀のアショーカ王の時代に、出家者の集団であるサンガが上座部と大衆部に分裂したことを先に見たが、紀元前後になると後者のなかから大乗仏教と呼ばれる新たな教えが生じてくる。この教えが、当時支配的であった上座部仏教（＝小乗仏教）の教えとどのように異なるかを、仏教学の平川彰はつぎのようにまとめている。

大乗仏教と部派仏教との教理的相違は少なくないが、これが大・小と対立的に呼ばれる根本的理由は、自利と利他の違いであろう。大乗仏教は「他を救うことによって自らも救われる」という、自利利他円満の教えである。大乗で説く六波羅蜜の修行は、利他なしに自利が成立しないことを示している。これが相依ることによって成り立っている縁起の世界の道理である。これに対して有部や上座部の教理では、煩悩を断じて自己の解脱を得ることが修行の目的とされている。しかも解脱を得れば「な

> すべきことは終わった」として、涅槃に入ることだけが考えられている。〔略〕教理には、利他が必然的条件となっていない。この点が小乗と呼ばれた根本的理由であろう。小乗が弟子仏教であったのに対し、大乗は自ら教師となることを理想とする仏教である。声聞の師である仏陀そのものを理想とする「成仏」の教えである。これが大乗である。成仏の教えの根底には、仏陀になりうる素質が、自己に備わっていることを信ずることが前提されている。[94]

修行と瞑想を通じて自己の救済を追及する上座部の教義に対し、他者の救済がなければ自己の救済（＝成仏）がないとすること、「すべての人に成仏の素質があると信ずる」こと（「一切衆生に悉く仏性あり」）が、大乗仏教の基本的教理だというのだ。[95] ゴータマの教えをそのまま受け継いだのが上座部の教理であったのだから、このような大乗仏教の出現はそれからの逸脱ないし発展を意味している。この逸脱ないし発展がどのようにしてなされたのかについては多くの議論があり、いまだ定説はない。[96] そのなかで一番有力なのは、仏教学の平川彰の以下の説であった。

ゴータマの死を見守っていた高弟アーナンダ（＝阿難）が死後どうすべきかを質問したのに対し、ゴータマはつぎのように答えたと、『大般涅槃経』は伝えている。「阿難よ、汝等は如来の舎利供養に奉仕してはならない。いざ阿難よ、汝等は、『最高善』のために努力せよ。最高善を実践せよ」。ゴータマの舎利＝遺骨の供養は在家信者にまかせて、弟子たちは最高善の追求にはげめとさとしたというのだ。[97] この観点から、そしてゴータマの遺骨を祀るための仏塔が在家信者の手で建立・管理されたことを根拠として、平川はつぎのように主張する。各地に建てられた仏塔を管理していた在家信者のもとに、ブッダの偉功にあやかりたいとする在家信者が集まって寄進をしたので、そこに一種の「信仰共同体」が形成された。彼らは在家の信者であったので、伝統的な仏教の教義にしたがえば涅槃の境地＝救済に達することはできなかった。そのため、彼らはゴータマの教えを拡大解釈して「仏陀の衆生救済の教理」をつくり出したというのである。[98]

平川のこの説は、在家信者のみの信仰共同体が形成された証拠がないこと、大乗の教義が出家者の組織であるサンガで形成されたことが明らかであることなどから、今日では否定されている。しかし、大乗の教義の形成に在家信者があずかったはずだとする彼の主張を全面的に否定する必要はないだろう。現世に一切かかわらない出家者は、経済活動を担う在家信者の支援がなければ生存さえ不可能であった。であれば、彼らが在家信者の意向や希望をまったく無視することは困難であっただろう。在家信者が信仰共同体を形成し、その共同体が大乗を生み出したとする平川の主張は否定されるとしても、在家信者のイニシアチブを否定する必要はあるまい。おそらく出家者と在家信者のあいだの矛盾をはらんだ相互作用が大乗仏教を生み出したのである。

大乗以外の部派仏教はセイロンからミャンマーへと伝達され、今日もタイやカンボジアを含むこれらの土地で生きられている。これに対し、大乗仏教はインド西北部からトルキスタンを経由して後漢の中国に伝えられ、仏典が積極的に中国語訳されたことで独自の発展をとげていった。それはさらに朝鮮および日本に伝えられて、今日まで大きな影響をたもちつづけた。一方、本国のインドでは、ヴェーダの宗教から発展したヒンドゥー教が仏教の教えをとり込みながら独自の発展を実現したことで、仏教はそのなかに吸収されていった。今日のインドでは、それはごくかぎられたかたちで存在するだけである。

イエス運動とゴータマ運動の共通性

ここで、人類がつくり出した最初の世界宗教である原始仏教と原始キリスト教を比較することにしよう。これまで見てきたことからわかるように、このふたつの宗教は、成立過程、教義、組織などの点で共通する特徴をもっている[99]。これらの特徴はふたつの世界宗教の基本構造をかたちづくっており、それを整理するとつぎのようになる。

共通点の第一は、いずれも既存の宗教の改革運動としてはじまったことだ。原始キリスト教の場合には、戒律を重視する守旧派のユダヤ教に批判的なイエスが、そこで排除されていた弱者を救済するべく新たな教えを開始したし、原始仏教の場合には、ヴェーダの宗教の集団主義的で儀礼主義的なあり方に満足できなかったゴータマが、個の苦しみを超克する方法を模索して新しい教えを開始した。ふたりは既存の宗教のあり方を批判して新しい宗教のあり方を模索しただけに、自分の教えが正しいものであり、それゆえそれを広めることが必要だと考えていた（宣教の開始）。卓越した宗教者であった彼らは、既存の宗教や社会の批判にとどまった預言者とは異なり、独自の教えと実践をもつ新しい宗教をつくり出すことができたのだった。

共通点の第二は、イエスにしてもゴータマにしても、その弟子たちに定住地をもたず財産をもたず、家族も配偶者も職業ももたずに世俗を離れて生きることを強いたことだ。彼らが弟子たちになぜそれほど過酷な状況を強いたかは、必ずしも明確ではない。彼らの教えの出発点は、病人や悪霊に苦しむ人びとを救い、病や老いの苦しみを超克することであったのだから、そうした人間の苦しみや弱さを身をもって体験することをもとめたのだろうか。あるいは、一切の社会的属性を剝ぎとることで、人間の赤裸とはいかなるものかを理解させようとしたのだろうか。いずれにしても、彼らが弟子たちに強いたことは、何百万年も前にヒトが人間になるきっかけになったこと、つまりもっとも脆弱な存在であるがゆえに集団で生きることを余儀なくされたことを、あらためて再現したものであった。そうした共同存在としてのあり方は祝祭のかたちで継承されていたのだから、ふたりの宗教的天才はそれを通じて宗教の原初形態を想像できたのだろうか。

共通点の第三は、ふたつの宗教とも、既存の宗教の特徴である儀礼主義を批判したことだ。ユダヤ教の場合には、エルサレムの神殿でヤハウェに対して供犠をおこなうことが核になっていたし、ヴェーダの宗教の場合には、神々に供物や讃歌をささげることが恩寵を得るには必須であった。これに対し、イエスがおこなったのはパンを裂いて皆で共食することであり、信仰に入るための儀式としての洗礼であった。ゴータマの場合には、世俗を離れて瞑想に入ることを推奨しただけであり、死に際して彼の供養を禁じたことに示されるように、煩瑣な儀礼を拒絶した。これらの宗教が儀礼を簡略化したことは、宗教者が在家者のための儀礼の執行に拘泥されず、教義の深化に専念することを可能にした。教義を中心とし、同時代のさまざまな思想をとり込むことの可能な新しい宗教のあり方がそこから生まれてきたのである。

第四は、いずれの宗教とも宗教者は世俗から切り離されていただけに、経済活動に従事しながら彼らを支援する在家の信者を必要としたことだ。宗教者と在家信者というふたつの集団はたがいに異質なものであったが、相補的な関係にあったのであり、そのことがこれらの宗教にダイナミズムを与え、発展の原動力をもたらしていた。宗教者は世俗の約束事や気苦労から解放されて教えを洗練させていくことができたし、大乗仏教の誕生がそうであったように、世俗の信者の要望を考慮することで宗教のあり方を変化させることもあった。王が宗教の保護者となることで自己の権威を強化しようとした例に見られるように、宗教者と世俗の分離は宗教が世俗に利用されることを不可能にしたわけではなかったのである。

第五は、ふたつの宗教とも親族や地域集団といった既存の組織に立脚するのではなく、集団から析出された個をターゲットとしていたことだ。それらの宗教の信者になるには、既存の宗教から離脱して新しい宗教を主体的に選択することがもとめられたし、それらが関与したのは、豊作や不作、疫病といった集団の次元の苦難ではなく、死や病、老いといった個人的な苦しみであった。これらの宗教の誕生をうながしたのは都市化と商業化の進行に代表される社会変化であったが、それらはそうした未知の事態に対応可能な新しい枠組みを提供したのであり、そうであったからこそ広く成功を収めることができたのだった。

第六は、これらの宗教は世俗からの分離を徹底したことで、既存の社会システムの枠を超えて広がることが可能になったことだ。従来の宗教は、高度な教義と倫理を発達させたユダヤ教にしても民族の枠を超えることができなかったし、豊かな内容をもつヴェーダの宗教についてもおなじであった。これに対し、キリスト教と仏教は、集団ではなく個としての信者を対象としていたし、信者に対して世俗的な要素を超越すること（ないし一定の距離をおくこと）をもとめていただけに、民族や国家の枠を超えて広がっていくことが可能になった。世界中に浸透することを志向する宗教、つまり世界宗教がここに誕生したのである。

このように原始キリスト教と原始仏教は多くの点で共通していたが、両者のあいだには相違点も存在した。なかでももっとも顕著な相違点は、一神教の教えを徹底した原始キリスト教に対し、原始仏教は無神論の立場に立っていたことである。そのことは、悟りを広めることを躊躇していたゴータマの前にブラフマー神があらわれて、教えを広めることを懇願したと仏典が記していることに顕著に示されている。原始仏教においては、神さえもゴータマの下に位置づけられるか、せいぜい等価に過ぎなかったのだ。

第二に、イエスが神に直接つながり、その地上での代理人として行動していたのに対し、ゴータマはあくまで一個人としてその教えをつくっていたことだ。こうした違いは神観念の有無を反映していたと考えることもできるが、社会学的に解釈することも可能だろう。社会的に下層の出身であったイエスは、自分のことばに権威を与えるためには神との結びつきを強調することが必要であった。これに対し、王族の出であったゴータマはその言動に外的な権威を付与することは必要ではなかった。イエスは神との直接の結びつきを強調した預言者の系譜につながっており、その意味でシャーマニズムと無縁なわけではない。一方、ゴータマは神とシャーマニズム的な関係に入ることを必要とはしなかったが、彼が推奨した瞑想の技法は、身体を一定の姿勢にたもちつつ外部意識を遮断しようとするものであり、シャーマニズムの構成要件の一部といえなくもない。宗教の原初的な技法のひとつとしてのシャーマニズムは、ふたつの宗教のなかにかたちを変えてとり込まれていたのだ。

以上の特徴をもつ原始キリスト教と原始仏教は、世界宗教の純粋形態を示すものだといってよい。純粋形態としてのそれらの宗教は、世界に広がっていくにつれて、各地で実践されていた伝統的な宗教のあり方に影響されたり習合したりすることで、その固有の特徴を変質させていった。原始キリスト教は儀礼を簡素化し宗教者に対して非定住を課していたが、のちにはローマ帝国と一体化するなかで壮麗な教会を建設するようになり、煩瑣で荘厳な儀礼もおこなうようになっていった。神の存在を認めなかった原始仏教は、大乗仏教へと変質する過程で、阿弥陀仏のような衆生を救済する神的存在を認めるようになったし、それにともない、ゴータマが否定した死者供養をとり入れるなど、儀礼的要素もふえていった。とはいえ、ここで検討したような世界宗教の純粋形態は、のちの時代の宗教家がたえず参照したものであった。彼らはそれを梃子とすることで、「腐敗」ないし変質したと彼らが見なした宗教の改革をくり返し試みたのである。

儒教は世界宗教か

この章の最後で儒教をとりあげたい。儒教がひとつの世界宗教と考えられるか否かは微妙な問題をはらんでおり、解釈者によってその見方は大きな違いを示している。世界宗教史の壮大な著作をものした宗教学のエリアーデや宗教社会学のロバート・ベラーは、その本のなかで孔子や儒教について言及してはいるが、その記述は他とくらべて極端に短いし、儒教が宗教であると言明してはいない。むしろエリアーデはつぎのように断言しているのである。「厳密に言えば、孔子は宗教的な指導者ではなかった」[100]。

これに対し、わが国の研究者は儒教を宗教として捉えることに熱心なように見える。中国哲学の加地伸行の書は『沈黙の宗教――儒教』といい、おなじく浅野裕一の書は『儒教――ルサンチマンの宗教』という[101]。しかしながら、これらの書を読んでも、どこまでが孔子の教えであり、他の儒家の教えがどこからはじまり、中国の人びとが実践していた民間宗教といかなる関係にあったかはわかってこない。彼らがなにをもって宗教といい、宗教と非宗教がどのように異なるかが明らかにはならないのだ。

私としては、儒教は世界宗教のひとつではないと判断している。その理由は、孔子の教えには、先に世界宗教としての原始キリスト教や原始仏教の固有の特徴としてあげた諸点に重なるところがほとんどないことだ。これらの特徴が世界宗教の基本構造を形成していたと考えるなら、儒教は世界宗教のカテゴリーには入らないことになるのである。

それに加えて、つぎのような事実もある。仏教は紀元前後に最初に中国に伝えられたが、そのときに儒者の一部は仏教を排斥したものの、両者のあいだにそれほど激しい抗争が生じたわけではなかった。そのことは、たとえばキリスト教とイスラームのあいだで激しい抗争や戦争がくり返し生じたことと大きく異なっている。世界宗教はみずからの教えの正しさを確信しているので、他の宗教に出会ったときには、民族宗教であればそれを吸収・併合しようとするし、他の世界宗教であればするどく対立するのが一般的である。激しい対立が生じなかったことを見ても、儒教は宗教ではないと判断するのが適切だと思われるのだ。

私としては、儒教とは、古代文明が終焉した混乱した情勢のなかで、どのようにして国家を治めるべきかを説いた政治哲学であり、その枠のなかで人びとがどう生きるべきかを説いた倫理体系だと考えている。それゆえ、人類の宗教の歴史をあとづけることを目的とするこの書のなかではとりあげないものとする。

第6章　宗教改革の光と影
──宗教は現代世界の成立にどう関係したか

イスラームは宗教改革運動か

この章では宗教改革についてとりあげる。宗教改革といえば、真っ先に思い浮かぶのは、一六世紀にドイツでルターが、スイスのジュネーヴでカルヴァンが開始したプロテスタンティズムの誕生につながるキリスト教の改革運動だろう。それは人びとに新しい宗教意識と生活倫理を与えると同時に、主権国家の誕生をうながしたこともあり、近代世界を成立させた主要因のひとつとされている。しかし、宗教改革の試みはこのときだけでなく、人類の宗教の歴史においてくり返し生じたものであった。紀元前後に世界宗教を創始したイエスにしてもゴータマにしても、無から新たな宗教システムを築いたわけではなく、既存の宗教を改革するべくその試みをはじめたのだった。

この章でとりあげるのは、そうした数多くの宗教改革の試みのなかでも、近代世界の誕生につながったイスラーム、プロテスタンティズム、日本の鎌倉新仏教の三つである。イスラームを宗教改革の一種と位置づけるのは違和感があるかもしれないので、説明しておく。いうまでもなくイスラームは世界の三大宗教のひとつであり、七世紀の前半にアラビア半島でムハンマドが独自につくりだした宗教体系は、まもなく東はインドから西はマグレブとスペインまで広大な地域を覆っていった。今日ではムスリム（イスラーム教徒）人口は約二〇億であり、世界の総人口八〇億の四分の一を占めるまでになっている。[1] 地球上の人間の四人にひとりがムスリムの計算であり、仏教徒が総計で五億と推定されていることと比較しても、ムスリム人口がいかに大きいかがわかるだろう。

　そのイスラームだが、創始者であるムハンマドはユダヤ教やキリスト教が広く浸透していたアラビア半島に生まれ、それらの教義や制度についてかなりの知識をもっていた。ところが、彼によればこれらの宗教は誤った道に入り込んでしまっていたのであり、彼はそれを正すべく、アラーの神への絶対的帰依[2]を核とする新しい宗教の創設につとめたのだった。そうした歴史的経緯があるだけでなく、イスラームは儀礼の要素がきわめて少ないこと、教義を重視しすべての信者がそれを学習することをもとめていること、聖職者の仲介を排して個々の信者が神に直接向きあうことをもとめていることなど、後世の宗教改革がめざした宗教のかたちを先取りする特徴をそなえている。その意味で、イスラームの特性を理解するには他の宗教改革の試みに近づけることが有効だと思われるのだ。

　ベルギーの中世史家のアンリ・ピレンヌは、イスラーム勢力の伸長によって、ギリシア・ローマいらい経済の中心であった地中海世界が南北に分断されたことで北西ヨーロッパに経済の重心が移り、フランク王国の誕生をうながしたと主張した。「イスラームなくしては、疑いもなくフランク帝国は存在しなかったであろうし、マホメットなくしては、シャルルマーニュは考えることができないであろう」[3]。彼はそう述べて、イスラーム勢力による古代的な経済秩序の崩壊がヨーロッパに農村を中心にした中世経済をもたらしたとしたのだった。一方、宗教史の観点からいえば、イスラームの勃興によって主要な世界宗教の誕生は完了し、それ以降におこなわれたことは、キリスト教と仏教を加えた三つの世界宗教の拡張と修正であって、決定的な変革ではなかった。その意味で、イスラームとともに宗教の現代的状況がはじまったのだ。

イスラームはなぜそれほど進んだ形態をとることができたのか。イスラームを生んだ歴史的・社会的・宗教的状況を見ながら考えていこう。

イスラームが生まれた背景[4]

イスラームを創始したムハンマドは西暦五七〇年ごろ、アラビア半島西部のメッカに生まれている。父親はメッカのもっとも有力な部族であるクライシュ族の一員であったが、彼が生まれる前に死んでおり、祖父の庇護のもとに母親の手で育てられた。しかし、母は彼が六歳のときに、祖父はその二年後に亡くなったため、祖父をついだ叔父のもとで成長した。ムハンマドが幼いときに肉親との死別をくり返し経験したことは、彼の自己意識に深い刻印を残しただろうし、そのことが彼が宗教に関心を寄せるきっかけになった可能性はある。彼は『コーラン』のなかで孤児を保護すべきことを書いているが、そこには彼の個人的な経験が反映されていたのだろう。

もともと孤児《みなしご》の汝を見つけ出して、やさしく庇って下さったお方ではないか。道に迷っている汝を見つけて、手を引いて下さったお方、赤貧の汝を見つけて、金持ちにして下さったお方ではないか。よいか、孤児は決して苛めてはならぬぞ[5] (93:6–11)。

ムハンマドが一員であったクライシュ族は、メッカを根拠地として、夏は北のシリアへ、冬は南のイエメンへ出かけて遠距離交易をおこなうことで富の蓄積とメッカの支配を築いていた。若きムハンマドも叔父に連れられてそれらの土地に行っており、アラビア半島より進んだ土地で、めずらしい文物や、ユダヤ教やキリスト教の教えにふれることがあっただろう。シリアはキリスト教の誕生時に、エルサレムについで拠点となったアンチオキアをはじめ多くのキリスト教都市が存在したし、古くから栄えたイエメンには、西暦七〇年のローマによるエルサレム神殿の破壊以降多くのユダヤ教徒が移り住んで、商業や各種の手工業を牛耳っていた。

アラビア半島といえば砂漠が広がる不毛の地というイメージがあるが、西側の紅海に沿ってヒジャース山地が走り、いくつものオアシス都市が形成されていた。とりわけ南部のイエメンは「幸福のアラビア」と呼ばれるほど豊かな土地であり、古くから灌漑農業が栄えて、香や没薬、香料、香辛料などの北の国々が垂涎する商品を産出した。イエメンからメッカとメディナを通り、パレスチナを抜けてダマスカス、アンチオキアへと抜けるルートは、地中海とアラビア海をむすぶ古代からの主要な交易路であったのだ。

一方、ヒジャース山地から東はペルシア湾まで砂漠が広がり、そこで生活できるのはラクダを飼育するベドウィン人だけだった。アラブという語の初出は、紀元前八五三年、アッシリア軍に抵抗したアラブの王子がラクダ一〇〇〇頭を贈ったとするアッシリア碑文とされ、そこでいうアラブはラクダを飼養する遊牧民をさしていた。[6] 彼らは複数の部族にわかれて連携と抗争をくり返しながら遊牧生活をつづける、戦士としてのアイデンティティを強くもつ人びとであった。彼らの宗教は、部族や下位の氏族ごとに異なる神々を信奉するアニミズム的なものであり、アラビア半島の宗教センターであるメッカのカアバ神殿にはそれらの神々を象徴する神体や偶像が数百体おかれ、毎年アラビア半島各地からアラブ諸部族が巡礼をするのがつねだった。こうしたベドウィンと呼ばれる遊牧民の頑迷さにムハンマドは批判的であったらしく、『コーラン』にはつぎのような記載がある。

「無信仰と偽善にかけてはベドウィンたちの方が一段と頑強だ」(9:98)。

ムハンマドが生まれた当時の西アジアの状況を俯瞰しておこう。アラビア半島の西には、コンスタンチノープルを首都とする東ローマ＝ビザンツ帝国が栄え、地中海に沿ってバルカン半島からエジプトまでを支配すると同時に、東方への進出をうかがっていた。一方、東にはササーン朝のペルシア帝国がインダス川まで覇権を広げ、こちらも西方へ向けて勢力を拡大しようとしていた。両者の境界にあたっていたのが、古くから諸文明の交差点とされたシリアであり、その南部に位置するアラビア半島であった。ビザンツ帝国もペルシア帝国も正面から戦おうとはせず、あいだにあるアラブ人の小国家をけしかけて代理戦争を戦わせていた。ビザンツ帝国にとってインドは主要な交易相手であったが、ペルシア帝国を避けるべく、シリアからアラビア半島を南下してイエメンで海上に出るルートを活用していた。

メッカやメディナを含むヒジャース山地はそのルートにあたったことで繁栄し、多くの都市が生まれていた。そこにはユダヤ人が多く住み着いて、交易と武器や農具製造などの手工業を発達させていたし、アラブ人のあいだでもユダヤ教徒やキリスト教徒になる人間が多くあらわれていた。中東史家のバーナード・ルイスは、この地のアラブ人たちが発達した物質文化や都市の管理技術を吸収すると同時に、部族間の戦争に明け暮れたことで戦闘技術を磨いていたことが、イスラームが誕生したあと一気に勢力を拡大するのに貢献したと述べている。[7]

一方、都市と商業活動の発展はアラブ社会にも大きな変化をもたらしていた。たがいに競うことで等質的であった部族原理にもとづくアラブ社会のなかに、貧富の差が拡大していき、奴隷や被雇用者、孤児などの下層民が多く生まれていたのである。また、のちにムハンマド自身がおこなったような略奪行為がくり返されていたため、部族間の対立や社会的緊張がいちじるしく高まっていた。そうした事態に対し、支配階層はなんら対応しようとせず、個人的な利益の追求と享楽にふけるばかりであった。『コーラン』は神のことばをそのまま記したものとされるが、そこには支配階層や富裕層を非難する神のことばがあふれている。「いや、まことにけしからぬ。お前らは、孤児《みなしご》は大事にしてやらず、貧乏人に食わせることなど気乗りうす。そのくせ、(他人の)遺産にはがつがつ喰らいつき、財産を愛するその愛のすさまじさ」(89:18–21)。そうした社会的不正に対する義憤が、ムハンマドのうちで公正で恵み深い神をもとめる気持ちを強めた一因であったのは間違いない。[8]

預言者ムハンマドの誕生 9

イスラームをおこす以前のムハンマドがなにを考え、どのような生活をしていたかは明確にはなっていない。わかっていることは、叔父とともに働いていた彼が、二五歳のときにメッカの有力な商人であった気丈の未亡人ハディージャにいい寄られて結婚したことである。彼女はそのとき四〇歳であったとされるが、この結婚からは六人の子どもが誕生している。しかし二人の男子は死亡し、成長したのは四人の女子だけであった。

家庭をもって平穏な生活をつづけるムハンマドであったが、しだいに物思いにふけるようになり、しばしばメッカの外にある洞窟で神に祈りながら夜を過ごすようになる。そんなある夜、突然の召命が起こったのだった。あるアラブ人史家はそれをつぎのように記述している。

> 或る晩、わしがうとうと睡《まどろ》んでいると、突然天使ガブリエルが布衣を手にして現れて、「読誦せよ！」と命じた。「私には読めません」とわしが答えると天使はいきなり手にした布衣をすっぽりわしにかぶせて押えつけたので、わしはもう息が窒《つま》って死ぬかと思うほどだった。しかし天使は私を放して、また「読誦せよ！」と命じた。〔略〕ついにさすがのムハンマドも「何を読誦いたすのでございましょうか」と訊ねた。すると天使はそれに答えて、「読誦せよ、創造し給える汝の主の御名によりて。主は人間を一滴の凝血より創造し給えり。読誦せよ、げに汝の主はこよなく仁慈のこころ厚くして、筆によりて教え給えり。人間に、未知のことどもを教え給えり。人間に教えてもってその蒙を解き給えり。」と言った。わしははっと目を覚ました。しかし天使の言葉はまるでわしの心にくっきり書き付けでもしたようにそのまま残っていた。[10]

天使なのか悪魔なのか、それとも神なのか。「臆病で、小心翼々たる」[11]ムハンマドは畏れおののき、そうした経験がくり返されるなかで自殺さえ企てたが、その彼を励ましたのは妻のハディージャであった。そのときのことを、ムハンマド伝を書いたイブン・イスハークはつぎのように記している。「私は家族のもとへ向かい、ハディージャのところに帰った。私はすがるように、彼女の膝元に座りこんだ。〔略〕私が見たことを話すと、彼女は言った。『従兄弟〈ムハンマド〉よ、喜びなさい。しっかりなさい。ハディージャの魂がその手にある御方〈神〉にかけて、きっと、あなたはこの民《ウンマ》の預言者よ[12]』」。しっかり者の彼女はそれが悪霊の仕業などではなく、神の召命に違いないことをムハンマドに納得させた。それだけでなく、ムハンマドが神のことばを伝えるべく新しい宗教をおこしたときには最初の信者として入信したのだった。

ムハンマドが神のことばとして記憶したコーランは時系列に沿っては編纂されておらず、初期に彼が受けとった神のことばは最後部の方に記されている[13]。その最後部の箇所でくり返し言及されているのが終末論的なイメージである。世界は神の審判が下る終末のときを迎えており、善人と悪人の振り分けがおこなわれる日が近づいていること、それゆえ一刻も早く真の神を見いだし、その教えにしたがって生きることが必要だとする語りである。

太陽が（暗黒で）ぐるぐる巻きにされる時、
星々が落ちる時、

山々が飛び散る時、
産み月近い駱駝《らくだ》を見かえる人もなくなる時、
野獣ら続々と集い来る時、
海洋《わたつみ》ふつふつと煮えたぎる時、
魂ことごとく組み合わされる時、
生埋《いきうめ》の嬰児《みどりご》が、なんの罪あって殺された、と訊かれる時[14]、
帳簿がさっと開かれる時、
天がめりめり剝ぎ取られる時、
地獄がかっかと焚かれる時、
天国がぐっと近づく時、
（その時こそ）どの魂も己が所業の（結末を）知る。〔略〕
げに、これぞ貴き使徒の言葉（81:1-19）。

このことばは新約聖書の「ヨハネの黙示録」を再現したものと思われるが、こうした表現がコーランの末尾にくり返し登場するところを見ると、ユダヤ教＝キリスト教の終末論を知ったことがムハンマドに唯一神の存在を確信させ、神への全面的帰依を急がせたのだろう。多神教の神々は、終末を引き起こす力をもってはいない。彼らは世界を超越するのではなく、天体や自然物のように世界のなかに内属しているので、世界が終末を迎えたなら彼ら自身も消滅してしまうためだ。その意

味で、世界の終末を告げることができるのは世界を超越する絶対神だけであり、終末のイメージを了解することは唯一神の信仰と表裏一体であった。先の召命の経験いらい、ムハンマドは終末のイメージに引きずられながら、唯一神アッラーの教えを告げ、生き方を改めるべきことを周囲に伝えるようになっていく。ひとりの教祖の誕生であり、六一一年前後、ムハンマド四〇歳のときとされている。

ムハンマドはじきに少数の信者を獲得することに成功するが、それにともない、メッカの支配階層とのあつれきは高まっていった。彼らの行状をムハンマドが非難しただけでなく、彼の主張する唯一神の信仰が、メッカのカアバ神殿にある無数の神々と両立しえないためであった。クライシュ族の支配者たちにとってみれば、自分たちの神々の存在を否定されることは自己の存在そのものを否定されることであり、とうてい容認できるものではなかった。彼らはムハンマドの行動を制限しただけでなく、信者に対して迫害を加え[15]、ついにはムハンマドに対しても部族の保護を与えないことを決定した。彼はいわば一切の社会的保護を剝奪された「剝き出しの生[16]」を生きることを余儀なくされたのである。部族の保護を失うことは、いつなんどき殺害されるかわからないことを意味していた。そのため、彼と信者たちは他に拠点を移すことを考えるようになったのだった。

イスラームの確立[17]

六二〇年、四〇〇キロメートル北にある商業都市メディナ（ヤスリブ）からメッカのカアバ神殿に巡礼にきた数人のアラブ人がムハンマドと接触し、その教えを聞いて感銘を受けるという事態が生じた。メディナはもともとユダヤ人とアラブ人が居住する町であり、複数の部族のあいだの紛争が絶えなかった。そのため、部族間の紛争を仲介してくれる指導者をもとめていたのである。メディナでは、ユダヤ人だけでなくアラブ人も一神教の教えに親しんでいたので、ムハンマドの教えを受け入れることに抵抗はなかった。そこで六二二年の巡礼のおりにメッカにきたメディナの代表者は、ムハンマドにメディナに移り住んで調停者として働いてくれるよう依頼した。メッカで迫害を受けていたムハンマドとその信者にとっても異存はなかった。彼らはメディナに拠点を移すべく、「メディナ憲章」と呼ばれる協定を結んだうえで、夜の闇を利用してメッカを離れたのだった。

この協定の冒頭にはつぎの一文があり、いまだ数十人の信者しかもたなかったムハンマドが、この時点で「聖戦（ジハード）」「共同体（ウンマ）」といったイスラームの基本概念を懐胎していたことを示していて興味深い。「慈悲深く、慈愛あまねきアッラーの御名において、これは信仰者とクライシュ族およびヤスリブ（メディナのこと）のイスラム教徒と、彼らにつき従い、彼らとともに聖戦を行なう人々との間の預言者ムハンマドの文書である。彼らは他の人々から区別される一つの共同体（ウンマ）をなす」[18]。ムハンマドはすでにこの時点で、従来の部族の枠を超える新たな信仰共同体を構想していたのであり、彼のたぐいまれな構想力と政治的能力を示すものといえる。彼らのメディナへの移住はヒジュラと呼ばれ、イスラーム暦が開始された年とされている。イスラームはここにはじまったのである。

メディナはもともとユダヤ教信者の多い都市であったので、ムハンマドも最初はユダヤ教徒に歓迎され、アッラーの信仰も共有されると信じていたようだ。コーランはくり返しユダヤ教とキリスト教の祖先の系譜をたどり、イスラームがその系譜につながることを強調している。「(その神様)がお前がたの信仰としてお定《き》めになったのは、かつてヌーフ(ノア)に託し給うたのと同じもの。我らが汝(マホメット)に啓示したもの、またかつてイブラーヒーム(アブラハム)やムーサー(モーセ)やイーサー(イエス)に託したものと同じこと。すなわち、『この宗教をしっかと打ち建てよ。この点については決してばらばらになるな』という(お言葉)。だが、多神教徒にして見れば、まったくとんでもない話なのだ、汝が勧めるようなものは」(42:11-12)。

しかしながら、メディナのユダヤ人たちがアッラーの教えを共有するはずはなかったし、ムハンマドをアブラハムやモーセに並ぶ指導者=預言者の系譜につながる存在として認めるはずもなかった。そのことを理解したムハンマドは、メディナのユダヤ教徒に敵対するようになっていく。コーランがユダヤ教やキリスト教の過ちをくり返し指摘するようになるのはそのあとだった。

かくて我らムーサーに聖典を授与し、彼のあとも続々と(他の)使徒を遣わし、(中でも)マリヤムの息子イーサーには数々の神兆を与え、かつ精霊によって(特に彼を)支えた。ところが、汝らは己が気にくわぬ(啓示)を携えた使徒が現われるたびに傲岸不遜の態度を示し、(それらの使徒の)あるものをば嘘つきよとののしり、又あるものは殺害した(2:81)。

「まことに、神こそは三の第三(三位一体の中の一つということ)」などと言う者は無信の徒《やから》。神というからにはただ独りの神しかありはせぬはず。あのようなことを言うのを止めないと、無信の徒は、やがて苦しい天罰を蒙ろうぞ。彼ら、早くアッラーの方に向きなおってお赦しを請えばいいのに。アッラーは何でもすぐお赦しになる情深いお方なのに。マルヤムの子救主《メシア》はただの使徒に過ぎぬ。彼以前にも使徒は何人も出た。また彼の母親もただの正直な女であったに過ぎぬ。二人とももものを食う（普通の）人間であった。見よ、こうして色々と神兆を説明してやっても、よく見るがよい、彼らはああして背いて行く（5：77-79）。

メディナで敵対的なユダヤ人と対立を深めていったムハンマドは、他方で、自分たちを迫害したメッカの支配層に対しても敵愾心をつのらせていく。それはたんに過去の迫害の記憶がよみがえったためではなく、メッカの商人の隊商をおそってその荷を略奪することは、メディナで職をもたず居候のようにして暮らすメッカからの移住者を養うことになるし、敵対するメッカの人びとの経済的基盤を失わせることにもなる。それになにより、呪物や神像にあふれるカアバ神殿を崇拝するメッカの多神教徒を懲罰することは、アッラーの神が厳命したことであった。

六二四年三月、大規模な隊商がシリアからメッカに戻ることを聞きつけたムハンマドは、それを襲撃することを決意する。移住者（ムハージルーン）八六名と支持者（アンサール）二三八名で襲った彼らは、三倍の護衛をつけたメッカ軍を見て躊躇するが、ムハンマドの鼓舞にしたがって攻撃して勝利する。この戦いは「バドルの戦い」と呼ばれており、それで彼らが得たものは大きかった。多くの人質をとり戦利品を獲得しただけでなく、ムハンマドは自分が神の特別の加護を受けていることを確信したのだった。「汝らが主にお助けをお願いしたら、それに応えて、『よし、汝らのために天使を千人ほど続々と繰り出して援軍としようぞ』と仰せられた時のこと」。「彼らを殺したのは汝らではない。アッラーが殺し給もうたのだ」(8:9,17)。コーランはこのように述べて、ムハンマドらの襲撃が神の意思に沿ったものであり、それゆえ正義の戦いであったと断言している。

このバドルの戦いの前後に、ムハンマドは礼拝の方角をそれまでのエルサレムからメッカに変えたし、毎土曜日に断食をおこなうユダヤ教徒の慣習をあらためて一か月の断食月をさだめ、ユダヤ教の十分の一税にならって弱者への喜捨をおこなう義務をさだめた。イスラームはここにユダヤ教の影響を脱し、独自の宗教としてかたちをなしたのである。その教えの基本である五行(信仰告白、礼拝、喜捨、断食、巡礼)もまた、このとき明確にかたちづくられたのだった。

バドルの戦いののちも、ムハンマドは戦闘を指揮して勢力を拡大していく。彼とその信者たちがメッカに入ったのは、ヒジュラから八年後の六三〇年一月一一日のことであり、そのとき彼にしたがった軍勢は一万と伝えられている。数十人の信者ともにメディナへと逃れたムハンマドは、これだけの軍勢をひきいる宗教=政治的指導者になっていたのである。彼の名声と威信はアラビア半島中に広まり、各地の部族はあいついで使者をおくり、ムハンマドと盟約をむすんでイスラームへ帰依することを誓約した。彼は六三二年に亡くなるが、そのときまでにイスラームの発展の大筋は固められていたのである。

イスラームの拡大と成功の秘訣

六三二年にムハンマドが亡くなると、最初の信者のひとりであり、つねに行動を共にしてきたアブー・バクルが信者の総会において推挙され、初代のカリフ(代理人)として跡をつぐ。アブー・

バクルは二年後に亡くなるが、彼によって指名されたウマルが一〇年にわたって第二代カリフとなり、彼のもとでコーランの編纂、イスラーム暦の制定、徴税官をはじめとする官庁の設立など、宗教的・政治的な諸制度がさだめられて発展の基礎がかたちづくられた。彼はさらに一連の軍事行動を継続して、イスラーム勢力の拡大に尽力したのだった。

その間の主要な出来事を記すとつぎのようになる。

六三二年　ムハンマド死去、アブー・バクルが初代のカリフに推挙される
六三三年　イラクとシリアへ進軍
六三四年　アブー・バクル死去、ウマルが第二代カリフに指名される
六三五年　ダマスカスの攻略に成功。ダマスカスは「地上の楽園」と呼ばれた古都であった
六三六年　ビザンツ軍との会戦であるヤルムークの戦いに勝利
六三七年　ササーン朝ペルシアの軍を破り、その首都クテシフォンを攻略
六三八年　イラク南部にバスラ建設、バスラはイスラーム最初のミスル（軍営都市）である
六四一年　カイロ攻略、エジプト支配に成功
六四二年　ササーン朝ペルシアを崩壊させる

ムハンマドの死後一〇年のあいだに実現された目を見張るような成果であり戦果である。誕生したばかりのイスラーム勢力は、なぜこれほど急速に拡張できたのだろうか。ビザンツ帝国であれサ

サーン朝ペルシア帝国であれ、ふたつの帝国のあいだにあったキリスト教系諸国家であれ、いずれも高度に発達した文明を背景にもち、軍事的にも強力な国家であった。それがかくも容易にイスラームの軍勢に破られただけでなく、辺鄙なアラビア半島のオアシス都市から出現した少人数の人びとの支配を受け入れた理由はなにであったか。

さまざまな答えが用意されている。イスラーム研究のリチャード・ベルは、イスラームが侵攻する以前にキリスト教徒のあいだの教義論争が激しくなり、対立と分裂が生じて弱体化していたのが理由だとする。中東史のモンゴメリー・ワットや佐藤次高は、戦争がつづく緊張状況のなかに「イスラームによる平和」がもたらされたこと、一神教徒なら税を払えば改宗が強制されないといった管理技術が巧みであったことを評価する。[19] イスラーム史の嶋田襄平やバーナード・ルイスは、それがアラブ人の民族拡張運動であったことを強調し、かつイスラームによる統制のとれた軍事行動が成功の理由だとする。[20]

これらの解釈は一面の真実を伝えていると思われるが、いずれもイスラームの拡張の結果にかかわる解釈であり、その原因を説明するものではない。そのなかでは、嶋田とワットは原因をアラブ民族の拡張運動にもとめているが、[21] 私の理解はそれをイスラームの拡張運動と見る点で異なっている。イスラームの教義にしたがって戦いに参加した戦士たちは、いわば「神の戦士」だったのであり、彼らは自分たちの行為に絶対的確信をもつと同時に、信仰を共有する者同士の強い連帯心も生まれていただろう。さらに、イスラームの教えは聖職者を立てず、信者のあいだの絶対的平等を説くものであるだけに、彼らはひとりひとりが神の意思に沿った能動的主体として行動したと考えられる。[22] 王や貴族に雇われた軍隊ではなく、主体的に行動する兵士からなる国民軍がきわめて強力であったことは、フランス革命後の経緯が如実に示している。四方をプロの諸王国軍に囲まれたフランス国民軍は、アマチュアの兵士の集まりでしかなかったが、それらを容易に蹴散らしただけでなく、またたく間にヨーロッパ中を支配することに成功したのだった。

イスラームの教えがなにより重視していたのは、信者の共同体としてのウンマ、宗教的かつ政治的な共同体としてのウンマを拡張することであった。そしてそこには地位も血筋も特権もなく、すべての信者が平等の資格で加わることができるとされていた。そのことは、ムハンマドが幾多の苦難を超えて六三〇年にメッカに入場したときに、信者の戦士たちの前でおこなった演説で明確に示されていた。

いまや無道時代は完全に終りを告げた。従って、無道時代の一切の血の負目〔略〕も、一切の貸借関係も、その他諸般の権利義務も、いまやまったく清算されたのである。また同時に、従来の階級的特権もすべて消滅した。地位と血筋を誇ることはもはや何人にも許されない。諸君は誰もみなアダムの後裔として平等であって、もし諸君の間に優劣の差ありとすれば、それはただ神を怖れるこころの深浅によって決まるのである。[23]

すべてのムスリムは平等の資格でウンマ＝共同体に参加することができたのだから、それを国民国家の先駆形態と見なすことは不可能ではないだろう。ヨーロッパの人びとは近代の制度はすべて自分たちが発明したと考えたがるから認めないだろうが、ひとつの共通の理念によって結合された人びとが平等の資格で参加する集合体としての国民国家の形態は、まずイスラームによって構想されたのである。もっとも、イスラームの内部にもいくつかの国家があらわれていたから、国民国家と呼ぶのは正確ではないかもしれない。いずれにしても、信者の平等を説くイスラームはけっして民主主義と背反的ではないのである。

宗教史の観点から見たイスラームの特徴

人類の宗教の歴史という観点から見るなら、イスラームはどのような特性をもつ宗教として理解されるのだろうか。ユダヤ教やキリスト教の後継であり、かつその超克をめざしてはじまったイスラームは、きわめて合理的な宗教だということができる。それはキリスト教のような、イエスが人間であり神であるといったあいまいさを許容しないし、他の宗教の骨子である聖職者による神と人間のあいだの仲介を認めることもない。また、ユダヤ教やキリスト教が引きずっている儀礼主義的な要素を極度に排除しているし、信者ひとりひとりがコーランに向きあい理解することを強くもとめている。これらの点は、まさに後代の宗教改革を先取りしたものであり、イスラームは合理主義的性格を強く打ち出した宗教であった。だからこそそれは、中世ヨーロッパで無視されていた古代ギリシアの知的成果を積極的にとりいれ、その翻訳出版に力を注いだのである。

バグダッドに本拠をおいたアッバース朝は学問の発展に傾注し、とりわけ五代目カリフのハールーン・アッラッシード（在位七八六―八〇九）や息子のマームーン（在位八一三―八三三）は「知恵の館」と呼ばれる図書館を建設したほか、卓越した学者であるフナイン・イブン・イスハークらを使って、医学書や数学書からアリストテレスらの哲学書までを翻訳させた。イスラーム世界がいかに実用的な知識とその活用にすぐれていたかは、私たちがもちいる数字がアラビア数字と呼ばれていることだけでもわかるだろう。イスラーム世界は、農村に基盤をおくゲルマン民族の支配によって消えかけていた古代ギリシアの知的伝統を保存かつ再生させたのであり、それをヨーロッパ世界に伝えることで近代の胎動を準備した。そのことを、モンゴメリー・ワットはこう書いている。

「アラブ思想はヨーロッパ思想に新しい材料を提供し、その視野のなかに形而上学の新しい世界のすべてをもたらしたのである。ヨーロッパ思想のすべての流れはアラビア語からの翻訳の認識のうえに立たなければならなかった[24]」。

　その一方で、これまで見てきたように、宗教には各種の儀礼を通じて信者の身体や情動に働きかけ、それを活性化しつつ一定の形式を課す働きがあるが、合理性を過度に追及すると宗教のそうした力が失われる恐れがある。イスラームには合理性を重視する側面だけでなく、とくにイランやモロッコで発展したスーフィズムのように、儀礼や情緒的要素を重視する側面があるのも事実である[25]。しかし全体として見れば、イスラームにおいて優越しているのが合理性であるのは疑いない。宗教が本来もっていた情動的側面や身体への働きかけを抑制することは宗教の「貧困化」につながりかねないのだが、この点は他の宗教改革運動とも共通する課題であるので、あとで戻ることにする。

　イスラームのもうひとつの特徴は、他の世界宗教と比較するなら際立っている。キリスト教や仏教は出発点において弟子に世俗からの離脱をもとめ、傷つきやすい状態で生きることを課したのに対し、イスラームはあくまで聖俗一体の運動体であり、世俗からの分離をもとめることはない。とりわけムハンマドがバドルの戦いで勝利し、自分たちの行為がアッラーによって義[26]とされていると確信したときから、イスラームは強者の宗教、支配する側の宗教になったのだった。もちろんキリスト教にしても仏教にしても、傷つきやすい者たちの共同体としての側面はやがて薄れ、政治権力と一体化したり権力を補完するものへと変質したが、その教えの核には人間を脆弱な存在として捉え、それへの配慮をうながす見方がある。一方、イスラームは弱者への保護を喜捨というかたちで制度化したし、キリスト教徒やユダヤ教徒に対しては税を払うかぎりで改宗を強制しなかった。そのことはしばしばイスラームの「寛容」を示す証拠として示されるが、それはあくまで優越者が劣位者に示す寛容であった。イスラームは強者の側に立つ宗教であることを、すぐれたイスラーム学者であるウィルフレッド・キャントウェル・スミスはつぎのように述べている。

> キリスト教は幾つかの点で優れて苦難の宗教であった。〔略〕その中核を占める部分には、ほとんど常に悲しみの調があった。ある意味では、逆境にある時がそのもっともよい時であったのだ。その信仰の中心にある十字架は、苦難の象徴《シンボル》である。キリスト教は悲しみからの勝利の宗教、敗北のまっただ中での救済の宗教である。イスラムも同様に多面的なものをもっている。それもまた、〔略〕さまざまな人間に対して直接訴えかける意味のある内面的なものをもってきたし、スーフィズムという形では、それはまったく別の解釈を強調してきた。個人に対しては、確かにイスラムは逆境に対するこの上もない自制力を培ってきた。しかし、その力点は道徳的選択、つまり正しく、したがって実際的

効果のあることを行うことのできる個人と社会の上にある。幾つかの点では、少くとも共同体にとっては、イスラムは成功と勝利の宗教であり、勝利と成功と力による救済の宗教であったというところに特徴がある。[27]

イスラームのもつこうした特徴は、一面においてそれに限界を課すものになったように思われる。キリスト教や仏教の場合には、信者の勢力がたとえ政治的に劣位にあったとしても、もともと世俗からの分離を教義としてもっているので、宗教世界に退避することで自分たちの領域を確保することができる。しかし、イスラームの場合には政治と宗教が一体化しているので、政治や経済における劣位は、宗教の次元でもその否定につながることになる。宗教は個人や集団のアイデンティティにかかわるので、それを否定することはアイデンティティの危機をまねく恐れがあり、容易に許容できるものではないだろう。世俗化の進む現代世界のなかでアイデンティティをどう確立するか、他者との真の共存はどうすれば可能か、イスラームと無縁な政治的メカニズムをどう承認するかなど、今日イスラームが抱える課題はいくつかある。それを克服するには、政治と宗教の関係の問い直しというイスラームの根幹にかかわる課題が生じてくるので、きわめて困難な作業になると思われるのだ。

ルターとドイツの宗教改革のはじまり[28]

イスラームが優越していた七世紀から一五世紀まで、ヨーロッパは中世の眠りをむさぼっていた

図6-1　ルター

ように見える。オランダの中世史家ヨハン・ホイジンガは名著『中世の秋』のなかで、中世末期の一四〜一五世紀のネーデルラントとフランスのブルゴーニュ地方のキリスト教に浸された人びとの暮らしを描いているが、彼はそれを、死と終末の不安におびえつつ美と象徴に耽溺していくなかば眠ったような停滞の時代として描いている。[29]そこでは形骸化したキリスト教が、終末の不安をかきたてながら人びとの暮らしと意識を支配していたのだった。

そうした状況に反旗を翻したのが、ドイツ宗教改革の旗手マルティン・ルターである。キリスト教会が信者に対して信仰を深めるように働きかけるのではなく、ルーティン化されたミサや儀式を反復するばかりか、それを金儲けの手段としていることに立腹した彼は、一五一七年一〇月『九五か条の提題』をヴィッテンベルク城の教会の扉に張り出した。ドイツ、いやヨーロッパにおける宗教改革のはじまり[30]とされる出来事である。なぜ信仰の篤いドイツの一修道士ルターがこのような行動に出たか。彼の経歴と、彼が疑問を投げかけた当時のキリスト教会の状況を見ていこう。

ルターは一四八三年、中部ドイツの小村アイスレーベンに生まれた（図6-1）。上昇志向の強く、子に対して厳格な父の指導のもとに勉学に励み、法律家になるべく大学に通っていた。しかし、法学に飽きたらない思いをしていた彼は神学の道に進むことを決め、世俗での成功を願う両親の反対を押し切って、修道士になるためにアウグスティヌス修道会に入る。一五〇六年、彼は二三歳で司祭の叙階を受けている。

修道会でキリスト教学をきわめる一方で、ヴィッテンベルク大学で神学と哲学を教えるようになった彼であったが、心の平安を得ることはできなかった。彼を悩ませていたのは、いくら善行を積み重ね禁欲に心を砕いたとしても、神の前で自分が義とされているという確信にいたることができないことであった。あるとき彼はひとつの啓示を受け、これが彼の信仰の方向性を決定することになる。人間が義とされるのは、カトリック教会が教えるような意図的に善行を積み重ねることによってではなく、すべて神の恵みによるとする見方を得たことであった。善行を積み重ねることで神によって義とされようとすること（救いの確証を得ようとすること）は、神と一種の取引をおこなうことであり、救われようとする人間の我欲を認めることになる。ルターにとって重要であったのは、自己の一切を絶対的存在としての神に委ねることであり、そのようなかたちで信仰することによってのみ神の恵みが与えられ、義とされるとすることであった。一五一五年におこなった「ローマ書講義」でルターはつぎのように述べている。

だからわれらは、神に向かってこう言おうではないか。おお、あなたがわれらの中で満ちあふれるばかりのおかたとなるために、われらは大いに喜んで空しい者となりましょう、あなたの力が私のうちに住まうために私は喜んで弱き者となり、あなたが私において義とされるために私は喜んで罪人となり、あなたが私の知恵となるために私は喜んで愚か者となり、あなたが私の義となるために私は喜んで不義なる者となりましょう、と。[31]

絶対善である神への全面的な信仰によってのみ義とされるとする「信仰義認論」と呼ばれる見方である。このように義とはなにか、キリスト教会はどうあるべきかをつきつめて考えていたルターにとって、その総本山であるローマ教会のあり方は我慢のならないものに映っていた。当時のキリスト教会と宗教世界がどのような状態であったかを、宗教改革史のロバート・スクリブナーはつぎのように書いている。

キリスト教は、神が森羅万象を維持する唯一の超自然的存在であることを強く主張していた。しかし中世の人々は、超自然的力をふるうことができる多数の他の存在が活動していると考えていた。それは悪魔、天使のような霊と悪霊の双方、そして聖なる力を所有していると考えられた数多くの「神聖な」人物たちである。この最後のグループにはキリスト教的伝統の聖人だけではなく、民衆に受けのよい治療師、魔術師、「魔法に知識のある人」、地方的・伝説的な「聖なる人々」も含まれていた。これはすなわち秘蹟的な宗教観であって、そこでは聖なるものが物質世界において、そして物質世界を通じてはっきりと示される。聖なる存在は、共感を通じて他の人、場所、物にその力を伝えることができる。[32]

キリスト教会はこうした前キリスト教的な信仰のあり方を否定し治療師や魔術師を排除していたが、その一方で、教会が信者に働きかける手段としたのが、人生の節目ごとにおこなう一連の秘跡（サクラメント）であった。洗礼、堅信、聖体（聖体拝領）、悔い改め（ゆるし）、病者の塗油（終油）、叙階、結婚の七つである。それに加え、中世のキリスト教会はさまざまな「準秘跡」をおこなっており、そこには「嵐を静めるための天候祈禱、家畜や穀物、家屋や家庭の保護を嘆願する祈り」もふくまれていた。スクリブナーは先の引用につづけて、「すべての準秘蹟は、人や動物の病気、天候や害虫による穀物への害、大地の不毛や家畜の繁殖力のなさといった日常生活の危険に対処する農業社会の必要に対応していた」と述べている。[33] それはまさしくこれまで述べてきた儀礼の体系そのものであり、教会は教義上はそうした儀礼の体系を否定しながら、実践上は民衆の期待に応えるためにそれをとり込んでいたのだ。

当時のキリスト教会の多くは領主や貴族が建てた私有物に過ぎず、教会の聖職者の多くは彼らの次男や三男にゆだねられていたので、聖書を読んだこともなければミサの式次第を知らないこともまれではなかった。であれば、彼らが人びとに信仰を根づかせるためではなく、そこから最大の利益を引き出すために行動しようとしたのは自然であっただろう。マクデブルクの大司教であったブランデンブルク某は、利益を増すためにマインツの大司教も兼任しようとしてローマに賄賂をおくり、その資金を得るために贖宥状の販売を企てた。教会の秘跡のひとつが罪の悔い改めであったが、彼は贖宥状を買いさえすれば悔い改めなくても罪は消えるとして、ドイツの金融資本フッガー家と組んで贖宥状を大規模に販売したのだった（図6-2）。まさしく宗教の金銭化であり腐敗であり、それに立腹したルターが彼に宛てて「九五か条の提題」という公開質問状を送ったのである。

ルターの主張の深化

この公開質問状は、ルターとしてはキリスト教会を腐敗から守り、義のあるものにしようとする宗教心や忠誠心から出た行為であり、ローマに反旗をひるがえすほどの意図はなかったようだ。しかし、事態は彼の思惑を超えて進んでいった。まず、彼の行為が多くの民衆の支持を得たことだ。民衆の多くは教会に十分の一税を支払わされていることに加え、ことあるごとに金銭を要求されていたことで、キリスト教会に対する反感は根強いものがあった。とはいえ、民衆の側からすれば、宗教的な権威と救いの手段を独占する教会にたてつくことは不可能であった。そこに、教会に対して公然と疑問をつきつけたルターの公開質問状が飛び出したのであり、人びとはそれに喝采をおくった。一五一七年から一五二〇年までにルターの著作は三〇万部を売り上げたが、その背景にあったのは人びとの不満の根深さであった。

図6－2　宗教改革時代の風刺画　右に教皇、中央に粉をこねるルター、左にイエスが描かれている

つぎに、ローマ教会が過剰に反応したことだ。教会の正しいあり方を討議しようとしていたルターに対し、ローマはこれを教会の権威に対する異議申し立てとして受けとった。とはいえ、ローマの側では事を荒立てる意図はなかったようであり、穏便に済ませるべくルターに自説を撤回するようもとめた。ところが一徹なルターは[34]ローマが準備した収拾策を拒絶したために、教会の権威を批判する異端者として断罪されたのだった。審問の場でルターはつぎのように述べたという。「良心に逆らって行動することは、確実でもなく正しくもありませんから、私は何ごとも取り消すことはできませんし、また欲しもしません。〔略〕ここに、私は立つ[35]」。キリスト教会の力が圧倒的であった当時の社会では、破門と認定されれば一切の権利を剝奪され、殺されても責任は問われなかった。ところが、有力な領邦君主であるザクセン侯が彼を自城に保護し、そこでルターは聖書のドイツ語訳に専念すると同時に、宗教改革三大文書と呼ばれる『キリスト者の自由について』、『キリスト教界の改善について――ドイツのキリスト教徒貴族に宛てて』、『教会のバビロン捕囚について』を執筆したのだった。

これらの著書で彼はなにを主張したのだろうか。一五一七年の「九五か条の提題」では、ルターのローマ批判は贖宥状の販売にかぎられていたが、一五二〇年の『キリスト教界の改善について』では、ローマ教皇をはっきり「アンチ・キリスト」と名指ししており[36]、ローマへの対決姿勢を明確に打ち出している。彼が主張したのは、イタリアを収奪し尽くしたローマの教皇庁が、今はさまざまな理由をつけてドイツから金を搾りとろうとしていることであり、それを避けるためにドイツの各領主が立ち上がることであった。「王侯、貴族、そして各都市は、ローマに初収入税[37]を納めることを禁止し、それを廃止すべきです。なぜなら、教皇は協約を一方的に破棄し、初収入税を強奪して、ドイツ人民の利益を損ない、ドイツ人民を辱《はずかし》めているからです」[38]。ナショナリストとしてのルターの心情が明白にあらわれている局面である。

さらにルターは『教会のバビロン捕囚について』で、キリスト教会がおこなってきた七つの秘跡を批判し、聖書に記述のない儀式はすべて廃止すべきだと訴える。というのも、ミサや各種の秘跡を華美にし複雑にすることで、聖職者たちは自分たちの権威を信者に押しつけ、金もうけの手段としてきたからである。これに対し、ルターがもとめたのは式を簡素化し、秘跡も聖書の記述に見られる「最初の純粋な制定」に戻すことであった。

このようにローマの教皇庁を批判し、キリスト教会のあり方を批判するルターがよりどころとしたのは、すべての人間が神への信仰とキリストによるあがないを通じて罪から救われているという確信であった。人間はアダムとイヴの犯した過ちによって罪ある存在となったが、神はそうした人間を救済するためにひとり子のイエスを地上におくり、すべての人間の罪を背負って殺害されるにまかせた上で、永遠の命に再生させた。これは神が人間に与えてくれた最大の恵みなのであり、それによって人間は等しく救われているのだから、そこには聖職者と平信徒の区別の入る余地はない。ただ一心に神に祈りを捧げるならば、神はすべての人間を義として認めてくれるだろうというのである。

すべてのキリスト者は誰でも皆、霊的な階級に属しているのです。それぞれの職務の違い以外には何の違いもありません。最も重要なことは、私たちは一つの洗礼、一つの福音、一つの信仰をもっており、私たちは皆同じキリスト者だということです。洗礼、福音、信仰が、私たちを皆、霊的なものにし、キリスト者にするのです。〔略〕私たちは誰でもまさに文字どおり洗礼によって祭司として聖別されているのです。それと同じように、私たちには教皇や司教が与えるよりも高次の聖別が与えられているのです。[39]

すべての人間が祭司として聖別されているとする「万人祭司論」の主張であり、それゆえルターは誰もが聖書を正しく読み、神に向かって祈りをささげることをもとめたのだった。彼が聖書のドイツ語訳に尽力したのはそのためであり、彼は新約聖書のドイツ語訳を一五二二年に、旧約聖書の翻訳を一五三四年に終えて出版している。聖書を重視する彼の見方は「聖書主義」と呼ばれており、彼が訳した聖書は今日まで読みつづけられているだけでなく、標準ドイツ語の基礎としてドイツ国民に広く浸透していったのである。

教派化と領邦宗教体制の成立[40]

ルターがこれほど対決姿勢を明確にした以上、ローマ教会とのあいだにもはや和解の余地はなかった。彼の生きた時代、オーストリアを含めた広義のドイツをおさめていたのは神聖ローマ帝国であり、ドイツ国内の七人の領邦君主（選帝侯）がひとりの皇帝を選出し、皇帝は教皇によってローマで戴冠されるという仕組みになっていた。神聖ローマ帝国という名が示すように、帝国は教皇の直轄領ではないにしてもその強い影響下にあり、そのためにローマ教会によってもっとも強く搾取された地域であった。こうした支配の状況は、民衆だけでなく、ドイツ各地の領主や貴族からも強い反感を招いていた。彼らは、教皇庁を批判しそれに対抗しようとするルターの教えを反教皇の手段として活用するべく、彼に保護を与えたのだった。

その結果、ドイツ国内ではローマに忠誠を誓うカトリックと、ローマの支配を逃れようとするルター派とにわかれて争うことになった。ドイツ国内で生じた最大の紛争は、ルターの信奉者であったトマス・ミュンツァーがひきいた一五二四年から二五年にかけてのドイツ農民戦争である。これは農奴制の廃止、賦役や地代の軽減、十分の一税の廃止、叙階制の改革など、社会体制と宗教の変革をもとめる運動であったが、次第に急進化していき、ザクセン侯などの軍勢と衝突して敗退した。「農民の子」を自任していたルターは、この運動の初期には農民の主張に耳をかたむけて和解を勧める文書を発表したし、農民の側も彼の仲裁を期待していた。

しかし、運動が急進化するにつれて、彼はそれから決定的に離れていき、農民に対して敵対するまでになった。ルターは一五二五年になると論文「盗み殺す農民暴徒に対して」を発表して、「できる者はだれでも、ひそかにであろうと公然とであろうと、彼らを打ち殺し、締め殺し、刺し殺さなければならない。〔略〕狂犬を打ち殺さなければならないときと、事情は同じである」とまで述べた。[41] ここにおいて彼は、社会から排除され差別されている人びとにあくまで寄り添ったイエスの側ではなく、「人は皆、上に立つ権威に従うべきです」（ローマ書 13:1）と述べた「愛の家父長主義者」のパウロの側に立つことを明確にしたのだった。

このように秩序を志向する彼の姿勢は、農民の側に立つのではないかと疑っていた領邦君主たちから歓迎された。彼らは反皇帝、反教皇のシンボルとしてのルターを評価し、農民戦争の終結後もつづいた新旧両派の対立のなかでルターを支援しつづけた。ルターは一五四六年に亡くなったが、カトリックとルター派の対立はその後もつづき、ようやく一五五五年のアウクスブルクの和議（「宗教平和令」）で終焉した。それは、「ひとつの支配あるところ、ひとつの宗教がある」と、領主による宗教選択の自由を認めるものであり、ルター派の存在を公的に承認するものであった。と同時にそれは、ひとりの領邦君主が統治する空間をひとつの宗教意識によって補強する、ナショナリスティックな秩序の成立を告げるものであった。

こうしてドイツでは一五五五年以降、ルター派とカトリック、そしてつぎに見るカルヴァンらがジュネーヴで確立した改革派の三派が並立する状況が生み出された。ドイツの歴史家はこうした状況を「教派化」（Konfessionalisierung）の名で呼んでいるが[42]、それは単に三つの教派が併存したというだけでなく、三つの教派が併存しながらたがいに競合することで、独自の政治的・文化的な効果が生み出されたことを示すためである。

独自の効果というのは、第一に、普遍的なものとしてのカトリックが領邦君主の上に立つそれまでの体制と異なり、それぞれの教派が領邦国家体制のなかに完全に組み込まれたことだ。各君主は自分の領土内の聖職者の任命権を得たほか、聖職者と法学者からなる「巡察委員会」をつくり、領邦内の教会と信者を指導させた。この巡察委員会の任務は、町々を巡回して牧師や執事を任命し、彼らや信者たちの行動を監督し、教会の財産が貴族や市参事会によって着服や没収されることのないよう監視することであった。ローマ教会の迫害に抗するために領邦君主の力にたよったルターは、こうした教会の政治への従属に反対するどころか、教理問答集を作成するなどして積極的に協力した。かくして教派化の成立とともに、従来の領主―臣下、教会―信者といった人間の直接的つながりに根ざしていた国家が、固有の領土と制度をもち、ひとつの信仰によってむすばれる国家＝近代国家へと再編成されたのである。

第二に、各教派がたがいに競合するなかで、信者＝住民の教育と教導に力を入れていったことだ。ルターは各信徒が聖書に直接接近できるようドイツ語訳をおこなったが、それも彼らの識字能力があってのことだった。当時のドイツの識字率は数パーセントに過ぎなかったので、読み書きできる人口がふえるよう、ルター自身学校の建設や神学部の整備に力を貸したし、カリキュラムの改革にも協力した。そのために必要な資金は、旧制度の修道会を閉鎖させるなどして得られていた。また、キリスト教会では結婚は神聖な行為とされ、家庭内の親和と秩序が重視されたので、それに反する幼児殺しや同性愛、姦通、婚外交渉は厳しく監視され罰せられるようになった。こうした住民の監視とモラルの向上は、法的な処罰と宗教的訓練を組みあわせることで実現されており、これをドイツ史のロニー・ポチャ・シャー（夏伯嘉）などは「社会的訓練」と呼んでいる。[43] こうした社会的訓練はルター派だけでなく、カルヴァン派やカトリック（一五四〇年に公認されたイエズス会によって刷新されたカトリック）が優越する地域でもおこなわれており、監視と訓育にもとづく近代社会建設の下地がつくられたのである。

第三に、他の教派との差異を明確にするために、各教派の教えの純化がめざされたことだ。そこでやり玉にあげられたのが、従来の教会がおこなっていた各種の秘跡や聖人崇拝であり、民衆レベルでの祭や行進、聖人崇拝、病気治療などの前キリスト教的慣行であった。祭や聖人崇拝は、職業団体や地域集団が特定の聖人を守護聖人としてもち、聖人の日にはメンバーが総出で参加してたがいに祝福するなど、共同体的性格を強くもっていた。これに対し、ルター派やカルヴァン派がもとめたのは、こうした共同体的実践ではなく、各信徒が個々に聖書に向きあってその理解を深めることであった。とはいっても、下層階級の人びとは文字が読めなかったので、聖書に直接ふれることはできなかったし、共同体的な慣行が抑圧されることには激しく抵抗した。かくして、読み書きができて個として聖書に向きあう個人主義的な知識層＝上層階級と、読み書きができず教会に背を向ける下層階級という階層分化が進行したのである。[44]

三つの教派が競合するこの教派化の体制は、一六一八年には三十年戦争へと転じ、ドイツは新旧両派の対立の激化にくわえ、周囲の国家が介入したことで疲弊し荒廃した。そうした状況を終えるために締結された一六四八年のウェストファリア講和条約は、ルター派やカルヴァン派の存在をあらためて承認したほか、オランダやスイスの独立を承認することで神聖ローマ帝国の終焉を告げるものとなった。各王家がカトリックの権威のもとで結婚政策をつうじて獲得した広大な領地を治める中世的な帝国はここに終焉し、一定の領土とひとつの国民とひとつの宗教を擁する国家を王が統治する主権国家の体制が誕生したのである。こうした主権国家の誕生と宗教の変化が不可分にむすびついていたことを、ヨーロッパ近世史の小泉徹はつぎのように書いている。

プロテスタンティズムをプロテスタンティズムとして生き残らせたのは、主権国家の出現という世俗的契機であった。新たな主権国家は自らの正統性を保証する理論的支柱を必要としていたし、プロテスタントは自分たちを保護する世俗的権威を必要としていた。両者の利害の一致が、プロテスタンティズムを現在にまで生き残らせたのである。〔略〕したがって宗教改革の帰結が、個人の良心にもとづいて集まる人びとの独立教会を形成する方向に向かわず、主権国家を一つの宗教によって統合する国家教会をつくりだす結果になったことは驚くに値しない。[45]

スイスの宗教改革とカルヴァンの試み[46]

つぎに、スイスにおける宗教改革について見ていこう。スイスの宗教改革は、ルターと同年代のフルドリヒ・ツヴィングリによって開始された。スイスは神聖ローマ帝国の一部であったが、各地域の独立性が強く、複数の地域が同盟をむすぶ連邦制の形態をとっていた。ツヴィングリは一五一八年にチューリヒの市参事会に招かれて司教座大聖堂で説教師の地位につき、ルターとおなじように聖書のみを重視する活動（＝福音主義）を開始した。マタイによる福音書を最初から最後まで説く彼の説教は大きな反響を呼び、市民の支持を集めたことでチューリヒは福音派へと傾斜していった。さらにチューリヒ市は福音の教えをベルン市やバーゼル市などにも広げていったために、カトリックの側に立つ周囲の王国や市から猛烈な反撃を受けた。チューリヒ軍を率いたツヴィングリは一五三一年に戦死したが、彼の影響はその後も市内に残りつづけ、チューリヒは福音派の牙城として、のちにカルヴァン派がジュネーヴ市に根づくのを側面支援する役割を担ったのである。

若くして戦死したツヴィングリに代わり、スイスの宗教改革を主導したのはジャン・カルヴァンであった。ルターと並び宗教改革の旗手とされるカルヴァンは、ルターより四半世紀遅く、一五〇九年に北フランスのノワイヨンで生まれている。幼いころから聡明であった彼は、一四歳のときに地元の貴族の子弟とともにパリに行き勉学にはげむようになる。主要教科である文法と論理学、弁論術などを学んだ彼は、一五三〇年に父の願望通り法学士の学位をとる。敬虔なカトリック教徒であると同時に、古代ローマの哲学者セネカについての書を出すなど、温厚な人文主義者としての道を歩みはじめた彼であったが、一五三一年に父が死ぬと、それが影響したのか翌年に福音主義へと突然の回心をしたのだった（図6-3）。

図6-3　カルヴァン

一五三〇年代はフランス全土で、カトリックとルターの影響を受けた福音主義との対立がつづいた時期であった。国王フランソワ一世の姉であるマルグリットは福音主義の側に立ち、ルーヴル宮で説教をおこなわせるなどして信者を周囲に集めていた。一方、カトリックの側はパリ大学神学部を中心に巻き返しをこころみていた。一五三三年一一月、パリ大学の新総長となったニコラ・コップは総長就任演説をおこなった。彼の友人であったカルヴァンは草稿の作成に協力したとされるが、信仰によってのみ義とされると説いたコップの就任演説はルター派だとして神学部から糾弾され、迫害がはじまった。コップはスイスのバーゼルに逃げ、カルヴァンもパリを離れることを余儀なくされた。

パリに戻ることができなくなったカルヴァンは、各地を転々としながら勉学にはげみ、一五三六年に主著『キリスト教綱要』をラテン語で書き終える。弱冠二六歳で書いたこの著書を彼は生涯修正していくが、この本の出版は彼の名声を一躍高め、彼はフランスの改革派の旗手として位置づけられるようになる。各地を移動していた彼がたまたまジュネーヴ市に立ち寄ったところ、この地で改革をおこなっていたギヨーム・ファレルが引き留めて、同市の改革に協力するよう依頼したのも、この書を読んでのことであった。

一五三六年の九月から説教をはじめたカルヴァンは、じきに改革を主導するようになり、翌三七年一月に「教会規則」を市会に提出する。これはすべてのジュネーヴ市民が守るべき信仰要件を四か条にまとめたものであり、カルヴァンはそれを遵守させるために聖職者と市民からなる「長老会」をもうけ、市民の行動を監視させるよう要請した。さらに彼は、周囲のカトリック勢力からの圧迫があることを理由に全市民に信仰告白をおこなうことを義務づけ、福音派ではない市民にはジュネーヴからの立ち退きをもとめた。容易に想像されるように、こうした厳しい規定は多くの市民から反発を招き、ジュネーヴ市会は二年後の一五三八年四月にカルヴァンとファレルが市から立ち退くことを決議した。福音派の拠点のひとつであったストラスブールに移ったカルヴァンは、そこの教会で説教をしながらキリスト教の教えを深化させるつもりでいたが、三年後の一五四一年に改革派が市会を掌握したジュネーヴ市に呼び戻されて、ふたたび改革運動にまい進することになったのである。

カルヴァンの教えとその結果[47]

カルヴァンの教説の特徴といえば、ヴェーバーが『プロテスタンティズムと資本主義の精神』で強調したこともあり、ある人間には神の救いが予定され、別の人間には永遠の断罪が予定されているとする「予定説」が連想されるだろう。しかしそれは彼の主著である『キリスト教綱要』の初期にはあらわれず、一五四三年の第三版ではじめて明確にされた教説なのだから、それをカルヴィニズムの中心に位置づけるのは正しくない。むしろカルヴァンの教説の中心にあるのは、神の栄光と至高性の絶対化であり、それと対比される人間の無力さと卑小さの主張である。彼の『キリスト教綱要』はつぎの文からはじまっているが、それはカルヴァンの神の理解の根本をあますところなく示したことばである。

神は一たびこの世界を造り、無限の御力をもってこれを支え、知恵をもって治め、慈しみをもって守り、分けても人類を正義と公正によって支配し、憐れみをもってその咎を忍び、加護の下に庇っておられるのみでなく、知恵と光にせよ、義にせよ、力にせよ、公正にせよ、あるいは純正なる真実にせよ、そのただ一滴といえども、神に由来せず神を原因としないものは何一つ見出せないということである。こうして我々は、これら一切のものを彼から期待し、彼に求めることを学び、更に我々の受けたものを彼に帰し、感謝を捧げるのである。[48]

すべての善きものは神によって与えられ、すべての悪しきものは、人間の先祖であるアダムとイヴが原初に犯した過ちに由来するとカルヴァンは主張する。そのような視点に立つ彼の人間観は、絶望的なまでに悲惨なものと映るかもしれない。実際、彼は「肉が普遍的に抱く感情は神に対する敵意である」こと、「人間がいかに徹底して善を欠いて空しいものであるか、いかに徹底して救いの手段を失っているか」を理解すべきだとして、人間の過ちを列挙していく。肉欲、贅沢、吝嗇《りんしょく》、享楽、権勢欲、所有欲、栄誉欲、自己愛。人間はこれらの悪徳に満ちた存在なのだから、「精神と魂を整えること」、「自己否定すること」、「自己自身に対する一切の信頼を放棄すること」が必要だというのである[49]。

たしかに絶望的な人間観に見える。しかもカルヴァンは予定説に立って、人間が善行をいくら積んだとしても神の救いを得ることはできず、神の与える救いはすべて神自身があらかじめ決めているとまで断言するのである。

我々が「予定」と呼ぶのは神の永遠の決定であって、これによって個々の人間において実現させようと欲したもうたことを御自身の内に定めたもうたのである。すなわち、万人は均一の状態に創造されたのでなく、ある者は永遠の生命に、他の者は永遠の断罪に予め定められた。そのように銘々は別々の目標に向けて造られているから、生命に予定された、あるいは死に予定されたと我々は言う[50]。

神が人間をふたつにわけ、ある者を救いにさだめ、別のある者を永遠の断罪にさだめるというこの説は、カルヴァン自身認めるように「不合理」なものに映るかもしれない。しかしその「不合理」は、人間が「自分自身を混乱させているため」でしかないと彼はいう[51]。どういうことか。再度確認するなら、彼の主張の根幹は、すべての善きものは神がつくり、すべて悪しきものは人間の手になるということであった。であれば、人間が神に向かって祈ること、すべての力と豊かさを与えてくれる神に向かって祈ることそのものが、神によって与えられていなければ人間には不可能なはずである。神によって断罪を予定された人間に、神に向かって祈るよう神が命ずるはずはないからだ。それゆえ、ある人間が自分のうちに神から与えられたこの祈りの力を認め、それに専念できるとすれば、それは神がその人間を救いに予定していることの確証になることになる。かくしてカルヴァンの予定説は、人間を断罪したり不安に陥れたりするものではなく、むしろ人間に神の救いの確証を与えてくれるものとなるのだ[52]。

先に見たように、ルターは人間がただ一心に神に祈りを捧げるなら神は義として認めてくれるだろうとする点で、神と人間とのあいだの情緒的つながりを引きずっている。これに対し、カルヴァンは神が一方的に人間の救いを予定しているとする点で、人間と神のあいだの相互関係性を完全に断ち切っている。そうした認識は、人間がこのように行動したなら神はそれに応えてくれるだろうという神への期待を完全に不可能にしている点で、ヴェーバーのいう「呪術からの解放＝宗教の合理化」を完成させるものであった。人間が農業をはじめてからおこなってきたすべての儀礼、すべての呪術的行為の根底にあったのはこうした神や超自然界への期待であったが、カルヴァンはそれを決定的に否定したのである。しかし、そうすることは神を遠ざけるものではなく、むしろ神に祈ることそのものが神によって救いへと選ばれていることの確証になるとすることで、神を各自のうちに内在化させるものになりえていたのである。

　こうした神と人間とのあいだの相互関係性の否定は、重大な帰結をもたらさずにはいなかった。人間の関心や配慮の向かう先が神ではなく、神につくられた人間自身とそれが住まう現実世界になったのだ。すべての悪しきものは肉としての人間がつくり出したものであるのだから、人間はそれを抑制し、矯正するようつとめなくてはならない。また、それをおこなうのは神の懲罰があるためではなく、そうすることが人間にとって望ましいからである。こうして、各人が自己を監視すること、より善きものへと自己を訓育することをカルヴァンはもとめたのだが、なかにはそれを実行できない人間もいるだろう。それゆえ、そのような人間を手助けするために、そして風紀の乱れが社会を混乱に陥れることがないよう、人びとを監視する制度をつくり上げることが必要である。カルヴァンが教会規則の一環として、聖職者と一般市民の代表からなる長老会を設置し、それに市民の監視をゆだねたのはそうした考えにもとづいていたのだった。

　カルヴァンの伝記を描いた歴史学のベルナール・コットレは、長老会がどのような行為を断罪していたかを記している。聖母マリアの崇敬、聖人崇敬、食後の感謝の祈り、死者への祈願、カトリック教徒との結婚、ロザリオの販売。これらのカトリック的慣行だけでなく、華美な衣服や宴会、髪飾り、不良書の所持、婚外性交、さらにはダンスまでが断罪されていた。そして疫病がジュネーヴ市で蔓延したときには、妖術師と見なされた市民数十名が処刑されたし、カルヴァンの教義を批判した神学者たちも処刑されるか追放された。[53] さらに、カルヴァンは貧者や物乞いが市中をさまようことを禁止し、彼らを特別な施設に収容したし、市民に対しては教会への出席を義務づけただけでなく、教理問答表を作成してそれに答えさせることで信仰の内面化をはかったのだった。

こうしてジュネーヴ市では、市民が市民を監視し矯正する制度が完成したのである。それに加えて、カルヴァンらは市民の教育とキリスト教の理解の深化のために子ども向けの学校をつくり、大学を創設した。この大学にはフランス全土から学生が集まり、六〇〇人もの学生がカルヴァンの教えを学んでいたという。彼の願いどおり、仏語圏スイスのジュネーヴはフランス全土に福音主義を広めるための拠点となったのだった。

ルターが「愛の家父長主義者」であったとすれば、カルヴァンは妥協を許さぬ倫理主義者であり、規律主義者であった。そして、倫理的であること、規律を守って生活することこそが、神がその人間を義として認めることの確証になるという輪が閉じるとき、そこから外に出ることは神からの離反を意味することになった。それゆえに、人びとは競ってカルヴァンの示した倫理や規律を内面化しようとしたのだった。

カルヴァン派と資本主義の成立

カルヴァンの教えはジュネーヴだけでなく、オランダやイングランド、スコットランド、北フランスにも広まっていったが、資本主義が初期に発達したのもこれらの土地であった。この点に注目したのがいうまでもなくヴェーバーであり、彼はカルヴァン主義の禁欲的エートス（生活倫理）と世俗的職業を各自の召命＝天職とみなす意識が、富を獲得してもその消費に向かうのではなく、富のさらなる獲得に向かわせる禁欲主義的な資本主義の精神を生んだと主張した。経済的制度を理解するには、その背後にある宗教や文化を理解することが不可欠だとする有名なヴェーバー・テーゼである。しかし、注52で示したように彼の主張は事実誤認を逃れていないと思われるので、彼の主張をひとつずつ検討していこう。

ヴェーバーの『プロテスタンティズムの倫理と資本主義の精神』はつぎのように構成されている。①初期資本主義の発展が生じたのは、オランダやイングランド、北フランスなどのカルヴァン派が優越した土地である。②カルヴァン派は予定説に立ち、禁欲的エートスと呪術からの解放を他の教派以上に実現した。③富を獲得し蓄積することは人間の歴史のどの時点でも生じたが、それを消費せずに純粋に富を蓄積しようとすることは資本主義に特有の現象である。④これを資本主義の精神と呼ぶなら、制度としての資本主義は資本主義の精神が成立してはじめて可能となる。⑤カルヴァン派の予定説は救済への不安をかき立てたために、信者はその不安を解消するべく禁欲的に世俗的労働にまい進した。⑥世俗的労働が救済への不安を軽減させることができたのは、労働を神が各人に課した天職とするルターの見方をカルヴァン派もとり入れていたためである。

こう整理していくと、①②はカルヴァン派の主張の要約とその結果であり、間違ってはいない。③④が資本主義の精神と制度としての資本主義の関係であり、ヴェーバーに固有の視点ではあるが、間違いとはいえない。問題は両者をつなぐ⑤⑥の議論であり、⑤が間違っていることは注52で指摘したし、⑥も天職概念の成立だけでそのような効果をもちうるかどうかははなはだ疑問である。カルヴァンが禁欲と労働を評価しているのは事実だが、それは神の栄光を高め神の意向に沿うためであって、資本の蓄積を自己目的化するような発言はどこにもないからだ。以上からいえることは、ヴェーバーはカルヴァン派のエートスと資本主義の精神の誕生のあいだに因果関係があることを証明できていないことだ。

これに対し、カルヴァンに近い自己監視と自己訓育の視点から近代社会の成立過程を論じたのが、ミシェル・フーコーの一九七五年の『監獄の誕生――監視と処罰』であった。それを要約するなら、フーコーはまず、犯罪者や違反者に対する処罰のあり方が一八世紀後半に西欧諸国で大きく変わったことに着目する。それまでの目には目を的な、犯罪の重大さを思い知らせるために苦痛を与えることを目的とする身体刑から、犯罪者や逸脱者を一か所に収容して、監視と訓練を通じて彼らを矯正しようとする監獄制度へと変化したというのだ。こうした変化は、フーコーによれば監獄でのみ生じたわけではなかった。学校、病院、兵舎、工場、収容施設など、この時期に大きく発展した諸制度はすべておなじ構造と機能をもっており、それらはいずれも対象となる人びとを一か所に集め、その行動を監視し、記録し、矯正し、さらには訓練し、規律を課そうとするものであった。こうした働きかけを通じて、これらの制度は資本主義社会に必要な、規律と規範を内面化させた従順で訓育的な主体を形成したというのである。[54]

フーコーのこの議論はカルヴァンの監視と訓育の実践に少なからず影響されていると思われるが、フーコー自身はそのことに言及してはいない。[55] フーコーの議論とカルヴァンの実践を比較すると、フーコーは訓育的主体の形成がもたらした効果を社会全体にひろげている点で、いっそうダイナミックであり深化させている。とはいえ、両者のあいだにいくつかの差異があるのも事実である。第一に、カルヴァンが個人の内面への働きかけを重視するのに対し、フーコーの議論は制度の変化をまずとりあげ、それが各個人の内面にどう働きかけたかを考えるというむしろ上からの議論になっている。第二に、カルヴァンが活躍したのは一六世紀であり、資本主義に先行する時期であったのに対し、フーコーがとり上げているのは一八世紀後半であり、資本主義が成立したあとである。それゆえフーコーの議論は、近代社会はいかなる統治技術をもち、それが資本主義の発展と拡散にどう貢献したかを論じるものだが、ヴェーバー的な、いかなる経済外的要因が資本主義の成立をもたらしたかという問いへの答えにはなっていないのだ。

オランダにおける資本主義（世界経済）の成立[56]

この問いに対する答えをもとめて、イマニュエル・ウォーラーステインが「最初のヘゲモニー国家」と呼ぶ資本主義成立期のオランダの事例を見ていくことにしよう（当時はベルギーを含むネーデルラント）。とりあげるのは、一六〜一七世紀のネーデルラントの宗教改革と社会変革に関する、宗教社会学のフィリップ・ゴルスキの研究である。彼の関心は、人口二〇〇万に満たない小国ネーデルラントが、南米から大量の銀を得ることで繁栄をきわめていたスペイン王国と八〇年にわたって戦い、独立を認めさせることができたのはなぜかということであった。そしてそれに対する彼の答えは、一五五〇年代以降ネーデルラントにはカルヴァン派が浸透し、社会と経済における変革（彼のいう「訓育革命」）を引き起こしていたからだというものであった。

もう少しくわしく見ていく。当時のネーデルラントは神聖ローマ帝国に属し、広大な帝国の西半分を支配するスペイン国王カール五世とその子フェリペ二世の統治下にあった。また、同時代のフランスではルター派やカルヴァン派に対する迫害が激しくなったため、大量の改革派信徒がネーデルラントに流入していた。フランスとの戦争をくり返していたカール五世は、戦費を調達するためにネーデルラントに重税を課し、異端審問所を設置して改革派信徒に対する弾圧を強めた。こうした政策は人びとの反感を招き、彼らは独立を求めて一五六八年から一六四八年まで八十年戦争を戦った。その過程で、カトリック教徒の多かった南部の諸州はスペインに屈したが（そのため、多くの毛織物業者や職人はフランドルからアムステルダムに移動して繁栄を担った）、北部の諸州は市民と貴族を中心に「ユトレヒト同盟」を結んで抵抗をつづけ、一六〇〇年までにネーデルラント連邦共和国として実質的な独立を達成したのだった。

　ネーデルラントが長期にわたって戦争を遂行できた理由として、第一にあげられるのは経済力である。原料を供給する東ヨーロッパと消費地である西ヨーロッパの中間に位置するネーデルラントは、両者の交易を仲介する上で最適の場所に位置していた。ポーランドやロシアが産出する小麦や木材、スウェーデンの鉄や銅をあつかうバルト海交易を独占していたネーデルラントは、それによって莫大な利益をあげていた。[57]それに加え、当時のネーデルラントはヨーロッパ随一の工業国であり、フランドル地方の手織物工業のほかに、アントウェルペンやアムステルダムの造船業、製糖業、醸造業、石鹸製造などもさかんであった。とりわけ、ネーデルラントが支配するバルト海交易によって入手した木材やタール、麻、鉄などを活用する造船業は他を圧倒しており、同国が所有する船船はイングランドの三倍あったし、イングランド、フランス、ポルトガル、スペイン、ドイツの五か国をあわせたより多かった[58]。これによってネーデルラントはヨーロッパ貿易のハブとして機能することができ、情報を支配したネーデルラントは金融業でも他を圧倒したのだった。

八〇年にわたって戦争を継続していたネーデルラントが、なぜこうした経済的発展を含めた一連の変革を実現できたのだろうか。ウォーラーステインはその理由が不明なことを認めている[59]。一方、ゴルスキの著作が示しているのは、ネーデルラント北部、つまりオランダでカルヴァン派が優越したことによる社会変革である。彼によればオランダは治安のよいことでヨーロッパ中で知られており、実際、一七世紀の殺人犠牲者の割合は人口十万人当たり三・五人で、イングランドの五・五人、スウェーデンの二〇人、パリの七五人と比較して格段に低かった。パリには三〇〇〇人の警察官がいたのに対し、アムステルダムでは二五人の警察官と五〇〇人のボランティアしかいなかったのだが。また、オランダの各都市には公営および宗教教派が運営する病院や貧者のための収容施設、養老院、孤児院等が設置され、人口の数パーセントから一〇パーセントが市や教派による保護を受けるなど、社会福祉も拡充していた。そこではケアが与えられると同時に、労働可能な人びとへの再教育と規律化がおこなわれていたのだった[60]。

そうした施設や規律の強化にくわえ、オランダ社会は国民支出にも特徴があった。各種産業が発展したオランダ人は他国より収入が多かったが、そのかなりの部分が税として徴収されていた。ゴルスキは英仏蘭三か国の世帯別支出割合を比較している（表6-1）。これを見るとオランダの税率の高さが際立っており、税額はイングランドの約六倍、フランスの約三倍になっている。しかも、

	イングランド		フランス		オランダ	
消費	1728	91.2%	1209	82.1%	1200	62.0%
税	87	4.6%	180	12.2%	518	26.7%
貯蓄	80	4.2%	84	5.7%	220	11.4%
合計	1895	100.0%	1473	100.0%	1938	100.0%

表6－1　1688年の英仏蘭3か国の世帯別支出割合、数字はペンスに換算してある

治安が良くて非中央集権的なオランダは警察官が少なく、役人の数も少なかったので人件費は少なく、予算の大半を軍事にあてることができた。また、オランダ人はイングランド人とほぼ同額の収入だが（フランス人の一・三二パーセント）、消費支出は六二・〇パーセントにおさえ、一一・四パーセントを貯蓄にまわしている。オランダの世帯当たり貯蓄額は英仏両国の二・七五倍であり、彼らが禁欲的な生活をおくりながら、国家を維持するために高い税金を負担し、残りを貯蓄にまわしていたことがわかる。カルヴァン派に特有な禁欲精神と規律は、見事に彼らの日常生活に反映されていたのであり、それが長期の戦争を可能にしていたと同時に、貯蓄率の高さにより世界最初の株式会社といわれるオランダ東インド会社の設立も可能にしていたのだった[61]。

もっとも、規律を強化することは抑圧的な社会の建設につながり、自由な経済活動を抑制する危険がある。実際、ジュネーヴでのカルヴァン派を見るかぎり、過度といえるほどの規律の重視と他教派に対する強い排他性が存在したのは事実である。もしオランダのカルヴァン派がこうした特徴をそのまま受け継いでいたなら、彼らが戦争を継続することは困難であったただろう。ところが、小国である彼らは、資金と人材を可能なかぎり集めるために寛容を国是としたのであり、対スペイン戦争のために結成された

一五七九年のユトレヒト同盟は、「何人も宗教的理由で迫害されることも、審問されることもない」ことをさだめていた。[62]

それだからこそ、スペイン支配を逃れるために、フランドルからカトリックを含む多くの毛織物業者や造船業者、金融業者が北部に移住したし、アムステルダム市はつねに市民の五〇パーセント以上が他市や他国の出身者であるなど、オランダはコスモポリタンで自由で安全な社会を形成していた。独立のために八十年戦争を戦うことを強いられたオランダ人は、カルヴァン派特有の禁欲精神と勤労意識を世俗の方向に転換させたのであり、彼らが資本主義の精神を最初に形成したのはそこに理由があったのだ。

イングランドの宗教改革[63]

ネーデルラントのつぎにヘゲモニー国家になるイングランドも、宗教改革の影響を強く受けた社会であった。しかしその形態は、ルターやカルヴァンらの宗教者が主導したドイツやジュネーヴ、ネーデルラントとは大きく異なっていた。国王が世俗的な理由から断行したイングランドの宗教改革は、制度的にも教義的にも徹底しておらず、そのためここでの宗教改革は一六世紀から一七世紀にかけて長くつづいていくことになった。それは政治的には重大な帰結をもたらしたが、宗教的にはそれほど根本的な革新ではなかったので、大筋を記すだけにする。

イングランド国王ヘンリー八世は離婚の許可をローマ教皇に願い出たが、得られなかったために、国内の教会をローマから切り離すことを決定した。王は一五三四年に「国王至上法」を発布し、全教会をローマから離脱させてイングランド国教会をつくり、自分をその長とした。二年後の一五三六年に小修道院解散法を布告して、各地の修道院を閉鎖し、財産を没収したり聖像や聖壇を破壊させたりしたが、これは宗教心から出た行為というより、戦争を継続するための資金の獲得が目的であった。一五四七年に彼が死ぬとエドワード六世が跡を継ぎ、礼拝時にもちいる言語をラテン語から英語に変えるなど、父親以上に積極的にプロテスタント化をおし進めた。ところが、その死後の一五五三年に女王となったメアリ一世は熱心なカトリック信者であり、宗教の揺り戻しに着手した。教会をカトリックに戻すための指令を出し、それにしたがわない主教を追放ないし処刑したほか、二九〇名を火刑に処すなど、その治世は「血まみれのメアリ」の名で呼ばれている。

イングランドの宗教情勢が決着を見たのは、メアリの死後王位についたエリザベス一世の治世時である。彼女は即位の翌年に「国王至上法」を再度制定し、「礼拝統一法」をさだめることで礼拝を国教会の方式とした。エリザベス一世の反カトリック政策は四四年にわたってつづいたため、イングランドは決定的に国教会が支配するところとなったのだった。

イングランドの宗教改革が右往左往したのは、カルヴァン派らの改革派がロンドンをはじめ都市部に浸透した一方で、農村部ではカトリックの優越がつづくなど、国民の信仰形態が分裂していたためだった。また、改革が国王の手で上からおこなわれたために、国民には深く浸透しなかったこともその理由であった。その結果、イングランド国教会は折衷的な形態をとることになり、教義の面では聖書を信仰の唯一の根拠とし、予定説をとり入れるなどカルヴァン派に近かったが、制度的にはカトリック的な、王を頂点におき大主教・主教とつづく聖職者の位階制を残していた。また、秘跡の形態もカトリックのそれと変わらなかった。こうしたイングランドの宗教のあり方を英国史の指昭博は、「イングランドの宗教改革は、プロテスタント体制の国は作り上げたが、プロテスタントからなる国ではなかった」とまとめている[64]。

このように国教会が教義的にも制度の面でも折衷的なものになったことが、その後のイングランドの宗教状況を決定した。カルヴァン派らの改革派は聖書を重視し、万人祭司の立場に立つので、カトリックのような異端審問制度は存在せず、聖書の自由な解釈が許容されている。そのため、聖書の内容をどう解釈するか、洗礼をいつ実施するかなどの違いから、多くの教派が誕生した。聖職者ではなく会衆に決定権を与える会衆派や、幼児洗礼ではなく成人になってからの洗礼を主張するバプテスト派、教会制度を批判し各人の霊的な経験を重視するクエーカー派、急進的な社会改革をめざすレヴェラーズ（水平派）など、複数の教派が生じたのである。国教会に対して距離をおくこれらの会派は、倫理と規律を重視する生活をおくったことからまとめてピューリタン（清教徒）と呼ばれ、大きな影響をもたらすことになったのである。

ピューリタン革命とアメリカ大陸への影響[65]

イングランドの宗教改革は、こののちさらに混乱をきわめていく。一六〇三年にエリザベス女王が死ぬと、スコットランド王がイングランドに迎えられ、ジェームズ一世として即位した。彼は国内に基盤をもたなかったことから国教会を重視し、他の改革派教派とカトリックに対する弾圧をおこなった。そのため、一六二〇年のメイフラワー号のように、アメリカ大陸に新天地をもとめるピューリタンの動きが活発になった。

一六二五年に国王ジェームズ一世が死ぬと、つぎのチャールズ一世はカトリックのフランス国王の妹を王妃に迎えたため、親カトリックとして警戒され、改革派が多数を占める議会との対立が深まった。スコットランドと戦って敗れたチャールズ一世は、賠償金の支払いをめぐって議会と対立し、議会側の主要人物を逮捕しようとしたことから、国王と議会のあいだで戦闘がはじまった。戦闘は膠着し、議会の側も主戦派と和平派にわかれるなど混乱が生じたが、戦争指導者オリバー・クロムウェルの活躍などで一六四八年までに議会側の勝利が確定的になり、一六四九年一月に国王チャールズ一世は公開処刑された。

かくしてイングランドは議会が全権を掌握するところとなり、ピューリタンが多数を占める共和国となったことから「ピューリタン革命」と呼ばれている。その後、教派間の争いや予算の欠乏、アイルランドおよびスコットランドとの戦いなど混乱がつづき、議会は軍隊指揮官クロムウェルを護国卿として全権をゆだねることを決めた。しかし、一六五八年にクロムウェルが死ぬとふたたび混乱となり、一六六〇年五月、亡命していたチャールズ二世を国王に迎えてイギリス共和国は幕となる。

ところが、事態はこれでおさまらなかった。チャールズ二世の死後、あとをついだジェームズ二世はカトリックの復権をはかったことで軍や議会と対立し、軍はジェームズ二世の甥でオランダのウィリアム三世を国王として迎えることを決めた。一六八八年、軍勢を集めたウィリアムがイングランドに上陸すると、ジェームズ二世は国外に逃亡し、戦わずに王権が移譲されたことで「名誉革命」と呼ばれている。ウィリアム新王は即位にあたって議会の権威を尊重する「権利の章典」を発表し、議会は非国教会のピューリタン各教派の信仰の自由を公認して、イングランド宗教改革はようやく幕となったのである。

一五三四年のイングランド国教会の成立から一六八八年の名誉革命まで、ピューリタンはなぜかくも長期にわたって国王権力と戦うことができたのだろうか。その背景にあったのは、イングランドの社会と経済の一大変化であったとされている。一五世紀までのイングランド社会では、農地の多くは国王や貴族、キリスト教会に占有されていたが、貨幣経済の進展や修道院の解散によって農地が切り売りされ、多くの独立自営農民が誕生した。また、経済の中心であったネーデルラント向けに、農村部で毛織物工業が発展した。海外交易に関しても、国王の許可を得た勅許会社ではなく、勅許なしで交易に従事する新興貿易商人の活動が活発になった[66]。これらの新しい動きは一六世紀以降イギリス経済を左右するようになり、旧来の権威層が独占する経済特権の打破をめざした彼らは、国教会の権威に対抗するピューリタン運動を支えていたのだ。

一世紀半にわたってつづいたイングランドの宗教改革において、改革派、とりわけピューリタンが果たした役割は決定的なものがあった。もし信仰に根ざした彼らの根強い活動がなかったなら、くり返しカトリックへの回帰を試みた国王の側の圧力をはね返すことはできなかっただろうし、宗教的な寛容を実現することも、経済活動の自由を実現することも不可能であっただろう。もしそれらの事態が実現されなかったなら、イギリスがオランダのつぎに世界経済のヘゲモニー国家になることができなかった可能性は十分あったのだ。

それに劣らずピューリタンの活動が重要になったのは北アメリカの植民地であった。国教会から迫害されたピューリタンは一六二〇年のメイフラワー号に見られるように新天地をめざしたが、その動きが活発になったのは一六二九年にマサチューセッツ湾会社が設立されてからである。[67] 一六三〇年代には二万人を超えるピューリタンが移住し、規律と倹約を重視する彼らは、新天地をニューイングランドと呼んで拠点を築き、これがのちのアメリカ合衆国建国の基礎となった。

イギリスからの移住はニューイングランドにかぎらなかったが、この土地が歴史に名を刻んだのには理由がある。一七〇〇年ごろのアメリカ大陸のイギリス人の総数は二五万七〇〇〇、その内訳はニューイングランドが九万一一〇〇、アメリカ南部が八万六四〇〇、同中部が四万八〇〇〇、カリブ海が三万五五〇〇であった。ニューイングランドは全体の三五パーセントなので、傑出して多いわけではない。しかし、ニューイングランドへの移住者は家族で移住し、農場を経営して自給社会を確立したのに対し、[68] 南部やカリブ海への移住者の多くは男性の年季奉公人であり、移住先に根をもつことはなかった。のちに南部ではコットンやタバコの栽培が軌道に乗り、アフリカ人奴隷を使役する農場が繁栄したが、そのあり方はニューイングランドとはまったく異なっていた。もしピューリタンのニューイングランド植民地が存在しなかったなら、アメリカ合衆国は大土地所有と略奪経済が支配的なラテンアメリカ型の社会になっていたかもしれなかったのだ。

改革派と一七世紀科学革命[69]

ピューリタンがイギリス社会にもたらした影響はそれにとどまらなかった。社会学のロバート・

マートンは「ピューリタニズムと科学」と呼ばれる見解を示したが、それは一七世紀のイギリスで自然科学がめざましく発展したのは、社会的に有用であることと禁欲を重視するピューリタニズムの精神が広がっていたためだとする見方である。マートンが論拠として示したのは、一六六〇年に設立されてイギリスにおける自然科学の発展に寄与したロイヤル・ソサイエティ（王立協会）の初期のメンバーの六割以上がピューリタンであったという事実であった。この主張に対しては、ピューリタンの概念があいまいである、王立協会のメンバーの多くはピューリタンではなく国教会穏健派であるなどの批判が寄せられた。とはいえ、国教会の穏健派にしてもカルヴァン派の影響の強い改革派の一員であったのだから、ピューリタンを改革派とおきかえるなら、これらの批判は一掃されるだろう。

実際、自然科学の興隆に決定的な貢献を果たしたフランシス・ベーコンやアイザック・ニュートンは改革派の熱心な信者であったし、イギリスのみならずオランダでもおなじような状況が生じていたことを考えるなら、改革派が自然科学や実証科学の興隆に寄与したのは間違いないだろう。オランダについてウォーラーステインはつぎのように述べている。「オランダは『哲学者にとっての天国であった』。デカルト、スピノザ、ロックという一七世紀の三つの巨星を含めて、そういうことができる。デカルトは、フランスではえられなかった落着きと安定をオランダに見いだした。スピノザは、破門されてセファルディ（スペイン）系ユダヤ人のヨーデンブラー通りから追い立てられ、オランダ人市民の住む、より友好的な地域に引っ越した。ロックもまた、ジェイムズ二世の暴虐を逃れて、オランダ人がイギリスの王位についた、より幸せな時代まで、この地に避難場所を求めた」[70]。先に見た一六〜一七世紀のオランダ社会の寛容性と合理主義、自由な風潮が、彼らの思想の確立に貢献したというのだ。

こうした寛容性と合理主義、自由な風潮はイングランドにも導入されていたし、禁欲と規律を重視し、隣人や社会に対して貢献しようとする改革派の実務主義は、近代科学の精神と重なるものが多かった。科学史のマーガレット・ジェイコブは、マートンのピューリタンを国教会の穏健派である広教会派に置き換えながら、つぎのように述べている。禁欲的で敬虔でかつ実務的な改革派の教義がニュートンらの自然科学の発展をうながし、広教会派はそれを自分たちのプログラムとして取り入れ、社会に広めるのに貢献したというのだ。

物質は死んだ生命のないもので、延長を持ち、不可入なものだという概念は、ニュートンの自然哲学の基礎である。惑星の形態であれ、おおもとの原子状態であれ、物質は外部の非物質的な力によってのみ動かされる。運動の源は神である。彼は宇宙に存在する運動の起源であり、不変の源である。〔略〕純粋で、霊的で、巨大で、偏在し、強力で、全能の力を持つものとして、神は物質に対して完全な支配権をふるう。神は宇宙の全運動の最終的な源である。そして、神は人間にこの力を委譲することができる。ニュートンの体系において人間に与えられた、物質を支配し、運動させ、変化させる能力、あるいは最終的に自然の道筋を支配する能力は、広教主義の社会的な教えを正当化する。物質は「愚鈍」であり、人間は理性のおかげで世界の事物を究極的に支配する。[71]

先に見たように、カルヴァン派は知と真理の最終決定権をカトリック教会から奪い、カトリック的な神と人間のあいだの相互関係性を予定説で断ち切ることで、人間の関心を神ではなく、人間自身と人間が住まうこの世界へと方向転換した。カルヴァン派の見方からすれば、この世界は神がつくったものだから善であり、秩序があるはずである。そうした秩序や世界の構成原理を、数学や実験的手法を駆使して理解しようとすることは、神の御意にかなう善なる行為と見なされるようになったのだ。

宗教改革は現代世界になにをもたらしたか

宗教改革は人類の歴史になにをもたらしたのだろうか。宗教改革はさまざまな社会的変化や、政治と経済の次元での変化につながったが、それはあくまで副産物であり、宗教改革がめざしたのはなにより宗教のあるべき姿を探し、それにいたろうとすることであった。改革者たちは同時代の宗教が間違った道を歩んでいると考え、宗教の創始時の純粋形態に回帰しようとした。ルターやカルヴァンが聖書を重視し、イエスの時代の宗教をつねに参照したのはそのためであり、彼らはそこに絶対的存在としての神と、神によって創造された微々たる存在としての人間を見いだした。カルヴァンが人間の救いはすべて神によってさだめられているとする予定説を論じ、ムハンマドが神の前での人間の卑小さを強調して神への絶対的帰依を主張したのは、それが理由であった。

改革者たちは各信者が神に向かって祈りを捧げることを重視したので、聖職者の仲介は必要でないと考えた。むしろ彼らは聖職者の介在によって、宗教の純粋形態が損なわれたと考えたのだった。

彼らによれば、聖職者は自分たちの権威を強化するために儀礼を複雑にしたし、それにあわせてさまざまな象徴を活用したが、それは信者に儀礼への依存感情をうえつけ、神へのとりなしの期待を生み出した点で誤っていた。しかもそうした儀礼は、世界宗教が誕生する以前の古い儀礼の体系に結びつき、呪術的要素を引きずっているがゆえに不純なものだと判断された。彼らは可能なかぎり儀礼の簡素化と、その意味内容の明確化につとめたのである。

改革者たちは自分たちの教えが正しいと信じていたので、それを他に伝えることに尽力した。しかしそのことは、既存の宗教体系から見れば反乱であり、異端として断罪されるべきものであった。かくして、宗教改革が生じたところでは多数の宗教が併存する教派化の状況がもたらされたのであり、この時代には宗教は社会と不可分にむすびついていたので、改革派は弾圧されるか、ドイツのように世俗権力に支持されたときには宗教戦争が発生した。しかも教派化の状況においては、各教派は信者の教育につとめ、規律を重視し、貧者や社会的弱者への保護をおこなうなど、社会と行動倫理の革新をもたらした。教派化が主権国家の誕生につながったことはドイツでもネーデルラントでも見られており、一六一八年からの三十年戦争を終わらせるためのウェストファリア条約が主権国家からなるヨーロッパの国際秩序を誕生させたことを考えるなら、宗教改革と教派化こそが新しい政治秩序の形成に貢献したのだった。

宗教改革と資本主義の関係についていうなら、ヴェーバーの議論を認めることはできないにしても、両者のあいだに影響関係があることは先に詳述した。カルヴァン派は信徒に規律を課したので、カルヴァン派が浸透したところでは、ジュネーヴ、オランダ、スコットランドがそうであったように規律を重視する下からの社会改革が実現した。とりわけオランダではカルヴァン派を中心に諸州が連携してスペインからの独立戦争を戦ったが、その間に禁欲と規律を重視するカルヴァンの教説が、戦争の遂行のために経済発展を優先させる方向へと転じていった。宗教的禁欲が世俗内禁欲へと転換されていったのであり、宗教的寛容を宣言したことと相まって、自由で開放的で規律的な社会が生み出された。宗教改革が資本主義の成立に直接関与したとはいえないにしても、それは資本主義が誕生する諸条件を整備したのである。

イングランドでの弾圧を逃れるためにピューリタンが築いたニューイングランドについても、おなじことがいえる。地下資源に恵まれた中南米や商品作物の生産に適したアメリカ南部やカリブ海と異なり、ピューリタンが住み着いたのは商品作物を栽培することもできない寒冷な土地であった。にもかかわらず、彼らが生き延びただけでなく、堅固な地域社会の建設に成功したのは、彼らがカルヴァン派に固有な規律と倫理を重視し、共通の宗教意識による連帯をもち、本国の同派の信者から支援を受けていたためであった。もし彼らがニューイングランドに根拠地を形成することがなかったなら、南北戦争が生じたかどうかは不明だし、北米のかなりの土地はおなじように侵略を進めていたフランスとスペインに支配されていただろう。もしそうであったなら、今日の世界の唯一の超大国であるアメリカ合衆国はまったく違った形態になっていたはずだ。

これに加えて、デカルト、スピノザ、ロックといった一七世紀の大思想家がいずれも自由なオランダに滞在していたこと、ニュートンやベーコンなどの自然科学者や実証主義者が熱心な改革派信者であったこと、自然科学の発展に貢献した王立協会のメンバーの多くが改革派であったことを考えるなら、神と人間のあいだの情緒的関係を断ち切ることで人間の関心を自分自身と周囲の世界に向けた宗教改革が、自然科学の発展に寄与したことは疑いない。『一七世紀科学革命』について論じたジョン・ヘンリーがいうように、「宗教と神学が近代科学の発達において大きな役割を担ったことは疑いようがない」のだ[72]。

こう見てくると、主権国家体制の確立、資本主義の成立、アメリカ合衆国の形成、世界の合理化と近代科学の発展など、現代世界を構成する主要要素に宗教改革が直接的ないし間接的にかかわっていたことは明らかである。宗教改革は、世界が現在見られるようなかたちになるのに決定的に寄与したのだ。

反面、宗教改革が宗教と社会に対する見方を変えたのも事実だろう。カルヴァン派とともに、人間が関心を神ではなく自分自身と周囲の自然に向けるようになったし、複数の教派が共存する教派化の状況は、宗教と世俗的権力を一体化させつつたがいに競合させたので、人びとは宗教的な教えや神の信仰に気を配るより、経済発展や国家間の戦争に関心を向けるようになった。一六〜一七世紀のオランダが、自由で、規律的で、宗教的に寛容で、自己決定的で、経済発展を優先させる社会を築いていたことを見てきたが、それは八十年にわたる独立戦争と表裏一体であった。近代社会の特質はすべてそこにあらわれていたのだが、それは貴族や一部の軍人だけでなく、すべての国民が戦争の遂行に協力する戦争国家とナショナリズムの出現と一致していたのである。

宗教改革がこうした状況をもたらしていたとすれば、そこからは、人びとが神の不在ないし「神の死」を口にするようになるにはほんの一歩であっただろう。それは、白昼に提灯をつけながら広場に駆けてきて、「おれは神様を探している」といい、「おれたちが神様を殺したのだ」、「地球を太陽から切り離すようなどんなことをおれたちはやってのけたのだ？」と叫ぶニーチェの「狂人」のような絶望的な一歩であったかもしれないが、[73]ほんの小さな一歩に過ぎなかった。私たちは、宗教が世界を動かす支配的な要因ではなくなった「ポスト宗教」の時代を生きているのであり、宗教の純粋形態をもとめた宗教改革は、期せずして宗教の死を準備していたのである。[74]

日本の宗教改革[75]

最後に、日本における宗教改革の試みについても見ておくことにしよう。とりあげるのは、平安末期から鎌倉にかけて誕生した「鎌倉新仏教」と呼ばれる仏教の改革運動である。日本ではヨーロッパに先駆けて、数世紀早く宗教改革が試みられたが、その影響が社会の全領域におよぶことはなかった。そのため、ここでは最小限の考察にとどめておく。

わが国に仏教が伝えられたのは五五二年（一説には五三八年）とされ、聖徳太子が熱心に信仰したことに代表されるように、初期には貴族や支配層を守護することを目的とした鎮護国家の宗教であった。その後、奈良時代に法相宗、三論宗、成実宗、倶舎宗、華厳宗、律宗の南都六宗、平安時代に天台宗、真言宗の平安二宗が国家の庇護を受けた公認の仏教とされ、僧侶たちは官僧として仏教研究と国家鎮護の行にはげむだけで、民衆救済の試みがなされることはなかった。また、僧侶になるには「南都戒壇」と呼ばれた東大寺、「北嶺戒壇」と呼ばれた延暦寺で授戒を受ける必要があるなど、当時の仏教はまさに国家によって維持され、国家のために守護の役割をはたす制度的宗教であった。

状況が大きく変わったのは、ブッダの死から一五〇〇年を経た「末法の時代」と呼ばれた平安後期以降である。国家が政治も宗教も支配していた律令体制が崩壊し、土地私有の荘園制が進展したことで、国家による宗教の一元的管理は不可能になった。そして、神社や寺院の管理が国家の手を離れ、僧侶による民衆教化の禁止がとかれたことで、現世の幸福を願う人びとの要望に応えるかたちで仏教の鎮魂呪術化が進行した。[76] 国家のイデオロギー的補完物としての仏教が、民衆を対象とするようになったことで、後者が保持してきた儀礼の体系と一体化したのである。そうしたなかで、鎌倉新仏教と呼ばれる浄土宗、浄土真宗、時宗、日蓮宗、臨済宗、曹洞宗などが発展していった。これらの宗派をひらいた開祖の多くは官僧を離脱した私度僧であり、彼らのまわりには貴族のみならず、多くの民衆が集まって信仰共同体としての教団を形成した。そのひとつである浄土宗をひらいた法然と弟子の親鸞について見ておこう。

「鎌倉新仏教の一番手」とされる法然は、平安末の一一四五年、一三歳で比叡山にのぼり、二年後に一五歳で受戒した。公認の僧となったのである。しかし、一一年後の一一五六年には比叡山を出て、著名な僧である叡空の黒谷別所で修業をつづけるうちに、専修念仏へと導かれていった。「智恵第一」と称されていた法然が官僧の地位を捨てるほどに悩み、真実の教えをもとめて道を模索していたのは、いくら善き僧侶になるべく戒律を守って学にはげんだとしても、救いの実感を得ることができないことであった。このことを、彼はつぎのように書いている。

およそ仏教多しといえども、詮ずるところ、戒〔律〕・定〔禅〕・慧〔智〕の三学をばすぎず。〔略〕しかるにわがこの身は、戒行《かいぎょう》において一戒をもたもたず。禅定において一もこれをえず。〔略〕たとうるに猿のごとし。まことに散乱して動きやすく、一心しずまりがたし。〔略〕悲しきかな、悲しきかな。いかがせん、いかがせん。ここにわがごときは、すでに戒・定・慧の三学の器《うつわもの》にあらず。この三学のほかにわが心に相応する法門ありや、わが身に堪えたる修行やある。[77]

仏教の道は多いといっても、戒律、禅定、智慧の三学に尽きる。しかしこのわが身は、一戒を守ることもできず、ひとつの禅定を身につけることもできない。まるで猿のように心が落ち着かないのだ。ああ、なんと悲しいことか。いったいどうしたらよいのだろう。戒律、禅定、智慧の三学以外に、私の心にふさわしい教え、ふさわしい修行の道はないのだろうか。「智恵第一」といわれていたにもかかわらず、否、「智恵第一」といわれていたからこそ、法然は悩み模索していたのである。

そんな彼が回心を得たのは、入山から三〇年後の四三歳のときであった。唐の浄土宗の大家、善導の『観無量寿経疏《かんむりょうじゅきょうしょ》』を読むうちに、重要なのは戒律を守って生きることや善行を積んで心の平安を得ようとすることではなく、一心に仏に向かって祈り、南無阿弥陀仏と唱えることである。そうしたなら、仏教の知識のない人も、寺院や仏塔の寄進をすることのできない貧しい人も、仏教の教えが禁止する殺傷をなりわいとする漁師も、浄土に往生することができるはずだという確信にいたったのだ。

念仏は易《やす》きが故に一切に通ず。諸行は難《かた》きが故に諸機に通ぜず。しかれば則ち一切衆生をして平等に往生せしめむがために、難を捨て易を取りて、本願としたまふか。もしそれ造像起塔をもつて本願とせば、貧窮困乏の類は定《さだ》んで往生の望《のぞみ》を絶たむ。しかも富貴の者は少なく、貧賤の者は甚だ多し。もし智慧高才をもつて本願とせば、愚鈍下智の者は定んで往生の望を絶たむ。しかも智慧の者は少なく、愚痴の者は甚だ多し。もし多聞《たぶん》多見をもつて本願とせば、少聞《しょうもん》少見の輩《ともがら》は定んで往生の望を絶たむ。しかも多聞の者は少なく、少聞の者は甚だ多し。もし持戒持律をもつて本願とせば、破戒無戒の人は定んで往生の望を絶たむ。しかも持戒の者は少なく、破戒の者は甚だ多し。〔略〕しかれば則ち、弥陀如来、法蔵比丘の昔、平等の慈悲に催されて、普《あまね》く一切を摂せむがために、造像起塔等の諸行をもつて、往生の本願としたまはず。ただ称名念仏の一行をもつて、その本領としたまへるなり。[78]

極楽浄土に往生するためには、他の宗派がいうような寺院や仏塔の寄進をすることも、仏典を深く学ぶことも、戒律を遵守することも、知識を深めることも必要不可欠ではない。一身に称名を念じることは容易な行ではあるが、阿弥陀仏が万人を救済するために用意してくれた行（＝本願）なのだから、それをおこないさえすれば浄土へ導いてくれるはずだ。法然はそう説いたのである。彼の教えがいかにラディカルであったかがわかろうというものだ。

極楽浄土に往生するか否かを決めるのは、絶対他力の阿弥陀仏の一存であるのだから、意図的に善行を積み重ねる必要はない。誰もが一心に念仏を唱えたなら往生できるのだから、僧侶の仲介も必要ではない。それまで仏教が排除していた女性や非人、身体障碍者、らい病患者、殺傷をおこなう漁師や猟師であっても往生することができるし、死の穢れとして忌避されていた臨終の床にある人にも念仏を勧めることができる。こうして法然は万人救済の教えを果敢に説いたのだった。[79]

法然らへの弾圧と教派化の有無

こうした彼の教えは、当然予想されるように既成仏教の側から猛烈な反発を招いた。一二〇四年には比叡山の僧徒が、天台座主に専修念仏の禁止を朝廷に進言するよう求めた。それに対し、法然は一九〇人の弟子を集めて、他宗の批判をいさめるなどの「七箇条制誡」を誓約させることで事をおさめようとした。しかし事はおさまらず、一二〇七年には四名の僧の死罪と、法然と親鸞をはじめとする主だった弟子の流罪が決定された。すでに七五歳であった法然は土佐に流刑とさだめられたのだ。

高齢であることを案じて、専修念仏を止めると朝廷に進言すれば流刑が解かれるだろうと勧めた弟子に対し、法然は敢然とつぎのように述べたという。「おしむといへども、死するは人のいのちなり。なんぞかならずしもところによらんや。しかのみならず念仏の興行、洛陽にしてとしひさし。辺鄙におもむきて田夫野人をすすめむ事、年来の本意なり。〔略〕いま事の縁によりて年来の本意をとげん事、すこぶる朝恩ともいふべし」。[80] 人間いつかは死ぬのだから、どこで死のうとかまわないではないか。しかも私は長年、京で念仏の教えを説いてきたが、田舎でも教えを説きたいと思っていた。その念願が今かなうのだから、朝恩というべきではないか。そう述べたのである。

法然への流刑は同年中に解かれたが、専修念仏派に対する弾圧はその後もくり返された[81]。法然の死後の一二二七年に、延暦寺は専修念仏の禁止をあらためて朝廷に訴えただけでなく、法然の遺骸のあった大谷の法然廟を破壊し、法然の主著である『選択本願念仏集』を版木ごと焼却させた。その後も弾圧はくり返しおこなわれているが、このことは法然の教えがいかに民衆のあいだで広まっていたか、他の宗派が彼の教えをいかに恐れていたかを証明するものといえるだろう。事実、法然の一周忌に弟子たちが阿弥陀仏の建立を計画したときには、すぐに五万人近くの結縁者が集まったといわれている[82]。交通が未発達で情報の伝達が困難な時代であったことを考えるなら、驚くべき数字といえる。

図6－4　流刑地に向かう舟の上で遊女に法話をする法然

以上のように法然の教えと彼の宗派の動きをたどってきたのは、それが同時代のヨーロッパでおこなわれた宗教改革の運動ときわめて類似していることを示すためだ。ルターは信仰義認論を唱えて神の絶対性を説き、義とされるのは神の決定によるのであって人間の行為の善悪ではないことを主張したが、これは絶対他力を説く法然の教えと正確に重なっている。また、ルターは万人祭司論の立場から、救いを得るには聖職者や儀礼の仲介が必要でないことを説いたが、これは一心に念仏を唱えることのみを主張した法然もおなじである。そのほか、法然は厭離穢土《おんりえど》・欣求浄《ごんぐじょう》土《ど》を強調して現世拒否を貫く一方で、農民や漁民の有罪性を強調していた従来の仏教を批判し、いかなる人間もそのままの姿で往生できることを説いたが、これはまさに現世での労働を天職として評価したルターらの主張と重なるものであった。

実際、法然はつぎのようにいっている。「弥陀如来の本願の名号は、木こり草かり、菜つみ水くむたぐいごときものの、〔略〕必ず生ると信じて、真実にねがいて、常に念仏申すを最上の機とす[83]」。木こり、草刈り、菜摘み、水汲みなどは旧来の仏教では殺生の業とされ、それゆえそれに従事する人間は罪人であるので、救済されるには僧の介入が必要だとされていたが、法然は彼らこそが往生念仏できるとした。弟子の親鸞はそれをさらに進めて、漁猟師や商人などの「屠沽下類《とこげるい》」こそが、一身に念仏したなら往生可能だとしたのだった[84]。

ルターらの試みと法然や親鸞の教えが多くの点で一致していたことを、思想家の加藤周一は一九七五年に明言している。慧眼というべきだが、加藤がプロテスタンティズムが「信仰を媒介として新しい倫理的価値を生みだしたのに対し、浄土真宗はそうしなかった[85]」と述べているのは間違っている。法然と親鸞は悪人こそが反省の深さゆえに往生の可能性をもつとする「悪人正機説」を説いたが、悪をおかすことを推奨していたわけでも許容していたわけでもない。法然は至誠心《しじょうしん》と深心《じんしん》と廻向発願心《えこうほつがんしん》の三つが大事だといい、仏に対しても周囲の人間に対しても誠意をもって生きることを推奨していたのだから[86]、倫理を重視していたのは間違いない。事実、親鸞が開いた浄土真宗が禁欲的な職業倫理を説いていたこと、それが江戸－明治期にわが国で資本主義が成立・発展するのに大きく貢献したことを主張する研究は、数多くあらわれている。[87]

むしろルターらにあって法然らになかったのは、倫理性ではなく、宗教改革運動を弾圧したカトリック勢力に対抗してルターらを守った領邦君主の動きであった。つまり、ドイツやネーデルラントでは複数の教派がたんに併存していただけでなく、改革派に世俗権力が加わることによって教派化が生じ、同一のイデオロギーによって結ばれた複数の政治勢力が競合する状況が生まれていた。これが主権国家の成立をうながす一方で、その内部で「社会的訓練」や「訓育革命」をもたらして、民衆倫理の確立と国力の増強につとめさせていたのである。このことが資本主義の成立につながる主要要因のひとつであったことはすでに見た。一方、日本では農民や在郷の武士がくり返し一向一揆をおこしたが、世俗の領邦君主がそれに加わることは一度もなかった。もし加賀で発生して、百年にわたって百姓支配を築いた一向一揆に、越前の朝倉氏や越後の上杉氏が加わることがあったなら、織田信長の天下平定の試みはもっと困難になっただろうし、真の意味での教派化と複数の主権国家が日本に生じていたかもしれなかった。その場合には日本の歴史も大きく変わっていたと思われるが、それは生じなかったのだ。

結論

この本は宗教の起源からごく近い過去まで、人類の営みとしての宗教の歴史をたどってきた。これまでになされた人類の宗教史の試みは、世界宗教とともに優越するようになった神や超越的秩序の観念をそれ以前にもち込んでいる点で、現在を過去に投影したにすぎず、真の意味での歴史的再構成にはなっていなかった。本書ではそれを避けるために、狩猟採集、農業の開始、国家と文明の成立、世界宗教の誕生などと次元を区切り、それぞれの次元における宗教の基本構造を引き出した上で、その推移をたどるという方法をとった。これによってはじめて人類の宗教の歴史記述が可能になったと考えている。最後に、人間の営みとしての宗教の歩みを最初からたどり直すことで、ヒトおよび人間が宗教を通じてなにを得、なにを失ったかを考えたい。

今から数百万年前、いまだ言語をもたず、原初的な道具しかもたなかったヒトの先祖は、霊長類のなかでも傷つきやすく脆弱な存在であったために、住み慣れた森林を出ることを余儀なくされた。肉食獣のうろつくサバンナや疎林で生きるようになった彼らは、大きな集団をつくって助けあって暮らすことだけが生存を可能にすることを「理解」していたに違いなかった。集団を維持するための食物分配のメカニズムと緊張緩和の手法をつくり出した彼らは、それを通じて知能の高度な発展を実現していった。と同時に、彼らの存在を可能にした共同性の記憶は意識下に残りつづけ、のちに言語と洗練された道具をもつようになってもそれを祝祭のかたちでくり返し体験した。宗教の起源にあったのはこうした共同性の経験であり、祝祭とは自分たちの存在の条件を再確認する行為であると同時に、五感を刺激するさまざまな象徴を活用することで、生きることの喜びと集団であることの喜びを極大化する行為であった。

より洗練された石器の発明後、一八〇万年にわたって狩猟と採集で暮らしていたヒトの先祖は、自然環境を改変しようとするより、むしろそれに適応するべく自分たちの身体技法と知的能力の開発につとめた。狩猟採集民が身体にかかわる成人式や成女式、葬送儀礼を重視したのはそのためであり、これらの儀礼を通じて彼らは身体上の差異を一連の社会的差異へと組み替えることで社会の基本的枠組みを構築した。こうした身体にかかわる儀礼と祝祭に、知的・身体的能力の拡張手段としてのシャーマニズムを加えることで狩猟採集民の宗教は完成を見た。ヒトの先祖が儀礼と宗教をいつつくり出したかは推測するしかないが、言語と儀礼はその機能も構成要素も大きく異なっているだけに(第2章注47参照)、両者は独自に、かつ並行して成立し発展したのだろう。

ホモ・サピエンスが七万年ほど前に出アフリカを敢行したときには、言語が存在していたことは確実だが、そのときには宗教も一応の完成を見ていただろう。それがどのようなものであったかは、現存する(した)狩猟採集民のそれから推察するしかない。彼らの宗教の基礎にあったのは、感覚特性をもつ象徴を活用することで身体と生理に働きかける手段としての一連の儀礼であり、そこではカミや霊の観念は微弱なままにとどまり、宗教生活で主要な役割をはたすことはなかった。彼らのもとで支配的であったのはアニミズムと呼ぶのが適切な周囲の自然と一体化した世界理解であり、そこでは人間自身も環境世界を構成する一要素にすぎなかったのだ。

根本的な変化が生じたのは、農業の開始によってである。食物をたくわえず、労働の成果をすぐに享受する狩猟採集民と違い、農耕や牧畜をはじめた人びとは数か月後、数年後の成果のために即座の享受を断念した。とはいえ、農耕や牧畜は成果を得るのに時間がかかるので、人びとは日照りや暴風などの不安に脅えるようになった。そこで農耕民は、農作業の各段階で儀礼をおこなうことで行為の確証を得ようとしたし、牧畜民についてもおなじであった。一方、日照りなどの期待に反する事態が生じたときには、原因を特定し、とりなしの儀礼をおこなうことで事態を修復しようとした。こうして、人間と環境世界に生じるすべての出来事を包摂し、いかなる事態に対しても対応可能な体系としての儀礼が完成したのである。と同時に、彼らは自分たちの生の基礎を築いた先祖を祀る祖先崇拝をおこなうようになったし、祈願の対象としてのカミや霊の観念も発達したのだった。

狩猟採集民にはじまる祝祭とシャーマニズム、イニシエーション儀礼に加え、儀礼の体系とカミや霊の観念をそなえることで、人間の宗教は一応の完成を見た。その後の人間は、その基本においては一部を改変したり一部の要素を強調しただけであった。農業生産力が向上すると貧富の差が発生し、初期国家といわれる政治組織が誕生したが、宗教の基本構造はおなじであった。というより、初期国家の王はみずからを儀礼の体系に一体化させることで権威の源泉としたのである。

やがて、大河の流域に古代文明と呼ばれる巨大な政治組織が建設されたが、宗教の基本構造は同一であった。古代文明の王もまた儀礼を主宰することで、自然の運行を制御可能な神聖王として君臨した。それに加え、巨大文明は国々を支配する過程でその神々をとりこんだし、宗教的役職者が増加すると彼らは神々を増やし儀礼を壮麗にした。古代のメソポタミアやエジプトでは数千の神々が祀られていたが、そのことはギリシアやローマでもおなじであった。

宗教のあり方を根底から変えたのは、西暦紀元前後に活躍したゴータマやイエスなどの宗教的天才である。彼らは農業や自然の循環にむすびついた集団的な儀礼のあり方を批判し、個々の人間の生そのものに焦点をあわせるべく宗教をつくり変えた。ブッダが説いたのは、人間には病気や老齢、死などの苦難があり、それにとらわれている（我執）かぎり乗り越えることはできないこと、規律を守り欲望を制限して我執を捨てるべく努力したなら、絶対安心の涅槃の境地にいたることができることであった。イエスもまた病気や死などの苦難に着目したが、彼はみずから奇跡の業をおこなうことで苦難を乗り越えうることを示しただけでなく、欲望を制限し隣人を愛しながら生きたなら、永遠の生を得ることができると説いた。彼らにとって身体性と欲望は悪の第一原因であり、信者がそれを制御するべく主体的に行動することが必要だと主張した。さらに、神の救いを得、涅槃の境地にいたるには、家族や親族、地域社会、国家などの旧来の共同体から距離をおき、おなじ信仰の者たちの共同体に加わることが必要だと説いたのだった。

彼らふたりの主張は当時の見方からすればきわめてラディカルであり、現世的な価値を否定し、既存の社会関係からの離脱をもとめるその教えは、けっして受け入れやすいものではなかっただろう。にもかかわらず、それが多くの人びとに受け入れられたのは、背後に社会の一大変化があったためだった。彼らの時代には商業活動と貨幣経済の進展によって旧来の共同組織が解体しつつあり、個人はどう生きるべきかを模索していた。また、古代文明は機能不全を起こし、国家と一体化した宗教は人びとの欲求に応えられなくなっていた。ゴータマやイエスが築いた宗教は、個としての人間のあり方を見据え、世界をどう理解すべきか、世界のなかでどう生きるべきかを告げていたし、人びとを新しい信仰共同体のうちに包摂するものであった。また、彼らは現世を拒否することの代償として、現世の彼方に聖なる秩序があること、それは現世より素晴らしいものであることを主張した。彼らがつくり出した宗教は、現世の秩序を超越していたがゆえに国家や社会の枠を超えて広がることができ、人類最初のグローバル空間がそこに誕生したのである。

しかし、現世を拒否したそれらの宗教はじきに国家や帝国のなかにとりこまれていったし、現世の利益をもとめる人びとの願望は、簡素化された儀礼の中身を元に戻していった。仏教やキリスト教はどの土地でも旧来の宗教的要素との習合が生じていたが、それは信者の側からすれば、世界宗教が否定した身体性や地域性、宇宙との一体性を再度宗教のなかにとり込むことにほかならなかった。こうした状況を全面的に否定したのが宗教改革であり、それは神や超越者の絶対性と人間の卑小性を強調し、超越者への絶対的帰依が重要であること、悪の原因である身体性と欲望を監視すべきこと、儀礼をできるだけ簡素化することを主張した。かくして、過去には宗教の要石であった身体性は監視されるようになり、五感を刺激することで参加者を至福に導いていた儀礼は否定された。

人間はかつて農業の開始とともに享受を先延ばしすることを学んだのだが、今や欲望は制限され、享受は無限に先延ばしされるようになった。生産のために生産する今日の資本主義は、農業と共に開始された享受の遅延の最終形態だといえるだろう。

西欧における宗教改革が主権国家と資本主義の成立、そして近代科学の誕生に寄与したことを最後に見たが、それらはいずれも宗教の外部で生じた事態である。宗教固有の次元にかぎっていえば、宗教改革は身体性や地域性にむすびついた儀礼の力を縮減したし、現世を超えた救済のために地上での享受を断念させようとした。それは教義の理解を優先させることで、宗教が本来もっていた力、人間を深いところから動かすと同時に宇宙全体のリズムへと開かせる力を、貧弱化させてしまったのだ。

そのことは、宗教の原初形態を参照すればよくわかる。ヒトの先祖が宗教をつくり出したとき、それはなにより共同性を産出し、共同であることの喜びを表出するものであったし、儀礼を通じて彼らの身体的能力と精神的能力を開発するものであった。と同時にそれは、彼らが生きる自然環境や地域性、宇宙全体のリズムに深くむすびつき、彼らを地域のなかに根づかせるものであった。宗教がもっていたこうした特性は、世界宗教が創始され、宗教改革によってその特質が強化されると、失われていった。教義と倫理を重視するそれらの教えは、身体性を悪の第一原因とし、地域性や生業との関係性を否定し、共同性をおなじ信仰の者たちの共同性にまで切り詰めた。それは宗教がもっていたさまざまな可能性を縮減したのであり、宗教は改革の名のもとでみずからの死を招き寄せてしまったというべきだろう。

今日、ポスト宗教の時代を生きる私たち現代人にとって、地域とは寝るための場所でしかないし、共同性は無限に希薄化されて、他者との差異のみを強調するナショナリズムへと転化されている。祝祭や儀礼のかたちで実現されていた即座の享受や身体的で全人格的な喜びは閑却され、身体性は宗教改革の時代ほどは悪とは見なされないにせよ、セックスや音楽やスポーツなどに局所化されている。そして、私たちが身体をもつがゆえに避けることのできない死は、子孫のもとに再生することも天国や浄土で永遠の生を与えられることも不可能になり、剝き出しのまま私たちの生を穿っているのだ。

共同性、地域性、身体性、全人性、享受性、生業との関係、宇宙のリズム。宗教が過去にもっていた包括的で丸ごと人間を動かす力は今では断片化されて、現代人はそれを部分的かつ時宜に応じて活用するだけである。カルヴァン派いらいの自己規律と自己監視は、現代社会の金科玉条とされて社会をおおい、現代病としてのうつを頻出させている。宗教的原理主義者たちは、達成不可能な共同性を喚起するために敵をつくりつづけているし、異言や手かざしなどの身体性を強調する教団や教派もなくなってはいない。スピリチュアリティの名で呼ばれる手軽な疑似宗教体験は、自我を肥大化させたい消費者に魅力を振りまいている。その一方で、剝き出しのままに放置された死は、普段は隠されているが、ときおり不意にあらわれて私たちを底知れぬ不安に突き落とすのだ。

動物を狩ったり大地を耕したりしていた人間は、いまでは工場での勤務やオフィスでのデータの整理に余念がないが、人間が身体をもち、特定の場所で誕生し、特定の場所で死ぬ存在であるかぎり、機械やデジタル空間に融解されるはずはない。傷つきやすい身体をもつ私たちは、ひとりでは生きることができないのであって、私たちの誕生と死は他の人間の存在なくしては実現されえない。であれば、たまには私たちの身体のうちに残っている共同性の断片に向きあってみるのもよいではないか。

ヒトの先祖が道具をつくり狩猟採集で生きるようになって一八〇万年。言語をもつホモ・サピエンスが二度目の出アフリカをおこなって七万年。中東の片すみで農業が開始されて一万一〇〇〇年。大河のほとりで文明が成立して五〇〇〇年。文明の周辺で世界宗教が誕生して二五〇〇年。日本やヨーロッパで宗教改革がおこなわれて七〇〇年。今から一五〇〇年前に神の死が公然と告げられるまで、ヒトおよび人間はつねに宗教とともに生きてきた。その宗教の根幹にあったのは、共同性の経験、つまり私たちが生まれる前から存在し、私たちが死んだあとも存在しつづけるものへの畏怖と愛着であった。それは、地域とも社会とも神とも仏とも呼ばれてきたのだが、人間はごく最近までそれを支えとして生きてきたのだから、その記憶ないし痕跡が完全に失われることはないだろう。

神の死が告げられ、宗教が社会を動かす主要因ではなくなった今日、残された可能性のひとつは祭やそれに類する行為である。地域に根ざし、身体的な技法を尽くし、即座の享受と共同性を可能にし、生業や宇宙のリズムとも関係する祭は、さいわい今なお私たちの社会で生きられている。いくつかの都市の祭が多くの参加者によってにぎやかに祝われる一方、人口流出のつづく農村部で祭が失われつつあるのは残念である。身体の動きを同調させることで共同性を現出させ、功利性とも利害とも無縁な祭は宗教の華であり、地域の華である。祭をすでに失った土地では、地域性を回復する試みとしての地域づくりにもっと関心が寄せられてもよいのではないか。私たちが死ぬとき、病院で死ぬか、地域で死ぬか、それともなんらかの共同性のもとで死ぬか。それを問うことは、私たちの生そのものを問うのとおなじくらい重いものではないだろうか。

注

序章

1　ピグミーとは彼らの低身長や肌の色に由来する蔑称であるため、人類学ではエフェ、バカ、ムブティなど、それぞれの集団名で呼ぶのが一般的だ。他方、彼らの全体をさすことばがないので、ここでは彼らの総称としてピグミーをもちいる。ここでの彼らに関する記述は、ターンブル一九七六による。

2　アステカの宗教の記述は、青山二〇〇七、岩崎二〇一五による。人身供犠を中心としたその宗教の血なまぐささは、支配を正当化しようとしたスペイン人征服者によって誇張された可能性が高いが、アステカの人びとによる絵文字によっても記述されているので、根拠のないものではない。

3　メッカ巡礼の記述は、野町二〇〇二による。

4　レヴィ＝ストロース一九七七上、七〇。

5　ゴリラやチンパンジーなどの類人猿では近親相姦は明確に忌避されているし（黒田一九九九、山極二〇一五）、ニホンザルなどでも忌避が存在するようである（今西一九七六、伊谷一九八七）。日本の霊長類学のパイオニアのひとりである伊谷純一郎は、霊長類でも集団ごとに行動パターンに変化があることを指摘して、それを「文化」ではなく「カルチュア」と呼んでいる（伊谷一九八七、三〇〇。一九九一）。

6　Dunbar 1998、ダンバー二〇一六、ウィルソン一九八〇、ボーム二〇一四、Norenzayan et al. 2008, デネット二〇一〇、トリー二〇一八。

7　ミズン二〇〇六、ウェイド二〇一一、黒田一九九九、ローレンツ一九七六、Rappaport 1979。

8　ニューバーグほか二〇〇三、ベリング二〇一二、トリー二〇一八。

9　エリアーデ一九九一、アームストロング一九九五、梅棹一九八九、ベラー一九七三、Bellah 2011。

10　そのほか、宗教学の観点から近年の宗教起源論を論じ、そこに一定の方向性を見きわめようとしたものに中野毅らの研究がある（中野二〇一四、Sosis and Alcorta 2003, Rossano 2006）。一方、過去の宗教史の議論をふりかえることで、結果として宗教進化を議論している著作もある（増澤一九九九、キッペンベルク二〇〇五）。残念なことに、これらの研究は素描的なものにとどまっている。

11　ハラリ二〇一六上、三四−三九。

12　ハラリは自説を補強するためにいくつかの文献をあげているが、そこには彼の主張の根拠となるような議論はまったくおこなわれていない。

13　エリアーデは、宗教経験の基礎にあるとする「聖」についてつぎのように書いている。「聖はそれみずからを、それみずから以外のあるものを通して表現する。それは事物、神話、ないし象徴にあらわれるが、決して全部を、また直接にあらわしはしない。従ってこの見地からすれば、聖石もヴィシヌの神檀も、ジュピターの像も、ヤーウェの出現も、すべて信者にとっては同時にリアルなものでありつつも不十分なあらわれでしかない。なぜなら、どのケースでも聖はそれみずからを限界内においてあらわし、且つ具現化するからである」（エリアーデ一九六八、五八）。エリアーデは先験的・超越論的なものとしての「聖」の実在をまず措定し、人間の営みとしての個々の宗教的実践をそれへの無数の、しかし不完全な接近方法のひとつとして位置づけているが、こうした宗教学的というより宗教的な立論は私とは一八〇度異なっている。エリアーデ宗教学の批判は別のところでおこなっている（竹沢二〇〇六）。

14　この点に関し、プラグマティズム哲学のウィリアム・ジェイムズは、しばしば参照される『宗教的経験の諸相』のなかでつぎのようにいっている。「宗教の定義がたくさんあって、しかも互いに異なっているという事実こそ、『宗教』という言葉がなにか一つの原理とか本質とかを表わすものではありえず、むしろ一つの集合名詞であるということを、十分に証明しているのである」（ジェイムズ一九六九上、四六）。この理解はさしあたっての出発点だが、彼の方法論的個人主義は私の立場とは一八〇度異なっている。

15　ここでの「構造」概念はレヴィ＝ストロースによる（レヴィ＝ストロース一九七二）。構造にはふたつの側面がある。ひとつは静態的なもので、構造とはさまざまな要素のあいだの一定のパターンとして理解される。もうひとつは動態的なもので、構造とは外部からくるさまざまな要素を一定の配置のなかに位置づける作用をさす。わたしは前者を「構造化された構造」、後者を「構造化する構造」と呼んでおり（この点については竹沢二〇〇七を参照）、ここでの構造の概念はこのふたつを踏まえている。

第1章

1　現生人につながるヒトの進化については以下による。タッターソル一九九九、ストリンガーとマッキー二〇〇一、クラインとエドガー二〇〇四、オッペンハイマー二〇〇七、ウォルター二〇〇七、リーバーマン二〇一五、ハンフリーとストリンガー二〇一八。

2　東アフリカのリフト・バレーで人類が進化したと考えられることを、古生物学者イブ・コパンはウエスト・サイド・ストーリーをもじって「イースト・サイド・ストーリー」と呼んだ（Coppens 1996）。彼の説明は今日では批判もあるが、人類進化の背景に東アフリカの地質学的変化があったのは確実である。

3　Le Gros Clark, 1967: 112.

4　リーバーマン二〇一五、四九（カッコ内は竹沢）。

5　同、四八－四九。

6 男性で一メートル四〇センチ、女性で一・一メートルていどであった（リーバーマン二〇一五、八六）。男性の身体が女性に比べて極端に大きいのはヒヒやゴリラと共通する特徴であり、ヒヒやゴリラは集団のリーダーであるオスが複数のメスとの性交を独占する傾向があるので（伊谷一九八七、山極二〇一五）、アウストラロピテクスもそうした集団原理をもっていたのかもしれない（リーバーマン二〇一五、八六）。なお、チンパンジーでは雄雌の大きさの違いはほとんどない。

7 ミズン二〇〇六、二〇七。

8 ウォルター二〇〇七、六二。

9 ダンバー二〇一六、二〇。および、Dunber 1998, 2003。カーネイロは現生人のさまざまな集団のもとで、集団規模と社会的文化的複雑性とが正の相関関係にあることを示している（Carneiro 1967）。

10 以下の記述は、グドール一九七三、一九九四、西田一九八一、ドゥ・ヴァール一九九四、黒田一九八二、一九九九、山極二〇一五による。

11 チンパンジーではこうした「戦争」はしばしば観察されているが（グドール一九九四）、より平和的なボノボでは集団同士の対立はあっても、殺し合いになることはないとされる（黒田一九八二）。

12 ドゥ・ヴァール一九九四。西田利貞も野生チンパンジーの政治的振る舞いについて記している（西田一九八一、一二三以下）。

13 黒田一九九九、一七〇。黒田は食物分配に霊長類に固有な進化のベクトルを認めている。「霊長類では所有者が決定した食物が分配され、これがコミュニケーションの基礎をつくる。ところがオオカミも含めて、イヌ科、鳥類のどの種でも、所有者が定まったといえる状態の食物が繁殖とかかわらない状況で分配されることはない。〔略〕一個体が確保した食物を分かち合うことは、霊長類にごく例外的に現れた行為である」（黒田一九九九、一五四）。

14 黒田一九九九、一一〇。

15 グドール一九九四、黒田一九九九。そのほか、集団内の弱い母親の子どもを別の親子が襲って食べることも報告されている（グドール一九九四）。

16 彼らの石器の特徴であるアシュール型のハンドアックスが大量のゾウの骨とともに出土していることがその証拠とされている（Howell 1966）。

17 スタンフォード二〇〇一、一三七。

18 ランガム二〇一〇、リーバーマン二〇一五。

19 ワトソン一九九四、六七。

20 Lee 1968: 42. おなじくリーによれば、一〇〇〇カロリーの肉を狩猟で獲得するのにひとり当たり一・二時間の労働が必要なのに対し、植物性食物の採集の場合には〇・五時間ですむ（同、40）。食料獲得の観点からいえば、より効率的なのは採集の方なのだ。

21 タッターソル一九九九、一六一。ランガム二〇一〇。

22 リーバーマン二〇一五、一四五。この説明は、形質人類学者レスリー・アイエロらの研究にもとづいている（Aiello and

Wheeler 1995)。

23　ネオテニーについての記述は、モリス二〇〇九、グールド一九八七、モンターギュ一九八六による。リチャード・ランガムはこのことを「自己家畜化」と呼んでいるが（ランガム二〇二〇）、意味するところはほぼおなじだ。

24　モンターギュ一九八六、一一六。

25　モリス二〇〇九、グールド一九八七。

26　グールド一九八七、三五。訳文を一部変えてある。

27　グールド一九八七、四九二。これらのネオテニーの特徴はチンパンジー属のボノボでも見られており、進化の途中で出現した現象だと考えられる。この点について黒田末寿はつぎのように述べる。「この種（＝ボノボ）がチンパンジーの幼型的特徴を多く残すことを指摘した。〔略〕チンパンジーでは雄が社会集団の中軸をなし、雄同士が連帯し集団間で敵対するのに対し、ピグミーチンパンジー（＝ボノボ）ではどちらかといえば雌たちが社会の主導権を握っており、雄同士の連帯は弱く、集団間は対立することもあるが、混じり合って一緒に遊動することとさえするのである。いっそう驚くことは、性行動の発達である。同性間、異性間を問わず性器同士をこすり合わせる行為によって、争いを未然に防ぎ、あるいは争いが深刻になる前に和解するのである」（黒田一九九九、七七、カッコ内は竹沢）。

28　モリス二〇〇九、七一—七二（カッコ内は竹沢）。

29　「弱者こそが生き残る」という理由は、弱者はたえず環境に適応する必要があるので柔軟性と可塑性をもち、環境変化によって遺伝子との齟齬が生じたときも適応しやすいからだとされる（フィンレイソン二〇一三、三五）。

30　ダンバー二〇一六、三八。

31　ダンバー二〇一八、一五八、ウォルター二〇〇七、二五一以下。

32　Isaac 1978, Lovejoy 1981.

33　伊谷一九八七、黒田一九九九、ボーム二〇一四。

34　伊谷一九八七、二九二。

35　ランガム二〇二〇、一二六。

36　黒田一九九九、二五〇。この記述に対応する黒田の観察は黒田一九八二、一五六以下にある。文中の「コムニタス」についてはあとで説明する。なお、現代の狩猟採集民であるクンの人びとの中心的な宗教儀礼であるヒーリング・ダンスも、大きな獲物を得たときに好んでおこなわれる。「エランドのような大きな獲物を狩ると、こうした大きなダンスが開かれることが多い。たっぷりの肉を分かちあって食べようと、大勢の人々が集まるにつれ、ダンスをしようという気分も高まってくる」（カッツ二〇一二、六六）。

37　一方、認知考古学のスティーヴン・ミズンは、いまだ言語をもっていなかったこの段階のヒトの先祖にとって、ともに声を上げて唱和することが重要であったと主張する。それは身体的および認知的な協調性や一体感を高める効果をもち、仲間意識と集団への同一化を強化するのに大きく貢献したに違いないというのだ（ミズン二〇〇六、二九七以下）。彼のいう唱和は私のいう原—祝祭と重なる部分がある。なおミズンは、明確な歌詞をともなわない歌唱や音楽のような非分節的な音声活動が分節言語に先行し、その成立をうながしたと考えている。

38 デュルケーム二〇一四。

39 ウィルソン一九八〇、二七五。「宗教の認知科学」を標榜し、宗教が集団規模の拡大に貢献するというノレンザヤンらの議論にも（Norenzayan et al. 2016）、おなじ批判が向けられるだろう。

40 Carbonell and Mosquera 2006.

41 ネアンデルタール人と現生人については、ストリンガーとギャンブル一九九七、ミズン二〇〇六、オッペンハイマー二〇〇七、フィンレイソン二〇一三、ペーボ二〇一五、シップマン二〇一五、ライク二〇一八による。

42 この発見をもとに、ネアンデルタール人が埋葬をおこなっていたとする見解が一時有力になった（モラン一九七五）。しかし、この花粉は偶然紛れ込んだとする見解も出されて、今日の研究者の多くはネアンデルタール人が埋葬をおこなっていたとする見方に懐疑的である（ストリンガーとギャンブル一九九七、二四六。タッタ一ソル一九九九、一八五）。彼らのもとでの、記号の使用や像や絵画の制作といった象徴的実践がきわめてかぎられているためだ。

43 身体装飾のためのビーズなどの制作もごくかぎられていた。ネアンデルタール人のもとでかぎられた数のビーズや小像が存在していたことが確認されているが、ホモ・サピエンスとの交流で得られたか、その影響下に制作したとの解釈が有力になっている。なお、ごく最近、ネアンデルタール人が六万五〇〇〇年前に洞窟絵画を作成していたという説が発表されたが、いまだ定説とはなっていないのでとり上げない。

44 ペーボ二〇一五。ドイツの研究機関マックス・プランク研究所のスヴァンテ・ペーボは、この功績により二〇二二年のノーベル生理学医学賞を授けられている。

45 ネアンデルタール人の骨の分析により、彼らのほとんどが三五歳までに亡くなっていたことが確認されている（ミズン二〇〇六、三三四）。それは彼らの栄養状態が悪かったか、過酷な生活環境であったかのいずれか、ないしその両方が原因であっただろう。

46 シップマン二〇一五、一二五。先史考古学のポール・メラーズも、ホモ・サピエンスの技術的革新が急速な人口増加をもたらしたとしている（Mellars 2006）。

47 ネアンデルタール人のゲノムは、現生人の集団のうち、ヨーロッパ人、アジア人、アメリカ先住民、オーストラリア・アボリジニのもとでは存在するが、アフリカ南部の人びとのもとでは存在しない。このことが示唆するのは、ホモ・サピエンスのうちで七万年ほど前に第二次出アフリカを敢行した人びととアフリカ南部に残った人びととのあいだの分岐が開始される以前に、言語やその運用能力がすでに獲得されていたはずだということだ。

48 オッペンハイマー二〇〇七、四一。レンフルー二〇〇八。

49 White 1993.

50 岩絵や洞窟絵画については以下の文献による。Breuil 1978,

David 2017, アッコーとローゼンフェルト一九七一、ルロワ=グーラン一九八五、ルイス=ウィリアムズ二〇一二。

51 David 2017: 15. この本によれば、インドネシアで三万五〇〇〇年ほど前の岩絵が発見されているほか、オーストラリアで四〇〇〇〜三〇〇〇年前、中米で紀元一〇〇〇年期の岩絵が確認されている。南部アフリカの岩絵は年代が確定されていないが、ここでは線刻のある一〇万〜七万年前の石が多く見つかっており、彼らの象徴活動の古さが確認されている。

52 これらの図像の統計分析をおこなったルロワ=グーランによれば、その半数以上がウシ科の動物であり、ウマなどの草食動物をあわせれば七五パーセントになる。一方、ライオンやオオカミなどの肉食獣の絵の割合はあわせて四〜五パーセントである（ルロワ=グーラン一九八五、九五）。

53 ラスコー洞窟では七〇台の石製ランプが発見されている。ランプの灯は弱いので、暗い洞窟のなかで足を進めるにつれて、ウシやウマの絵は暗闇のなかから突然浮かび上がるように見えてきただろう（De Beaune and White 1993）。

54 Conkey 1980. 宗教の起源について論じたマット・ロサーノは、宗教的な機会に集まるなどして集団規模を拡大できたことが、ホモ・サピエンスがネアンデルタール人を凌駕できた最大の理由だと考えている（Rossano 2009）。ネアンデルタール人を凌駕した理由であったか否かは不明だが、宗教の基礎にあったのが人びとを結集させる点にあったと考えられることは先に見た。

55 Breuil 1979. 他に、トマ一九九五、ストリンガーとマッキー二〇〇一もおなじ解釈だ。一方、ルロワ=グーランやフィンレイソンは呪術説を明確に否定している（ルロワ=グーラン一九八五、フィンレイソン二〇一三）。

56 Breuil 197, アッコーとローゼンフェルト一九七一、フィンレイソン二〇一三。

57 ルイス=ウィリアムズ二〇一二。シャーマン、シャーマニズムについては次章で論じる。

58 Bataille 1979: 88.

59 バタイユ二〇〇二。

60 タイラーによれば「古代の野蛮な哲学者」は、生者の身体と死者の身体の違いはなにか、夢のなかに自分や他者がなぜ登場しうるのかという問いに答えるために「霊魂」という答えを用意したという（Tylor 1913, 1: 426-427）。タイラーのアニミズム論の批判と、わが国の人類学者である岩田慶治らのアニミズム論との違いは、宗教人類学の長谷千代子がうまく整理している（長谷二〇〇九）。

61 Bird-David 1999, Harvay 2006. エイブラム二〇一七、奥野二〇二〇。狩猟採集民がさまざまな動物を、固有の意思と行為遂行能力をもった存在として共感的に語っていることについては、菅原二〇一五を参照。

62 ウィラースレフ二〇一八、一二、奥野と清水二〇二一。人類学のレーン・ウィラースレフや奥野克巳がいうように、狩猟採集民の心にあるのは、世界に一体化したいという希求と道具や概念をもちいるがゆえにそうはなれないことのあいだの相克だろう。

63　エスポジト二〇〇九、三五（カッコ内は竹沢）。

64　ナンシー二〇〇一、四八。

65　言語以前の経験が人間の文化のなかに残りつづけうることは、近親相姦の禁止を見れば理解できる。それは自然から文化への移行をうながした前言語的事象であったが、今日もなお禁止として残りつづけているのだからである。

第2章

1　Lee and DeVore 1968: 3-4. この本のふたりの編者によれば、人類の二〇〇万年の歴史のうち、九九パーセントの時間が狩猟採集民であったし、一九六〇年までに地球上に存在したヒトの総計一五〇億のうち、六〇パーセントが狩猟採集民であった（同、三）。

2　以下の記述はLee and DeVore 1968: 11-12による。

3　人口圧にたえずさらされていることから、オーストラリアや南米の狩猟採集民社会の多くが子殺しをおこなっている（いた）（Spencer and Gillen 1968, Clastres 1972）。人類学のミシェル・ロザルドがフィリピンのイロンゴット社会で詳細に論じた首狩りも（Rosaldo 1980）、この範疇に入るかもしれない。こうしたことは、人口圧を利用してフロンティアへの移動をおこなった旧石器時代のホモ・サピエンスには考えられなかっただろう。一定の環境に押し込められた狩猟採集民は、人口圧を軽減するために子殺しや首狩りが必要になったと考えられるのだ。

4　これには例外もある。北半球の高緯度地方では、大量のサケが遡上する河川や海洋資源に恵まれた土地も多く、そうしたところでは狩猟採集民も定住して村を築いた。青森県の三内丸山遺跡もそのひとつであり、紀元前三〇〇〇年前後の穀物栽培をおこなわない遺跡だが、大型建造物が建てられ、多くの土偶や長距離交易の産物であるヒスイが出土している（岡田・小山編一九九六）。狩猟採集民社会のなかには、海洋資源に恵まれたアメリカ北西海岸の諸社会のように、首長制を築き、貴族や奴隷、職業カーストなどの身分制が存在し、きわめて洗練された儀礼体系やアートをつくり出した社会もあった（エイムスとマシュナー二〇一六）。

5　ムブティ・ピグミー研究で著名なコリン・ターンブルは、こうした狩猟採集民社会の空間的および社会的な特徴を「フラックス（流れ、たえざる変化）」の語で示している（Turnbull 1968）。

6　東アフリカのハッザ社会の研究で知られるジェームズ・ウッドバーンは、狩猟採集民社会の経済を「即時報酬システム」、農耕民社会のそれを「遅延報酬システム」と呼んで区別し、これが二つのタイプの社会の違いの根本にあると主張する（Woodburn 1982）。

7　獲物の肉の分配はデリケートな作業なので、若者が大きな獲物を仕留めたときには、その分配のために年長者に相談したり、ときにはすっかり任せてしまうことさえある（Lee 1972: 348）。彼らにとって、肉を分配しないでひとりで食べてしまうことや、分配しないで済ますことほどショッキングなことはない（Marshall 1961: 236）。不公平な分配は彼らのもとで口論や葛藤を生む最大の原因であり、しばしばそれを理由に集団が分裂することもある（Lee 1972: 349）。

8　サーリンズ一九八四、八。

9　Binford, L. R. 1968, Binford, S. R. 1968.

10　Spencer and Gillen 1968. 以下のアボリジニの宗教の記述は、この著書のほかに、Spencer and Gillen 1997と、これらの著作に依拠しながら他の研究者や行政官のデータも活用して総合を試みたデュルケーム二〇一四に依拠する。

11　トーテミズム、すなわち人間集団とトーテム種との結びつきを核とする宗教社会的制度は、過去には人間と動物とが未分化なもっとも原始的な宗教形態と考えられていたが（レヴィ＝ブリュル一九五三）、のちにレヴィ＝ストロースによって、人間集団の分類と自然界の存在の分類を重ね合わせる特異な分類様式であることが示された（レヴィ＝ストロース一九七〇、一九七六）。フランスの人類学者であるフィリップ・デスコラは、世界理解の様態としてトーテミズムとアニミズムを峻別するが（Descola 1996）、人間と自然の動植物のあいだの結びつきを強調する点ではトーテミズムはアニミズムの一種と位置づけるのが適切だと私は考えている（Ingold 2000: 130を参照）。

12　デュルケーム二〇一四下、二三三。デュルケームは人間がトーテム種を儀礼的に食べることを供犠だとするが（同、二一五）、この解釈は間違っていると思われる。供犠において人間は動物の肉を神と共食するのであって、神的存在を食べるわけではないからだ。なお、供犠は狩猟採集民ではなく、農耕民や牧畜民が好んでおこなう宗教儀礼であり、この点は次章で議論する。

13　Spencer and Gillen 1997, 516-517.

14　Spencer and Gillen 1968: 510. 死が引き起こす混乱や情動の爆発をコントロールするために、悲しみの表出方法が社会的に仔細にさだめられていることについては、デュルケームの弟子であったロベール・エルツの周到な論文がある（エルツ二〇〇一）。

15　スペンサーとギレンは、アボリジニのもとでは自然死は存在しないと断言している。老人であれ病人であれ、だれかが亡くなるのは別のだれかが呪いをかけたときであり、その人が死ぬと呪医（medicine man）が攻撃者を特定し、復讐がおこなわれるという（Spencer and Gillen 1968: 476sq.）。しかし、彼らはそれに立ち会ったとは書いていないので、こうした復讐が実際におこなわれていたか、それとも理念にすぎなかったかは明確ではない。

16　デュルケーム二〇一四下、三五二。

17　Spencer and Gillen 1968: 388. 神話においてこれほどの重要性が与えられ、最大規模の儀礼であるイニシエーションについてデュルケームが著書のなかで論じていないことは、まったく理解できない。

18　ブルローラーは、聖なる事物であるチュリンガを紐の先に結わえ、それを振り回すことで低いうなり声のような異様な音を出すものであり、男たちが独占し、女性や子どもにその秘密が明かされることはない。ブルローラーやその音は世界中で非日常の記号として活用されており、わが国の神社で神主が発する警蹕《けいひつ》や山伏の吹く法螺貝の音もその一環と考えられるが、その普遍性についての研究は存在しない。

19 女性のイニシエーション儀礼についてはくわしい記述がない。彼女たちは胸が膨らみはじめると、ブッシュに連れていかれ、ヴァギナの下部が切開される。これは男たちの性器の下部切開に相応するとされている(Spencer and Gillen 1968: 269)。

20 Spencer and Gillen 1968: 271.

21 こうしたことは、神経生理学的にはつぎのように説明されるだろう。少年たちに苦痛を課すイニシエーション儀礼は、闘争/攻撃用の交感神経系と、リラックス/解放用の副交感神経系のバランスのとり方を教え込むと同時に、それをホモソーシャルな関係性を重視する方へと方向づけている(Laughlin, McManus, and d'Aquili 1990: 146)。

22 ヘンリック二〇一九、二六。社会脳の概念を最初に提唱したのはダンバーであった(Dunbar 1998, 2003)。

23 デュルケーム二〇一四下、三一一-三一二、三九七。原文を参照して、一部訳を変えてある(Durkheim 1979: 547, 603)。

24 オットー一九六八、デュルケーム二〇一四上、九五、フロイト一九六九、四三七、マスロー一九七二、二五、バタイユ二〇〇二、三〇。オットーによれば、ヌミノーゼとはつぎのような精神の状態をさす。「まずそれに近いものとして現われてくるのが、ラテン語のmysterium tremendum(戦慄すべき秘義)の感情である。〔略〕時としては、この感情は激変して急激に心を破り出ることがある。また時としては、不可思議な興奮と陶酔と法悦と入神とに導くことがある。それは荒々しい悪霊的《デモーニッシュ》な形態を持っている。それはほとんど、妖怪のような恐怖と戦慄とに引き沈めることがある。それはなまなましい、粗野な前階と表現とを持っているが、しかし発展しては美わしい、純粋な栄化されたものとなる」(オットー一九六八、二四)。

25 Winkelman 2009: 462.

26 このエヴェンキ語のサマンは、包括的な『シャーマニズム』を書いたエリアーデ自身が認めているように古代インドのパーリ語の「サマナ」に由来することばであり(エリアーデ一九七四、六三七)、トゥングース系の諸民族のもとでは「精霊名の大多数はモンゴル族と満州族から借用されたもの」だというのだから(同、六三八)、シベリアのシャーマニズムはエリアーデが主張するような「原初的」なものではなく、むしろ複数の宗教体系の習合ないし派生形態と考えるべきだろう。シャーマニズムの基底にある経験や技術は原初的だとしても、北東アジアで広く見られる制度としてのそれは習合的なものなのだ。

27 エリアーデ一九七四、六四六。エリアーデがシャーマンの脱魂と天体への飛翔をシャーマニズムのもっとも原初的な形態と考えたのは、ひとつには、二〇世紀初頭に流行ったヴィルヘルム・シュミットの「原始一神教説」(太古の人類は一神教を信奉していたとする説)を受け入れたためであり、もうひとつは、シャーマンがエクスタシーのなかで天空に飛翔するという説がおそらく彼のロマンチシズムを満足させたためであった。しかし、この原始一神教説は今日では完全に否定されているし、シベリアのシャーマニズムは狩猟採集民のそれと南アジア起源の宗教との習合と考えるべきだし、エリアーデの主張に反し脱魂型のシャーマニズムが優越しているという証拠はどこにもない（Bourguignon 1973: 18）。

意識の変性状態をともなう宗教形態に関する比較研究をおこなったエリカ・ブルギニョンによれば、トランス型（その一部が脱魂型）と憑依型の大陸別割合は表2-1のようになっている。これを見ると、北東アジアから南北アメリカ大陸にかけてトランス型のシャーマニズムが一般的であり、このことは、今から二万二〇〇〇年ほど前の寒冷期に陸続きであったベーリング海峡を渡ってアメリカ大陸に移動した現生人の先祖が、すでにこのタイプのシャーマニズムを有していたことの可能性を示唆するものとして興味深い。シャーマニズムがホモ・サピエンスのかなり早い段階から存在していたことを示唆しているためだ。

	全体	アフリカ	地中海	東アジア	太平洋	北米	南米
トランス型	38	16	23	22	29	72	54
両方	24	20	14	34	31	21	22
憑依型	28	46	43	38	34	4	8
なし	10	18	20	6	6	3	15

表2-1　トランス型／憑依型シャーマニズムの地域別分布

28　広範な比較研究をおこなったブルギニョンによれば、対象とした四八八の社会のうち、シャーマニズムをもつ社会は四三七、率にして九〇パーセントに達している（Bourguignon 1973: 10）。

29　竹沢一九九二。

30　菅原一九九六。

31　このケースのような場合、英文の表記はキリスト教やイスラームの神のような大文字の God ではなく、複数形の小文字の gods である。これを日本語にするには神の語は不適切なので、岩田慶治にならってカミと記す（岩田一九七三）。

32　カッツ二〇一二、七二、七四。

33　これは石英の石で、シャーマンは身体のなかにこの石を多くもつので、それを操作することが可能になるとされる。治療儀礼のとき、シャーマンは病人の身体から病気の原因と考えられるこの石や木片を引き出し、それによって病気を癒やすと信じられている（Spencer and Gillen 1997: 480）。

34　Spencer and Gillen 1997: 480-481.

35　以下の記述は、ライヘル＝ドルマトフ一九七三、Reichel-Dolmatoff 1975, 1978による。ライヘル＝ドルマトフの調査が集中的におこなわれたデサナの人びとは、「自分たちは狩猟民であると強く主張している」が（ライヘル＝ドルマトフ一九七三、一一）、おなじトゥカノ系諸民族のなかでも、ピラ＝タプヤ、ワナノ、シリアノ社会は漁撈民、トゥユカ、ピラ＝タプヤ、カラパナ社会は園耕民と自認している（同、二〇）。以下に見るように、儀礼は彼らの集合的な家であるマルカでおこなわれるので、彼らが狩猟採集ではなく園耕や漁撈を生業としていることは明らかだが、狩猟採集民としての文化や行動様式を強くたもちつづけている。

36　ライヘル＝ドルマトフ一九七三、一五七―一五八。

37　Reichel-Dolmatoff 1975: 86, ライヘル＝ドルマトフ一九七三、一五八。

38　外婚集団は一般に「クラン」と呼ばれ、その内部には擬制的なものも含めて血の系譜による連帯がある。外婚集団のあいだにはライバル意識やときに敵対があるので、複数の外婚集団の結集時におこなわれるヤへの儀礼は、社会的連帯を拡大するための機会と考えられる。

39　ライヘル＝ドルマトフ一九七三、二一四。

40　Oster 1970, Reichel-Dolmatoff 1978. トゥカノの儀礼と眼内閃光の関係については過去に論じている（竹沢一九八三、一九八七）。

41　興味深いことに、これらの図象は先史時代の人びとが洞窟の岩壁に描いた図柄と多くの点で重なっている。考古学のルイス＝ウィリアムズは南部アフリカのサンの岩絵の専門家だが、彼によれば数千年以前から描かれてきたサンの岩絵の多くは基本的なパターンにおいてこの眼内閃光と同一であり、それを修正したり変形したりしたものである（ルイス＝ウィリアムズ二〇一二）。中米の岩絵を研究する考古学のハヴィランドらもまた、紀元前後の古代マヤの人びとが描いた絵の多くが眼内閃光と共通することを指摘している（Haviland and Haviland 1995）。これほど地域も時代も異なるにもかかわらず、描かれた絵が共通のパターンを踏まえているということは、すべての人間に共通するなんらかの身体―生理的経験に依拠していることを示しているといえるだろう。

42　レヴィ＝ストロース一九七二、二二二―二二三。

43　儀礼の象徴が身体―生理的レベルに働きかける力をもっていることは、象徴人類学のもうひとりの立役者であるヴィクター・ターナーも指摘している。豊かな儀礼をもつザンビアのンデンブ社会で多くの儀礼に列席した彼は、儀礼が参加者に、恐れ、友情、不安、攻撃性などの生々しく激しい感情をかき立てると同時に、儀礼の前には対立していた人びとのあいだで強い一体感や至福感を生み出すことを観察した。ターナーによれば儀礼がこのような力を有しているのは、儀礼が活用する象徴が理念に結びつく「イデオロギー極」と、感情や生理的次元を刺激する「感覚極」の両面をもつためであり、象徴は正しく使われたなら「生理―心理的個体を、人間の社会生活の基本的条件と原則的価値に適合させることができる」という（Turner 1967: 43）。しかしこれも説明としては単純すぎる。なお、ターナーは儀礼が生み出す一体感や至福感の状態を「コムンタス」と呼び、デュルケームの祝祭の記述に近づけている。

44　Neher 1962, Sturtevant 1968, Chappel 1970: 38.

45　Neher 1962, マティス一九七八、二三五、三〇八。哲学のジュリア・クリステーヴァの見解も同一である。「色の装置は言語におけるリズムのように、一連の差異のなかで意味と主体性を破裂させる。〔略〕色彩の論理は、意味の欠如として、力学法則、リズム、インターバル、身振りと同じように意味論の外にある動く格子として理解することができる」(Kristeva 1977: 395)。

46 Wallace 1959。

47 脳神経システムの構造論的な理解によれば、人間の脳は意識をつかさどる大脳新皮質(「新哺乳類的脳」)、情緒や記憶を支配する大脳辺縁系(「旧哺乳類的脳」)、感覚と運動を統括する感覚–運動系(「爬虫類的脳」)からなっている。このうち大脳辺縁系は、自律神経を通じて内臓の運動を統御し、視床下部を仲立ちにして体内ホルモンの分泌に影響を与えている。それは体内運動をコントロールする脳の場なのである。しかもこの大脳辺縁系は、記憶と学習をつかさどり、意欲や動機づけに関与し、イメージ、夢、幻覚に結びついている。さらにそれは匂いの受容器である嗅覚を含み、これは高等哺乳動物においては情動の場である(時実一九六二、Lamendella 1977、Brown 1977)。大脳辺縁系に結びつくこれらの働き——内臓調整、記憶、学習、動機づけ、意欲、社会的行動、情動、匂い、幻覚など——は、いずれも儀礼と象徴が得意とする活動領域である。とすれば、儀礼とはまずもって、人間の脳神経システムのこの部分に働きかけることを目的としてつくられたと考えるべきだろう。

このような特性をもつ儀礼は、人類の歴史においていつ開始されたのだろうか。儀礼の構成要素は象徴であり、それは強烈な感覚特性をもつ点で、言語の構成要素である記号(サイン)とは異質なものである。ホモ・サピエンスが約七万年前に第二次出アフリカを敢行したときに言語をもっていたと思われることは先に見たが、言語と儀礼は機能も構成要素も大きく異なっているので、両者は独自にかつ並行して成立・発展したと考えるのが適切だろう。儀礼は狩猟採集民のもとで一応の完成を見ており、ヒトの先祖が狩猟採集民になったのは一八〇万年前であったので、そのあいだに徐々に形成されたのだろう。

48 Peoples, Duda and Marlore 2016. この比較研究は宗教的観念を重視して、儀礼については検討しないという欠陥をもっているが、概観する上で一定の有効性をもっている。

49 高等神とはなにをさすかを著者は明確に定義していないが、唯一神であること、全能の力をもつことなどに言及しているので、キリスト教やイスラームなどの世界宗教の神観念が背景にあるようだ。

50 ターンブル一九七六、三六。

51 澤田二〇一〇。

52 菅原一九九六、三七。

53 澤田二〇〇一、一六六–一七三。こうした見方に反するのは、宗教現象を脳神経学的に解明しようとするニューバーグらだ。「人類学者によれば、原始的なヒト社会で執り行なわれていた各種の儀式には、血族や部族のメンバーの間に『自分たちは神に愛されている「選ばれた民」であり、特別な運命を共有している』という意識をはぐくみ、生存確率を高めるという重要な機能があった」(ニューバーグほか、二〇〇三、一三一)。どこを見ればこういう発言が出てくるのか、まったく理解できない。

54 菅原二〇〇四、今村二〇一〇、松浦二〇一二。トゥカノ系社会のイニシエーション儀礼については、ライヘル＝ドルマトフ一九七三、一七〇以下に記述がある。

55 Ingold 1992: 42.

56 デュルケームもアボリジニの宗教の根幹をなすのは儀礼であり、宗教的観念は付随的なものだと主張する。「儀礼になにがしかの物理的効力を付与している信念に関していえば、それは付随的で偶然のものである。というのも、これらの信念が欠けても、儀礼はその本質的な点では変質しないからである」（デュルケーム二〇一四下、三〇四－三〇五）。「神話的構築物は、どれほど基本的《エレマンテール》なものであっても二次的な所産である。それは諸信念の基底を隠しているが、より単純であいまいで、より不確定でより基本的なそれらの信念こそが、その上に宗教体系が建築される堅固な基盤を構成しているのだ」（デュルケーム二〇一四上、四四三、Durkheim 1979: 289、原文を参照して訳を若干変えてある）。

57 狩猟採集民研究で知られる市川光雄は、狩猟採集民であるムブティについてつぎのように書いている。「呪術は、病気や人間社会の確執などを、人間の手によってコントロールできるという確信に支えられている。このような考え方は、いかにも植物栽培という自然の人為的制御をおこなってきた農耕民らしい発想である。動物や植物の繁殖過程に介入することのないムブティには、このような発想はない」（市川一九八二、一三八）。

第3章

1 肥沃な三日月地帯とは、米国のエジプト学者ジェームズ・ヘンリー・ブレスティドがもちいた語で、ナイル川デルタからヨルダン渓谷を経て、チグリス川とユーフラテス川の流域にいたる地帯をさす。地図上に落とすと三日月形になることから命名されたものであり、メソポタミアとエジプトのふたつの古代文明を含むだけでなく、コムギやオオムギ、エンドウマメ、レンズマメなどの栽培化と、ヒツジやヤギの飼育化がおこなわれた土地として、歴史的にきわめて重要な意味をもっている。

2 Braidwood 1960: 134. 著名な歴史学者であるウィリアム・マクニールのつぎの記述も、狩猟採集民に対する強い偏見を示している（この本の初版は一九六七年であることを割り引くべきか）。「自然環境から略奪するだけの存在でなくなったとき、人間の数は飛躍的に増した」（マクニール二〇〇八上、五四）。なお、今日では農耕の起源はブレイドウッドのいう紀元前八〇〇〇年ではなく、紀元前九〇〇〇年というのが一般的である。

3 Diamond 2002: 700、同様に Bowles 2011。

4 安田二〇〇〇、七九以降。同様にフェイガン二〇〇五、一三六。

5 ベルウッド二〇〇八、三五。同様に、Diamond 2002: 704、ミズン二〇一五上、八三。多くの研究者はこちらの説をとっている。

6 この節のギョベクリ・テペ遺跡の記述は、Schmidt 2010、Dietrich et al. 2012、Notroff, Dietrich and Schmidt 2014 による。

7 Schmidt 2010: 240.

8 Peters and Schmidt 2004.

9 Huen et al. 1997.

10 Dietrich et al. 2012: 689. 栽培化されたばかりのコムギは、長くて堅い芒《のぎ》がついていたので、パンにして食べるにはこれを取り除かなくてはならず、たいへん手間がかかった。ビールにするにはこれをとり除く必要がないので、作業は容易だし、栄養価も高くなる。そこからブレイドウッドらは、穀物の栽培化がビール製造のためではなかったかという仮説を示している（Braidwood 1960）。

11 西田一九八四。

12 農耕の拡散や伝播については、中尾一九六六、ダイアモンド二〇〇〇、ベルウッド二〇〇八による。

13 安田二〇〇四、Jiang and Liu 2005。

14 ベルウッド二〇〇八、二三、小山と杉藤一九八四、六。

15 Hodder 2006: 95.

16 リネージとは、ひとりの先祖から男系か女系の血縁で結ばれたメンバーからなる集団であり、多くの場合複数の家族からなる。リネージは土地を占有し、共同で労働と消費をする単位であると同時に、祖先祭祀をはじめとする祭祀を共同で執りおこなう単位でもある。

17 チャタルヒュユクの記述は Hodder 2006 による。

18 農耕民社会において、他者と共存し、居住集団の結束を高めるメカニズムは祝祭をはじめいくつかある。この点は以下にくわしく見ていくが、王や国家などの機構をもたない社会が、どのようにして社会的統合を実現し、メンバー間の葛藤やあつれきを解消しているかという問いは、政治人類学の最大の課題のひとつだ。フォーテスとエヴァンス＝プリチャード編一九七二、Middleton and Tait eds. 1958 を参照。

19 Hodder 2006: 165.

20 フォーテス一九八〇など。

21 以下のドゴン社会の記述は、フランスの民族学者の手になる二十数冊の研究書と約二〇〇本の論文を読み直すことで仏社会科学高等研究院に提出した博士論文とその日本語訳にもとづく（Takezawa 1985, 竹沢一九八七）。煩瑣を避けるために、引用するときをのぞいて原著書名・論文名は記載しない。

22 今日では彼らのほぼ全員がムスリムになっており、仮面儀礼等の独自文化の危機がいわれている。

23 竹沢一九八七、二〇二〇。その一方で、この仮面の儀礼は社会に貧富の差が生じることを予防するための「平準化」の機会になっている。この社会では農地は希少なので高い価値をもっているが、不平等に分割されており、一番大きな畑を占有する権利は最年長者のいるイエに委ねられている。そのイエは富を蓄積することができるが、年長者が亡くなったときに盛大な喪明けの儀礼を遂行することが求められているので、故人のイエが蓄積した財は食料やビールのかたちで地域の人びとに再分配される。かくして祝祭としての喪明け儀礼は、最大の喜びを与える機会であると同時に、富の再分配の機会になっているのだ。

24 これについて柳田國男はつぎのように書いている。宮参りに際し、地域の産土神が赤子に魂を入れるというのだ。「中国の各地では宮参りの日に、魂を産土神に入れてもらうといい、又はその日の御神楽の太鼓の音によって、赤子に性根が入るとも、魂を授かるとも信じている村々は多い。即ち魂は土地の神の管理したまうものであって、体はその為に始めて大切なものになることは、ちょうど仏像の入眼と同じ〔略〕」(柳田一九六二、一四五、新かなづかいにしてある)。

25 ファン・ヘネップ一九七七。

26 柳田一九六二(初出は一九四六)。宗教学の西村明は、戦争死者の慰霊をめぐる遺族と国家、宗教団体などのさまざまなステークホルダー間の葛藤を描いている(西村二〇〇六)。

27 日本の農耕儀礼については、倉田一九四四、酒井二〇〇四、加藤ほか編二〇〇九による。祭りや行事の仔細は地域によって異なるので、一般的なかたちで記している。

28 大地の主であるレベは一族の最初の死者=最古の先祖でもあるが、ヘビに変身したあと今日まで生きつづけていると考えられている。首長は地域の最年長者がなるため、レベにもっとも近い存在であり、夜ごと蛇体のレベがその身体を舐めて生命力を与えると信じられているため、生命力が失われることを怖れて身体を洗ってはならない。

29 こうした見方については批判もある(坪井一九七九)。しかし、稲作儀礼ほどくわしい研究はなされていないので、稲作儀礼を中心に見ていく。

30 倉田一九四四、七、新かなづかいにしてある。

31 早乙女が着飾るのはサ=稲のカミに奉仕するからだが、彼女たちにとっては晴れの舞台であり、それを機に縁組がおこなわれることもあったという。

32 倉田一九四四、一九〇。

33 柳田一九五三、折口一九五三。

34 宇野二〇〇一、五五、新かなづかいにしてある。宇野円空がこのテーマに着手したのは、彼がフランスで指導を受けた人類学者マルセル・モースによって勧められたためであった(同、四)。フランスのみならず、わが国のきだみのるや岡本太郎らもパリでモースの薫陶を受けており、モースが多彩な人材の結節点であったことを示して興味深い。モースの人となりと業績については、竹沢二〇〇一を参照。

35 Malinowski 1935: ix.

36 Malinowski 1922: 59, マリノフスキ一九六七、一二八。

37 Malinowski 1935: 77.

38 フレイザー六六(一)、五七―六〇。

39 ヤーコブソン一九七三。

40 Leiris 1934: 104-105, Lienhardt 1961: 279-280, Marshall 1957: 238.

41 よりくわしくは竹沢一九八七、第二章。

42 長島一九八三、Murdock et al. 1978。梅屋二〇一八には、東アフリカのパドラ社会での、呪詛、妖術師、悪霊、戦死者の霊、憑依霊など、病気を引き起こすとされる諸要因とそれに対処するための儀礼が詳細に記述されている。

43 Comaroff and Comaroff 1993, Geschire 1997.

44 今西一九七四（初出は一九四八年）はこの説をとっている。

45 谷二〇一〇、六一―六二、一三五―一三六。この技術が伝えられなかった東南アジアやアメリカ大陸では、搾乳はおこなわれてこなかった。

46 福井一九八七、ダイアモンド二〇〇〇。

47 Ingold 1980: 3-5、福井一九八七、一〇。

48 福井一九八七、三〇。

49 太田二〇〇四。

50 太田二〇二一。牧畜民社会の特徴については、宮脇一九九〇、波左間二〇一五も参照。

51 ここでとりあげるディンカ社会の記述は、Lienhardt 1958, 1961, Deng 1972, 1973, Meeker 1989 による。

52 池谷二〇〇六、四―六には、現代の牧畜民の一覧が地図とともに記されている。

53 この三つの社会の宗教形態を比較した研究として、Lincoln 1981、Meeker 1989 などがある。

54 ディンカのイニシエーション儀礼は額に一〇本ほどの傷をつける流血の儀式であり、若者はそれに耐えることがもとめられている。それが済むと、新しくイニシエーションを経た若者たちはひとつの年齢組を形成し、すぐ上の世代の組と模擬的な戦いをしたり、他の集団を襲ってウシを略奪するなど、戦士としての力を示すことがもとめられる（Deng 1972: 70-80）。こうしたことは、おなじナイロート系のヌエルやマサイでも共通する（Evans-Pritchard 1936）。

55 割礼を終えた青年たちがそのウシにどれだけ深い愛着を注ぐかを、エヴァンズ＝プリチャードは伝えている。「この雄牛は若者の友であり、仲間である。彼はそれとともに遊び、かわいがる。彼はそれのために詩を作り、面前でうたってやる。彼は朝夕、少年にそれを先導させて、自分は詩を口ずさみながらその後について回る。そして夜には、彼は雄牛の鈴を打ち振りつつ、親族や恋人や牛をうたった詩を口ずさみながら、牛たちを見回る。〔略〕夕方になって牧草地から牛たちが戻ってくる時間になると、彼はお気に入りの雄牛を出迎えるためにキャンプのはずれまで行く。彼は、その特徴を数えあげるのに飽きることはなく、自分の雄牛の話をするとき、あるいはダンスのとき、腕でその角の形をまねて見せる。もし雄牛が死ぬようなことがあれば、彼は完全に意気消沈してしまうだろう」（エヴァンズ＝プリチャード一九八二、三九五）。

56 クランについては第2章注38参照。

57 Lienhardt 1961: 206.

58 エヴァンズ＝プリチャード一九八二、三一九、Lienhardt 1961: 219. ディンカとヌエルは自他ともに別の民族集団として認めているが、社会組織や慣習体系など多くの点で共通の属性を有しているため、多くの研究者は、ヌエルはディンカの複数のクランが、他のクランを襲撃する目的で生まれた独自集団だと解釈している（Sahlins 1961, Southall 1976）。

59 ディンカでもヌエルでもカミの観念が複合的ないしあいまいであることに注意したい。ヌエルでカミ＝クウォスがさまざまなあらわれかたをすることを、エヴァンズ＝プリチャードは「唯一神の形態と属性の位格化」として説明するが（エヴァンズ＝プリチャード一九八二、一六）、この説明はカトリックの教義そのものだという批判がある（Larsen 2014: 108-110）。マサイの場合、最高神はエンカイと呼ばれ、おなじように天にいて雨や雷に結びつけられているが、やはり多くのあらわれ方をするし、他の神々や精霊も存在する（Hollis 1905: 264-266）.

60 Lienhardt 1961: 231-232.

61 Lienhardt 1961: 33-34. ウシにさらに大きな価値を与えるマサイの起源神話はつぎのようなものだ。神が世界をつくりにきたとき、今日狩猟民になっているドロボとライオンと蛇がいた。最初にウシを所有していたのはドロボだった。ある日、神はドロボに向かって、「話があるので、明日くるように」といった。それを聞いていたマサイは、つぎの日の朝早く神のもとに行った。神はマサイに斧を使って三日で小屋をつくるよう命じた。マサイはそのいいつけ通り、小屋をつくり、森で子ウシをつかまえて、小屋の外でそれを殺して肉を焼いた。それを見た神は、子ウシの皮で縄をつくって天から降りてきた。そのあとウシもつづいて降りてきたので、マサイの小屋はウシでいっぱいになった。それに驚いたマサイが大声を出したので、天とつなぐ縄は切れてしまい、もうウシは降りてこなくなった。一方、ドロボはウシがいなくなったので狩猟をするようになった。今日、もし他の集団がウシをもっていたなら、それはマサイから盗まれたものだから、マサイはこういうだろう。「ウシをわれわれによこせ。ウシは神が遠い昔に与えてくれたのだから、すべてわれわれのものだ」（Hollis 1905: 266-269）。

62 Lienhardt 1961: 170sq. ヤスの主と供犠の起源に関する神話はさまざまなヴァリエーションがあるが、ここではそれを一般化したかたちにまとめて書いている。

63 Lienhardt 1961: 281-297.

64 エヴァンズ＝プリチャード一九八二、三四九。

65 モースとユベール一九八三。

66 ブルケルト二〇〇八、一四〇。ブルケルトは、犠牲儀礼を狩猟儀礼の延長とするが（同、二〇）、その主張は明らかに間違っている。狩猟採集民が狩りの対象である動物を祀るのは、動物と人間のあいだに本質的同一性を認めているからであって、牧畜民のようにある目的のために動物の死を利用するためではない（Ingold 1986 を参照）。

67 宮脇二〇〇六、第五章。

68 田川二〇一四、二一三―二三三。

69 田川二〇一四、二一三。

70 小長谷一九九二a、一九九二b。

71 モスタールト一九八六、一〇一。若干古い資料だが、人類学の後藤富男も毎年モンゴル各地でおこなわれるオボ祭典で、自然界の神々や土地の神々、家畜の神々などの一三神が勧請されて、家畜の繁栄や集団の幸福、病魔悪霊の退散などが願われているとしている（後藤一九五六）。

72 白水二〇一二、Äikäs and Fonneland 2021.

73 Lienhardt 1961: 170.
74 岩田一九七六（初出は一九七三）、一三七。
75 岩田一九七六、一四三。
76 岩田一九七九。

第4章

1 初期国家の定義として、以下の特徴があげられている。1 社会階層や専業化を可能にするだけの人口、2 領土に結びついた公民権、3 中央政府の存在、4 外的脅威から独立を守るだけの権力の存在、5 国家の維持を可能にする余剰生産、6 社会の階層化、7 支配層の合法性を根拠づけるイデオロギーの存在（Claessen and Skalnik 1978: 21）。なお、以下の議論は過去におこなったことがある（竹沢ほか一九八八）。
2 Morgan 1871、モルガン一九五八、一九六一。
3 エンゲルス一九六五。
4 Terray 1974（アブロン王国）、Botte 1979（ブルンジ王国）。
5 オッペンハイマー一九七七、Oberg 1940（アンコーレ王国）、Maquet 1961（ルワンダ王国）。
6 Wittfogel 1957. アメリカ大陸の初期国家についてSteward 1955がこの観点から論じているが、熱帯アフリカではこの観点からなされた研究は存在しない。
7 Fried 1967. 同様にService 1975, Carneiro 1970。Kottak 1972（ブガンダ王国）とLevztion 1973（古ガーナ王国）は、国家の起源を説明するのにこれに依拠している。
8 Coquery-Vidrovitch 1969, ポランニー一九七五（ダホメ王国）、Terray 1974（アブロン王国）。
9 Childe, 1951, Adams 1974.
10 中尾二〇二〇。
11 以下の点については別のところで論じている。竹沢一九八四、一九八七、第三章参照。
12 Griaule and Dieterlen 1954: 101.
13 Paulme 1940: 205. 地域によっては、オゴンの就任式はいっそう色濃く葬送儀礼の性格をもっている。たとえばソロリ地域では、オゴンがその住居に入ることは「彼の葬式のように」考えられ、実際に葬送儀礼がおこなわれる（Paulme 1940: 201-202）。グリオールたちがドゴン調査をはじめるより三〇年ほど前に、植民地化が完了してすぐにこの地をおとずれたルイ・デプラーニュは、バラサバ地域のオゴンの就任式をつぎのように描いている。男たちは就任するオゴンの身体を葬儀用の布でくるみ、棺架にのせて就任式を待つ男たちのもとへ送り届けたというのだ（Desplagnes 1907: 328）。
14 Middleton 1958.
15 Middleton 1973: 371, 379.
16 Middleton 1978: 380.
17 Héritier-Izard 1973: 124. サモ社会のラムチーリの記述はこの論文による。
18 Héritier-Izard 1973: 121.
19 Héritier-Izard 1973: 129.

20 Paulme 1940: 257-258.

21 Lienhardt 1961: 317.

22 フレイザー一九七三（一）、三八。

23 フレイザー一九七三（一）、四〇―四一、五〇―五四。

24 ブニョロ王国の記述は、Beattie 1959, 1960 による。なお、ナイロート系の国家は、外来の牧畜民による土着の農耕民の征服によって建設されたとされてきたが、近年では彼らは起源をおなじくする集団であり、ウシを独占した一部の集団が他の集団を支配する過程で、牧畜民による農耕民の征服という観念を生み出したとする解釈が有力になっている。

25 Beattie 1959: 135, 137.

26 Beattie 1959, 1960.

27 シルック王国の記述は Evans-Pritchard 1948 による。シルック王国は、ディンカやヌエルとおなじナイロート系の民族が築いた国家だが、王権の構造や王の位置などはバンツー系のブニョロ王国などと多くの点で共通する。

28 Evans-Pritchard 1948: 27.

29 アフリカの伝統的な王国を分類した歴史人類学のヤン・ファンシナは、ブニョロ王国を「専制国家」、シルック王国を中央集権の度合いの低い「貴族国家」に入れている（Vansina 1962: 332-333）。

30 アニー王国の記述は、Perrot 1967, 1982 による。

31 スワジ王国の記述は、Kuper 1947 による。

32 Kuper 1947: 205.

33 表のなかでカッコをつけた点について注をつける。スワジの王は就任儀礼で儀礼的死を経験するわけではないが、毎年の新年儀礼であるインクワラ祭で一種の死と再生を経験している。ブニョロとシルックでは、先王の死後、国全体が混乱におちいる継承戦争が勃発するが、これは秩序を故意に転倒させることで新たな秩序を招き入れる転倒儀礼の一種と考えることができる。また、継承戦争は死の危険をともなうことから、即位に際して一種の死を経験していると考えられなくもない。

34 王権を生身の王の上位に置くことは、いくつかの初期国家で明言されている。ブニョロの隣のアンコーレ王国でも「王は王権の召使に過ぎない」といわれているし（Oberg 1940: 151）、チャドのムンダン王国でも「王は拘束された囚人、権力の囚われ」に過ぎないと語られている（Adler 1977: 63）。

35 Kuper 1947: 87.

36 Desplagnes 1907: 312-319.

37 Bazin 1982.

38 以下の記述は別のところで論じている。竹沢一九八九、一九九二。

39 神祇令に関する以下の記述は、井上一九八四による。

40 和田一九八六。

41 三谷一九六〇、土橋一九六五。

42 西郷一九七三。

43 折口一九六六、西郷一九七三、松前一九七〇、岡田一九七三、松本一九七一、倉林一九七八。

44 土橋一九六五、一九〇―二〇四。

45 Adler 1982: 362、日野一九八七、二七九。

46 カントーロヴィチ二〇〇三。ここでとりあげた事例は限定されているが、同種の例はフレイザーの『金枝篇』でいくらでも言及されている。

47 新大陸でもマヤとアステカの文明が誕生したが、その成立過程が異なり、旧大陸の文明とのあいだに影響関係が存在しないので、ここではとり上げない。

48 安田二〇〇〇、一二八―一四六。

49 征服説が人気があるのは、東アフリカのブガンダ、ルワンダ、ブルンジなど、牧畜民が農耕民を支配するかたちで国家が成立したとされることに一因がある。しかし、この説が今日では否定されていることはすでに見た（第4章注24）。

50 Letvzion 1973, Takezawa et Cissé éd. 2017.

51 フェイガン二〇〇五、一八九―一九五。

52 メソポタミアの都市と文明および宗教の記述は以下による。ジェイコブセン一九七三、前川と渡辺一九九八、前田二〇〇三、二〇一七、月本二〇一〇、二〇一三、月本訳一九九六、月本編二〇一七。

53 Childe 1950.

54 国家がすべての職能を一元的に管理するのがシュメル都市国家の特徴であった。「シュメール都市国家の王は、効率的で巨大な分業体制を組織化した。書記や倉庫長など管理運営にあたる職能をはじめ、鍛冶、陶工などの職人や、織物や粉挽きなどに従事する女性、さらに農耕、牧畜、漁業に従事する者、軍事やかんがい工事などに労働集団などが、公的経営体＝王の家政組織として組織化された。商人も私的利益を追求する者ではなく、家政組織に属する一職種として活動した」（前田二〇一七、三〇）。こうした国家による経済活動の一元的管理はエジプトや中国にも見られ、古代文明の特徴であった。

55 前田二〇一七、二四。

56 月本編二〇一七、一一五―一一六。

57 前田二〇〇三、一五八―一五九（ジェイコブセン一九七三からの引用）。

58 前田は、メソポタミアの暦の多くの月々が、「収穫の月」、「播種の月」、「牛を整える月」、「牛を犂《すき》から解き放つ月」など農耕のリズムにちなんでいたことを記している。それらの月には、「神々によって豊饒を約束された国土（カラム）において、王は、それを確実にするために祭りを主宰した。月名に農作業が反映しているが、当然それは農業祭がともなった」のである（前田二〇〇三、一二七）。

59 月本二〇一〇、二六、一二〇―一二二。ある王のばあいには、天体観測によって災厄が生じそうな兆しが見られると「代理王」が立てられ、その間、王は「農夫」に身をやつした。一〇〇日後に代理王が殺されて、王がふたたび玉座についた。まことにアニー王国の就任儀礼を連想させる記述である。

60 月本はこう書く。「神々が人間の姿で描き出されるのは、シュメル初期王朝第三期末（前二五〇〇年頃）以後である。その際、神々には角のついた冠をかぶらせ、人間と区別した。

〔略〕古代西アジアにおいて人型神観（anthropomorphism）が確立するのは前三千年紀中葉であったとみられる」（月本二〇一七、一〇六）。

61 月本二〇一七、一〇八。

62 前川と渡辺一九九八、一九二、前田二〇〇三、四九以下。

63 月本は古代メソポタミアで、各個人を保護する守護神信仰が広がっていたことを記している（月本二〇一七）。それがいつ生じたかの記述はないが、家族を単位とする死者供養が前二〇〇〇年ごろから盛んになったというので（月本二〇一〇、一六三）、守護神信仰も同時期の現象であったと考えられる。

64 前田二〇〇三、九六。

65 引用は、月本一九九六、四、一〇五、一九一、二一三―二一四による。訳には原文で欠落がある箇所を［ ］で補ってあるが、引用はカッコをはずしている。

66 古代エジプトの記述は、屋形一九九八、高宮二〇〇六、大城二〇一二、馬場二〇一七、近藤二〇一七、河合二〇二一による。

67 ヘロドトス一九七〇、一一七。

68 高宮二〇〇六、一一六―一一七。

69 屋形一九九八、四〇五―四〇六。

70 大城二〇一二、二四。

71 近藤二〇一七、一五〇。

72 フロイト一九八四、二八二以下、本村二〇〇五、六三以下、近藤二〇一七、一四六。一方、大城道則はそうした解釈に対して慎重な姿勢をとっている（大城二〇一二、九四）。

73 インダス文明の記述は、近藤ほか編二〇〇〇、長田二〇一三、上杉二〇二二による。

74 近藤ほか編二〇〇〇、一〇三。

75 エリアーデはインダス文明の諸都市についてつぎのように書くが、これにはなんら根拠がない。「その一方では、先ハラッパー集落が〔略〕本来、祭祀のために造られたのは確実であり、他方では、今日の学者は最古の都市に、祭祀用建造物の複合を認める点で一致している」（エリアーデ一九九一（一）、一三八）。

76 古代中国文明については、松丸二〇〇三、宮本二〇〇五、平勢二〇〇五、劉編二〇〇六、小南二〇〇六、劉編二〇〇七、岡村二〇〇七、袁ほか編二〇一六による。

77 中国考古学の岡村秀典によれば、東アジアではコメやアワ、キビを炊いて食べるので、土器の使用が不可欠であった。一方、西アジアではコムギ・オオムギを粉にして焼いてパンにするので、土器の使用は不可欠ではなかった。土器製造の時期の違いはそれで説明されるとするが（岡村二〇〇八、二二）、むしろ西アジアで土器の製造が遅れたのでパンのかたちで焼いて食べたのだろう。

78 劉編二〇〇六、岡村二〇〇七、袁ほか編二〇一六による。一方、中国考古学の宮本一夫は、二里頭文化を夏王朝に同一視することに慎重なスタンスをとっている。

79 宮本一夫は良渚遺跡群を「王権形成には至らず、首長制社会」であったとする（宮本二〇〇五、一五二）。一方、中国側の研究者はいずれも、初期国家の中国的表現である「古国」であったとしている（劉編二〇〇六、袁ほか編二〇一六）。

80 宮本は陶寺遺跡も首長制の段階にあったとするが（宮本二〇〇五、一三〇）、中国考古学の岡村秀典によればこの遺跡からは五〇体ほどの遺棄された人骨が出土している（岡村二〇〇八、四三）。おそらく戦争捕虜を殺害したものであり、これほどの暴力の行使は暴力装置としての国家が成立していないかぎり生じにくいだろう。

81 宮本二〇〇五、三一二―三一六。

82 宮本二〇〇五、二二二―二三二。さらにいえば、のちの殷代（前一六〇〇年ごろ～前一〇五〇年ごろ）における墓葬の主要な副葬品である鬲《れき》や、主要な宗教行為である貞卜も、ヒツジやウシの飼育とともに中原にもたらされた可能性がある。なお、この本の出版から一五年後の文庫版への「補足」において宮本はつぎのように書いている。「後に文明の中心となる黄河中流域は、新石器時代終末期にはアワ・キビ、コメ、コムギ・オオムギ、ダイズといった五穀だけでなく、ウシ、ブタ、ヒツジ・ヤギなどの家畜を備えた成熟した農耕社会にはいっていったということが、植物考古学・動物考古学の発展によって、近年明らかとなっている。こうした農耕生産力の発達こそ、後の初期国家を形成する礎となっている」（宮本二〇二〇、四二八―四二九）。

83 安田二〇〇〇、二九三、袁ほか編二〇一六、一八五。

84 ウィットフォーゲル一九三九。ウィットフォーゲルの主張と異なり、古代中国では灌漑農業はかなりあとまでおこなわれなかった（岡村二〇〇八、一四〇）。他方、殷墟からは三〇〇〇を越える石鎌が一度に出土しているので、大規模な集団農業がおこなわれていたことは確実である（同、二四〇）。国家の主導のもとでの大規模な集団農業は灌漑なしでも可能であったのだ。ウィットフォーゲルの「水利経済」の概念は、灌漑や治水を含めた国家主導の集団農業のあり方として理解するなら、一定の有効性をもっているように思われる。

85 この点について、西アフリカの事例に即して論じたことがある（竹沢二〇〇七）。華南について『史記』はつぎのように書いている。「（長江中下流域の）楚や越の地は、土地は広いのに人口は少ない。稲米を主食にして魚を副食にしている。農作業では、冬には田の枯れ草を焼いて耕し、夏には田に水を注いで除草している。果実や魚貝類は市場で商う必要のないほど十分にあり、地勢に恵まれているため、食糧は豊富で飢饉の心配がない。そのため人びとは怠けており、その日暮らしの貯蓄もない貧乏人が多い。このように長江と淮河より南には飢え凍える人がいないかわりに、千金の富豪もいないのである」（岡村二〇〇八、一四に引用）。一部に「揚子江文明」の存在を主張する見方があるが、発達した集権的な国家をつくらず、文字も創造しなかった揚子江流域を文明と呼ぶのは、これまでの議論から適切ではない。

86 古代中国の宗教については以下による。白川一九七二、一九七五、一九七九、二〇〇三、グラネ一九九九、林二〇〇二、小南二〇〇六、岡村二〇〇八。

87 林二〇〇二、一二三、松丸二〇〇三、一五一。

88 小南二〇〇六、二二一。この点に関し、白川静はつぎのように書いている。「殷の王朝は、王が巫祝王として、みずから祭祀や占卜を主宰する神聖王朝であった。〔略〕このような神聖王朝にとって、自然は神話的な世界として把握された。自然を支配するものは、すべての主宰者である上帝であった。王はその直系の子孫として、帝を祀った。〔略〕上帝の子孫である王が地上を治めることによって、上下のあらゆる秩序が成り立つのである。特に自然の現象は、帝の支配に属した。農耕に関係の深い雨も風も、すべて帝に祈ることによって秩序がえられた」（白川一九七五、三二）。

89 小南二〇〇六、一八。禹の事績は後世の『国語』につぎのように書かれている。「高きを高くし下《ひく》きを下くし、川を疏《とお》し滞《とどこお》れるを導き、水を鍾《あつ》め物を豊かにし、九山を封崇《ほうしゅう》し（祀り崇め）、九川を決汨《けっこつ》し（流れを通し）、九澤を陂鄣《ひしょう》し（堤を築き）、九藪を豊殖し、九原を汨越《こうえつ》し（九州の原野を耕作し）、九隩《きゅういく》を（九州のうちに）宅居せしめ」た（大野一九七五、一七三、カッコ内は竹沢）。

90 小南二〇〇六、二二。一方、古代の農民の宗教については資料がかぎられているが、マルセル・グラネは古代歌謡をもとに彼らの人生儀礼や豊饒儀礼について記している（グラネ一九九九）。彼らは古くからの儀礼の体系に沿って人生の有為転変や農業の成功を祈願したのであり、それに王の祭祀が接続していたのだろう。

91 白川二〇〇三、八四（カッコ内は竹沢）。

92 シカの肩甲骨などの獣骨をもちいて占いをおこなうことが卜兆であり、その結果を判断することが占断である。

93 白川二〇〇三、八八－九〇。

94 岡村二〇〇八、二三五。

95 岡村二〇〇三、二〇九。

96 鎌田一九七一、三四七、白川一九七九、一五三（カッコ内は竹沢）。巫尫とはシャーマン的な職能者である。

97 鎌田一九七一、二三四。

98 小南二〇〇六、六六。

第5章

1 こうした神々の機能と特徴の未分化に関しては、先に見た岩田慶治が東南アジアの宗教世界の神霊であるピーやわが国のカミについて述べたことによく示されている（岩田一九七四、一九七九）。

2 ヘロドトスもそう述べている。彼によれば、ギリシアの神々はがんらい名前をもたず、「神々に祈願する際にどんなものでも生贄にする」ほど不分明で、「神々がどういう姿をしているかを〔略〕知らなかった」のだが、エジプトから借用することで神々に名を与えたというのだ（ヘロドトス二〇〇七上、二二六）。

3 仏教学の藤井正雄によれば、古代インドでは天の父たちは犠牲の食物を奪われると天から落ちる危険にさらされたし、ギルガメシュ譚でも、大洪水が神々への犠牲の食物を流してしまったため、洪水後に供犠が再開されると神々が蠅のように集まったという（藤井一九八八、八九―九〇）。

4　ブローデル二〇〇八、二一二。

5　ブローデルによれば乗馬が開始されたのは前一〇〇〇年ごろであった（ブローデル二〇〇八、二〇四）。それ以前には、戦いで活用されたのはウマが曳く二輪の戦車であり、これは前三〇〇〇年紀からヨーロッパ全土と北アフリカ・サハラ地域で広く活用されていた（Mauny 1961、竹沢二〇一四）。

6　フェイガン二〇〇五、二三五、二五五―二六一。

7　弓削二〇二〇、三八―三九。

8　古代ギリシアの社会と宗教については以下による。ウェーバー一九五九、ヴェルナン一九七〇、ドッズ一九七二、コーンフォード、弓削二〇二〇、松村二〇一七、本村、ケレーニイ、ブルケルト二〇〇八、マイケルソン二〇〇四。

9　紀元前七〇〇年ごろのヘシオドスは人間の歴史を五つに区分した。楽園的な「黄金の時代」、それが少し陰った「白銀の時代」、争いのつづいた「青銅の時代」、叙事詩の書かれた「英雄の時代」、そしてヘシオドスが生きた当時の「鉄の時代」である（ヘシオドス二〇一三、一六四―一六九）。

10　ヴェルナン一九七〇、六一―六二。古代ギリシアのポリスが求めたのは自制と自己規律であり、個人的な栄誉を求めたり、「富の誇示、華美な服装、豪奢な葬儀、〔略〕婦人の人目に立ち過ぎる行動、身分の高い若者の思い上がった生意気な態度」などはヒュブリス、分を越すこととして非難された（同、六三―六四）。

11　ウェーバー一九五九、一〇八。ヴェーバーは古代ギリシアにおける戦争の形態の変化と市民文化の形成の関係を明らかにしている（同、一九二）。

12　ウェーバー一九五九、六六、二一三―二二一。

13　ヴェルナン一九七〇、四六―六〇。哲学のハンナ・アレントも、ポリスが開かれた言論の場としての公共空間であることを強調している。「正確にいえば、ポリスというのは、ある一定の物理的場所を占める都市＝国家ではない。むしろ、それは、共に活動し、共に語ることから生まれる人びとの組織である。そして、このポリスの真の空間は、共に行動し、共に語るというこの目的のために共生する人びとの間に生まれるのであって、それらの人びとが、たまたまどこにいるかということとは無関係である。〔略〕この空間は、最も広い意味の出現《アピアランス》の空間である。すなわち、それは、私が他人の眼に現われ《アピアー》、他人が私の眼に現われる空間であ」る（アレント一九九四、三二〇）。

14　ヴェルナン一九七〇、五二。

15　「ギリシアの神々がギリシア外の国から招来されたものであることは、私が自ら調査して確かめたことである。それも大部分はエジプトからの伝来である」。「十二神の呼称を定めたのもエジプト人が最初で、ギリシア人はエジプト人からそれを学んだのであるといい、さらに神々の祭壇や神像や神殿を建てることも、また石に模様を刻むことも、エジプト人の創始によるものであるという」（ヘロドトス二〇〇七上、二二四、一八八）。西洋文明の独自性の基礎とされるギリシアに対するエジプトとメソポタミアの影響を強調して大きな反響を呼んだのが、マーティン・バナールの『ブラック・アテナ』であった（バナール二〇〇七）。なお、神話学の松村一男によれば、オリュンポス一二神のうち、インド・ヨーロッパ系の語源をもつのはゼウスだけであり（インドの天空神ディヤウス、ローマの天空神ユピテル、ゲルマンの天空神チュールと共通）、他の神々は語源が不明である（松村二〇一七、二五八）。

16　レベック一九九三、一四四に引用。

17　ブルケルト二〇〇八、一四〇。ギリシアにおいて祭祀の中心であり、人びとを神にむすびつけたのは供犠であった。彼はこう書いている。「神殿や神像はなくてもよい。ゼウス神の礼拝がまさにそうであったし、神殿や神像は後々になって建てればよく、また簡単に置き換えることもできた。神はむしろ、彼に捧げる犠牲の場において顕現する。その場を目に見える形で証すものは、古えより焼き捧げられてきた『聖なる』奉献犠牲の灰の積み重ね、屠殺された牡羊や牡牛の角もしくは頭蓋骨、そしてまた血によって濡れていなければならない祭壇の石、そうした物の数々であった。〔略〕神が最も力強く体験されたのは、致命的な斧の一撃、奔出する血、そして太腿の焼き尽くされていく様、そうした営みのさ中においてである」（同、一〇）。ブルケルトは古代イスラエルにおいても同様であったとする（同、一〇）。

18　マイケルソン二〇〇四、八六。

19　クーランジュによれば、死者を祀ることができるのは直系の子孫だけであるし、祭祀を捧げつづけたなら祖先は保護神となり、「この義務にそむくことは人がおかすことのできる最大の不敬事であった」（クーランジュ一九六一、六九）。さらに、「供物の奉献をやめると、死者はすぐに墓からでてさまよう亡霊になり、夜の静けさのなかにうめき声がきこえる。彼らは生きているものどもの不敬な怠慢をせめ、それを罰するために、あるいは疫病をおくり、あるいは土地を不毛の荒地にする。そして、供物が復活するまではすこしの休息もゆるさなかった。しかし、生贄をささげ、飲食物をそなえると、彼らは墓にかえって安息と神性をとりもど」した（同、五三）。

20　マイケルソン二〇〇四、二五。

21　マイケルソン二〇〇四、七一－七二。「神々の善意は国家や個人の繁栄には必要不可欠であったし、またそこから幸運も、安全も、未来への善望も、好機も、戦争や財務における成功も、吉兆ももたらされたのである。この善意は、まず第一に誓いを守り、正式な伝統的な供犠をしかるべき時に行うことによって維持された」（同、六四）。

22　マイケルソン二〇〇四、一五、一一八、クーランジュ一九六一、二三七。

23　ドッズ一九七〇、一六六以下。

24　ヴェルナン二〇一二、四九八。アポロンの清澄さとディオニュソスの混沌的想像力を対比させたニーチェは、後者について つぎのように書いている。「ディオニュソス的なるものの魔力のもとでは、〔略〕世界調和のこの福音に接して、各人がその隣人と一致し、宥和し、融合したと感ずるにとどまらず、まるでマーヤの面紗《ヴェール》が裂けて神秘に満ちた根源＝一者の前でただ布切れとしてはためくかのように、隣人と一体化したと感ずるのである。人間は歌いつ踊りつ、ある高次の共同体の一員たる自己を表現する」（ニーチェ一九七九、三三―三四）。

25 ヤスパース一九六八、一六―一七。

26 ヤスパース一九六八、一九―二〇。

27 ユダヤ人とユダヤ教がいつ成立したかは議論が錯綜しており、明確ではない。旧約学の山我哲雄によれば、紀元前一二〇〇年ごろにパレスチナ山地に「イスラエル」と呼ばれる集団が成立し、前一〇〇〇年ごろに部族連合から王制社会に移行した（山我二〇一三、一四四）。しかし、この国家が旧約聖書のいうダビデとソロモンによる統一国家であったことを示す聖書外史料は存在しない。旧約聖書に史料としての価値を最大限認めようとする「マキシマリスト」の立場からは、ダビデによる統一王朝の建設をもってユダヤ人が成立したことになる一方、聖書外史料がないかぎり旧約聖書に史料としての価値を認めない「ミニマリスト」の立場からは、この時期に関する記述は、史実ではなく伝承でしかない（同、五五―五七）。ミニマリストの立場に立つ考古学者の多くは、北部のイスラエル王国がアッシリアに滅ぼされたあと南部に存続したユダ王国に、ユダヤ人とユダヤ教形成の力点をおいている。「イスラエルとユダは二つの異なる世界であった」のだ（フィンケルシュタインとシルバーマン二〇〇九、二八一）。

28 ウェーバー一九六四、ロス一九六六、パロ一九八〇、ジョンソン一九九九、シェインドリン二〇二〇。

29 ティリーとツヴィッケル二〇二〇、フィンケルシュタインとシルバーマン二〇〇九、市川二〇〇九、山我二〇一三、二〇一七。

30 以下、聖書からの引用は『新共同訳聖書』による。

31 フィンケルシュタインとシルバーマン二〇〇九、二八〇。おなじく考古学のティリーとツヴィッケルは、「前七世紀に至るまでユダの宗教が多神教であった」と断言している（二〇〇二、一五一）。

32 山我二〇一七、一八四、モリスンとブラウン一九九四、一九―二〇。

33 人類学のマーシャル・サーリンズは、これが古代ヘブライでのみ実現されたことを強調する。「自然の神格化は、キリスト教においてもユダヤ教においても『異教』のまさに本質と見なされていた。ヘンリ・フランクフォートはよくいったものだが、神の絶対的超越性を強調する点で古代ヘブライの宗教は真に無比である。神は存在論的にこの世のどんなものとも比較不可能なのだ。太陽であれ星であれ、雨であれ風であれ、神は自然のなかのどこにもいない。ヘブライの宗教において、そしてヘブライの宗教においてのみ、人間と自然とのあいだの古代的な結びつきは破壊されたのだ」（Sahlins 1996: 411）。

34 フィンケルシュタインとシルバーマン二〇〇九、六〇。

35 フィンケルシュタインとシルバーマン二〇〇九、六〇。
36 フィンケルシュタインとシルバーマン二〇〇九、二五八－二六六。イスラエル王国の崩壊について、アッシリア側の史料はつぎのように伝えている。「サマリア（＝イスラエル王国）の住民たちに対して、私は私の主人である偉大な神々の力を持って戦った。私は略奪品として、彼らの戦車、それに彼らが頼りにした神々に加えて、二万七二八〇の人を数えた。私は国王軍のために彼らの戦車二〇〇両を持つひとつの部隊を編成した。私は彼らの残りをアッシリアの真ん中に定住させた」（同、二六六、カッコ内は竹沢）。イスラエルの人びとが神々を祀っていたと明記していることに注意したい。
37 申命記主義者とは、申命記などの旧約聖書の「歴史書」を書いた一群のユダヤ教聖職者をさす。預言者の多くが社会的に周辺化されたマイナーな存在であったのに対し、彼らは公的に認められた聖職者であった。
38 旧約聖書の「列王記」には以下の文言がある。「こうなったのは、イスラエルの人々が、彼らをエジプトの地から導き上り、エジプトの王ファラオの支配から解放した彼らの神、主に対して罪を犯し、他の神々を畏れ敬い、主がイスラエルの人々の前から追い払われた諸国の民の風習と、イスラエルの王たちが作った風習に従って歩んだからである。〔略〕主が、『このようなことをしてはならない』と言っておられたのに、彼らは偶像に仕えたのである」（列王記下 17:7-8, 12）。
39 ティリーとツヴィッケル二〇二〇、一五二。
40 捕囚時代のユダヤ人に関する証人である預言者エレミアは、律法に背いたイスラエルの人びとを非難する神の激烈なことばを伝えている。「わたしは、剣、飢饉、疫病をもって、彼らを追い、全世界の国々の嫌悪の的とし、わたしが追いやる国々で、呪い、驚愕、物笑い、恥さらしとする。彼らがわたしの言葉に聞き従わなかったからである」（エレミア書 29:18）。しかしそれは、律法を遵守するなら神は人間を保護するという新たな契約のためであった。「わたしがイスラエルの家と結ぶ契約はこれである、と主は言われる。すなわち、わたしの律法を彼らの胸の中に授け、彼らの心にそれを記す。わたしは彼らの神となり、彼らはわたしの民となる」（同 31:33）。
41 山我二〇一七、一九九。
42 よく知られているのは東アフリカのヌエル社会だが（エヴァンズ＝プリチャード一九八二、橋本二〇一八）、預言者の出現はこの社会にかぎられるわけではない。
43 幕末－明治期の「生き神」思想については、宗教社会学研究会編一九七八、小沢一九八八を参照。
44 竹沢一九九二、一九九五。ミルチア・エリアーデも、旧約の預言者をシャーマニズムに近づけている（エリアーデ一九九一（一）、三九九）。なお、エリアーデは預言者の言動によって歴史が絶対化された反面、宗教が始原からもっていた宇宙論的次元が失われたとして、ユダヤ教とキリスト教に対して批判的である。「この点でキリスト教は明白に『堕落した人間』の宗教たることを実証する。すなわち、現代人が癒やしがたく歴史と進歩にとりつかれているほど、そして歴史の進歩が一つの堕落であり、これらがともに祖型と反復の楽園の最後的放棄を意味する以上、キリスト教こそは現代人の宗教ということになるのだ」（エリアーデ一九六三、二〇八）。こうした見方は、彼が第二次世界大戦中に故国ルーマニアで反ユダヤ主義的なファシズム運動に加わっていたことと関連するのだろうか。この点については竹沢二〇〇六を参照。

45　イザヤ書は異なる三人の預言者の発言からなるとされ、紀元前八世紀に活動した第一イザヤは一―三九章に相当し、四〇―五五章を第二イザヤ、五六―六六章を第三イザヤと呼ぶ。第二イザヤはつぎのように神のことばを伝えている。「わたしこそ主、わたしの前に神は造られず／わたしの後にも存在しないことを。／わたし、わたしが主である。／わたしのほかに救い主はない。／わたしはあらかじめ告げ、そして救いを与え／あなたたちに、ほかに神はないことを知らせた」（イザヤ書 43:10-12）。

46　山我二〇一七、二〇三。これに対し、聖書学の上村静はその否定的側面を指摘する。「イスラエルの神ヤハウェが創造主であり、全地の神にして唯一神であることを根拠に、イスラエルの政治的・宗教的世界支配が夢想されているのである」（上村二〇〇八、六九）。彼はこれをユダヤ教の「覇権主義」と呼ぶ（同、六九）。

47　上村二〇〇八、八二―八三。

48　タイセン二〇一〇、一七。

49　史実としてのイエスについては以下による。荒井一九七八、ヨセフス一九八一、一九九九、カーマイケル一九七二、土井一九六六、クルマン一九七二、ハイリゲンタール一九九七、アスラン二〇一四。

50　カーマイケル一九七二、土井一九六六、アスラン二〇一四。聖書学者のロバート・ウェブはつぎのように述べている。「イエスはヨハネの洗礼を受け、おそらくしばらくのあいだ弟子として彼のもとにとどまっていた。その後、ヨハネとその運動に沿ってそれに参加しながら、イエスも洗礼による宣教に加わった。イエスはヨハネの弟子であったが、その被保護者ないし右腕と見なされていたに違いなかった。ヨハネの弟子とイエスのまわりの人びととのあいだで緊張が高まったかもしれないが、ふたりは自分たちが協働していると考えていた。のちにヨハネが逮捕されてはじめて、イエスはいくつかの点でヨハネの運動を超えて活動するようになった。けれどもイエスは、ヨハネの枠組みが最初に彼に与えてくれた基礎を評価しつづけたように思われる」（Webb 2000: 305）。

51　トロクメ二〇〇二、四六。

52　ユダヤ社会の歴史を記録した同時代のヨセフスは、ガリラヤのユダがつぎのように主張したと伝えている。「ユダという名のガリラヤ人が同郷の者たちを煽動して騒乱を起こした。彼は、ローマ人に貢納金をおさめたり、ひとたび神のみを主権者と仰いだのに、なお死ぬべき人間に仕えるなどというのは卑怯者だと言って彼らを煽り立てた」（ヨセフス一九七五（二）、二四三）。

53　ヨセフス二〇〇〇（六）、二〇。

54　カーマイケル一九七二、アスラン二〇一四。土井の立場もこれに近い。米国でベストセラーになった『イエス・キリストは実在したのか？』の著書レザー・アスランはつぎのように断定する。「その頃のイエスは、『神の国』について自分の師のメッセージを伝えていたばかりでなく、それを苦しい境遇にある人々や抑圧されている人々のための民族解放運動へと押し広めつつあった。それは、神がまもなく、弱い者や貧しい者に代わってとりなしをされるという約束、神が昔、ファラオの軍隊を打ちのめしたのと同じように、忌まわしいローマ帝国政権を打倒し、神殿を支配する偽善者たちの手から解放してくれるという約束を基盤にした運動だった」（アスラン二〇一四、一七三）。

55　イエスはこうもいっている。「『財産のある者が神の国に入るのは、なんと難しいことか。』弟子たちはこの言葉を聞いて驚いた。イエスは更に言葉を続けられた。『子たちよ、神の国に入るのは、なんと難しいことか。金持ちが神の国に入るよりも、らくだが針の穴を通る方がまだ易しい。』」（マルコ書 10 : 23-25）。

56　イエスを民族主義的革命家と見なすことが不可能なのは、ひとつにはこういうことばがあるからだ。

57　「マタイ書」の作者はこの記述につづけて、「そのように、これらの小さな者が一人でも滅びることは、あなたがたの天の父の御心ではない」と書くが、これは彼の解釈であってイエスの真意であるはずはない。『ふしぎなキリスト教』のふたりの著者はこれを、「神が人間を配慮するやり方は、人間の社会常識を超えている」ことを示すための寓話だとするが（橋爪と大澤二〇一一、二二四）、これも人の動かし方のわからない宗教音痴の発言であるだろう。社会学者であるなら一〇〇年も前のヴェーバーに拠るだけでなく、イエスの時代の社会学的研究として定評のあるタイセンの著書ぐらいは読んでおくべきだっただろう。一方、このくだりから「逆説的反抗者」としてのイエスを定義づけようとする田川建三の理解はすぐれているが（田川一九八〇）、そこにも反抗者を称揚する時代的限界があるように思われる。

58　とはいえ、イエスが律法を守らなかったわけではない。「わたしが来たのは律法や預言者を廃止するためだ、と思ってはならない。廃止するためではなく、完成するためである。はっきり言っておく。すべてのことが実現し、天地が消えうせるまで、律法の文字から一点一画も消え去ることはない」（マタイ書 5 : 17-18）。彼はそう述べて律法の重要性を明言している。

59　イエスは「大食漢で大酒飲みだ」といわれていた（マタイ書 11 : 19）。イエスは弟子たちと一緒に食事をすることを好み、これがのちにキリスト教の重要な儀礼のひとつである聖餐式になっていく。ユダヤ教の最重要な儀礼は神殿での動物の供犠であったが、イエスはそれを簡便なものにつくり変えたのだ。

60　イエスの死後のイエス運動ないし原始キリスト教については、以下による。タイセン一九八一、二〇一〇、キー一九八八、ダニエルー一九九六、大澤二〇〇一、トロクメ二〇二一。

61　使徒パウロはこのことをつぎのように述べている。「キリストが復活しなかったのなら、わたしたちの宣教は無駄であるし、あなたがたの信仰も無駄です」（コリント前書 15：14）。

62 大澤二〇〇一、六〇、スターク二〇一四、七〇以下。

63 タイセン一九八一、二七。

64 パウロの位置はきわめて両義的である。彼は既存の社会関係の維持に配慮する一方で、万人の平等を説く。「あなたがたは皆、信仰により、キリスト・イエスに結ばれて神の子なのです。洗礼を受けてキリストを着ているからです。そこではもはや、ユダヤ人もギリシア人もなく、奴隷も自由な身分の者もなく、男も女もありません」（ガラテヤ 3：26-28）。

65 タイセン一九八一、二〇一〇。

66 ローマ帝国とキリスト教については以下による。弓削一九八九、二〇二〇、ミークス一九八九、ダニエルー一九九六、ブラウン二〇〇二、スターク二〇一四。

67 ブラウン二〇〇二、一八－二〇。ローマ史の本村凌二によれば、「危機の三世紀」には半年で七〇人もの皇帝が出現した（本村二〇〇七、二九九）。

68 弓削一九八九、スターク二〇一四。スタークによれば、ローマ帝国では女性一に対し男性の割合は一・三から一・四であり、その原因は間引きが頻繁におこなわれていたことに加え、妊娠・出産時の死亡割合が高かったことにあった（同、一二七）。

69 松村二〇一七、本村二〇〇五、一四八以下、ゴドウィン一九九五、五一以下。

70 タキトゥス一九八三、二八六－二八七。

71 スターク二〇一四、一九。

72 スターク二〇一四、一〇八に引用。

73 スターク二〇一四、一〇九に引用。

74 Brown 1981. パウロも、「わたしたちも数は多いが、キリストに結ばれて一つの体を形づくっており、各自は互いに部分なのです」（ローマ書 12：5）と書いて、信者の集合を有機体にたとえている。

75 マルー一九九六、五一以下。

76 エリアーデはキリスト教がユダヤ教には無縁なこれらの象徴を動員するようになったことを、宗教の本来の姿である「宇宙的キリスト教」になったとして評価する（エリアーデ一九九一（二）、四二七）。

77 仏教誕生以前のインドの歴史的状況については、コーサンビー一九六六、シャルマ一九八五、山崎一九九九、藤井二〇〇七、古井二〇一〇による。

78 仏教学の馬場紀寿によれば、ゴータマ・シッダールタという名は後代の資料にしか見いだされず、「目覚めた者」を意味するブッダは複数存在したとされるので（馬場二〇一八、二二）、ゴータマないしゴータマ・ブッダと記すことにする。

79 ゴータマの生没年については二つの説がある。紀元前四六三－三八三年とする説と、同五六六－四八六年とする説であるが（中村一九七〇、三五）、ここでは前五世紀に活躍したとする。

80 藤井二〇〇七、六八。インド思想史の松濤誠達によれば、その時期は前一二〇〇年~前六〇〇年とされる（松濤一九八〇、七三）。

81 ヴェーダの宗教に関しては、長尾・服部一九六九、松濤一九八〇、辻一九九〇、藤井二〇〇七、永ノ尾二〇一〇、立川二〇一四による。

82 名著『ウパニシャッド』を書いたインド哲学の辻直四郎によれば、「挙げきたれば人事百般すべてこれ祭式の随伴を必要とし、人生は実に一連の宗教儀礼に終始するかの観を呈する」（辻一九九〇、一九、一部の漢字をあらためてある）。

83 立川二〇一四、四〇。

84 ゴータマの生涯と彼の教え、その歴史的背景については、早島一九七九、山崎一九九七、馬場二〇一八、赤松二〇一八、木村二〇二一による。この点に関し、ゴータマはイエスより四世紀以上先行し、しかもインドでの考古学調査が十分でないので仏典外史料に制約があり、十分な記述になることができない。

85 『阿含経』のひとつ「アングッタラ・ニカーヤ」、木村二〇二一、一八－一九に引用。

86 「はじめての説法」、パーリ語大蔵経相応部の一部（長尾編一九六九、四三五－四三六）。

87 「説法の要請」、パーリ語大蔵経相応部の一部（長尾編一九六九、四三二）。

88 六師外道については、最古の仏典とされる『スッタニパータ』や「出家の功徳」（長尾編一九六九）に批判がある。馬場二〇一八、赤松二〇一八も参照。

89 ウパニシャッドにはつぎのようにある。「心に思いて欲望を抱く者は、業によりて、ここにかしこに転生す。されどその欲望を成満《じょうまん》し、アートマンを成就せる者には、この世において一切の欲望は成満す。〔略〕われらは現世にありつつしかもこれを知る。然らずんば無知と大なる破滅とあらんのみ。そを知る者は不死となる。されどその他の者は唯苦に至る」（辻一九九〇、一〇四－一〇五）。

90 この五蘊の「蘊」について、仏教学の長尾雅人は「集まり」だとし、馬場紀寿は「能力」だとする（長尾編一九六七、二四、馬場二〇一八、一五六）。しかし、能力だとすると対象とは無関係に存在可能だから、すべてを関係性において理解するブッダの教えからは離れるだろう。それゆえ、ここでは「蘊」を個体と世界のあいだの相互作用によって形成されるものの集合として捉える。たとえば「受」とは、感覚器官の活用によって得られる「知覚の集合」ということになる。

91 木村二〇二一、二三－二四、早島一九七九、九二－九三。語句を若干変えてある。

92 ウェーバー一九七四、一五八、一八二。

93 大乗仏教の成立については、長尾編一九六七、平川一九六九、一九七四／一九七九による。

94 平川一九七四上、三二八－三二九。

95 平川一九七四上、三二九。

96 木村二〇二一、五九。仏教学の梶山雄一は大乗仏教の成立にイランのゾロアスター教の影響を見ており、インド学のJ・ゴンダはウパニシャッドなどのブラーフマナ宗教の影響を見ている（梶山二〇二一、ゴンダ二〇〇二）。いずれも広く認められた見解ではない。

97 平川一九六九、六一八、一部省略してある。

98 平川一九六九、七九五。

99 梶山雄一は諸説によりながらキリスト教と仏教の比較をおこなっているが（梶山二〇二一）、要素の比較にとどまり意味をなさない。私がここでおこなうのはふたつの宗教の基本構造の比較であり、それによってはじめて、キリスト教と仏教を含む世界宗教というカテゴリーに固有の特徴を理解することが可能になるだろう。

100 エリアーデ一九九一Ⅱ、一九。

101 加地一九九四、浅野一九九九。

第6章

1 https://worldpopulationreview.com/country-rankings/muslim-population-by-country 世界のイスラーム人口。二〇二三年一月二三日閲覧。

2 イスラームとは「神への絶対的帰依」、「無条件的他力信仰」を意味することばである（井筒一九八三、三六七）。

3 ピレンヌ一九七五、一四。ピレンヌ・テーゼと呼ばれることの主張は、その後多くの批判を招いたが、巨視的な観点からのその主張はいまなお刺激を与えている。

4 イスラーム誕生の背景については、ルイス一九六七、ギブ一九六七、二〇〇一、嶋田一九六六、佐藤一九九七、ドナー二〇一四による。

5 『コーラン』からの引用は井筒俊彦訳による（井筒一九六四）。引用文中の井筒の説明は、必要と思われるもの以外省略した。

6 ルイス一九六七、一一。のちのローマ帝国期になると、アラブはアラビア半島に住む遊牧民と定着民の全体をさすようになったが、アラビア語でのアラブはつねに遊牧民のみをさしていた（同、一一）。

7 ルイス二〇〇一、七八—八一。

8 ギブ一九六七、二八。

9 預言者としてのムハンマドの誕生については以下による。嶋田一九六六、一九七七、ワット一九七〇、ベル一九八三、アームストロング二〇一六。

10 井筒一九九〇、八一—八二（井筒の説明は省いてある）。これはイブン・イスハークの『預言者ムハンマド伝』からの引用である。井筒俊彦は、初期のコーランの語りの特徴としてシャーマン的な緊張感をあげている。「ムハンマドが啓示なるものを受け始めた最初の頃の最も著しい特徴は、文体が緊張していることです。異常な緊迫感がみなぎっている。しかも、その緊迫感が普通の緊迫感ではない。我々にもっと親しみのある現象でいえば、シャーマン（巫者）の口から流れ出すコトバに揺曳する不気味な雰囲気。〔略〕俗にいう神がかりの文体です」（井筒一九八三、二七）。

11 井筒一九九〇、六四。

12 イスハーク二〇一〇、二三二。

13 コーランの諸章の時系列上の配列は、ギブ二〇〇三、三二一以下にまとめられている。

14 当時のアラビア半島では女子の誕生は期待されておらず、女子が生まれると生埋めにされることがしばしばあった。そうした慣習に対し、ムハンマドのやさしい心は強く反発していた。

15 ムハンマドはメッカの支配部族であるクライシュ族の一員であったために、その保護を受けていた。ムハンマドの教えを受け入れたが部族の保護のない信者八三名は、迫害を逃れるために海を渡ってエチオピアに避難したと語りつがれている（イスハーク二〇一〇、三一三）。

16 「剝き出しの生」は、イタリアの哲学者ジョルジョ・アガンベンの思想の核となることばである（アガンベン二〇〇三）。

17 イスラームの確立に関しては、ワット一九七〇、佐藤一九九七、小杉二〇〇六、ドナー二〇一四による。

18 ワット一九七〇、一〇九に引用。

19 イスラームは多神教徒やアニミストに対してはムスリムになることを強制したが、ユダヤ教徒やキリスト教徒のような一神教徒に対しては「ズィンミー（被保護者）」と呼び、人頭税と一定の税を支払うならもとの宗教を実践することを許容した。

20 ベル一九八三、四以下、ワット一九七〇、二六五、佐藤一九九七、七九、ルイス一九六七、五五、嶋田一九七七、五九。

21 軍事的成功をアラブ人の民族拡張運動と捉える見方は、戦利品の獲得をめざすイスラーム戦士の経済的利害を強調したマックス・ヴェーバーのイスラーム理解に引きずられたように思われる（ウェーバー一九七六）。宗教社会学のブライアン・ターナーは、ヴェーバーのイスラーム理解が根本的に間違っていることを周到に批判している（ターナー一九九四）。

22 イスラーム研究のウィルフレッド・キャントウェル・スミスはこう書いている。「ムスリムにとっては、他の人々の場合とは異って、共同体と歴史は宗教的に意味のあるものである。〔略〕そこには、神の企てに従って生きることをはっきりと決意した共同体がある。それが地上に出現してからは、ムスリムになるということはその共同体に参加すること、地上で神のよしとすることを実現する事業に参与することを意味する。この事業は、その重要さにおいて啓示そのものよりもけっして劣ることはない。それに参与するという特権・義務・経験はムスリムの信仰の中心的部分をなすものである」（スミス一九七四、一六）。

23 井筒一九八一、一一二。バラーズリー『諸国征服史』からの引用である。このことばがこのときに発せられたかどうかは確実ではない。なお、神の前にすべての信者は等しいとするこうした見方はルターやカルヴァンと共通しており、ムハンマドの理解の先見性を示している。

24 ワット一九八四、一二二。イスラームのヨーロッパ世界への知的影響については、ヨーロッパ中世史のチャールズ・ハスキンズにも記述がある（二〇一七、二七一－二九一）。

25 イスラーム人類学の鷹木恵子によれば、イスラームには

「差異化し、分類し、規範化し、序列化し、形式化、体系化する」イルムと呼ばれる知のほかに、「身体的修行体験を通して」獲得される「直接的体験知、神秘的直観知」としてのマァリファがあり、これはとくにスーフィズムにおいて重視されるものである（鷹木二〇〇〇、一二―一三）。スーフィズムについては、ギブ一九六七、中村二〇〇二を参照。

26 イスラームにおいては、ユダヤ教―キリスト教と同様、神によって正しい信仰をもち正しい行為をおこなっていると認められることを「義」と呼ぶ。この意味での義は、あとでルターにおいて見るように、ユダヤ教―キリスト教―イスラームの中心的テーマのひとつである。

27 スミス一九七四、三一。

28 ルターとドイツの宗教改革については、成瀬一九六一、ラウ一九六六、松田編一九六九、田中一九七八、スクリブナーとディクスン二〇〇九による。

29 こうした見方には異論もあり、さまざまな知的革新がおこなわれた一二世紀をルネサンスの先駆けと見る見方もある（ハスキンズ二〇一七）。

30 正確には、ルター以前にも宗教改革の試みはあいついでいた。一四世紀のイングランドで聖書を重視してその英訳をおこなったジョン・ウィクリフや、一五世紀初頭のボヘミアでルターがのちにおこなうような贖宥状の販売に反対したヤン・フスなどの試みである（佐藤二〇一九）。なお、ルターが実際に教会の壁に『九五か条の提題』を貼り出したかは疑問とされている（スクリブナーとディクスン二〇〇九、一）。確実なのは、ルターがこの提題を同封した書簡を、贖宥状の元締めであるマインツ大司教宛てに出したことである。

31 ルター一九六九、四一四―四一五。ラウ一九六六、田中一九七八も参照。

32 スクリブナーとディクスン二〇〇九、一三。

33 スクリブナーとディクスン二〇〇九、一四―一五。

34 ルターの人となりを、オーストリアの文化史家E・フリーデルはつぎのように描いている。「ルターは、その精神の基本的構造に関するかぎり、まだ完全に中世的な人間だった。〔略〕彼の意志は、一種独特な、教条的な一面性があって、図式的で直線的だし、彼の思考は衝動的で、情緒性が強く、感情にとらわれやすかった。彼の考えは、固定観念の組み合わせと言ってもよさそうなものだった。〔略〕ルターの心中には何一つニュアンスや屈折がなくて、私たちが前に中世人に見たさまざまな対照をなすものがまだ彼の中ではかたくなに併存していた。すべてが濃いインキで、くっきり描き分けられ、溶けあうこともにじみあうこともなかった。とびきり暗い絶望ととびきり明るい確信、とびきり輝かしい思いやりととびきり陰険な怒り、とびきり温和な優しさととびきり粗野な行動力が、混ざり合うこともなしに共存していた」（フリーデル一九八七、二〇二―二〇三）。きわめて適切なイメージ化であると思われる。

35 松田編一九六九、三二。

36 「ローマ教皇がなしている以上の悪はありえないでしょうし、今後も存在しないでしょう。教皇は平気で神の掟を蔑ろにし、自らを神の掟以上だと主張しています。これが反キリストでないというのであれば、いったい誰が反キリストだというのでしょう」（ルター二〇一七a、一四四）。

37 初収入税とは、ローマ教会が異教徒と戦うという名目で、新しく赴任した司教の初年度の租税の半分を受けとる制度である（ルター二〇一七a、七八）。

38 ルター二〇一七a、九四。

39 ルター二〇一七a、五四―五五。

40 教派化と領邦宗教体制の成立については、ラウ一九六六、Hsia 1989、メラー一九九〇、Schulling 1992、永田二〇〇〇、Lotz-Heumann and Pohlig 2007による。

41 松田編一九六九、三〇三―三〇四。ルターの保守的で秩序志向的な性格はつぎのことばに明示されている。「馬は鞭打たれることを望み、民衆は権力によって統治されることを欲するものです。神はよくこのことをご存じです」（同、三二四）。

42 ドイツ史の踊共二は、仏教やイスラームの用語にあわせて「宗派化」で統一することを主張するが（踊二〇一一）、キリスト教では教派の語が一般的なので「教派化」とする。

43 メラー一九九〇、六八、Hsia 1989 122sq.

44 小泉一九九六、五五―五九。

45 小泉一九九六、八一。

46 スイスの宗教改革とカルヴァンについては、久米一九八〇、テュヒレほか一九九七、コットレ二〇〇八、ベイントン二〇一七による。

47 カルヴァンの教説とそれが社会にもたらした結果については、ヴェーバー一九八九、カルヴァン二〇〇七、二〇〇八、コットレ二〇〇八による。

48 カルヴァン二〇〇七、四三（1-2-1）。

49 カルヴァン二〇〇八、七七（3-3-8）、三四八（3-20-1）、三五二（3-20-4）、一七四（3-7-1）、三五八（3-20-8）。

50 カルヴァン二〇〇八、四三一（3-21-5）。

51 カルヴァン二〇〇八、四二五（3-21-1）。

52 カルヴァン派が資本主義の精神の形成に寄与したことを立証しようとしたヴェーバーはつぎのように述べるが、これは完全に誤読である。カルヴァンの「この悲愴な非人間性をおびる教説が、その壮大な帰結に身をゆだねた世代の心に与えずにはおかなかった結果は、何よりもまず、個々人のかつてみない内面的孤独化の感情だった。宗教改革時代の人々にとっては人生の決定的なことがらだった永遠の至福という問題について、人間は永遠の昔から定められている運命に向かって孤独の道を辿らねばならなくなったのだ。誰も彼を助けることはできない。牧師も助けえない、――選ばれた者のみが神の言を霊によって理解しうるのだからだ」（ヴェーバー一九八九、一五六）。この理解は、ドイツで支配的でカルヴァン派に対立したルター派のそれであったと思われる。ヴェーバーの理解に問題が多いことは、人種主義的なつぎの発言にも見られる。「今までのところ、この平民の『円頭派』を計測人類学上の『短頭型』と解するような見方が出てこないのは、まことに驚くべきだ！」（同、一三二）。

53 コットレ二〇〇八、二四二以下。英国史のリチャード・ヘンリー・トーニーによれば、カルヴァンのジュネーヴは市民が市民を監視し、たがいに告発しあう監視国家であった（トーニー一九五六上、一九三）。

54 フーコー一九七七。

55 もしフーコーがカルヴァンの思想と実践に影響されていなかったなら、『監獄の誕生』を書いたあとの彼が、あれほど初期キリスト教的な自己の形成に関心を寄せた理由が説明できないだろう。とはいえ、カルヴァンにとって規律と訓育はなにより重要なものであったが。フーコーにとっては、そのメカニズムを明らかにすることで、そこからの脱出口を探すことが問題であった。

56 オランダにおける資本主義の成立については、ヴェーバー一九八九、ウォーラーステイン一九八一、一九九三、Gorski 2003、玉木二〇〇九による。

57 ネーデルラントは一五六〇年ごろにはバルト海交易の七〇パーセントを占めていたし（ウォーラーステイン一九八一 II、四三）、バルト海交易は三三～四二パーセントもの利益率をもつほどうまみのあるものであった（玉木二〇〇九、六四）。

58 ウォーラーステイン一九九三、五一。

59 ウォーラーステイン一九八一 II、三五。

60 Gorski 2003: 51-67.

61 オランダ東インド会社の資本金は、イギリス東インド会社が第一回航海で集めた起債の一〇倍あった（永積二〇〇〇、六七）。オランダの禁欲精神と対極的なのがスペインであったことをウォーラーステインは記している。「富裕な階層――アンダルシアとエストレマドゥーラの貴族、ジェントリ、それに退役将校――は、教会、宮殿、修道院などの建築や芸術活動にその資金を浪費してしまった。彼らのうちにはただひとりとして、産業はおろか、商業にさえ従事しようとする者はなかった」（ウォーラーステイン一九八一 II、二六八）。だからこそスペインでは、海外植民地から流入する莫大な資金は工業化には向かわず、ネーデルラントから製品を購入することに費やされて経済と国力の低下を招いたのだった。

62 玉木二〇〇九、八四。ゴルスキは比較のためにプロイセンの例をとりあげているが、規律的なカルヴァン派が自由と寛容に転じたオランダに対し、プロイセンでは君主がカルヴァン派で住民の多くはルター派であった。そのためここでは規律化と訓育が上からおこなわれ、権威主義的な規律国家の誕生につながったのだった（Gorski 2003: 79 以下）。

63 イングランドの宗教改革については、トーニー一九五六、一九五九、浜林一九七一、トレヴェリアン一九七三、今井編一九九〇、岩井と指編二〇〇〇、指二〇一〇による。

64 指二〇一〇、二六二。英国史のクリストファー・ヘイグからの引用であり、英語の記述は省略してある。

65 ピューリタンの活動がイングランド社会および海外植民地に与えた影響については、今井編一九九〇、岩井一九九五、二〇一五、大西二〇一九による。

66 浜林一九七一、岩井二〇一五、大西二〇一九。封建勢力／新興ブルジョワジー、国教会／ピューリタンという二組の対立を立て、両者を対応させるこうした見方には批判もある。イギリス史の今井宏はつぎのように述べている。「ヒルが主張したような『封建的土地所有者』と『資本主義的な商人と農業経営者』という明確な階級的な分裂はこの革命には姿をみせず、むしろ国王派、議会派の双方に、貴族、ジェントリ、商人、農民、民衆がふくまれていたことが、実証的な研究によって明らかになる」（今井編一九九〇、一九九）。こうした議論は、一九七〇年ごろから盛んになった「修正主義」派による見直しを踏まえたものだが、それ以降「ピューリタン革命」ではなく、「イギリス革命」、「三王国家戦争」などの語がもちいられるようになっている（岩井と指編二〇〇〇、モリル二〇〇四）。こうした立場は階級史観に対する批判といえるが、そもそも新興勢力が誕生していなかったなら国王への対抗勢力は存在しなかったのだから、ピューリタンたちの活動の背後に社会変化を見るのは不可欠だろう。

67　ニューイングランド会社の三人の設立者のうちふたりはピューリタンであったし、マサチューセッツ湾会社の最初の出資者の多くもそうだった（大西二〇一九、一〇）。マサチューセッツ湾会社と同年に設立された「プロヴィデンス島会社」の設立者もほとんどがピューリタン貴族やジェントリであり、それは「神聖共同体を植民地に構築する植民会社の運営を目指した」のだった（同、七二）。

68　ピューリタンが築いたニューイングランドについて、イギリス史のG・M・トレヴェリアンはつぎのように書いている。「このタイプの移民たちは、雪に閉ざされ、岩の多い森林の苛酷な土地における最初の冬を耐え忍び、うちかつことができた。というのは彼らが、お互いに信頼し、しかも共同の目的を強く抱いている男女を選抜していたからである。彼らのなかには富裕なものもおり、しかもマサチューセッツの植民地は、イングランドからの資金と補給とよき組織者――金持ちのピューリタン貴族、郷士、ロンドン商人などで、自らは本国に留まったが、一部は宗教的な動機から、また一部は資本の投資として、これらの冒険的な事業を支持した――の支援をうけていた」（トレヴェリアン一九七三（二）、一六八）。

69　カルヴァン派と科学革命の関係については、Merton 1938, ジェイコブ一九九〇、ヘンリー二〇〇五、山本二〇一〇による。

70　ウォーラーステイン一九九三、六九。

71　ジェイコブ一九九〇、一六二―一六三。

72　ヘンリー二〇〇五、一三一。

73　ニーチェ一九八〇、一九五―一九六。

74　浩瀚な人類の宗教の歴史を書いたエリアーデは宗教改革で筆をおき、ベラーはそれ以前の世界宗教の誕生までを論じているだけである。彼らの沈黙は示唆的である。

75　日本の宗教改革については、赤松一九六一、塚本一九七一、田村一九八八、黒田一九九四、松尾一九九五、平二〇一八による。

76　黒田一九九四。

77　塚本一九七一、一〇に引用（『和語燈録』）。

78　法然一九七一、一〇六。

79 法然より少しあとの一二一七年に出家した叡尊は、戒律を重視する律宗の僧であったが、聖徳太子信仰や文殊菩薩信仰を民衆のあいだに広めるとともに、旧来の宗派が救済対象としなかった女性や貧者、らい病患者への慈善活動、宇治橋の修繕や西大寺の復興といった社会事業もおこなっていた（松尾一九九五）。鎌倉新仏教の僧侶の多くは、同時に社会活動家でもあったのだ。

80 『法然上人絵伝』二〇一二、三〇五。

81 法然は『選択本願念仏集』の最後に、「庶幾《こいねが》はくは一たび高覧を経て後に、壁の底に埋めて窓の前に遺すことなかれ」と書いて（法然一九七一、一六二）、一般に流通させないよう注意している。しかし、彼の死の年に弟子の手でこの書が出版されたことで弾圧を免れなくなったのだった。

82 平二〇一八、三四。

83 塚本一九七一、七一。

84 塚本一九七一、七一、赤松一九六一、一八二。法然と親鸞の関係についていえば、法然は妻帯や肉食を可としたが自身は戒律を守って生きたのに対し、親鸞はこれらをみずから実践した。法然は念仏のみが正法であることを説いたが、他宗の批判は表立ってはしなかったのに対し、親鸞は父母の供養を拒否し、神道の神々の礼拝を禁止し、現世利益的な呪的行為を批判し、吉日良辰も関与すべきではないとした（赤松一九六一、二一二）。親鸞の主張の多くは法然に由来するが、それを頑なまでに進めたのが親鸞であった。清濁あわせ呑む法然に対し、弟子に向かって「親鸞は弟子一人ももたずさふらふ」といってのける親鸞は、ある意味「食えない」人間であったというべきだろう。

85 加藤一九七五、二二〇。

86 法然一九七一、二一一。至誠心とは、「真実の心也。その真実といふは、身にふるまひ、心にいひ、心におもはん事、みなま事（誠）の心を具すべき」ことであり、深心とは、「妄念もおこらず、罪もつくらず、めでたき人にてぞある」状態をさす（同、二一一、二一三―二一四、カッコ内は竹沢）。

87 内藤一九四一、ベラー一九九六。

あとがき

この本は、人類にとって宗教とはなにか、何百万年にもおよぶヒトと人間の歴史のなかで、宗教がどのように誕生し、どう変化してきたかをたどったものだ。それにあたり、ふたつの点に留意しながら書き進めた。

一点は、宗教を人間の営みとして捉えることだ。宗教者や信仰者の立場からすれば、宗教とは神や仏、なにかの超越的存在が人間に与えたものということになるが、私はこうした立場はとらない。宗教は人間がつくった営みだという観点に立てば、宗教は人間の手になる他の制度である生業形態や経済システム、社会制度などと関連しながら存在していることになる。とはいっても、宗教がそれらの制度の反映に過ぎないとか、それらに完全に拘束されていると考えたなら間違っている。宗教には社会を変え、経済を動かす力があるのであって、ヒトが人間になるのに宗教が決定的な役割を果たしたこと、今から二千数百年まえに世界宗教が誕生しなかったなら人類の歴史はずいぶんと違っていただろうことは本文中で示しておいた。その意味で、宗教は人間の今日のあり方をつくった主要な要因のひとつであったのだ。

もう一点は、人類の歴史の大半は狩猟採集民であったのだから、彼らの宗教のあり方をまず明らかにしようとしたことだ。その上で、そこからさかのぼってその先駆形態を探り、時間を下って宗教がどのように変化したかを考えたのだった。この数年、宗教の歴史をあとづけようとする試みが数多くなされている。しかしその大半は、神の観念がどのようにして成立したかを第一に考えている点で根本的に間違っている。神の観念は、古代文明が発生し、その周辺で世界宗教が誕生したのちに優越するようになったのであり、それまでは多分にあいまいなものであったのだから、それを宗教の起源に結びつけることはできない。最近話題になった『サピエンス全史』にしても、人間は突然変異によって存在しないものについて語ることができるようになったとする。それが初期にはアニミズムであり、のちには世界宗教の神であり、近代では科学と資本主義的空間だという設定だが、これもアニミズムについては適当にふれているだけだから、歴史研究でもなんでもない。現在を過去に投影した架空の物語にすぎないのだ。

これへの批判が宗教学や文化人類学から出てくると思っていたが、出てこないので、私がやることにしたのがこの本を書いたきっかけのひとつであった。もちろんそれだけでなく、ずっと疑問に思っていた、なぜ人間は宗教を必要としてきたのかという問いに答えを出したいという思いもあった。それは、私の「先祖返り」であったのだが。

同級生であった四方田犬彦の『親鸞への接近』(工作舎刊)を読んでいたら、東京大学文学部の宗教学研究室にふれているので、私もそれについて書くことにしよう。私が東大に入ったのは一九七〇年、東大紛争で入試が中止になった翌年であった。個人の変革と社会の変革を並行して実現しようとした全共闘運動に共鳴していた一八歳の私は、大学に入ったらそれに参加しながら勉学するつもりでいた。ところが入学すると、その運動はすっかりなくなっていたばかりか凄惨な内ゲバの話が伝わってきたし、大講義室で教員がノートを読み上げるだけの講義はつまらなくて、聴講する意欲はおこらなかった。ドロップアウトして、アルバイトをしては金を貯め、旅行や読書にふける生活をつづけていた。おかげで土方や建築の仕事は一通りできるようになり、何人かの親方からは会社に入るよう勧誘されたほどだった。

旅行や本を読む分には楽しいので、人生の懐疑が生じることはない。ところが土方仕事の昼休みに、与えられた弁当を食べて板の上に寝そべって休んでいると、さまざまな思いが浮かんでくる。自分は今後どのように生きていくのだろうか、自分の居場所はどこにあるのだろうかと考えると、そこが自分の居場所だとは思えなかった。それで数年後に大学に戻ることにしたのだが、ろくに大学に行かなかったのだから成績はどん底で、人気のある文化人類学や社会学に進学することは不可能だった。成績が悪くても行ける宗教学に進学することになったのは、それが原因であった。

宗教学研究室には柳川啓一教授がおられて（不肖の学生なので柳川さんと呼ばせていただく）、三年生のときのゼミのタイトルは「一九三〇年代の宗教研究」であった。あまり期待もしないでゼミに顔を出すと、とりあげられていた文献のひとつが、私が好きだったフランスのジョルジュ・バタイユだった。「ああ、バタイユをやってもいいんだ」と、救われた思いがしたことを今でもおぼえている。ゼミではほかに、記憶が正しければ四方田はユングを、島田裕巳はフロムを、鶴岡賀雄はベルグソンを、もっともブリリアントであった鈴木陽子はベイトソンについて発表した。ゼミにはほかに林淳や渡辺直樹らもいたが、彼らがだれを扱ったかは記憶がない。

バタイユで卒論をまとめた私は、他にしたいこともなかったので大学院に進学することにした。バタイユとのつながりで、彼もゼミに出ていたマルセル・モース、レヴィ＝ストロース、西アフリカ民族学のグリオール、ドゥルーズとガタリなどを読むようになった。勉強することは格別おもしろいわけではなかったが、ほかにすることがないので仕方がないという今から思えばじつに残念な院生であった。一九七八年に修士論文を出し、つぎの年にフランス政府の給費留学生試験に受かったので、二年間の予定でパリの社会科学高等研究院に通うことになった。

研究者としての私の人生で、最初のきっかけが柳川さんのゼミであったとすれば、二度目の転機は社会科学高等研究院の社会人類学コースであった。社会科学高等研究院は一九七五年に、有名な歴史学者であるブローデルらが中心になって創設した学校で、四年後のその時点では、本部は建設されていたが教室はまだできておらず、講義はもと幼稚園であった施設でおこなわれていた。椅子や机は幼稚園のままで、みな体を半分はみ出させながら講義を聞きゼミで議論をしていた。しかし、講義は素晴らしかった。一二〇名ほどいた博士課程の一年生はおなじカリキュラムの講義に出なくてはならなかったが、それは人類学の学説史をはじめ、経済人類学、宗教人類学、政治人類学などが必須で、それに加えて航空写真の見方や親族チャートのつくり方などの実習もあった。とにかく一年間で人類学の知識を一通り身につけさせようというカリキュラムであった。

勉強することが、本を読むことが、いかに面白いかを知ったのはそのときだった。広い見通しを与えてくれたので、断片的であった知識がつながっていったのがうれしかったのだろう。当時は、今ではメジャーになっているＨＩＳもできたばかりという状態だったから、日本人にとってアフリカは遠い国々であり、資料もごくかぎられていた。アフリカでフィールドワークをすることを当初は考えていなかったが、フランスにいればアフリカはすぐ隣の地域である。彼らの研究は山ほどあったし、学校に行けばアフリカ出身の学生が隣にいる。彼らと机を並べていれば、彼らの文化や歴史を理解するには現地に行かなくてはならないと考えたのは自然であった。アフリカでフィールドワークを実施することを決めたのだ。

西アフリカのマリに調査に行ったが、右も左もわからない広大な国である。しかも、当時のマリは西アフリカの共通通貨システムから脱退していたので貨幣は紙屑同然で、首都の商店にも品物はなにもなかった。交通事情はひどいもので、どこに行くにも移動はすべてトラックの荷台だった。無理をした私は三か月で肝炎を患い、フランスに戻ることを余儀なくされた。それで、指導教員であったマルク・オジェ教授に理論研究で博士論文を書くことを承諾してもらい、一九八五年に提出したのが、のちに翻訳して私の最初の著作になる『象徴と権力』である。ここではアフリカの宗教体系を理解するための見取り図を描いたので、本書はその拡大版ということになる。

その後、九州大学で教えながら祭の研究をおこない、地域おこしやまちづくりを支援しながら調査をし、二〇〇一年に大阪の国立民族学博物館に移ってからはマリで考古学の発掘調査をおこない、東日本大震災のあとは被災地で支援をしながら災害研究をおこなった。今回のこの本は、四〇年ぶりに博士論文のテーマに戻ったことになるが、別段まわり道をしたとは思っていない。宗教学と文化人類学と社会学と歴史学と考古学を学ばなかったならこの本を書くことはできなかっただろうし、アフリカ研究についてもおなじことだ。宗教とは身体も精神も含めた丸ごとの人間存在にかかわるものなので、それを理解しようと思うなら複数の学問を総合することは必然だからだ。

この本を書くにあたっては、読みやすくすることを第一に心がけた。他の選書や新書のように注を最小限にすることも考えたが、書いているうちに新しい発見がたくさん出てきたので、注をていねいにつけることにした。学問というのはなにをいっても自由な世界であり、それが学問の最大の魅力であるのだが、なにかをいうためには正確なデータに裏づけられていることが必要である。そうでなければ、科学ではなく、呪術や信仰の世界になってしまうからだ。

私に可能性を開いてくれた柳川さんには感謝したい。応用研究に傾斜している現在の宗教学に私は批判的だが、宗教学は狭義の宗教学と宗教史学からなっていて、それをどう統合するかはつねに課題であった。「宗教学と宗教史を統合することができましたよ」と、柳川さんにはお伝えしたいと思っている。

出版にあたっては、前二作と同様、書籍編集局の郡司典夫さんにお世話になった。感謝する。

二〇二三年七月

竹沢尚一郎

図版出典

図1－1　ヒトの進化の五段階／河辺 2019: 5
図1－2　ヒトの脳の大きさの進化／ミズン 2006: 225
図1－3　ヒトの共同体の規模／ダンバー 2016: 70
図1－4　ハンドアックスの通時的変化／諏訪元 https://www.um.u-tokyo.ac.jp/web_museum/ouroboros/v22n2/v22n2_katoh.html
図1－5　霊長類の成長にともなう頭骨の変化／モンターギュ 1986: 30
図1－6　石器製作技術の進化／ストリンガーとギャンブル 1997: 79
図1－7　ラスコーの岩壁画／『世界遺産ラスコー展』毎日新聞社 2016: 37
表1－1　大型類人猿の社会集団のタイプ分け／山極 2015: 165
図2－1　チュリンガに描かれた絵／国立民族学博物館資料
図2－2　トゥカノの図像と眼内閃光／Reichel-Dolmatoff 1975: illustration 39, 40
図2－3　幻覚のなかのトゥカノの神話的イメージ／Reichel-Dolmatoff 1975, illustration 57
表2－1　トランス型／憑依型シャーマニズムの地域別分布／Bourguignon 1973: 18 にもとづき作製
図3－1　肥沃な三日月地帯と農耕起源地、主要な新石器遺跡／ベルウッド 2008: 70 にもとづき作図
図3－2　ギョベクリ・テペ遺跡／Dietrich et al. 2012: 677
図3－3　チャタルヒュユク遺跡の屋上の道／Hodder 2006: 8
図3－4　チャタルヒュユク遺跡の壁絵／Hodder 2006: 31
図3－5　イェリコ遺跡の漆喰を塗り重ねて装飾された頭骨／Cauvin 1994: pl.VI
図3－6　ドゴンの仮面儀礼／著者撮影
図3－7　通過儀礼の図式／著者作製
図3－8　ドゴンの占い／著者撮影
図3－9　牧畜民ボラナの年齢階梯制ガダの儀礼／大場千景撮影
表3－1　狩猟・牧畜・畜産の区別／Ingold 1980 にもとづき作製
図4－1　世界の縮図としてのオゴンの家／Dieterlen 1982: 48
図4－2　舟の上でイナンナ神を祀る祭司者／月本編 2017: 105
図4－3　ギルガメシュと考えられる王のレリーフ／アスカローネ 2012: 15
図4－4　ナルメル王の化粧板／https://en.wikipedia.org/wiki/Narmer#/media/File:Narmer_Palette.jpg
図4－5　ピラミッド・テキストの一部／吉成 2012: 75
図4－6　一角獣とコブウシをあらわすインダス印章／近藤ほか編 2000: 26、長田 2013: 29
図4－7　殷代の人面鉞／劉編 2007: 51

法然（1971）「選択本願念仏集」、『法然・一遍』日本思想大系10、岩波書店
『法然上人絵伝』（1981）3巻、小松茂美と神崎充晴、中央公論社
松尾剛次（1995）『鎌倉新仏教の誕生――勧進・穢れ・破戒の中世』講談社現代新書
松田智雄編（1969）『ルター』世界の名著18、中央公論社
メラー、B（1990）『帝国都市と宗教改革』森田安一、棟居洋、石引正志訳、教文館
森田安一（1993）『ルターの首引き猫――木版画で読む宗教改革』山川出版社
モリル、ジョン（2004）「17世紀ブリテンの革命再考」、富田理恵訳、『思想』964: 52-75
ラウ、フランツ（1966）『ルター論』渡辺茂訳、聖文舎
ルイス、バーナード（1967）『アラブの歴史』林武、山上元孝訳、みすず書房
――（2001）『イスラーム世界の二千年――文明の十字路中東全史』白須英子訳、草思社
ルター、マルティン（1969）「ローマ書講義」、笠利尚訳、松田智雄編、『ルター』世界の名著18、中央公論社、407-462
――（2017a）「キリスト教界の改善について――ドイツのキリスト教徒貴族に宛てて」、『宗教改革三大文書　付「九五箇条の提題」』深井智朗訳、講談社学術文庫、45-185
――（2017b）「教会のバビロン捕囚について――マルティン・ルターによる序」、『宗教改革三大文書　付「九五箇条の提題」』深井智朗訳、講談社学術文庫、187-366
ワット、モンゴメリー（1970）『ムハンマド――預言者と政治家』牧野信也、久保儀明訳、みすず書房
――（1984）『地中海世界のイスラム――ヨーロッパとの出会い』三木亘訳、筑摩書房

Gorski, Philip S. (2003) *The Disciplinary Revolution: Calvinism and the Rise of the State in Early Modern Europe,* The University of Chicago Press.
Lotz-Heumann, Ute and Matthias Pohlig (2007) “Confessionalization and Literature in the Empire, 1555-1700”, *Central European History*, 40(1): 35-61.
Merton, Robert K. (1938) “Science, Technology, and Society in Seventeenth-Century England”, *Osiris*, 4: 360-632.
Hsia, R. Po-Chia (1989) *Social Discipline in the Reformation: Central Europe 1550-1750*, Routledge.
Schilling, Heinz (1992) *Religion, Political Culture, and the Emergence of Early Modern Society: Essays in German and Dutch History*, Brill.

田中真造（1978）「ドイツ宗教改革と政治思想の展開」田中真造ほか『近代政治思想史1 ――宗教改革と絶対主義期の政治思想』有斐閣新書、37-76
玉木俊明（2009）『近代ヨーロッパの誕生――オランダからイギリスへ』講談社
田村圓澄（1988）『法然』吉川弘文館
塚本善隆（1971）『法然』日本の名著5、中央公論社
常行敏夫（1990）『市民革命前夜のイギリス社会――ピューリタニズムの社会経済史』岩波書店
テュヒレ、ヘルマンほか（1997）『キリスト教史5信仰分裂の時代』上智大学中世思想研究所監訳、平凡社
トーニー（1956/59）『宗教と資本主義の興隆』上下、出口勇蔵、越智武臣訳、岩波文庫
ドナー、フレッド・M（2014）『イスラームの誕生――信仰者からムスリムへ』後藤明監訳、慶應義塾大学出版会
トレヴェリアン、G・M（1973）『イギリス史』3巻、大野真弓監訳、みすず書房
内藤莞爾（1941）「宗教と経済倫理――浄土真宗と近江商人」、『社会学：日本社会学会年報』8: 243-286
永田諒一（2000）『ドイツ近世の社会と教会――宗教改革と信仰派対立の時代』ミネルヴァ書房
永積昭（2000）『オランダ東インド会社』講談社学術文庫
中村廣治郎（2002）『イスラムの宗教思想――ガザーリーとその周辺』岩波書店
成瀬治（1961）『ルター――十字架の英雄』誠文堂新光社
――（2011）『近代ヨーロッパへの道』講談社学術文庫
ニーチェ、フリードリッヒ（1980）「華やぐ知慧」、氷川英廣訳、『ニーチェ全集』第10巻、白水社
ハスキンズ、チャールズ・H（2017）『十二世紀のルネサンス――ヨーロッパの目覚め』別宮貞徳、朝倉文市訳、講談社学術文庫
浜林正夫（1971）『イギリス市民革命史』増補版、未來社
ピレンヌ、アンリ（1975）「マホメットとシャルルマーニュ」、H・ピレンヌほか著『古代から中世へ』佐々木克巳編訳、創文社、3-14
フーコー、ミシェル（1977）『監獄の誕生――監視と処罰』田村俶訳、新潮社
フリーデル、エーゴン（1987）『近代文化史Ⅰ』宮下啓三訳、みすず書房
ベイントン、ローランド（2017）『宗教改革史』出村彰訳、新教出版社
ベラー、R・N（1996）『徳川時代の宗教』池田昭訳、岩波文庫
ベル、リチャード（1983）『イスラムの起源』筑摩書房
――（2003）『コーラン入門』医王秀行訳、ちくま文庫
ヘンリー、ジョン（2005）『一七世紀科学革命』東慎一郎訳、岩波書店
ホイジンガ、ヨハン（1972）『中世の秋――一四・五世紀のフランスおよびネーデルラントにおける生活形式と精神形式の研究』ホイジンガ選集6、兼岩正夫、里見元一郎訳、河出書房新社

岩井淳と指昭博編（2000）『イギリス史の新潮流――修正主義の近世史』彩流社
ウェーバー、マックス（1976）『宗教社会学』武藤一雄ほか訳、創文社
――（1989）『プロテスタンティズムの倫理と資本主義の精神』大塚久雄訳、岩波文庫
ウォーラーステイン、I（1981）『近代世界システム――農業資本主義と「ヨーロッパ世界経済」の成立』I II、川北稔訳、岩波書店
――（1993）『近代世界システム1600−1750――重商主義と「ヨーロッパ世界経済」の凝集』川北稔訳、名古屋大学出版会
大西晴樹（2019）『海洋貿易とイギリス革命――新興貿易商人の宗教と自由』法政大学出版局
踊共二（2011）「宗派化論――ヨーロッパ近世史のキーコンセプト」、『武蔵大学人文学会雑誌』42(3/4): 221-270
加藤周一（1975）『日本文学史序説』上、筑摩書房
カルヴァン、ジャン（2007）『キリスト教綱要』第1篇・第2篇、改訳版、渡辺信夫訳、新教出版社
――（2008）『キリスト教綱要』第3篇、改訳版、渡辺信夫訳、新教出版社
ギブ、H.A.R.（1967）『イスラム文明――その歴史的形成』加賀谷寛訳、紀伊國屋書店
久米あつみ（1980）『カルヴァン』人類の知的遺産28、講談社
黒田俊雄（1994）「中世における顕密体制の展開」、『黒田俊雄著作集』2、法藏館
黒田壽郎編（1990）『共同体論の地平――地域研究の視座から』三修社
小泉徹（1996）『宗教改革とその時代』山川出版社
小杉泰（2006）『イスラーム帝国のジハード』興亡の世界史6、講談社
指昭博（2010）『イギリス宗教改革の光と影――メアリとエリザベスの時代』ミネルヴァ書房
佐藤次高（1997）『イスラーム世界の興隆』世界の歴史8、中央公論社
佐藤優（2019）『宗教改革の物語――近代、民族、国家の起源』角川ソフィア文庫
ジェイコブ、マーガレット（1990）『ニュートン主義者とイギリス革命』中島秀人訳、学術書房
嶋田襄平（1966）『預言者マホメット』角川新書
――（1977）『イスラムの国家と社会』岩波書店
スクリブナー、R・WとC・スコット・ディクスン（2009）『ドイツ宗教改革』森田安一訳、岩波書店
スミス、ウィルフレッド・キャントウェル（1974）『現代におけるイスラム』中村廣治郎訳、紀伊國屋書店
平雅行（2018）『法然――貧しく劣った人びとと共に生きた僧』山川出版社
鷹木恵子（2000）「イスラームにおける二つの『知』の在り方と音文化」、『民族學研究』65(1): 9-24
ターナー、ブライアン・S（1994）『ウェーバーとイスラーム』樋口辰雄ほか訳、第三書館

教』山川出版社、166-209
山崎元一（1997）『古代インドの文明と社会』世界の歴史３、中央公論社
——（1999）「南アジア世界」、『岩波講座世界歴史６　南アジア世界・東南アジア世界の形成と展開』11-60
弓削達（1989）『ローマはなぜ滅んだか』講談社現代新書
——（2020）『地中海世界——ギリシア・ローマの歴史』講談社学術文庫
ヨセフス、フラウィウス（1975）『ユダヤ戦記』３巻、新見宏、秦剛平、中村克孝訳、山本書店
——（2000）『ユダヤ古代誌』6巻、秦剛平訳、ちくま学芸文庫
レベック、ピエール（1993）『ギリシア文明——神話から都市国家へ』青柳正規監修、創元社
ロス、シーセル（1966）『ユダヤ人の歴史』長谷川真、安積鋭二訳、みすず書房

Brown, Peter (1981) *The Cult of the Saints: Its Rise and Function in Latin Christianity*, The University of Chicago Press.
Horsley, Richard A. (1984) "Popular Messianic Movements around the Time of Jesus", *Catholic Biblical Quarterly*, 46(3): 471-495.
Mauny, Raymond (1961) *Tableau géographique de l'ouest africain au moyen âge d'après les sources écrites, la tradition et l'archéologie*, Mémoires de l'IFAN, n.61.
Sahlins, Marshall (1996) "The Sadness of Sweetness: The Native Anthropology of Western Cosmology", *Current Anthropology*, 37(3): 395-428.
Webb, Robert L. (2000) "Jesus' Baptism; Its Historicity and Implications", *Bulletin for Biblical Research,* 10(2): 261-309.

第６章

赤松俊秀（1961）『親鸞』吉川弘文館
アガンベン、ジョルジョ（2003）『ホモ・サケル——主権権力と剥き出しの生』高桑和巳訳、以文社
イスハーク、イブン（2010）『預言者ムハンマド伝１』後藤昭ほか訳、岩波書店
井筒俊彦(1981)『イスラーム文化——その根底にあるもの』岩波書店
——（1983）『コーランを読む』岩波書店
——（1990）『イスラーム生誕』中公文庫
井筒俊彦訳（1964）『コーラン』3巻、岩波文庫
今井宏編（1990）『世界歴史大系　イギリス史２　近世』山川出版社
岩井淳（1995）『千年王国を夢見た革命——17世紀英米のピューリタン』講談社
——（2015）『ピューリタン革命の世界史——国際関係のなかの千年王国論』ミネルヴァ書房

橋本栄莉（2018）『エ・クウォス――南スーダン・ヌエル社会における予言と受難の民族誌』九州大学出版会
バナール、マーティン（2007）『ブラック・アテナ――古代ギリシア文明のアフロ・アジア的ルーツ』片岡幸彦監訳、新評論
馬場紀寿（2018）『初期仏教――ブッダの思想をたどる』岩波新書
早島鏡正（1979）『ゴータマ・ブッダ』人類の知的遺産 3、講談社
パロ、アンドレ（1980）『アブラハムとその時代――聖書の考古学 4』みすず書房
平川彰（1969）『初期大乗仏教の研究』春秋社
――（1974/79）『インド仏教史』上下、春秋社
フィンケルシュタイン、IとN・A・シルバーマン（2009）『発掘された聖書――最新の考古学が明かす聖書の真実』越後屋朗訳、教文館
藤井正雄（1988）「日本人の先祖供養観の展開」、藤井正雄編『仏教民俗学大系4　祖先祭祀と墳墓』名著出版、89-106
藤井正人（2007）「ヴェーダ時代の宗教・政治・社会」山崎元一、小西正捷編『世界歴史大系　南アジア史 1　先史・古代』山川出版社、57-85
ブラウン、ピーター（2002）『古代末期の世界――ローマ帝国はなぜキリスト教化したか？』宮島直機訳、刀水書房
古井龍介（2010）「古代の歴史と社会」、『新アジア仏教史 1 仏教出現の背景』佼成出版社、67-113
ブローデル、フェルナン（2008）『地中海の記憶――先史時代と古代』尾河直哉訳、藤原書店
ヘシオドス（2013）「仕事と日」、『ヘシオドス全作品』中務哲郎訳、京都大学学術出版会
ヘロドトス（2007）『歴史』上中下、松平千秋訳、岩波文庫
マイケルソン、ジョン・D（2004）『古典期アテナイ民衆の宗教』箕浦恵了訳、法政大学出版局
松濤誠達（1980）『ウパニシャッドの哲人』人類の知的遺産 2、講談社
松村一男（2017）「ギリシア・ローマの宗教」、月本昭男編『宗教の誕生――宗教の起源・古代の宗教』山川出版社、250-279
松本宣郎（1994）『ガリラヤからローマへ――地中海世界をかえたキリスト教徒』山川出版社
マルー、H・I（1996）『キリスト教史 2 教父時代』上智大学中世思想研究所訳、平凡社
本村凌二（2007）『地中海世界とローマ帝国』講談社
モリスン、MとS・Fブラウン（1994）『ユダヤ教』青土社
ヤスパース、カール（1968）「歴史の起原と目標」『世界の大思想Ⅱ-12　ヤスパース』重田英世訳、河出書房、3-264
山我哲雄（2013）『一神教の起源――旧約聖書の「神」はどこから来たのか』筑摩書房
――（2017）「イスラエルの宗教」、月本昭男編『宗教の誕生――宗教の起源・古代の宗

キー、H・C（1988）『初期キリスト教の社会学』土屋博訳、ヨルダン社
木村清孝（2021）『教養としての仏教思想史』興亡の世界史4、ちくま新書
クーランジュ、フュステル・ド（1961）『古代都市』田辺貞之助訳、白水社
クルマン、O（1972）『イエスと当時の革命家たち』川村輝典訳、日本キリスト教団出版局
ケニヨン、K・M（1984）『カナン人とアモリ人』小川英雄訳、山本書店
小沢浩（1988）『生き神の思想史――日本の近代化と民衆宗教』岩波書店
コーサンビー（1966）『インド古代史』山崎利男訳、岩波書店
ゴドウィン、ジョスリン（1995）『図説古代密儀宗教』吉村正和訳、平凡社
シェインドリン、レイモンド・P（2012）『ユダヤ人の歴史』入江規夫訳、河出文庫
シャルマ、R・S（1985）『古代インドの歴史』山崎利男、山崎元一訳、山川出版社
宗教社会学研究会編（1978）『現代宗教への視角』雄山閣
ジョンソン、ポール（1999）『ユダヤ人の歴史』上下、石田友雄監修、徳間書店
タイセン、ゲルト（1981）『イエス運動の社会学――原始キリスト教成立史によせて』荒井献、渡辺康麿訳、ヨルダン社
――（2010）『イエス運動――ある価値革命の社会史』廣石望訳、新教出版社
田川建三（1980）『イエスという男――逆説的反抗者の生と死』三一書房
タキトゥス（1983）「年代記」、『世界古典文学全集22』国原吉之助訳、筑摩書房、5-320
竹沢尚一郎（2014）『西アフリカの王国を掘る――文化人類学から考古学へ』臨川書店
ダニエルー、ジャン（1996）『キリスト教史1初代教会』上智大学中世思想研究所訳、平凡社
辻直四郎（1990）『ウパニシャッド』講談社学術文庫
ティリー、MとW・ツヴィッケル（2020）『古代イスラエル宗教史――先史時代からユダヤ教・キリスト教の成立まで』山我哲雄訳、教文館
土井正興（1966）『イエス・キリスト――その歴史的追究』三一書房
ドッズ、E・R（1972）『ギリシァ人と非理性』岩田靖夫、水野一訳、みすず書房
トロクメ、エチエンヌ（2021）『キリスト教の幼年期』加藤隆訳、ちくま学芸文庫
長尾雅人編（1969）『大乗仏典』世界の名著2、中央公論社
長尾雅人編（1967）『バラモン経典・原始仏典』世界の名著1、中央公論社
永ノ尾信悟（2010）「儀礼と文化の変遷」、『新アジア仏教史1仏教出現の背景』佼成出版社、179-215
中村元（1970）『原始仏教――その思想と生活』NHKブックス
並川孝儀（2010）「原始仏教の世界」、『新アジア仏教史2仏教の形成と展開』佼成出版社、61-114
ニーチェ（1979）「悲劇の誕生――あるいはギリシャ精神と悲観論」、浅田真男訳、『ニーチェ全集』第1期 第1巻、白水社
橋爪大三郎と大澤真幸（2011）『ふしぎなキリスト教』講談社現代新書

—— (1982) *Les Anyi-Ndényé et le pouvoir aux 18e et 19e siècles*, Publications de la Sorbonne.
Service, Elman R. (1975), *Origins of the State and Civilization*, W.W. Norton & Company.
Steward, Julien H. (1955) *Theory of Cultural Change* : The Methodology of Multilinear Evolution, University of Illinoi Press.
Takezawa, Shoichiro et Mamadou Cissé éd. (2017) *Sur les traces des grands empires : Recherches archéologiques au Mali*, L' Harmattan.
Terray, Emmanuel (1974) "Long-Distance Exchange and the Formation of the State", *Economy and Society*, 3: 315-345.
Vansina, Jan (1962) "A Comparison of African Kingdoms", *Africa*, 32(4): 324-355.
Wittfogel, Karl A. (1957) *Oriental Despotism: A Comparative Study of Total Power*, Yale University Press.

第5章

赤松明彦（2018）『インド哲学10講』岩波新書
浅野裕一（2017）『儒教——怨念と復讐の宗教』講談社学術文庫
荒井献（1974）『イエスとその時代』岩波新書
——（2001）「原始キリスト教の成立」、『荒井献著作集４』岩波書店、3-50
アレント、ハンナ（1994）『人間の条件』志水速雄訳、ちくま学芸文庫
池田練太郎（2010）「仏教教団の展開」、『新アジア仏教史２仏教の形成と展開』佼成出版社、119-164
市川裕（2009）『ユダヤ教の歴史』山川出版社
上村静（2008）『宗教の倒錯——ユダヤ教・イエス・キリスト教』岩波書店
ウェーバー、マックス（1958）『古代社会経済史——古代農業事情』渡辺金一、弓削達訳、東洋経済新報社
——（1962/64）『古代ユダヤ教』2巻、内田芳明訳、みすず書房
——（1974）『アジア宗教の救済理論——ヒンドゥー教・ジャイナ教・原始仏教』池田昭訳、勁草書房
ヴェルナン、ジャン＝ピエール（1970）『ギリシャ思想の起原』吉田敦彦訳、みすず書房
——（2012）『ギリシア人の神話と思想——歴史心理学研究』饗庭千代子訳、国文社
エヴァンズ＝プリチャード、E・E（1982）『ヌアー族の宗教』向井元子訳、岩波書店
エリアーデ、ミルチア（1968）『永遠回帰の神話——祖型と反復』堀一郎訳、未來社
大澤武男（2001）『ユダヤ人とローマ帝国』講談社現代新書
カーマイケル、J（1972）『キリストはなぜ殺されたか』西義之訳、読売新聞社
加地伸行（1994）『沈黙の宗教——儒教』筑摩書房
梶山雄一（2021）『大乗仏教の誕生——「さとり」と「廻向」』講談社学術文庫
加藤隆（2002）『一神教の誕生——ユダヤ教からキリスト教へ』講談社現代新書

Beattie, John (1959) "Rituals of Nyoro Kingship", Africa, 29(2): 134-145

—— (1960), *Bunyoro: An African Kingdom*, Holt, Rinehart and Winston.

Botte, Roger (1979) « Agriculteurs/éleveurs et domination du groupe pastoral », *Production pastorale et société*, Cambridge University Press, 399-418

Carneiro, Robert L. (1970) "A Theory of the Origin of the State", *Science*, 169:733-738.

Childe, V. Gordon (1950) "The Urban Revolution", *The Town Planning Review*, 21(1): 3–17

—— (1951) *Social Evolution*, Watts.

Claessen, Henri J.M. and Peter Skalník (1978) "The Early State: Theories and Hypotheses". H.J.M. Claessen and P. Skalnik eds. The Early State, Mouton, 3-30

Coquery-Vidrovitch, Catherine (1969) « Recherche sur un mode de production africaine », *La Pensée*, 144 : 61-78.

Dieterlen, Germaine (1982) *Le Titre d'honneur des Arou (Dogon, Mali)*, Société des africanistes.

Evans-Pritchard, E.E. (1948) *The Divine Kingship of Shilluk of the Nilotic Sudan*, Cambridge University Press.

Fried, Morton H. (1967) *The Evolution of Political Society*, Random House.

Griaule, Marcel and Germaine Dieterlen (1954) "The Dogon", Daryll Forde ed. *African worlds: Studies in the Cosmological Ideas and Social Values of African Peoples*, Oxford University Press, 83-110.

Héritier-Izard, Françoise (1973) « La paix et la pluie », *L'Homme, 13(3)* : 121-138

Kottak, Conrad P. (1972) "Ecological Variables in the Origin and Evolution of African States: the Buganda Example", *Comparative Studies in Society and History*, 14: 351-380.

Kuper, Hilda (1947) *An African Aristocracy: Rank among the Swazi of Bechuanaland*, Oxford University Press.

—— (1963) *The Swaji: A South African Kingdom*, Holt, Rinehart and Winston.

Levtzion, Nehemia (1973) *Ancient Ghana and Mali*, Holms & Meier Publishers.

Maquet、Jacques J. (1961) *The Premise of Inequality in Ruanda*, Oxford University Press.

Middleton, John (1958) "The Political System of the Lugbara of the Nile-Congo Divide", J. Middleton and D. Tait eds. *Tribes without Rulers: Studies in African Segmentary Systems*, Routledge and Kegan Paul. 203-230.

—— (1973) "Some Categories of Dual Classification among the Lugbara of Uganda", Rodney Needham ed. *Right and Left*, The University of Chicago Press, 369-390.

—— (1978) "The Rainmaker among the Lugbara of Uganda", *Systèmes de signes: Textes réunis en hommage à Germaine Dieterlen*, Hermann, 377-388.

Morgan, Luis Henry (1871) *Systems of Consanguinity and Affinity of the Human Family*, Smithsonian Institution.

Oberg, K. (1940) "The Kingdom of Ankole in Uganda", Mayer Fortes and E.E. Evans-Pritchard eds. *African Political Systems*, Oxford University Press, 121-126.

Perrot, Claude-Hélène (1967) « *Be di murua* », *Cahiers d'études africaines*, 27 : 434-443.

中尾世治（2020）『西アフリカ内陸の近代――国家をもたない社会と国家の歴史人類学』風響社
馬場匡浩（2017）『古代エジプトを学ぶ――通史と10のテーマから』六一書房
林巳奈夫（2002）『中国古代の神がみ』吉川弘文館
フロイト、ジークムント（1984）「人間モーセと一神教」、森川俊夫訳、『フロイト著作集』11、271-376
ヘロドトス（2007）『歴史』上中下、松平千秋訳、岩波文庫
ポランニー、カール（1975）『経済と文明――ダホメの経済人類学的分析』栗本慎一郎、端信行訳、サイマル出版会
前川和也、渡辺和子（1998）「都市と帝国」、大貫良夫ほか『人類の起源と古代オリエント』世界の歴史１、中央公論社、145-370
前田徹（2003）『メソポタミアの王・神・世界観――シュメール人の王権観』山川出版社
――（2017）『初期メソポタミア史の研究』早稲田大学出版部
松前健（1970）「古代王権祭式と神話」、『文学』38(2): 53-70
松丸道雄（2003）「殷」、『中国史１先史～後漢』山川出版社、103-162
松本信弘（1971）『日本神話の研究』東洋文庫、平凡社
三谷栄一（1960）『日本文學の民俗學的研究』有精堂
宮本一夫（2005）『神話から歴史へ――神話時代　夏王朝』講談社
――（2020）「学術文庫版のための補足」、『神話から歴史へ――神話時代　夏王朝』講談社学術文庫、422-440
本村凌二（2005）『多神教と一神教――古代地中海世界の宗教ドラマ』岩波新書
モルガン、L・H（1958/61）『古代社会』上下、青山道夫訳、岩波文庫
屋形禎亮（1998）「ナイルが育んだ文明」、大貫良夫ほか『人類の起原と古代オリエント』世界の歴史１、中央公論社、371-531
吉成薫（2012）『古代エジプト三〇〇〇年史』新人物往来社
劉煒編（2006）『図説中国文明史１　先史、文明への胎動』稲畑耕一郎監修、後藤健訳、創元社
劉煒編（2007）『図説中国文明史２　殷周、文明の原点』稲畑耕一郎監修、荻野友範、崎川隆訳、創元社
和田萃（1986）「古代の祭祀と政治」、『日本の古代』7、中央公論社

Adams, Robert McC. (1974) “Anthropological Perspectives on Ancient Trade” *Current Anthropology*, 15(3) : 239-258.
Adler, Alfred (1977) « Faiseurs de pluie, faiseurs d’ordre », *Libre* (Payot), 2 :45-68.
―― (1982) *La Mort est le masque du roi*, Payot.
Bazin, Jean (1982), « Etat guerrier et guerres d’Etat », Jean Bazin et Emmanuel Terray éd. *Guerres des lignages et guerres d’ Etats en Afrique,* Éditions des archives contemporaines, 319-374.

大城道則（2012）『古代エジプト文明——世界史の源流』講談社
大野峻（1975）『国語上』新釈漢文大系66、明治書院
岡田精司（1973）「夢と古代王権の儀礼」、『伝統と現代』19
岡村秀典（2007）『夏王朝　中国文明の原像』講談社学術文庫
——（2008）『中国文明——農業と礼制の考古学』京都大学学術出版会
長田俊樹（2013）『インダス文明の謎——古代文明神話を見直す』京都大学学術出版会
オッペンハイマー、フランツ（1977）『国家論』広島定吉訳、改造文庫、覆刻版
折口信夫（1966）「大嘗祭の本義」、『折口信夫全集』第三巻、中央公論社
鎌田正（1971）『春秋左氏伝１』新釈漢文大系30、明治書院
河合望（2021）『古代エジプト全史』雄山閣
カントーロヴィチ、エルンスト・ハルトヴィヒ（2003）『王の二つの身体』上下、小林公訳、ちくま学芸文庫
グラネ、マルセル（1999）『中国人の宗教』栗本一男訳、東洋文庫、平凡社
倉林正次（1983）『天皇の祭りと民の祭り——大嘗祭新論』第一法規出版
小南一郎（2006）『古代中国——天命と青銅器』京都大学学術出版会
近藤二郎（2017）「エジプトの宗教」、月本昭男編『宗教の誕生』宗教の世界史１、山川出版社、133-165
近藤英夫ほか編（2000）『四大文明　インダス』NHK出版
西郷信綱（1973）『古事記研究』未來社
ジェイコブセン、Th.（1973）「メソポタミアにおける初期の政治発展」古代学協会編『西洋古代史論集１古代文化の形成と発展』前川和也訳、東京大学出版会、61-136
白川静（1972）『甲骨文の世界——古代殷王朝の構造』東洋文庫、平凡社
——（1975）『中国の神話』中央公論社
——（1979）『中国古代の文化』講談社学術文庫
——（2003）『漢字の世界１中国文化の原点』平凡社
高宮いづみ（2006）『古代エジプト文明社会の形成』京都大学学術出版会
竹沢尚一郎（1984）「日常性の権力——マルク・オジェに即して」、『社会史研究』5: 195-229
——（1989）「宗教人類学の観点から見た古代天皇制」、『西日本宗教学雑誌』11: 51-68
——（1992）『宗教という技法——物語論的アプローチ』勁草書房
——（2007）「『中世』西アフリカにおける国家の起源」印東道子編『資源人類学７生態資源と象徴化』弘文堂、131-159
竹沢尚一郎ほか（1988）「首長制・国家・権力——政治人類学のフィールドとしてのアフリカ」、『季刊人類学』19(4): 3-99
月本昭男訳（2010）『古代メソポタミアの神話と儀礼』岩波書店
月本昭男編（2017）『宗教の誕生』宗教の世界史１、山川出版社
月本昭男（1996）『ギルガメシュ叙事詩』岩波書店
土橋寛（1965）『古代歌謡と儀礼の研究』岩波書店

—— (1935) *Coral Gardens and Their Magic: A Study of the Methods of Tilling the Soil and of Agricultural Rites in the Trobriand Islands*, American Book Company.

Marshall, Lorna (1957) "N!ow" *Africa* 27(3): 232-240.

Meeker, Michael E. (1989) *The Pastoral Son and the Spirit of Patriarchy: Religion, Society, and Person among East African Stock Keepers*, The University of Wisconsin Press.

Middleton, John (1960) *Lugbara Religion: Ritual and Authority among an East African People,* Oxford University Press.

Middleton, John and David Tait eds. (1958) *Tribes without Rulers: Studies in African Segmentary Systems*, Routledge and Kegan Paul.

Murdock, G.P. et al. (1978) "World Distribution of Theories of Illness", *Ethnology*, 17(4): 449-470.

Notroff, Jens, Oliver Dietrich and Klaus Schmidt (2014) Early Monumental Architecture at Pre-Pottery Neolitic "Göbekri Tepe", James F. Osborne, ed., *Approaching Monumentality in Archaeology*, SUNY Press, 83-105.

Peters, Joris and Klaus Schmidt (2004) "Animals in the Symbolic World of Pre-Pottery Neolithic Göbekli Tepe, south-eastern Turkey: A Preliminary Assessment", Anthropozoologica, 39(1): 179-218.

Sahlins, Marshall D. (1961) "The Segmentary Lineage: An Organization of Predatory Expansion", *American Anthropologist.* 63(2): 322-345.

Southall, Aidan (1976) "Nuer and Dinka Are People: Ecology, Ethnicity and Logical Possibility", *Man* n.s. 11(4): 463-491.

Schmidt, Klaus (2010) "Göbekli Tepe – The Stone Age Sanctuaries: New Results of Ongoing Excavations with a Special Focus on Sculptures and High Reliefs", *Documenta Praehistorica* 37: 239-256.

Takezawa, Shoichiro (1985) Symbole et pouvoir: Le Système général des rites, le cas des Dogon du Mali, Thèse du 3ème cycle, l'Ecole des Hautes Études en Sciences Sociales.

第4章

アスカローネ、エンリコ（2021）『ビジュアル図解　メソポタミア文明事典』渡井葉子訳、柊風舎

井上光貞（1984）『日本古代の王権と祭祀』東京大学出版会

ウィットフォーゲル（1939）『東洋的社会の理論』森谷克巳、平野義太郎訳、日本評論社

上杉彰紀（2022）『インダス文明——文明社会のダイナミズムを探る』雄山閣

袁行霈ほか編（2016）『北京大学版　中国の文明１　古代文明の誕生と展開〈上〉』稲畑耕一郎監修、角道亮介訳、潮出版社

エンゲルス（1965）『家族・私有財産・国家の起源』戸原四郎訳、岩波文庫

Symboles of Art, and Offerings", Religions 12, https://doi.org/10.3390/rel12040256

Bowles, Samuel (2011) "Cultivation of Cereals by the First Farmers Was Not More Productive Than Foraging", *PNAS, Proceedings of the National Academy of Sciences*, 108(12): 4760-4765.

Braidwood, Robert J. (1960), "The Agricultural Revolution", *Scientific American*, 203(3): 131-148.

Cauvin, Jacques (1994) *Naissance des divinités, naissance de l'agriculture: La révolution des symboles au Néolithique*, CNRS Éditions.

Comaroff, Jean and John L. Comaroff eds. (1993) *Modernity and Its Malcontents: Ritual and Power in Postcolonial Africa*, University of Chicago Press.

Deng, Francis Mading (1972) *The Dinka of the Sudan*, Waveland Press.

—— (1973) *Dinka and their Songs*, Oxford University Press.

Diamond, Jared (2002) "Evolution, Consequences and Future of Plant and Animal Domestication", *Nature*, 418: 700-707.

Dietrich, Oliver, Manfred Heun, Jens Notroff, Klaus Schmidt, & Martin Zarnkow (2012) "The Role of Cult and Feasting in the Emergence of Neolithic Communities: New Evidence from Göbekli Tepe", *Antiquity* 86: 674-695.

Evans-Pritchard, E.E. (1936) "The Nuer: Age-Sets", *Sudan Notes and Records*, 1a(2): 233-269.

Geschiere, Peter (1997) *The Modernity of Witchcraft: Politics and the Occult in Postcolonial Africa*, University of Virginia Press.

Hodder, Ian (2006) *Çatalhöyük, The Leopard's Tale: Revealing the Mysteries of Turkey's Ancient 'Town'*, Thames & Hudson.

Hollis, A.C. (1905) *The Masai: Their Language and Folklore*, Clarendon Press.

Huen, Manfred et al. (1997) "Site of Einkorn Wheat Domestication Identified by DNA Fingerprinting", *Science*, 278: 1312-1314.

Ingold, Tim (1986) "Hunting, Sacrifice and the Domestication of Animals", *The Appropriation of Nature: Essays on Human Ecology and Social Relations*, Manchester University Press, 243-274.

Jiang, Leping and Li Liu (2006) "New Evidence for the Origins of Sedentism and Rice Domestication in the Lower Yangzi River, China", *Antiquity* 80: 355-361.

Larsen, Timothy (2014) *The Slain God: Anthropologists and the Christian Faith*, Oxford University Press.

Leiris, Michel (1934) *L'Afrique fantôme*, Gallimard.

Lienhardt, Godfrey (1958) "The Western Dinka", John Middleton and David Tait eds., *Tribes without Rulers: Studies in African Segmentary Systems*, Routledge and Kegan Paul, 97-135.

—— (1961) *Divinity and Experience* : The Religion of the Dinka, Oxford University Press.

Lincoln, Bruce (1981) *Priests, Warriors, and Cattle: A Study in the Ecology of Religions*, University of California Press.

Malinowski, Bronislaw (1961) *Argonauts of the Western Pacific: An Account of Native Enterprise and Adventure in the Archipelagoes of Melanesian New Guinea*, E.P. Dutton.

長島信弘（1983）「ケニアのテソ社会における病い」、『民族學研究』48(3): 323-335
西田正規（1986）『定住革命――遊動と定住の人類史』新曜社
西村明（2006）『戦後日本と戦争死者慰霊――シズメとフルイのダイナミクス』有志舎
波左間逸博（2015）『牧畜世界の共生論理――カリモジョンとドドスの民族誌』京都大学学術出版会
ファン・ヘネップ、A（1977）『通過儀礼』綾部恒雄、綾部裕子訳、弘文堂
フェイガン、ブライアン（2005）『古代文明と気候大変動――人類の運命を変えた二万年史』東郷えりか訳、河出書房新社
フォーテス、マイヤー（1980）『祖先崇拝の論理』田中真砂子編訳、ぺりかん社
フォーテスとエヴァンス＝プリッチャード編（1972）『アフリカの伝統的政治体系』大森元吉ほか訳、みすず書房
福井勝義（1987）「牧畜社会へのアプローチと課題」、福井勝義、谷泰編『牧畜文化の原像：生態・社会・歴史』日本放送出版協会、3-60
ブルケルト、ヴァルター（2008）『ホモ・ネカーンス――古代ギリシアの犠牲儀礼と神話』前野佳彦訳、法政大学出版局
フレイザー、ジェームズ（1968）『金枝篇』五巻、永橋卓介訳、岩波文庫
ベルウッド、ピーター（2008）『農耕起源の人類史』長田俊樹、佐藤洋一郎監訳、京都大学学術出版会
マクニール、ウィリアム・H（2008）『世界史』上下、増田義郎、佐々木昭夫訳、中公文庫
ミズン、スティーヴン（2015）『氷河期以後――紀元前二万年前からはじまる人類史』上下、久保儀明訳、青土社
宮脇幸生（1990）「分節的牧畜社会における権力（2）――エチオピア西南部クシ系農耕牧畜民ダサネチにおける生業システムと権力に関する考察」、『大阪府立大学紀要』38: 39-52
モース、マルセルとアンリ・ユベール（1983）『供犠』小関藤一郎訳、法政大学出版局
モスタールト、アントワーヌ（1986）「オルドス・モンゴルに関する民俗資料」、『モンゴル研究』村上正二訳、17: 81-107
ヤーコブソン、ロマーン（1973）『一般言語学』川本茂雄監修、みすず書房
安田喜憲（2000）『大河文明の誕生』角川書店
――（2004）『文明の環境史観』中央公論新社
柳田國男（1953）「稲の産屋」、にひなめ研究会編『新嘗の研究』第一輯、創元社、14-43
――（1962）「先祖の話」、『柳田國男集』第10巻、筑摩書房
リーンハート、ゴドフリー（2019）『神性と経験――ディンカ人の宗教』出口顯監訳、坂井信三、佐々木重洋訳、法政大学出版局

Äikäs, Tiina and Trude Fonneland (2021) “Animals in Saami Shamanism: Power Animals,

宇野円空（2001）『マライシアに於ける稲米儀礼』クレス出版
梅屋潔（2018）『福音を説くウィッチ――ウガンダ・パドラにおける「災因論」の民族誌』風響社
エヴァンズ＝プリチャード、E・E（1982）『ヌアー族の宗教』向井元子訳、岩波書店
太田至（2004）「牧畜社会研究のおもしろさ」、田中二郎ほか編『遊動民（ノマッド）――アフリカの原野に生きる』昭和堂、271-288
――（2021）『交渉に生を賭ける――東アフリカ牧畜民の生活世界』京都大学学術出版会
折口信夫（1953）「新嘗と東歌」にいなめ研究会編『新嘗の研究』第一輯、71-82
加藤友康ほか編（2009）『年中行事大辞典』吉川弘文館
倉田一郎（1944）『農と民俗学』六人社
グリオール、マルセル（1981）『水の神――ドゴン族の神話的世界』坂井信三、竹沢尚一郎訳、せりか書房
後藤富男（1956）「モンゴル族に於けるオボの崇拝」、『民族學研究』20(1/2): 47-71
小長谷有紀（1992a）『モンゴル万華鏡――草原の生活文化』角川書店
――（1992b）「モンゴルにおけるウマ、ウシ、ヒツジの搾乳儀礼――祝詞にもとづく再構成の試み」、『国立民族学博物館研究報告』16(3): 589-632
小山修三と杉藤重信（1984）「縄文人ロシミュレーション」、『国立民族学博物館研究報告』9(1): 1-39
サーヴィス、E・R（1979）『未開の社会組織』松園万亀雄訳、弘文堂
酒井卯作（2004）『稲の祭と田の神さま――失われゆく田んぼの歳時記』戎光祥出版
白水はるか（2012）「現代に生きる先住民族の文化――サーミとアイヌを事例に」東京大学大学院新領域創成科学研究科提出修士論文
ダイアモンド、ジャレド（2000）『銃・病原菌・鉄――一万三〇〇〇年にわたる人類史の謎』上下、倉骨彰訳、草思社
田川玄（2014）「福因と災因――ボラナ・オモロの宗教概念と実践」石原美奈子編『せめぎあう宗教と国家――エチオピア　神々の相克と共生』風響社、199-235
竹沢尚一郎（2001）『表象の植民地帝国――近代フランスと人文諸科学』世界思想社
――（2015）「イギリスとフランスにおける呪術研究」江川純一、久保田浩編『「呪術」の呪縛』上、リトン、79-98
――（2020）「パフォーマンスとしての仮面」、津曲真一、細田あや子編著『媒介物の宗教史』下、リトン、373-390
田中二郎ほか編（2004）『遊動民（ノマッド）――アフリカの原野に生きる』昭和堂
谷泰（1997）『神・人・家畜――牧畜文化と聖書世界』平凡社
――（2010）『牧夫の誕生――羊・山羊の家畜化の開始とその展開』岩波書店
チャイルド、ゴードン（1951）『文明の起源』上下、ねずまさし訳、岩波新書
坪井洋文（1979）『イモと日本人――民俗文化論の課題』未來社
中尾佐助（1966）『栽培作物と農耕の起源』岩波新書

Lamendella, J.T. (1977) "The Limbic System in Human Communication", H. Whitaker and H.A. Whitaker eds., *Studies in Neurolinguistics*, Academic Press. 3: 157-222.
Laughlin, Charles D., John McManus, and Eugene G. d'Aquili (1990) *Brain, Symbol & Experience: Toward a Neurophenomenology of Human Consciousness*, Columbia University Press.
Marshall, Lorna (1961) "Sharing, Talking, and Giving: Relief of Social Tensions among !Kung Bushman", *Africa*, 31(3): 231-249.
Neher, Andrew (1962) "A Physiological Explanation of Unusual Behavior in Ceremonies Involving Drums", *Human Biology*, 34(2): 151-160.
Oster, Gerald (1970) "Phosphenes", *Scientific American*, 222(2): 82-87.
Peoples, H.C., P. Duda and F.W. Marlowe (2016) "Hunter-Gatherers and the Origins of Religion", *Human Nature*, 27:261-282.
Reichel-Dolmatoff, Gerardo (1975) *The Shaman and the Jaguar: A Study of Narcotic Drugs among the Indians of Colombia*, Temple University Press.
—— (1978) "Drug-induced Optical Sensations and Their Relationship to Applied Art among Some Colombian Indians", M. Greenhalgh and V. Megaw eds., *Art in Society: Studies in Style, Culture and Aesthetics*, Duckworth, 289-304.
Rosaldo, Michelle Z. (1980) *Knowledge and Passion: Ilongot Notions of Self and Social Life*, Cambridge University Press.
Spencer, Baldwin and F.J. Gillen (1968) *The Native Tribes of Central Australia*, Dover Publications.
—— (1997) *The Northern Tribes of Central Australia*, Macmillan.
Sturtevant, W.C. (1968) "Categories, Percussion, and Physiology", *Man*, 3(1): 133-134.
Turnbull, Colin M. (1968) "The Importance of Flux in Two Hunting Societies", R.B. Lee and I. Devore eds., *Man the Hunter*, Aldine, 132-137.
Turner, Victor (1967) *The Forest of Symbols: Aspects of Ndembu Ritual*, Cornell University Press.
Walker, Sheila S. (1972) *Ceremonial Spirit Possession in Africa and Afro-America: Forms, Meanings, and Functional Significance for Individuals and Social Groups*, E.J. Brill.
Wallace, Anthony F.C. (1959) "Cultural Determinants of Response to Hallucinatory Experience", *Archives of General Psychiatry*, 1(1): 58-69.
Winkelman, Michael (2009) "Shamanism and the Origins of Spirituality and Ritual Healing", *Journal for the Study of Religion, Nature and Culture*, 3(4): 458-489.
Woodburn, James (1982) "Egalitarian Societies", *Man* (N.S.) 17(3): 431-451.

第3章

池谷和信（2006）『現代の牧畜民——乾燥地域の暮らし』古今書院
今西錦司（1974）「遊牧論」、『今西錦司全集』第二巻、講談社、214-285
岩田慶治（1976）『コスモスの思想——自然・アニミズム・密教空間』NHKブックス
——（1979）『カミの人類学——不思議の場所をめぐって』講談社

人文書院、431-496
ヘンリック、ジョゼフ（2019）『文化がヒトを進化させた——人類の繁栄と〈文化－遺伝子革命〉』今西康子訳、白揚社
マスロー、A・H（1972）『創造的人間——宗教・価値・至高経験』佐藤三郎、佐藤全弘訳、誠信書房
マティス（1978）『画家のノート』二見史郎訳、みすず書房
ライヘル・ドルマトフ（1973）『デサナ——アマゾンの性と宗教のシンボリズム』寺田和夫、友枝啓泰訳、岩波書店
レヴィ＝ストロース、クロード（1970）『今日のトーテミスム』仲澤紀雄訳、みすず書房
——（1972）『構造人類学』荒川幾男ほか訳、みすず書房
——（1976）『野生の思考』大橋保夫訳、みすず書房
レヴィ＝ブリュル、ルシアン（1953）『未開社会の思惟』上下、山田吉彦訳、岩波文庫

Binford, Lewis R. (1968), "Methodological Considerations of the Archeological Use of Ethnographic Data", R.B. Lee and I. Devore eds., *Man the Hunter*, Aldine, 268-273.
Binford, Sally R. (1968) "Ethnographic Data and Understanding the Pleistocene", R.B. Lee and I. Devore eds., *Man the Hunter*, Aldine, 274-275.
Bourguignon, Erika (1973) "Introduction", E. Bourguignon ed., *Religion, Altered State of Consciousness, and Social Change*, The Ohio University Press.
Brown, Jason (1977) *Mind, Brain, and Consciousness*, Academic Press.
Chapple, Eliot D. (1970) *Culture and Biological Man: Explorations in Behavioral Anthropology*, Holt, Rinehart and Winston.
Clastres, Pierre (1972) *Chronique des Indiens Guayaki: Ce que savent les Aché, chasseurs nomades du Paraguay*, Plon.
Descola, Philippe (1996) "Constructing Natures: Symbolic Ecology and Social Practice", P. Descola and Gísí Pálsson eds., *Nature and Society: Anthropological Perspectives,* Routledge, 82-102.
Durkheim, Émile (1979) *Les Formes élémentaires de la vie religieuse*, P.U.F.
Ingold, Tim (1992) "Comment on N. Bird-David Beyond 'The Original Affluent Society'", *Current Anthropology*, 33(1), 41-42.
—— (2000) *The Perception of the Environment: Essays on Livelihood, Dwelling and Skill,* Routledge.
Katz, Richard (1976) "Education for Transcendence", R.B. Lee and I. DeVore, eds., *Kalahari Hunter-Gatherers: Studies of the !Kung San and Their Neighbors*, Harvard University Press, 281-301.
Kristeva, Julia (1977) *Polylogue*, Seuil.
Lee, Richard B. (1972) "The !Kung Bushman of Botswana", Bicchieri, M.G. ed., *Hunters and Gatherers Today,* Holt, Rinehart and Winston, 327-368.
Lee, Richard B. and Irven DeVore, eds. (1968) *Man the Hunter*, Aldine Publishing Company.

第2章

市川光雄（1982）『森の狩猟民――ムブティ・ピグミーの生活』人文書院
今村薫（2010）『砂漠に生きる女たち――カラハリ狩猟採集民の日常と儀礼』どうぶつ社
岩田慶治（1973）『草木虫魚の人類学』淡交社
エイムス、ケネス・Mとハーバート・D・G・マシュナー（2016）『複雑採集狩猟民とはなにか――アメリカ北西海岸の先史考古学』佐々木憲一監訳、設楽博己訳、雄山閣
エリアーデ、ミルチア（1974）『シャーマニズム――古代的エクスタシー技術』堀一郎訳、冬樹社
エルツ、ロベール（2001）「死の宗教社会学――死の集合表象研究への寄与」、『右手の優越学――宗教的両極性の研究』吉田禎吾、内藤莞爾、板橋作美訳、ちくま学芸文庫
岡田康博と小山修三編（1996）『縄文鼎談――三内丸山の世界』山川出版社
オットー、ルドルフ（1968）『聖なるもの』山谷省吾訳、岩波文庫
カッツ、リチャード（2012）『〈癒し〉のダンス――「変容した意識」のフィールドワーク』永沢哲、田野尻哲郎、稲葉大輔訳、講談社
サーリンズ、マーシャル（1984）『石器時代の経済学』山内昶訳、法政大学出版局
澤田昌人（2001）「ムブティ・ピグミーにおける『創造神』問題」澤田昌人編『アフリカ狩猟採集社会の世界観』京都精華大学創造研究所、129-197
――（2010）「エフェにおける死生観の変遷を考える」、木村大治、北西功一編『森棲みの社会誌』京都大学学術出版会、347-366
菅原和孝（1996）「狩猟採集民の宗教的世界と自然観――アフリカ南部グイ・ブッシュマンの社会より」、有福孝岳編『現代における人間と宗教――何故に人間は宗教を求めるのか』京都大学学術出版会、29-59
――（2004）「失われた成人儀礼ホローハの謎」、田中二郎ほか編『遊動民（ノマッド）――アフリカの原野に生きる』昭和堂、124-148
竹沢尚一郎（1983）「象徴の意味と象徴の作用――ある宗教象徴論の試み」、『宗教研究』57(1): 1-26
――（1987）『象徴と権力――儀礼の一般理論』勁草書房
――（1992）「憑依宗教論――シャーマニズムから教祖へ」、『宗教研究』66(1): 101-124
ターナー、ヴィクター（1976）『儀礼の過程』富倉光雄訳、思索社
――（1981）『象徴と社会』梶原景昭訳、紀伊國屋書店
都留泰作（2010）「ピグミー系狩猟採集民バカにおける歌と踊り――『集まり』の自然誌に向けて」木村大治、北西功一編『森棲みの社会誌』京都大学学術出版会、297-321
時実利彦（1962）『脳の話』岩波新書
フロイト、ジークムント（1969）「文化への不満」『フロイト著作集』3、浜川祥枝訳、

Breuil, Abbe Henri (1979) *Four Hundred Centuries of Cave Art*, Hacker Art Books.

Carbonell, Eudald and Marina Mosquera (2006) "The Emergence of a Symbolic Behaviour: The Sepulchral Pit of Sima de los Huesos, Sierra de Atapuerca, Burgos, Spain", *Comptes Rendus Palevol* 5(1/2): 155-160.

Carneiro, Robert L. (1967) "On the Relationship between Size of Population and Complexity of Social Organization", *Southwestern Journal of Anthropology*, 23: 234-243.

Conkey, Margaret W. (1980) "The Identification of Prehistoric Hunter-Gatherer Aggregation Sites: The Case of Altamira", *Current Anthropology*, 21(5): 609-630.

Coppens, Yves (1994) "East Side Story: The Origin of Humankind", *Scientific American*, 270(5): 88-95.

David, Bruno (2017) *Cave Art*, Thames & Hudson.

De Beaune, Sophie A. and Randalle White (1993) "Ice Age Lamps", *Scientific American*, 268(3): 108-113.

Dunbar, Robin I.M. (2003) "The Social Brain: Mind, Language, and Society in Evolutionary Perspective", *Annual Review of Anthropology*, 32: 163-181.

Harvey, Graham (2005) *Animism: Respecting the Living World*, Columbia University Press.

Haviland, William A. and Anita de Laguna Haviland (1995) "Glimpses of the Supernatural: Altered States of Consciousness and the Graffiti of Tikal, Guatemala", *Latin American Antiquity*, 6(4): 295-309,

Isaac, Glynn (1978) "The Food-sharing Behavior of Protohuman Hominids", *Science American*, 238(4): 90-109.

Lee, Richard B. (1968) "What Hunters Do for a Living, or, How to Make Out on Scarce Resources", R.B. Lee and I. De Vore eds., *Man the Hunter*, Aldine, 30-48.

Lovejoy, C. Owen (1981) "The Origin of Man", *Science*, 211: 341-350.

Mellars, Paul, (2006), "Why Did Modern Human Populations Disperse from Africa ca. 60,000 Years Ago?", *Proceeding of the National Academy of Sciences*, 103(25): 9381-9386.

Norenzayan, Ara et al. (2016) "The Cultural Evolution of Prosocial Religions", Behavioral and Brain Sciences, 1-65.

Rossano, Matt (2009) "The African Interregnum: The 'Where', 'When' and 'Why' of the Evolution of Religion", E. Voland and W. Schiefenhövel, eds., *The Biological Evolution of Religious Mind and Behavior*, Springer-Verlag, 127-141.

Tylor, Edward B. (1913) *Primitive Culture: Researches into the Development of Mythology, Philosophy, Religion, Language, Art, and Custom*, 2 vol. John Murray.

Washburn, S.L. and C.S. Lancaster (1968) "The Evolution of Hunting", R.B. Lee and I. DeVore eds., *Man the Hunter*, Aldine, 293-303.

White, Randalle (1993) "Technological and Social Dimensions of "Aurignacian-Age" Body Ornaments across Europe", H. Knecht, A. Pike-Tay, and R. White eds., *Before Lascaux: The Complex Record of the Early Upper Paleolithic*, CRC Press, 277-299.

ーテム体系』上下、山崎亮訳、ちくま学芸文庫
ドゥ・ヴァール、フランス（1994）『政治をするサル――チンパンジーの権力と性』西田利貞訳、平凡社
トマ、エルベール（1995）『人類の起源』河合雅雄監修、南條郁子訳、創元社
長谷千代子（2009）「『アニミズム』の語り方――受動的視点からの考察」、『宗教研究』83(3): 1-23
ナンシー、J=L（2001）『無為の共同体――哲学を問い直す分有の思考』西谷修、安原伸一朗訳、以文社
西田利貞（1981）『野生チンパンジー観察記』中公新書
バタイユ、ジョルジュ（2002）『宗教の理論』湯浅博雄訳、ちくま学芸文庫
フィンレイソン、クライブ（2013）『そして最後にヒトが残った――ネアンデルタール人と私たちの50万年史』上原直子訳、白揚社
ペーボ、スヴァンテ（2015）『ネアンデルタール人は私たちと交配した』野中香方子訳、文藝春秋
モラン、エドガール（1975）『失われた範列――人間の自然性』古田幸男訳、法政大学出版局
モリス、デズモンド（2009）『裸のサル――動物学的人間像』日高敏隆訳、角川文庫
モンターギュ、A.（1986）『ネオテニー――新しい人間進化論』尾本恵市、越智典子訳、どうぶつ社
ライク、デイヴィッド（2018）『交雑する人類――古代DNAが解き明かす新サピエンス史』日向やよい訳、NHK出版
ランガム、リチャード（2010）『火の賜物――ヒトは料理で進化した』依田卓巳訳、NTT出版
リーバーマン、ダニエル・E（2015）『人体六〇〇万年史――科学が明かす進化・健康・疾病』上下、塩原通緒訳、早川書房
ルイス=ウィリアムズ、デヴィッド（2012）『洞窟のなかの心』港千尋訳、講談社
ルロワ=グーラン、A（1985）『先史時代の宗教と芸術』蔵持不三也訳、日本エディタースクール出版部
レンフルー、コリン（2008）『先史時代と心の進化』小林朋則訳、ランダムハウス講談社
ワトソン、ライアル（1994）『ネオフィリア――新しもの好きの生態学』内田美恵訳、ちくま文庫

Aiello, Leslie C. and Peter Wheeler (1995) "The Expensive-Tissue Hypothesis: The Brain and the Digestive System in Human and Primate Evolution", *Current Anthropology*, 36(2): 199-221.
Bataille, Georges (1979) «Lascaux ou la naissance de l'art», *Œuvres complètes*, 9, Gallimard.
Bird-David, Nurit (1999) "'Animism' Revisited: Personhood, Environment, and Relational Epistemology", *Current Anthropology*, 40 (Supplement): 67-91.

第1章

アッコー、P・とA・ローゼンフェルト（1971）『旧石器時代の洞窟美術』岡本重温訳、平凡社
ウォルター、チップ（2007）『この6つのおかげでヒトは進化した――つま先、親指、のど、笑い、涙、キス』梶山あゆみ訳、早川書房
ウィラースレフ、レーン（2018）『ソウル・ハンターズ――シベリア・ユカギールのアニミズムの人類学』奥野克己、近藤祉秋、古川不可知訳、亜紀書房
エイブラム、デイヴィッド（2017）『感応の呪文――〈人間以上の世界〉における知覚と言語』結城正美訳、水声社
エスポジト、ロベルト（2009）『近代政治の脱構築――共同体・免疫・生政治』岡田温司訳、講談社
奥野克巳（2020）『モノも石も死者も生きている世界の民から人類学者が教わったこと』亜紀書房
奥野克巳と清水高志（2021）『今日のアニミズム』以文社
オッペンハイマー、スティーヴン（2007）『人類の足跡10万年全史』仲村明子訳、草思社
河辺俊雄（2019）『人類進化概論――地球環境の変化とエコ人類学』東京大学出版会
グドール、ジェーン（1973）『森の隣人――チンパンジーと私』河合雅雄訳、平凡社
――（1994）『心の窓――チンパンジーとの三〇年』高崎和美、高崎浩幸、伊谷純一郎訳、どうぶつ社
クライン、リチャード・Gとブレイク・エドガー（2004）『5万年前に人類に何が起きたか？――意識のビッグバン』鈴木淑美訳、新書館
グールド、スティーヴン・J（1987）『個体発生と系統発生――進化の観念史と発生学の最前線』仁木帝都、渡辺政隆訳、工作舎
黒田末寿（1982）『ピグミーチンパンジー――未知の類人猿』筑摩書房
シップマン、パット（2015）『ヒトとイヌがネアンデルタール人を絶滅させた』河合信和監訳、柴田譲治訳、原書房
菅原和孝（2015）『狩り狩られる経験の現象学――ブッシュマンの感応と変身』京都大学学術出版
ストリンガー、クリストファーとロビン・マッキー（2001）『出アフリカ記――人類の起源』河合信和訳、岩波書店
ストリンガー、クリストファーとクライヴ・ギャンブル（1997）『ネアンデルタール人とは誰か』河合信和訳、朝日新聞社
タッターソル、イアン（1999）『サルと人の進化論――なぜサルは人にならないか』秋岡史訳、原書房
デュルケーム、エミール（2014）『宗教生活の基本形態――オーストラリアにおけるト

宗教』251-285
ニューバーグ、アンドリューとユージーン・ダギリとヴィンス・ローズ（2003）『脳はいかにして〈神〉を見るか』茂木健一郎監訳、PHP研究所
野町和嘉（2002）『メッカ――聖地の素顔』岩波新書
ハラリ、ユヴァル・ノア（2016）『サピエンス全史――文明の構造と人類の幸福』上下、柴田裕之訳、河出書房新社
ベラー、R・N（1973）「宗教の進化」、『社会変革と宗教倫理』河合秀和訳、未來社、49-89
ベリング、ジェシー（2012）『人はなぜ神を信じるのか――信仰する本能』鈴木光太郎訳、化学同人
ボーム、クリストファー（2014）『モラルの起源――道徳、良心、利他行動はどのように進化したのか』斎藤隆央訳、白揚社
増澤知子（1999）『夢の時を求めて――宗教の起源の探求』中村圭志訳、玉川大学出版部
ミズン、スティーヴン（2006）『歌うネアンデルタール――音楽と言語から見るヒトの進化』熊谷淳子訳、早川書房
山極壽一（2015）『ゴリラ』第2版、東京大学出版会
ランガム、リチャード（2020）『善と悪のパラドックス――ヒトの進化と〈自己家畜化〉の歴史』依田卓巳訳、NTT出版
レヴィ=ストロース、クロード（1972）『構造人類学』荒川幾男ほか訳、みすず書房
――（1977-1978）『親族の基本構造』上下、馬淵東一、田島節夫監訳、番町書房
ローレンツ、コンラート（1976）『行動は進化するか』日高敏隆、羽田節子訳、講談社現代新書

Bellah, Robert N. (2011) *Religion in Human Evolution: From the Paleolithic to the Axial Age*, Belknap Press.
Dunbar, Robin I.M. (1998) "The Social Brain Hypothesis", *Evolutionary Anthropology*, 6: 178-190.
Le Gros Clark, W. (1967), *Man-apes or Ape-men? : The Stories of Discoveries in Africa* Holt, Rinehart and Winston
Norenzayan, Ara and Azim F. Shariff (2008) "The Origin and Evolution of Religious Prosociality", *Science*, 322 58-62.
Rappaport, Roy A. (1979) *Ecology, Meaning, and Religion*, North Atlantic Books.
Rossano, Matt J. (2006) "The Religious Mind and the Evolution of Religion", *Review of General Psychology*, 10(4): 346-364.
Sosis, Richard and Candace Alcorta (2003) "Signaling, Solidarity, and the Sacred: The Evolution of Religious Behavior", *Evolutionary Anthropology*, 12: 264-274.
Voland E. and W. Schiefenhövel, eds. (2008) *The Biological Evolution of Religious Mind and Behavior*, Springer.

文献表

序　章

アームストロング、カレン（1995）『神の歴史――ユダヤ・キリスト・イスラーム教全史』高尾数和訳、柏書房
青山和夫（2007）『古代メソアメリカ文明――マヤ・テオティワカン・アステカ』講談社
伊谷純一郎（1987）『霊長類社会の進化』平凡社
――（1991）「カルチュアの概念――アイデンティフィケーション論その後」西田利貞、伊沢紘生と加納隆至編『サルの文化誌』平凡社、259-278
今西錦司（1976）『私の霊長類学』講談社学術文庫
岩崎賢（2015）『アステカ王国の生贄の祭祀――血・花・笑・戦』刀水書房
ウィルソン、E・O（1980）『人間の本性について』岸由二訳、思索社
ウェイド、ニコラス（2011）『宗教を生み出す本能――進化論からみたヒトと信仰』NTT出版
梅棹忠夫（1989）『比較文明学研究』梅棹忠夫著作集、5、中央公論社
エリアーデ、ミルチア（1968）『農耕・大地・女性――比較宗教類型論』堀一郎訳、未來社
――（1991）『世界宗教史』Ⅰ～Ⅲ、荒木美智雄ほか訳、筑摩書房
キッペンベルク、ハンス・G.（2005）『宗教史の発見――宗教学と近代』月本昭男、渡辺学、久保田浩訳、岩波書店
黒田末寿（1999）『人類進化再考――社会生成の考古学』以文社
ジェイムズ、ウィリアム（1969/1970）『宗教的経験の諸相』上下、枡田啓三郎訳、岩波文庫
ターンブル、コリン・M（1976）『森の民――コンゴ・ピグミーとの三年間』藤川玄人訳、筑摩書房
竹沢尚一郎（2006）「『聖なるもの』の系譜学――デュルケーム学派からエリアーデへ」、竹沢尚一郎編『宗教とモダニティ』世界思想社、49-104
――（2007）『人類学的思考の歴史』世界思想社
ダンバー、ロビン（2016）『人類進化の謎を解き明かす』鍛原多恵子訳、インターシフト
デネット、ダニエル・C（2010）『解明される宗教――進化論的アプローチ』阿部文彦訳、青土社
トリー、E・フラー（2018）『神は、脳がつくった――200万年の人類史と脳科学で解読する神と宗教の起源』寺町朋子訳、ダイヤモンド社
中野毅（2014）「宗教の起源・再考――近年の進化生物学と脳科学の成果から」、『現代

◎図版作成
平野敏樹（図1－1、図1－2、図1－4、図1－5、図3－1）
今井明子（図1－3、図3－7、図5－4）

竹沢尚一郎

国立民族学博物館名誉教授。1951年、福井県生まれ。1976年、東京大学文学部卒業。1985年、フランス社会科学高等研究院社会人類学専攻博士課程修了。専攻は、宗教人類学、アフリカ史。著書に、『宗教とモダニティ』、『人類学的思考の歴史』（ともに世界思想社）、『社会とは何か――システムからプロセスへ』（中公新書）、『被災後を生きる――吉里吉里・大槌・釜石奮闘記』（中央公論新社）などがある。

ホモ・サピエンスの宗教史《しゅうきょうし》
――宗教《しゅうきょう》は人類《じんるい》になにをもたらしたのか

〈中公選書 142〉

著　者　竹沢尚一郎《たけざわしょういちろう》

2023年10月10日　初版発行
2024年 4 月10日　再版発行

発行者　安 部 順 一

発行所　中央公論新社
〒100-8152　東京都千代田区大手町 1-7-1
電話　03-5299-1730（販売）
03-5299-1740（編集）
URL　https://www.chuko.co.jp/

D T P　今井明子

印刷・製本　大日本印刷

Published by CHUOKORON-SHINSHA, INC.
Printed in Japan　ISBN978-4-12-110143-3 C1314
定価はカバーに表示してあります。